Otto Julius Bernhard von aut Corvin-Wiersbitzki

**Aus dem Leben eines Volkskämpfers**

Otto Julius Bernhard von aut Corvin-Wiersbitzki

**Aus dem Leben eines Volkskämpfers**

ISBN/EAN: 9783742868817

Hergestellt in Europa, USA, Kanada, Australien, Japan

Cover: Foto ©Thomas Meinert / pixelio.de

Manufactured and distributed by brebook publishing software
(www.brebook.com)

Otto Julius Bernhard von aut Corvin-Wiersbitzki

**Aus dem Leben eines Volkskämpfers**

Aus dem

# Leben eines Volkskämpfers.

---

Erinnerungen

von

# Corvin.

Bene facit, qui ex aliorum erroribus
sibi exemplum sumat.

Dritter Band.

Amsterdam,

Gebrüder Binger.

1861.

# Inhalt.

---

## V. Die Revolution.

# V.

## Die Revolution.

›No libel is so galling as the truth.‹

⬭

# Erstes Capitel.

~~~~~~~~

Durch die im vorigen Buche näher erläuterten Geschäfte nach Paris geführt und dort festgehalten, wurde mir für meine Bemühungen für den Fortschritt und die Freiheit die Belohnung zu Theil, Augenzeuge und Theilnehmer des großen Ereignisses zu werden, welches der Anfang einer Kette von politischen Handlungen wurde, welche seit jener Zeit Europa, ja die ganze Welt, in fortwährender Aufregung erhalten haben.

Auf Dienstag den 22. Februar 1848 war in den Champs-Elysés ein „Reformbanquet" festgesetzt worden und die Regierung hielt es für zweckmäßig, einige zu diesem Ende getroffene Anordnungen zu untersagen. In den Straßen hörte man einzelne Rufe: „A bas Guizot!" und „Vive la reforme!"

Ich sprach gegen meinen Quasi-Schwager — einen Conservativen, weil er etwas zu conserviren hatte — die Absicht aus, den Ort zu besuchen, wo das Banquet stattfinden

1*

sollte, da dort sicherlich Interessantes zu sehen sein werde; er rieth mir jedoch bringend davon ab, indem er sagte: „Es wird dort ein von Taschendieben verursachter Auflauf statt= finden, wobei Sie Ihre Uhr los werden und dafür vielleicht eine Kugel in den Leib bekommen können; glauben Sie mir, diese ganze Geschichte wird gar keine Folgen haben, wir sind an solche Dinge gewöhnt."

Meine junge, hübsche Wirthin, eine lebhafte Bretagnerin, hatte darüber andere Ansichten; sie sagte: „Ich bin über= zeugt, es giebt in den nächsten Tagen Etwas; es wird wieder so viel in den Straßen gesungen." Ich war von der Bemerkung überrascht, denn ich hatte sie eben= falls gemacht. Am 21. Februar rief sie mir, als ich nach Hause kam, eifrig zu: „Nun bin ich gewiß, daß es eine Revolution giebt, denn ich habe meinen Wasserträger fünf ganze Laibe Brot nach Hause tragen sehen."

„Was um des Himmels Willen haben die Brote Ihres Wasserträgers mit der Revolution zu thun?" rief ich lachend.

„Comme vous êtes bé bé!" — eine freundliche Ab= kürzung für bête. — rief sie ungeduldig; „sehen Sie denn nicht, daß sich der Mann für die drei Tage proviantirt?"

„Warum denn für die drei Tage?" —

„Ach, weil sie diese dummen Dinge hier immer in drei Tagen abmachen!",

Meine hübsche Wirthin verstand sich auf die Straßen= politik und hatte überhaupt viel Diplomatie im Kopfe, denn sie war einige Jahre lang die provisorische Gemalin eines Gesandten gewesen und nur mit Diplomaten umgegangen, seit welcher Zeit sie sich Madame nannte, „weil das respectabler klinge." Später hatte sie einer Marquise die Lasten des Ehestandes tragen helfen und von dieser Zeit, verlebt in der

Vorstadt St. Germain, aristokratische Ideen beibehalten, ob=
wohl sie eine Tochter des Volks war. Jetzt hatte sie eine
Etage am Place du Havre möblirt und hoffte die einzelnen
Zimmer an gut bezahlende Herren zu vermiethen. Ich war
ihr erster und vorläufig einziger Miether, daher der Gegen=
stand ihrer besondern Sorgfalt und Zärtlichkeit. Herr S.,
der meine Wohnung und Wirthin inspicirte und in Paris
ergraut war, sagte: „Vous êtes très bien ici." Und so
war es auch; Madam Hérissé verwöhnte und pflegte mich und
kochte mir Tisane, wenn ich mich erkältet hatte, kurz, that Alles
was man von einer hübschen Pariser Wirthin wünschen und
verlangen konnte.

Der Dritte in unserm häuslichen Bunde war Pompejus,
ein alter Neger, der uns bediente. Er hatte mit seinem rö=
mischen Namensvetter nicht das Allergeringste gemein, trug
graue Wolle auf dem Kopf, wie ein englischer Advocat, hatte
die Waden seitwärts von seinen schön geschweiften Schienbei=
nen und war stolzer auf seine Hinterfront als auf sein Ge=
sicht. Letzteres sah aus wie ein sehr gebrauchter, schwarzer
Lederkoffer, und wenn man Pompejus von hinten betrachtete,
so meinte man, er trage einen Kessel als Harnisch unter den
Hosen. Auf dieses hintere Vorgebirge war er so stolz, daß
er stets eine Jacke trug und es fast als eine Beleidigung
ansah, wenn man ihm einen Rock schenkte. Pompejus mein
Zimmer bohnen zu sehen, würde Minos zum Lachen ge=
bracht haben. Dies Bohnen geschieht vermittelst zweier Bürsten,
welche der Arbeiter sich wie Schlittschuh unter die Füße be=
festigt und auf denen er die merkwürdigsten Bewegungen
ausführt. Pompejus' Augen funkelten und sein Wurstmaul
dehnte sich bis an die Ohren aus, wenn es an's Bohnen
ging. Er gerieth dabei förmlich in Extase, schnippte mit
den Fingern und lachte, und der unter den Hosen verborgene

Fleischkessel zitterte so schnell, daß man fast schwindelig
wurde; er schlug förmlich Triller vor Entzücken. —
Es war höchst interessant zu beobachten, wie die Auf=
regung in der großen Stadt von Stunde zu Stunde stieg;
der Aufstand wurde auf bewundernswürdige Weise von den
Führern der Demokratie geleitet, denen auch keine einzige
günstige Chance entging.

Dichte Massen von Gestalten, die den Gräbern entstiegen
schienen und die man sonst niemals am Tage zu sehen be=
kömmt, zogen unbewaffnet, in drohendem Schweigen über
die Boulevarts. Die Blouse deckte die Lumpen, mit denen
diese Männer bekleidet sein mochten; allein die bleichen, ab=
gehungerten Gesichter ließen sich nicht verbergen und manchem
reichen Krämer zog sich das Herz zusammen, wenn er hin=
einsah.

Allmählig erschienen Waffen in diesen Colonnen, zuerst
Stöcke, dann einzelne Gewehre. Einer dieser Haufen, die
wie Gewitterwolken über den leichtsinnigen Pariser Straßen=
himmel zogen, ward von einem alten Mann in bloßem
Kopf und mit langem, grauem Barte angeführt, aus dessen
Augen Fanatismus hervorglühte. Ihm zur Seite schritt
eine lange, humoristische Gestalt, die eine Kindertrommel um
den Hals bis nur auf die Brust herabhängen hatte, auf
welcher der komische Mann aus Leibeskräften trommelte.

Ich konnte nicht über diese grotesken Erscheinungen
lachen, denn der Humor überdeckte hier einen entsetzlichen
Ernst, todtesmuthige Entschlossenheit, und immer und immer
drängte sich mir der Vers des unsterblichen Dichters auf:

These signs forerun the death or fall of kings.
(Diese Zeichen gehen dem Tode oder Falle von Königen voran.)

Neckereien mit den gardes municipaux begannen, die
oft Chargen im Galop die Boulevarts entlang machten,

wenn Niemand auf dem Fahrweg war, zum großen Amüse=
ment der dichtgedrängten Spaziergänger auf dem Trottoir.
Unter meinem Fenster vorbei marschirte ein Infanterie=
Regiment, an seiner Spitze ein General. Dieser drehte ver=
legen seinen Bart und sah auf den Hals seines Pferdes;
die sonst so heitern französischen Soldaten, die lachend und
singend gegen einen Feind des Landes anstürmten, sahen bleich
und mißmuthig aus; für sie war es keine heitere Aussicht,
kein Fest, zum Morde ihrer Mitbürger berufen zu sein.
„Diese Soldaten werden sich nicht gegen das Volk schlagen,"
sagte ich."
Die Ereignisse dieser Tage sind so oft beschrieben worden,
daß ich den Umfang dieser Blätter nicht durch eine neue Be=
schreibung vermehren will. Ich war bald hier bald dort in
den Straßen und obwohl das, was ich sah, seine aufregende
Wirkung auf mich nicht verfehlte und mich als Erfüllung
einer vor längerer Zeit von mir gemachten Prophezeihung
höchlich freute, so bot sich doch in den beiden ersten Tagen
keine directe Veranlassung für mich dar, an dem Kampfe
persönlich Theil zu nehmen.
Meine Wirthin that Alles was sie konnte, mich von
solcher Thorheit, wie sie es nannte, abzuhalten, und wenn
ich ihren Gründen kein Gehör schenken wollte, konnte sie sehr
böse werden und schloß ihre Rede mit einem zornigen:
„Comme vous étes bé bé!" — wozu Pompejus so ent=
setzlich nickte, als wolle er sich ins Knie beißen.
Am Abend des 23. Februar war auf dem Boulevart
des capucins vor dem Hotel des Ministers Guizot eine
große Menge von Menschen, Männern und Frauen, versam=
melt, die ruhige Zuschauer dessen waren, was auf der Mitte
der Straße vorging. Municipalgarden und berittene Jäger
patrouillirten auf derselben hin und her und vor dem Hotel

stand ein Bataillon eines eben in Paris eingerückten Linien-Regiments. Louis Philipp hatte bereits abgedankt, das Volk schien zufrieden und die Revolution zu Ende; ich ging also ruhig nach Hause, wo mich meine argliſtige Wirthin durch ein beſonders gutes Abendeſſen feſtzuhalten wußte. Der Kanonendonner und das Gewehrgeknatter dieſer ereignißreichen Nacht drangen nicht in mein friedliches Zimmer am Place du Havre und ich verſchlief ſie, nichts ahnend von den wichtigen Vorgängen, deren Folgen noch heute die Welt durchzittern.

Gegen Morgen ergriff mich jedoch eine eigenthümliche Unruhe, eine Art von Ahnung, gemiſcht mit Scham, und es litt mich nicht länger im Bette. Es war noch dunkel als ich aufſtand, und als meine emſige Wirthin den Kaffee bereitete, nahm ich meinen Hut und ging ihr förmlich durch. Es war noch nicht ganz hell, als ich auf die Boulevarts kam. Die dort herrſchende Stille war mir auffallend und außer einer Abtheilung Linienmilitär, welche mit Gewehr beim Fuß niedergeſchlagen vor dem Hotel Guizot ſtand, ſah ich faſt keinen Menſchen. In der tiefer gelegenen Straße, wo ſich kleine Gärten vor den Häuſern befanden, ſah ich in einem derſelben einen Mann, welcher bei dem unſicheren Lichte emſig die Spur eines Maulwurfes zu verfolgen ſchien; eine Beſchäftigung, welche zu der faſt ländlichen Ruhe der Scene paßte. Der Mann folgte jedoch dem Wege einer Kugel.

Bei dem dämmernden Lichte bemerkte ich mit Befremden, daß der Platz vor dem Hotel mit Beſen gekehrt war, und hie und da große, dunkle Flecken, deren Urſprung ich mir nicht erklären konnte, da es, ſo viel ich wußte, während dieſer Nacht nicht geregnet hatte. Während ich, in einem dieſer Flecke ſtehend, verwundert den Boden zu meinen Füßen betrachtete, trat der Gartenliebhaber zu mir heran und sagte mit großer Emphase: „Ja mein Herr, das ist Franzosen= blut!" — Nun erst erfuhr ich, daß etwa zehn Minuten, nach= dem ich diesen Platz am Abende vorher verlassen hatte, der verhängnißvolle Schuß aus dem Garten des Ministers ge= fallen war und den Mord von gegen fünfzig unschuldigen Spaziergängern zur Folge gehabt hatte.

„Blut ist ein ganz besonderer Saft!"

Rachegeister schienen über den Lachen zu schweben, in denen ich ahnungslos watete; die Ruhe der Scene gewann nun eine andere Bedeutung; sie konnte nur die sein, welche dem Ausbruche eines heftigen Gewitters vorherzugehen pflegt. Ich selbst fühlte mich seltsam bewegt und aufgeregt, aber empfand mehr Mitleid als Haß gegen die armen Mörder, deren niedergeschlagene Mienen mir deutlich anzeigten, daß sie sich ihres blutigen Werkes nicht freuten.

Als ich den Weg zur Porte St. Martin einschlug, fand ich die Scene belebter. An der Ecke der Straße du Helder, vor dem Laden des Waffenhändlers Devîmes, war eine auf= geregte Volksmenge versammelt, mit welcher ich in den Waf= fenladen eindrang. Er war schon am Tage vorher heimge= sucht worden und bot einen eigenthümlichen Anblick. Tische und Stühle in demselben waren von der eifrig nach Waffen verlangenden Volksmenge umgestülpt und ohne Muthwillen, nur durch das Gedränge in Stücke getreten worden.

Man fand einige künstlich verborgene Wandschränke und in ihnen Massen von Säbelklingen, nach welchen sich Hun= derte von Händen begierig ausstreckten. Die Klingen wurden am Heftende mit Tüchern umwunden und mit Rachegeschrei geschwungen. Mir genügte eine solche Waffe nicht, allein die Arbeiter des Waffenhändlers, die mich dringend auf= forderten, die lärmende Menge zum Verlassen des Ladens

zu veranlassen, sagten mir, daß kein einziges Gewehr mehr
vorhanden sei. Ich gab jedoch meine Nachforschungen nicht
auf und trat in die anstoßende Werkstatt, in der sich eine
Art von Hängeboden befand, zu welchem ich auf einer vor=
gefundenen Leiter hinaufstieg. Ich fand hier einen bedeuten=
den Vorrath von Patronen und ganze Säcke mit Kugeln,
die ich den über den kostbaren Fund jubelnden Leuten hin=
unterwarf; ich sagte jedoch nichts von den zahlreichen, ele=
ganten Kästchen, die umherstanden, und welche sämmtlich
kostbare Gewehre und Pistolen enthielten, die meistens von
einer neuen Construction waren und deren Gebrauch das
Volk sicher noch nicht kannte. Ich wollte dem Waffenhänd=
ler einen Schaden ersparen, der nur Plünderern zu gut ge=
kommen wäre und man ließ sich auch beschwichtigen; ich selbst
nahm mir jedoch ein köstliches, doppelläufiges Gewehr mit
schwarzem Schaft.

Als ich mit demselben das Haus verließ, um es in ei=
nem benachbarten Weinhause in Ruhe zusammenzusetzen,
folgte mir einer der Arbeiter von Devîmes. Wissen Sie
wohl," sagte er, „daß dies Gewehr über 2000 Franken werth
ist? ich kenne es, denn ich habe selbst daran gearbeitet." Ich
gab dem Manne die Versicherung, daß ich es nach gemachtem
Gebrauche wiederbringen würde; allein er lächelte ungläubig
und half mir das Gewehr zusammensetzen, da mir die Con=
struction noch unbekannt war. Es war nach dem Shstem
Lefauchex gebaut und wurde von hinten geladen mit einer
eigenthümlichen Patrone. Diese bestand aus einer Hülse von
dünner Pappe, deren eines Ende durch eine kupferne Kapsel
geschlossen war, aus welcher ein Stift hervorragte, der in
einen Einschnitt an dem untern Theil des Laufes paßte.
Dieser Stift stand in einem Zündhütchen, welches sich im
Innern der Patrone befand. Die Kugel war am andern

Ende der Patrone fest aufgeleimt. Durch einen gewöhnlichen Hahn, der auf den Stift wirkte, wurde das Pulver in der Patrone sehr schnell und wirksam entzündet. Gewehre dieser Art schießen außerordentlich sicher und weit. Als ich mit meinem Gewehr wieder auf die Straße trat, fand ich dort einen Mann, der eine große Masse von Patronenpacketen trug, die er nicht los werden konnte, da sie zu den gewöhnlichen Soldatengewehren nicht paßten; es waren solche zu meinem Gewehr und ich nahm ihm, höchlich erfreut, einige Päckchen ab.

So bewaffnet setzte ich meinen Weg fort. Die Ruhe hatte dem regsten Leben Platz gemacht und Tausende waren damit beschäftigt, Bäume zu fällen und sowohl die zu den Boulevarts führenden Straßen als diese selbst zu verbarrikadiren. Von der Porte St. Martin her wälzte sich eine kampferhitzte Masse; man hörte Geschrei und Schüsse und dazwischen den Gesang der Marseillaise und noch häufiger den aus den Girondisten: „Mourir pour la patrie! etc." —

Ich ward in den kurzen Kampf verwickelt, welcher an der Barrikade der rue du faubourg Montmatre statt fand und verschoß hier zehn Kugeln, welche in der Entfernung von höchstens fünfundzwanzig Schritt große Wirkung thaten. Ein Arbeiter wurde an meiner Seite erschossen, so daß sein Blut meinen sandfarbigen Ueberrock befleckte. Eine Spitzkugel war durch den Munitionskasten gedrungen, den man oben auf die Barrikade gelegt hatte.

An enthusiastischen Franzosen fehlte es nicht, welche den deutschen „frère" umarmten und priesen, so daß ich froh war, ihren gut gemeinten stürmischen Liebkosungen entgehen zu können. Der Kampf schien nun vorläufig vorüber und ich dachte die Pause zum Frühstücken zu benutzen. Auf dem Wege nach meiner Wohnung begegnete ich einem Bataillon

Nationalgarde, welches mich mit Erstaunen betrachtete, denn mein Gesicht war vom Kampfe geröthet und die blutigen Zeichen auf meinem Rocke bewiesen, daß ich daran Theil genommen. Man rief mir zu: „es sei ja Alles vorüber, ich mögte doch nach Hause gehen, ich würde meine Waffe nicht mehr nöthig haben u. s. w." Ich lachte, zeigte auf die frischen Blutflecken und stürmte vorüber, Entsetzen in dem Herzen manches der uniformirten Epiciers zurücklassend.

Der Place du Havre, an welchem ich wohnte, wurde ebenfalls verbarrikadirt, denn man erwartete den Angriff des Militärs von der rue St. Lazare her, da in dieser, oder vielmehr in der rue de la Pépinière eine Caserne lag. Eine Barrikade erhob sich dicht unter meinem Fenster und begann der Kampf, so hatte ich in meinem Zimmer eine treffliche, die rue St. Lazare dominirende Stellung. Ich blieb daher zu Hause und ging nur manchmal auf die Straße, um den Leuten mit Rath und That beizustehen.

Man hatte sehr schöne, neue Omnibus zu den Barrikaden benutzt und ein Gamin amüsirte sich, dieselben muthwillig zu zerstören. Da er meinem Abmahnen gar kein Gehör schenkte, so fand ich für gut, ihm ein wenig die Ohren zu zausen, wofür ich mit einem grimmigen: „Arrrristocrate!" angeschnarrt wurde, worüber ich und all die rings versammelten Arbeiter in ein schallendes Gelächter ausbrachen.

Unsere Erwartungen erfüllten sich nicht, obwohl wir durch Gerüchte von anrückenden Truppen bis zum Nachmittage fortwährend alarmirt wurden. Ich schrieb bei offenem Fenster, das Gewehr zwischen den Knieen, Briefe nach Deutschland, die ich vor Schluß der Post in den Briefkasten an der Börse werfen wollte. Als ich zu diesem Ende die Boulevarts durchschnitt, sah ich hier einen Volkshaufen von etwa tausend Mann nach dem Bastillenplatze zu marschiren; an der Spitze ritt, in sehr lächerlicher Haltung, ein bebrillter polytechnischer Schüler. Die meisten der Leute hatten Fetzen rothen Sammets in den Knopflöchern oder an den Blousen, und einige von ihnen trugen hoch über ihren Köpfen einen vergoldeten Sessel. Man sagte mir, es sei dies der Thron der Könige von Frankreich und man wolle ihn unter der Julisäule verbrennen. Ich hielt dies für einen sinnreichen, symbolischen Einfall und den Sessel für einen Theaterthron, war daher nicht wenig überrascht und ärgerlich zu hören, daß ich die Einnahme der Tuilerien durch das Volk versäumt hatte und daß der zum Scheiter= haufen bestimmte Sessel der wirkliche Thron des Papier= mäklers war, welcher seit achtzehn Jahren das französische Volk beherrschte, das Revolutionen so gut zu machen und so schlecht zu benutzen versteht. Louis Philipp schlich davon wie ein Dieb, wie es hieß, zweihundert Millionen in seinem Portefeuille mit sich nehmend. Die Kugeln des Fieschi und anderer zum Mord mißleiteter Menschen hatten ihn gefehlt, da ihm das Schicksal dieses besser verdiente, schmachvollere Ende bereiten wollte.

Am andern Vormittage war das Wetter schön und ich beschloß eine Reise nach der rue de la Perle zu machen, um mich nach dem Schicksal meines conservativen Freundes zu erkundigen, um den ich besorgt war, da es während der Nacht in dem Marais genannten Stadttheile scharf herge= gangen sein sollte.

Der Kampf war nun vollständig zu Ende, der Sieg des Volkes entschieden. Das Aussehen der Stadt an diesem glorreichen Morgen wird mir unvergeßlich sein. Die Boule= vards boten von der Höhe herab einen merkwürdigen Anblick dar; es war, als ob ein Tornado darüber hinweggefegt sei und jeden hervorragenden Gegenstand der Erde gleich gemacht habe. Man sah nichts Aufrechtes als einige Barrikaden;

die Bäume waren gefällt worden, die Gaslaternen und ihre
Träger zerbrochen, die runden, hohlen Säulen, welche als
pissoirs und Ankündigungshalter benutzt wurden, umgestürzt,
wie auch die Wachthäuschen. Eiserne Geländer von halber
Armsdicke waren zerbrochen und hin und wieder gewunden
wie Draht, so daß ich nicht begreifen konnte, durch welche
Kräfte und Mittel dies zu Stande gebracht sein mochte.

Ich überkletterte auf meinem Wege zahllose Barrikaden,
welche meistens von regelmäßigen Volkswachen gehütet wur=
den. Die an der faubourg Montmartre erregte manches
Lächeln; auf ihr flatterte eine große Fahne mit der Inschrift:
„vive la république!" und neben ihr hatten sich in höchst
theatralischen Stellungen junge, hübsche Männer gruppirt,
welche bis an die Zähne bewaffnet waren. Die meisten Leute
dachten gar nicht an die Möglichkeit einer Republik.

Auf der Straße wogte eine bunte, fröhliche Menge; es
war, als würde ein großes Fest gefeiert, und in der That
feierte ja das Volk den allerhöchsten Feiertag, den Geburts=
tag der Freiheit. Mit großer Galanterie wurden die Damen
von den Wächtern über die Barrikaden geleitet und überall
war Jubel und Gelächter, welche nur für den Augenblick
schwiegen und stummen Ehrenbezeugungen Platz machten,
wenn einer der verwundeten Volkskämpfer vorüber getragen
wurde.

Die Männer waren fast sämmtlich bewaffnet, selbst die
Spaziergänger, und man sah unter ihnen die abenteuerlichsten
Gestalten. Ein Arbeiter fiel mir wegen der seltsamen Aus=
rüstung auf; er trug einen wunderschön ciselirten Helm aus
dem fünfzehnten Jahrhundert, dazu einen Kürassierharnisch
aus dem vorigen, ein Commisgewehr über der Achsel und
Patrontasche und Säbel an Bandeliren über der Brust.
Graue Leinwandhosen und Filzschuhe paßten hierzu prächtig!

Einen sehr stutzerhaft gekleideten Herrn sah ich mit einem Köcher voll Pfeilen auf dem Rücken und einem indianischen Bogen in der Hand. Lustige Mädchen empfingen ihn mit dem Ruf: „Es lebe Amor!"

Die Aufregung in der Stadt legte sich mit der Errei=chung des Sieges keinesweges; sie wurde mehr freudiger Art, allein stieg mit jedem Tage; ein Schwindel schien die ganze Bevölkerung ergriffen zu haben. Die unterbrochene Commu=nication wurde bald wieder hergestellt und überall sah man ungeheure Züge — oft gegen zwanzig tausend Menschen — mit Fahnen an der Spitze, irgend einem Volksmanne eine Ovation zu bereiten, oder der provisorischen Regierung eine Bitte dringend an's Herz zu legen; Freiheitsbäume wurden gepflanzt und Jedermann wurde „Bürger" genannt; allein auf solche Dinge legten nur junge und alte Narren Werth; die verständigen Führer der Demokratie ärgerten sich mehr über diese Nachäffung alter Abgeschmacktheiten, die zur Zeit der ersten Revolution einige Bedeutung haben mochten, im Jahr 1848 aber einfach lächerlich waren.

Mein Gewehr schickte ich, wie versprochen, durch Pom=pejus an Herrn Devîmes; war aber nicht wenig erstaunt, mich am andern Tage überall wegen dieser Wiedererstattung und meiner thätigen Theilnahme am Kampfe becomplimentirt zu sehen; der Waffenhändler hatte das Billet, welches das Gewehr begleitete — im National abdrucken lassen! Es scheint demnach nicht, daß viele Personen die Waffen zurück=erstatteten und Manche meinten, ich hätte das Gewehr besser verdient wie Herr Devîmes, dem es doch von der Regierung bezahlt würde. Selbst anständige Franzosen thun Manches ganz ungenirt, was einem Deutschen fast unmöglich ist; sie stecken zum Beispiel in den Kaffeehäusern ganz unbefangen den übrig bleibenden Zucker in die Tasche, worüber ich mich oft entsetzt habe.

Da mir die deutschen Zustände und besonders die Stimmung des Volkes sehr wohl bekannt waren, so konnte ich darüber gar nicht im Zweifel sein, daß auch in Deutschland Revolutionen ausbrechen würden. Ich wußte aber auch sehr wohl, welche Schwierigkeiten sich dort der Erreichung des Revolutionszweckes entgegensetzten, und daß es mit einer dreitägigen Straßenschlacht nicht abgethan sein würde. Unter den damaligen Verhältnissen konnte eine Revolution in Deutschland nur vollständig gelingen, wenn die in der ersten Ueberraschung und Begeisterung errungenen Erfolge durch einen mächtigen Rückhalt für einige Zeit wenigstens festgehalten wurden.

Obwohl Frankreich genug mit sich selbst zu thun hatte, so schien es mir doch außerordentlich nothwendig und natürlich, daß es revolutionäre Bewegungen in den Nachbarländern so viel als möglich unterstützte, was auf die leichteste Weise und ohne große Opfer dadurch geschehen konnte, daß es von den ungeheuern Massen von Waffen, die es besitzt, einen Theil dem deutschen Volke abließ und sich öffentlich als Protectorin der Revolutionen in Europa erklärte.

Mir brannte in Paris der Boden unter den Füßen; ich wollte jedoch nicht mit leeren Händen nach Deutschland zurückkehren und wenigstens bestimmte Nachrichten über die Gesinnungen der neuen französischen Regierung dorthin mitbringen. Um Kenntniß davon zu erlangen, schrieb ich am 28. Februar an Herrn von Lamartine, setzte ihm die Zustände in Deutschland auseinander und kündigte ihm mit Bestimmtheit den Ausbruch von Revolutionen dort an, zugleich bat ich ihn, mich die Versicherung von der Theilnahme Frankreichs dorthin tragen zu lassen. Ich brachte den Brief selbst in

das Hotel Guizot, wo Herr von Lamartine seinen Sitz auf=
geschlagen hatte, und man noch immer den Zettel mit:
„Apartements à louer" am Thore sah, den Witzlinge
hier angeklebt hatten. Ob der Brief in Lamartines Hände gekommen ist weiß
ich nicht, da ich nie eine Antwort erhielt. Unter dem War=
ten darauf schmolzen meine Geldmittel immer mehr zusam=
men und das Anschaffen neuer war mit großen Schwierigkeiten
verbunden, selbst für reiche Pariser.

Mein Schwager, der große Kapitalien bei seinem Bankier
stehen und mehrere Häuser hatte, mußte sein Silberzeug in
das Pfandhaus schicken, um nur baares Geld zur Bestreitung
seines Haushaltes zu bekommen!

Während ich mich in solchem unbehaglichen Zustande
befand, hörte ich, daß sich in Paris eine „deutsche demokrati=
sche Gesellschaft" unter dem Präsidium Herwegh's gebildet
und beschlossen habe, die Deutschen in Paris zu einem Trup=
pencorps zu vereinigen, welches man nach Deutschland schicken
wolle, um dem sich erhebenden Volk als Anhaltpunkt und
Stütze zu dienen. — Obgleich ich schon andere Verbindungen
zu ähnlichem Zweck angeknüpft hatte, entschloß ich mich doch,
mich dem Näherliegenden anzuschließen, und ging zu Her=
wegh. Dieser theilte mir mit, daß die Mitglieder der deutschen
demokratischen Gesellschaft sich am Nachmittag an der Magda=
lenenkirche vereinigen und von dort auf die Ebene Monceau
marschiren würden.

Ich fand mich zur bestimmten Zeit ein und traf am
Sammelplatze etwa achthundert Arbeiter aus allen möglichen
deutschen Vaterländern. Die meisten hatten auf den Barri=
kaden mitgekämpft und Alle schienen von dem besten Geiste
beseelt; das heißt sie waren, wenn man sie hörte, vollständig
davon überzeugt, daß für Deutschland nur Heil zu erwarten

sei, wenn man seine sechsunddreißig Fürsten verjagte; zu
diesem Zwecke Gut und Blut daran zu wagen, sagten sie,
war ihr fester Entschluß.

Als Herwegh auf dem Platze erschien, brachte er die so
eben eingetroffene Nachricht, daß in Wien eine Revolution
ausgebrochen und Fürst Metternich verjagt sei. Diese wich=
tige Neuigkeit wurde mit dem größesten Jubel aufgenommen;
sogleich mischte sich aber einiges Mißtrauen in die Freude,
da eine Revolution in der Hauptstadt Oesterreichs selbst die
kühnsten Hoffnungen übertraf.

Der Abmarsch nach der Ebene Monçeau wurde ver=
zögert, da man eine Fahne erwartete, welche der Redacteur
der „lithopraphirten Correspondenz" Herr Heinrich Börn=
stein schicken und auf welche die eben erwähnte freudige
Nachricht geschrieben sein sollte, damit sie sofort ganz Paris
mitgetheilt würde. Sie kam endlich und man las darauf
mit großen Buchstaben: „Révolution à Vienne! Prince
Metternich chassé!" — Eine andere schöne, schwarz = roth=
goldene Fahne wurde von einem in Paris ansässigen Deutschen,
Dr. Krätzer aus Mainz, der im Ministerium der auswärtigen
Angelegenheiten unter Guizot eine Anstellung hatte, der Ge=
sellschaft geschenkt. Ich werde später noch Gelegenheit haben,
von diesem Manne zu reden.

Endlich setzte sich der Zug unter Trommelschlag in Be=
wegung, um nach der Ebene Monçeau zu marschiren. Dort
angekommen, wurden die bereits in „Sectionen" eingetheilten
Leute mit großer Mühe in Ordnung gestellt; ein ehemaliger
preußischer Officier, Herr Reinhardt von Schimmel=
pfennig, hatte den militärischen Oberbefehl.

Die Uebungen sollten angefangen werden und ich be=
gann die mir zugetheilte Section zu ordnen und ihr die
Anfangsgründe der edlen Waffenkunst beizubringen, als es

den Führern einfiel, daß es zweckmäßig sein dürfte, die Leute
noch einmal zu fragen, ob sie auch fest entschlossen seien,
Paris zu verlassen und zur Unterstützung der deutschen Brüder
nach Deutschland zu ziehen. Wer diesen Entschluß nicht
theile, wurde aufgefordert, zurückzutreten. Zu meinem großen
Erstaunen blieben mir von meiner Section nur sechszehn
Mann, mit welchen ich indessen meine Exercitien fortsetzte.
Die Stimmung der Leute war ganz vortrefflich. Sie
waren ruhig, bescheiden und vollkommen geneigt, sich jeder
militärischen Anordnung zu fügen, und hätte man von vorn=
herein die nöthige Festigkeit gezeigt, hätte Einigkeit unter den
Comitémitgliedern geherrscht, so hätte man aus den vorhan=
denen Elementen eine Truppe bilden können, welche den Ver=
gleich mit den besten der Welt aushielt. — Reinhardt von
Schimmelpfennigs Fähigkeiten reichten indessen nicht aus, ein
solches Corps zu organisiren, und da dies sogleich Jedem ein=
leuchtete, so wollten sämmtliche Comitémitglieder ihm beistehen,
wodurch er nur noch verwirrter wurde' und eine heillose
Confusion entstand.

Als wir von dem Exercierplatze abmarschirten, nahmen
wir unsere Richtung nach den Boulevarts, um die erstaunten
Pariser mit der neuen deutschen Fahne und unsern republika=
nischen Gesinnungen bekannt zu machen, über welche die
meisten von uns jedoch keineswegs mit sich selbst einig wa=
ren, so daß eine von Herwegh geschenkte Fahne mit: „Deutsche
Republik," ziemlich allgemeines Gelächter erregte. Unterwegs
schlossen sich unserem Zuge noch viele Deutsche an, und
derselbe erreichte eine bedeutende Länge.

Vor dem Hotel des Ministeriums der auswärtigen
Angelegenheiten, in welchem Lamartine residirte, wurde Halt
gemacht. Adalbert von Bornstedt, den ich bei dieser Ge=
legenheit kennen lernte, unterrichtete die Leute von dem Zwecke

2*

dieſes Anhaltens, und alsbald erſchallten aus unſeren Reihen
die lauten Rufe: „Vive la république allemande! vive
la république universelle! vive Lamartine!“ welche
Bornſtedt in der Weiſe eines Kapellmeiſters dirigirte.

Wer Paris kennt, weiß, daß es von der Ebene Monçeau,
an der Madaleine vorbei, die Boulevarts entlang bis zur
rue du Temple und von dort nach dem Hotel de Ville ein
ſehr weiter Marſch iſt. Das Hotel de Ville war für dieſen
Tag unſer Endziel; wir wollten hier in Maſſe die Regierung
um Waffen bitten, damit wir im Stande wären, für die
Freiheit unſerer Landsleute mitzukämpfen.

Unſere Promenade dauerte ſehr lange; denn alle dreihundert Schritte machte man Halt, um einen der durch die
Revolution befreiten April-Angeklagten anzuhören, welcher
mit beneidenswerther Stentorſtimme und Ausdauer ſehr
feurige Reden hielt über das Thema: „Das Zeitalter der
Könige iſt vorüber, das Zeitalter der Volksherrſchaft hat begonnen.“ Er fand ein zahlreiches Auditorium, denn es war,
glaube ich, Sonntag — wie eigentlich alle Tage in jener
Zeit — und die Boulevarts wimmelten von Spaziergängern.

Es war finſter, als der zu ungeheurer Stärke ange-
ſchwollene Zug vor dem Hôtel de Ville anlangte. Der
Franzoſe mit der Stentorſtimme hielt ſeine letzte Rede und
forderte darin das franzöſiſche Volk auf, uns Waffen zu
geben, welche Bitte von Allen mit lautem Ruf wiederholt
wurde.

Da viele der Führer noch für denſelben Abend eine Zu-
ſammenkunft im Café Mühlhouſe verabredet hatten, ſo fand
ich mich auch dort ein und erfuhr hier das Nähere über die
Entſtehung der deutſchen demokratiſchen Geſellſchaft.

Adalbert von Bornſtedt, der bekannte Redakteur der
Brüſſler deutſchen Zeitung, war kurz nach der Pariſer Re-

volution nach Paris gekommen. Da die dort anwesenden
Repräsentanten aller Nationen sich vereinigten, der proviso=
rischen Regierung eine glückwünschende Adresse zu überreichen,
so brachte Bornstedt eine solche auch von Seiten der Deut=
schen in Vorschlag; dieselbe fand Anklang. Zwei Entwürfe
zu dieser Adresse, einer von Georg Herwegh, der andere
von Benedy, wurden vorgelegt und in einer kleinen Ver=
sammlung discutirt. Benedys Adresse wurde verworfen, die
Herweghs angenommen.

Die damals in den Journalen mitgetheilte Adresse wurde
überreicht und von dem Justizminister Herrn Cremieux be=
antwortet. Bei der Ueberreichung waren unter andern auch
drei Abgesandte der Londoner Communisten, und Friedrich
Doll, der im Jahre 1842 in Koblenz arretirt und festge=
setzt worden, weil er zum Bunde der Geächteten gehört
hatte. Dieser „Bund" war zu jener Zeit von Benedy
gestiftet worden, welcher damals einer der wüthendsten
Fürstenfresser war. Seitdem lebte er als „Märtyrer" im
Hotel Violet in Paris, indem er sich mit Schriftstellerei be=
schäftigte. Durch das Verwerfen seiner Adresse war seine
Eitelkeit gekränkt; er zog sich von der Gesellschaft zurück und
schrieb Artikel gegen dieselbe für die Kölner Zeitung, deren
Correspondent er war. Später ging er nach Frankfurt und
wurde in das deutsche Parlament gewählt.

Zugleich mit dieser Adreßcommission, oder schon etwas
früher, hatte sich eine andere kleine Gesellschaft von Deutschen
gebildet, zu der jener Doll gehörte. Beide Gesellschaften
vereinigten sich und man beschloß, „die deutsche demokratische
Gesellschaft" zu bilden, zu deren Leitung sogleich ein Comité
gewählt wurde, und da man einen bekannten, in Deutsch=
land gut klingenden Namen an der Spitze zu sehen wünschte,
so trug man Georg Herwegh die Präsidentschaft auf.

Dieser neigte sich damals zu den Communisten — doch nur in der Theorie — und war, wenn ich nicht irre, Mitglied ihres Clubs in Paris. Was ihn besonders zur Annahme bestimmte, war der Umstand, daß ihm daran lag, die Prä=sidentschaft den Händen Bornstedts zu entreißen, dessen Name sowohl in Paris als in Deutschland einen sehr zweideutigen Ruf hatte.

Das Comité, welches ich bei meinem Eintritt in die Gesellschaft vorfand, bestand erstlich aus dem Präsidenten Herwegh und den Vicepräsidenten Bornstedt und Lö=wenfels. — Letzterer war ebenfalls, wie auch Bornstedt, preußischer Lieutenant in einem Infanterie=Regiment und Lehrer der französischen Sprache und Mathematik bei einer Divisionsschule gewesen. Aus Liebe zum Lehrfache, sagte er, hatte er nach kurzer Dienstzeit seinen Abschied genommen und war Schullehrer geworden, wozu er sich besser paßte als zum Soldaten. Nach der Revolution kam er nach Paris und zeichnete sich unter den dortigen Deutschen durch seine Be=geisterung wie durch seinen Ehrgeiz aus. Das Ziel seines Strebens war es, als Befehlshaber eines Volksheeres sein Vaterland in Erstaunen zu setzen. Uebrigens war er da=mals noch nicht Republikaner, sondern schwärmte für die Wiederherstellung des deutschen Kaiserthums.

Unter den andern Comitémitgliedern nenne ich nur Karl Börnstein, Doll, Fuhrmann, Schimmel=pfennig und Sturmfels; ich muß ehrlich gestehen, daß ich die Namen der anderen Mitglieder nicht kannte. Karl Börnstein, der jüngere Bruder Heinrichs, mit dem er das „Geschäft" gemeinschaftlich hatte, diente früher in der österreichischen Artillerie und schwang sich bis zum Feldwebel in einem Infanterie=Regimente empor. Als in Gallizien Unruhen ausbrachen, wurde er, damals noch Artillerist, mit seinem Regimente dorthin geschickt. Zum Schlagen ist es zu jener Zeit nicht gekommen; allein in Paris war es unter den Deutschen allgemein bekannt, daß Karl Börnstein, der wegen Rechnungsdifferenzen sein Regiment in Ungarn ver=laßen mußte, „den Feldzug in Polen", oder „den polnischen Krieg" mitgemacht habe. Welchen polnischen Krieg und ob als General oder als Corporal, darüber waren nur sehr Wenige unterrichtet, ich nicht. Fuhrmann und Sturm=fels waren recht brave Leute, aber der Welt und mir bis=her unbekannt geblieben.

Reinhard v. Schimmelpfennig war ein herzensguter, braver junger Mann, der wohl fühlte, daß er dem übernom=menen Posten als Befehlshaber der zu bildenden Legion nicht gewachsen sei. An jenem Abend im Café Mühlhouse nahm er mich auf die Seite, klagte mir sein Leid und sagte mir, er wolle seine Stelle aufgeben, wenn ich mich bewegen ließe, sie zu übernehmen. Ich hatte noch viel zu wenig von dem Ganzen gesehen, um so ohne Umstände auf seinen Vor=schlag einzugehen. Ich antwortete daher, daß die Sache wohl von der Entscheidung des Comité's abhängig gemacht werden müße und daß es meiner Ansicht nach unserm Unternehmen am förderlichsten sein würde, wenn wir irgend einen kriegs=erfahrenen älteren Officier zur Uebernahme des Commandos gewinnen könnten. Da ich in Bezug hierauf keine Schritte thun wollte, so blieb die Angelegenheit einstweilen auf sich beruhen.

Bornstedt war von allen Mitgliedern des Comité's das thätigste; er hatte in der Straße Montmartre 64 sein Quartier aufgeschlagen und hier ein „Central=Büreau" einge=richtet. Jeden Abend besuchte er die verschiedenen Pariser Clubs und sprach unaufhörlich, um die Franzosen für unsere Sache zu interessiren und sie geneigt zu machen, uns Geld und Waffen zu geben. Die Reden, welche er hielt, hatten wenig Inhalt und bestanden größtentheils aus den beliebten Redensarten jener Zeit, in welchen einige zündende Stichworte beständig wiederkehrten und in den heftigsten und gemeinsten Schimpfereien gegen die Fürsten, die er oft als „Ungeziefer" zu bezeichnen pflegte, was selbst die Republikaner unter den Franzosen anekelte.

Bornstedts rastlose Bemühungen hatten indessen Erfolg; wir bekamen gegen 150 Gewehre geschenkt und es ging Geld genug ein, um die laufenden Ausgaben zu bestreiten. Pla= kate mit Aufforderungen zur Unterstützung waren an allen Straßenecken zu finden und das „Central=Büreau" war von Morgen bis zum Abend von Leuten voll, welche sich in die Listen der Gesellschaft eintragen ließen.

Die Comitésitzungen fanden in einem Wirthshaus in der Straße Montorgueil statt. Man hatte die Führer der Sectionen, welche von nun an Compagnien genannt wurden, mit hineingezogen, und in dieser Eigenschaft fand auch ich dort Eingang.

Diese Sitzungen mißfielen mir gründlich; sie waren die Musterbilder fast sämmtlicher Demokraten=Sitzungen, denen ich überhaupt beiwohnte, und in ihnen wurde nichts früher und häufiger vergessen, als eben das demokratische Princip. Von einer Discussion war fast nie die Rede, denn jede dem Comité mißliebige Bemerkung wurde von den Leitern desselben mit verletzender Heftigkeit abgewiesen, und Herwegh war in dieser Hinsicht fast noch dictatorischer als Bornstedt. Der Un= wille gegen die Tyrannei und die im Ganzen herrschende Un= ordnung war allgemein. Mich machte dies so mißmuthig, daß ich mich zurückzuziehen beschloß, wenn diesem gewaltthä= tigen und dabei kindischen Treiben nicht ein Ende gemacht würde.

Während die Thätigkeit des Comité's sich hauptsächlich
darauf erstreckte, Geld zusammen zu bringen, waren die Leute
der Legion sehr unzufrieden. Die meisten von ihnen hatten,
um sich der beabsichtigten Expedition nach Deutschland anzu=
schließen, ihre Arbeit aufgegeben und wollten ihr erspartes
Geld nicht nutzlos in Paris aufzehren. Sie trieben daher
zum Abmarsch; allein man hielt sie von einem Tage zum
andern hin und machte sie endlich so böse, daß sie förmlich
rebellirten. — Ihr Charakter hatte sich überhaupt in der
letzten Zeit merklich zu ihrem Nachtheile geändert, und daran
waren Louis Blanc, Bornstedt und das Comité Schuld;
Louis Blanc machte die französischen, Bornstedt die deutschen
Arbeiter verrückt. Man schmeichelte ihnen auf die unver=
schämteste Weise, so daß sie endlich glauben mußten, die
ganze Revolution sei nur durch sie und nur für sie gemacht
worden und ihre Fäuste hätten viel mehr zu bedeuten als
die gescheutesten Köpfe. Mancher bisher fleißige und beschei=
dene Arbeiter wurde dadurch ein aufgeblasener fauler Narr, der
verlangte, die Regierung solle dafür sorgen, daß er faulenzen
und gut leben könne. Es versteht sich von selbst, daß es
auch vernünftige Leute unter den Arbeitern gab, welche über
die Theorie der sich populär machen wollenden Phantasten
lachten; allein ihre Zahl war in jener Zeit sehr klein.

Bornstedt war unser Louis Blanc, nur trieb er die
Sache noch weiter als dieser, indem er die Kleidung und die
Manieren der Arbeiter annahm, sie Du nannte und sich von
ihnen Du nennen ließ. Er mußte es zu veranstalten, daß
Arbeiter im Comité aufgenommen wurden, wodurch er der
Eitelkeit derselben schmeichelte und seinen Einfluß verstärkte,
indem die von ihm gewählten Leute seine Creaturen waren,
die ohne zu denken nachbeteten wie er vorbetete.

Durch die auf solche Weise erzeugten falschen Begriffe von Freiheit, Gleichheit und Brüderlichkeit wurde ein Geist in der Legion hervorgerufen, der aller Ordnung und Dis=ciplin schnurstracks entgegen war. Bei einer militärischen Expedition ist es noch mehr als bei jeder andern nöthig, daß die Anführer von den Leuten als etwas Besonderes be=trachtet werden; dies ist aber unmöglich, wenn man ihnen tagtäglich predigt: „die Anführer sind nichts Besseres als ihr, sie sind nur Diener, und diejenigen, welche sich durch ihre Handlungen und ihr Benehmen vor euch auszeichnen wollen, sind Aristokraten.“

Man kann den Gedanken der Freiheit, Gleichheit und Brüderlichkeit sehr ernst und warm im Herzen tragen, ohne diese Gleichheit darin zu suchen, daß die Gebildeten die Sprache und die Manieren der Ungebildeten nachahmen, und die Brüderlichkeit besteht schwerlich darin, mit jedem Lump Schnaps zu trinken und sich zu duzen. Diese abgeschmackten Ideen von Freiheit und Gleichheit haben der Sache der Freiheit und Gleichheit unendlich geschadet und die Revolution ist daran gescheitert.

Herwegh machte durch seine Ansichten das Uebel noch ärger. Drang ich auf Einführung militärischer Ordnung, so bekam er beinahe die „Gichter“ und schrie mit den Füßen trappelnd: „Ich will keine Kamaschenknechte!“ — Ich war genöthigt, die Sache gehen zu lassen wie sie ging, und sie ging herzlich schlecht.

Um die Ungeduldigsten der Legion aus Paris fortzu=schaffen, wurde in einer Comitésitzung beschlossen, daß an einem der nächsten Tage 500 Mann abmarschiren sollten. Vergebens machte ich auf die Unmöglichkeit aufmerksam, in dieser Frist die nöthigen Mittel herbeizuschaffen, wozu in der That noch nicht das Geringste geschehen war. Die Folge

davon war, daß man den Beschluß nicht ausführen konnte
und sich damit begnügen mußte, nur die Hälfte unter Rein=
hard Schimmelpfennigs Führung fast ohne Geld und ohne
Marschroute nach Straßburg abzuschicken, wo sich die ganze
Legion versammeln und von wo aus sie, wie es hieß, ihre
Operationen gegen die „sechsunddreißig Thrannen" beginnen
sollte.

Da einem Gesetz gemäß jeder deutsche Arbeiter, der in
seine Heimath zurückkehren wollte, eine Marschroute mit
Geldunterstützung bis an die Grenze erhielt, so gaben sich
Herwegh und Bornstedt Mühe, dies auch für unsere Leute
von der provisorischen Regierung zu erwirken, mit der Hoff=
nung, daß diese sich geneigt zeigen möchte, uns zugleich mit
Waffen, Munition und Geld zur Ausführung revolutionärer
Zwecke zu unterstützen. Man verhandelte mit Ledru=
Rollin und Flocon, die sehr geneigt waren, unsere
Wünsche zu erfüllen, obgleich es lange dauerte, ehe diese
praktischen Leute die unpraktischen, unklaren Ideen Herweghs
in Bezug auf die beabsichtigte Expedition begriffen. Endlich
rief Ledru=Rollin: „Ah, nun verstehe ich, Sie wollen gewisser=
maßen ein Corps Barrikadenprofessoren nach Deutsch=
land bringen!" — Auf einige Aeußerungen dieser ungünstig
gesinnten Herren wurden sanguinische Hoffnungen gegründet,
welche man unvorsichtiger Weise unsern Leuten als Gewißheit
auftischte. Bescheidener Zweifel wurde mit der größten Hef=
tigkeit zurückgewiesen.

Es war Niemand ein Geheimniß, daß die Ansichten der
Mitglieder der provisorischen Regierung durchaus nicht über=
einstimmten, und dies war hauptsächlich in Bezug auf die
Stellung der Fall, welche Frankreich dem Auslande gegen=
über annehmen solle. Die furchtsame Partei in der Regie=
rung wollte ängstlich jede Handlung vermeiden, welche sie mit

einer der benachbarten Mächte in Collision bringen konnte,
und die Unterstützung revolutionärer Schaaren würde sicher
ein guter Grund zur Beschwerde, wo nicht zum Kriege ge=
wesen sein. Wenn man von Seiten der Regierung für uns
Geldmittel anwies, so geschah dies nur, weil man die deutschen
Arbeiter los sein wollte, und wenn man unsern Bewaffnungen
und Versammlungen nichts weiter in den Weg legte, so
geschah dies theils weil man sie nicht verhindern wollte,
theils nicht konnte, ohne vielleicht einen Sturm heraufzu=
beschwören, welcher von der determinirten Partei in der
Regierung zum Sturz der andern benutzt worden sein würde.

Die uns günstig gesinnten Männer in der provisorischen
Regierung durch Volksmanifestationen in ihren uns förder=
lichen Absichten zu unterstützen, war nun eine unserer
Aufgaben und wir ließen keine Gelegenheit unbenützt. Es
verging kein Tag, an welchem nicht Tausende von Parisern
in geordneten Zügen, mit Fahnen an der Spitze, zu diesem
oder jenem speciellen Zwecke durch die Straßen zogen. Unter
dieser Menge hatten wir fast immer Freunde, welche die
Veranlassung ergriffen, unsere Bitte um Waffen und Unter=
stützung in ihre kräftigen Rufe mit einzuflechten. Dadurch
und durch die Nachrichten von dem Fortgange der Revo=
lution in Deutschland gelang es, den Parisern großes In=
teresse an unserm Unternehmen einzuflößen, was, wie wir
gehofft, nicht ohne Einfluß auf das Benehmen der Regierung
gegen uns war.

Als unsern aufrichtigsten Freund in derselben betrachteten
wir nicht ohne Grund Flocon und wünschten uns Glück,
daß grade ihm die Unterhandlungen mit den fremden Re=
publikanern übertragen waren; in bessere Hände konnten wir
nicht fallen; hätte es von ihm allein abgehangen, so würden
wir Alles erhalten haben, was wir wünschten und bedurften.

Wir würden dies in noch bei Weitem größeren Maße als es geschah von den Parisern selbst erhalten haben; allein das Geld war niemals dort so selten und Waffen gab man auch nur ungern her, da man dem Frieden keineswegs traute und nicht wissen konnte, wie bald die Intriguen der antirevolutionären und lauwarmen Partei das Volk wieder auf die Barrikaden rufen konnte.

Den Polen ging es nicht besser als uns und das gleiche Schicksal brachte uns näher zusammen, als es in den letzten Jahren der Fall gewesen war; die Vorgänge in Posen und das Benehmen der Polen gegen die Deutschen dort und umgekehrt, hatte auch eine gewisse Kälte zwischen den Angehörigen beider Nationen im Auslande hervorgebracht. Gleichheit der Absichten und Politik führten nun zu einem freundlicheren Verhältniß. Wollten die Polen in ihr Vaterland zurückkehren, so mußten sie Deutschland durchziehen und die Sympathien des Volkes waren ihnen zu diesem Ende nothwendig; wir dagegen hofften an ihnen nicht allein tapfere Verbündete zu finden, sondern auch von der engeren Verbindung mit ihnen in Bezug auf die Pariser Vortheil zu ziehen, denn für sie hatte das französische Volk schon langjährige Sympathien, während die für unsere Sache noch von sehr jungem Datum war. Es entstand demnach zwischen uns ein Art von Schutz- und Trutzbündniß.

Unsern gemeinschaftlichen Bemühungen, in Verbindung mit dem Interesse, welches selbst die laue Regierungspartei in der Entfernung der Fremden aus Paris hatte, gelang es endlich, von der provisorischen Regierung die Zusicherung zu erhalten, daß man uns und den Polen die Marschunterstützung bis an die Grenze bewilligte, ja die vielfachen Manifestationen zu unsern Gunsten erfüllten uns immer mehr mit der Hoffnung, trotz aller entgegenstehenden Gründe, vielleicht doch noch Waffen zu erhalten.

Zur Unterstützung dieses Zweckes und zur Ermuthigung unserer Freunde in der Regierung beschlossen wir daher noch= mals, durch eine große, gemeinschaftliche Manifestation auf das Pariser Volk zu wirken, und dasselbe zu entschiedenem Aussprechen seiner uns günstigen Wünsche zu veranlassen.

Die Veranlassung fand sich bald. Die Polen, welche Paris verließen, wollten nämlich Sonntag den 25. März der Stadt ihren Dank für die lange genossene Gastfreundschaft überbringen, und die Republikaner aller Nationen schlossen sich an diesem Tage ihrem Zuge an, der dadurch und durch die Theilnahme aller möglichen Pariser Corporationen zu einem der großartigsten dieser ganzen Zeit wurde.

Der Platz vor dem Hotel de Ville war so dicht mit Menschen besetzt, daß buchstäblich zwischen ihnen kein Apfel zur Erde fallen konnte. Hunderte von Fahnen von allen möglichen Farben und mit den verschiedensten Inschriften flatterten und unter ihnen auch die zwei schwarz=roth=goldenen an der Spitze eines unermeßlichen Zuges.

Die Deputationen wurden im Stadthause empfangen und die Behörden hörten ihre Wünsche an und beantworteten sie in günstiger Weise, wie das Angesichts einer so großar= tigen Theilnahme von Seiten der Pariser wohl nicht anders sein konnte. Wir waren eigentlich nur so mitgelaufen, ohne eine Adresse zu beabsichtigen; als daher Sobrier (ich weiß nicht ob ich mich im Namen irre), der zu Pferde war und bei dieser colossalen Visite als Ceremonienmeister fungirte, die Deutschen aufforderte, ihre Deputation nun ebenfalls in das Hotel de Ville zu schicken, war man darauf durchaus nicht vorbereitet. Herwegh, stets ein schlechter Redner und immer

in Verlegenheit, mußte faſt gezwungen werden in das Hotel
de Ville zu gehen, und was er dort improviſirte war ſchwach.

Als das gegenſeitige Andeclamiren vorüber war und
die einzelnen Züge wieder abmarſchiren wollten, führte uns
der Zufall an die Seite eines Zuges franzöſiſcher Hand=
werker. Die Rufe: vive la république! vive l'Alle-
magne! wurden ausgetauſcht und bald vermiſchten ſich beide
Züge und der Umarmungen und des frères-Geſchreies war
kein Ende.

Ein langer Franzoſe, der mit lächelndem Blick die Ver=
wirrung überſchaut hatte, die keine Löſung finden konnte,
nahm die franzöſiſchen und deutſchen Fahnenträger am Arm
und brachte ſie zuſammen in der Weiſe, als führe er eine Cotil=
lontour auf. Ich bin überzeugt, der Mann gehörte zum
Theater und war es gewohnt, widerſpenſtige Statiſten in Ord=
nung zu bringen. Sein Gedanke war ein glücklicher und
wurde mit ungeheurer Acclamation aufgenommen. Deutſche
und Franzoſen miſchten ſich Arm in Arm hinter den ver=
einten Fahnen und unter Jubel und Trommelſchlag ſetzte
ſich der große Zug nach dem Baſtilleplatz in Bewegung.

Als wir bei der Juliſäule ankamen, nahm Alles die
Hüte ab und die Fahnen ſenkten ſich tief vor dem Grabmal
der Juli= und Februarhelden, während wir drei Mal in
feierlichem Schweigen daſſelbe umzogen. Ein Regierungs=
commiſſair mit der dreifarbigen Schärpe haranguirte uns
und wurde wieder haranguirt, und nachdem das überſtanden
war, zogen wir die Boulevarts entlang, durch die Rue de
la Paix auf den Vendômeplatz, wo von den Franzoſen dem
Juſtizminiſter, Bürger Cremieux, ein Lebehoch gebracht
wurde, der vom Balcon herab dankte und dabei ſich über
unſere „ſchönen Fahnen" freute.

Herwegh und Bornstedt hatten bisher mit den Mit=
gliedern der provisorischen Regierung unterhandelt und haupt=
sächlich mit Ledru=Rollin und Flocon. Letzterer äußerte
den Wunsch, die militairischen Führer der Legion zu sprechen,
und eines Vormittags gingen Löwenfels und ich mit Herwegh
zu ihm.

Flocon wohnte damals Rue Thevenot 14 oder 16 au
quatrième. Durch eine dralle Bäuerin wurde man in ein
langes mit Ziegeln gepflastertes Zimmer geführt, wo gewöhnlich
eine Menge Leute auf Audienz warteten. In der Mitte dieses
Zimmers — eine Art salle à manger — stand ein mit einem
grünen Tuche bedeckter Tisch mit Schreibzeug und Papieren
und an ihm saß Flocons Amenuensis, Herr Gregoire,
ein angenehmer Mann, der unter der Republik einen guten
Ruf genoß. Waren nicht zu viel Leute im Zimmer, dann
rauchte er seine kurze Thonpfeife, die sich Flocon selbst auch
manchmal ansteckte, wenn er nicht grade eine ceremoniöse
Audienz gab, sondern mit uns verhandelte. Als Einführer
fungirte besagtes hübsches Bauermädchen oder Madame Flocon
selbst, eine kleine, untersetzte Dame von gegen vierzig, die an
der wichtigen Stellung ihres Mannes besonderes Vergnügen
zu haben schien.

Es erschien damals eine große Lithographie mit den Por=
traits sämmtlicher Mitglieder der provisorischen Regierung;
das Flocon's gab mir von ihm einen ganz falschen Eindruck,
da es ihn als einen ganz jungen Mann darstellte, während
er im Gegentheil ziemlich alt, fast wie ein Fünfziger und
durch seine gebückte Haltung noch älter erschien. Er hatte
in jener Zeit außerordentlich viel zu arbeiten, und da seine
Gesundheit schwach war, so griff ihn das sehr an und er
sah abgespannt und krank aus. Sein Gesicht, wie seine
ganze Art und Weise gefielen mir sehr und flößten Achtung

und Zutrauen ein. Er hatte nicht das fahrige, kindische
Wesen so mancher Democraten, sondern war überlegt, ruhig
und würdevoll; er machte mir den Eindruck eines Staats=
mannes, der Wichtiges zu bedenken und auszuführen hat.

Er empfing uns in seinem Arbeitszimmer, reichte uns
die Hand und bot uns Strohstühle an, wobei er lächelnd
die Armuth der neuen Republik entschuldigte, die ihn noch
nicht in den Stand gesetzt habe, sein Empfangszimmer mit
Sesseln zu versehen. Die Wohnung sah in der That einfach
genug aus für ein Mitglied der Regierung des mächtigen
Frankreich.

Nachdem wir mit ihm an einem runden Tische Platz
genommen hatten rief er „causons la guerre" und ver=
langte Näheres über unsere Pläne zu wissen. Herwegh und
Löwenfels drehten und wanden sich in unbestimmten Phrasen,
die ihn ungedulbig machten; er wandte sich endlich mit der
Frage um meine Ansicht nach mir. Ich hatte ihn scharf be=
obachtet und das Resultat meiner Forschungen war, daß wir
ihm unbedingt trauen konnten. Ich erwiederte ihm lächelnd:
„ob er eine Antwort für das Mitglied der provisorischen
Regierung oder für sich persönlich wünsche?" Die Unter=
scheidung schien ihm zu gefallen und seine Antwort befestigte
mich in meinem Vertrauen. Ich sagte ihm, daß ich es für
zweckmäßig halten würde, bei Mannheim über den Rhein zu
gehen, nach Heidelberg zu marschiren, in den Odenwald
vorzudringen, hier die Gegend zu revolutioniren und die
Armee zu vergrößern, mit welcher ich zum Schutz des deut=
schen Parlaments nach Frankfurt zu marschiren gedächte.
Ein anderer, ausführbarer Plan wäre vielleicht der, die
Legion in Metz zusammen zu ziehen, um von hier un=
verhofft nach Preußen einzurücken, wo es mir vielleicht durch
meine Bekanntschaft in jener Gegend und mit der Festung

selbst gelingen möchte, die kleine, starke Festung Saarlouis zu überrumpeln, die nur eine halbe Stunde von der Grenze entfernt liegt. Der Besitz einer solchen Festung würde uns das Sammeln einer Armee außerordentlich erleichtern.

Flocon hörte mir mit großer Aufmerksamkeit zu und fragte dann: „Allein wenn Sie an der Grenze, oder am Rhein Widerstand finden?" Herwegh machte mir alle möglichen Pantomimen und Löwenfels trat mir heimlich auf den Fuß; ich ließ mich jedoch nicht stören, sondern antwortete mit großer Bestimmtheit: „Dann begegnen wir der Gewalt mit Gewalt!" Mir schien diese Offenheit die allerbeste Politik; stellten wir uns auf einen solchen Fuß mit Flocon, so wurden die Unterhandlungen sehr erleichtert und wir erfuhren von ihm ohne Mühe, welche Bedenken von Seiten der Regierung unserm Vorhaben im Wege standen.

Während unserer Berathung brachte Madame Flocon ihrem Manne ein Portefeuille, auf welchem ministère de l'interieur stand und welches eben gebracht worden war. Flocon nahm während der Unterredung ein Packet Bank= billets, jedes von tausend Francs, heraus und hielt sie, während er mit uns redete, zwischen Daumen und Zeige= finger, so daß wir das Geld beinahe zählen konnten; es mochten etwa fünfzig Billets in dem Päckchen enthalten sein.

Endlich sagte Herr Flocon zu Herwegh: „Ich habe eben Geld vom Ministerium bekommen; wie viel brauchen Sie, für die ersten, dringendsten Ausgaben zur Ausrüstung der Legion? ich meine nur für den Augenblick." — Dabei wog er die Banknoten in der Hand vor unseren Augen, als wolle er sagen: Die Summe, die ich hier habe, ist für diesen augenblicklichen Zweck bestimmt. — Herwegh drehte und wandte sich auf seinem Stuhl, während ihn Flocon ruhig ansah, geduldig das Resultat dieser Contorsionen abwar=

tend. Endlich stotterte er: „Zweitausend Francs!" — Ich vergesse niemals Flocon's Gesicht; die Miene, die er machte, drückte ,so viel aus, daß ich es nicht auf einer Seite erschöpfend wiedergeben, aber abgekürzt in das Wort: „Dummkopf" zusammenziehen kann.

Meine Miene und selbst die von Löwenfels veranlaßte Herwegh, noch fünfhundert Francs hinzuzufügen; Flocon gab ihm das Geld; allein ich sah, daß er eine geringe Meinung von Herwegh gewonnen hatte. Dieser mußte den Empfang quittiren, was er that, ohne den Inhalt der Quittung zu lesen. Als wir auf die Straße kamen, machte ich Herwegh über seine lächerliche Forderung Vorwürfe; denn das Geld reichte nicht einmal hin, die zerrissenen Schuhe unserer Leute zu flicken und wir brauchten Hemden, neue Schuhe, Blousen und Hüte für mehr als tausend Mann. Herwegh, der stets unentschlossen, wenn er nicht übereilt war, hatte eine große Abneigung dagegen, überhaupt Geld von der französischen Regierung zu nehmen, ein Gefühl, welches in einer ehrenhaften Regung seinen Grund fand; allein da er sich einmal entschloß, überhaupt etwas zu nehmen, so mußte es doch dem Zwecke entsprechen.

Als ich ihm im Laufe des Tages die Bedürfnisse der Legion vorrechnete, schien Herwegh seinen Fehler einzusehen; allein er konnte sich nicht entschließen. Um ein Ende zu machen, ging ich am anderen Vormittage allein zu Flocon und klagte ihm meine Noth; ich sagte ihm, daß Herwegh ein unpractischer Poet sei, der nicht wisse, was militärische Ausrüstung koste und daß das erhaltene Geld so gut wie nichts nütze. Flocon zuckte mit den Achseln, erwiederte, daß er das gleich gedacht habe, gab mir 5000 Francs und bat mich, ihm auf das Hotel de Ville, wohin er eben fahre, eine

3*

Quittung von Herwegh zu bringen, da dieser einmal die erste unterschrieben habe.

Ich suchte diesen sogleich auf und nachdem ich das Papier erhalten hatte, eilte ich Flocon nach. Ich fand ihn im Büreau des Polizeichefs, Caussidière, der ihm eben seine Geldnoth klagte. „Sehen Sie,“ sagte der Polizeipräfect, auf zwei kleine Säcke weisend, „diese zweitausend Francs sind alles baare Geld, welches ich besitze und jeder Mensch, der hereintritt, will Geld von mir haben; es ist eine wahre Schande!“ Flocon zuckte lächelnd mit den Achseln, Caussidière war ein großer, ziemlich starker, noch junger Mann, blond wenn ich nicht irre, der in seinem schwarzen Frack etwas ungeschickt aussah.

Als ich Flocon die Quittung von Herwegh gab, die ich in der Eile gar nicht angesehen hatte, schlug er ärgerlich mit der Hand dagegen und sagte: „Das taugt gar nichts, das ist Unsinn!“ Herwegh quittirte: „Von der französischen Regierung aus den Händen des Bürgers Corvin von Seiten des Bürgers Flocon 5000 Francs erhalten zu haben u. s. w. Ich bat Flocon, die Quittung selbst aufzusetzen, damit nicht ein neuer Irrthum vorkomme. Er that es und schrieb: „Von Herrn Flocon als ein Darlehn (sous titre de prêt) 5000 Francs u. s. w.“ Er wollte durchaus nicht, daß die französische Regierung erwähnt würde, wovon die Gründe leicht ersichtlich sind. *)

Ich war später noch einige Mal bei Flocon, den ich vergeblich zu dem Versprechen, uns Waffen zu liefern, bewegen wollte, sei es nun heimlich oder öffentlich. Die Hauptschwie-

---

*) In einem im August 1848 im „Morgenblatt“ abgedruckten Artikel habe ich die Sache anders dargestellt, da die provisorische Regierung, als ich den Aufsatz schrieb, noch existirte und ich den wahren Verlauf nicht veröffentlichen konnte.　　　　　　　Der Verfasser.

rigkeit und das größte Bedenken erregte unsere Absicht, von
Frankreich direct in Deutschland bewaffnet einrücken zu wollen.
Als ich das gewahr wurde, sann ich über ein Mittel nach,
die französische Regierung zu sichern und als ich eines Morgens zu Flocon kam, den ich an seinem Schreibtische sitzend
fand, sagte ich ihm, daß wir aus Frankreich in die Schweiz
marschiren und von dort aus die deutsche Grenze überschreiten
wollten. Flocon sprang überrascht auf, gab mir die Hand
und rief: „In diesem Falle sollen Sie auch Waffen haben!"
Die anderen Mitglieder der Regierung mußten indessen wohl
andere Ansichten haben, denn man hielt uns mit leeren
Redensarten von Tag zu Tage hin; selbst für das zunächst
abmarschiren sollende Bataillon konnten wir nicht einmal die
längst versprochene Marschroute nach Straßburg erhalten.

Die Comitésitzungen, in denen wenig geschah, hatten
unterdessen ihren ungestörten Fortgang, ebenso die Versammlungen der ganzen Legion, wozu eine große Reitbahn auf
der Chaussee d'Antin gemiethet wurde. Der Zweck dieser
Versammlungen war hauptsächlich, die Leute zu organisiren;
allein dazu blieb meistens sehr wenig Zeit übrig, weil man
den zahlreichen theilnehmenden Franzosen um so weniger den
Zutritt versagen konnte, als sie meist nicht mit leeren Händen kamen, sondern Beiträge an Waffen und oft nicht un-
beträchtliche Geldunterstützungen brachten. Die Franzosen
hatten aber eine unbesiegbare Redelust, die indessen von den
meisten Mitgliedern des Comités getheilt wurde. Ein paar
Tische wurden zu einer Rednerbühne umgeformt, von welcher
herab Franzosen und Deutsche ihren Empfindungen und ihren
Verwünschungen gegen die Fürsten Luft machten. Bornstedt, Börnstein (Heinrich) und Andere sprachen um die
Wette und Jeder bemühte sich, die Leute immermehr aufzuregen, welche schon durch die Nachrichten aus Deutschland und

durch das aufregende Straßenleben der damaligen Zeit wie
berauscht waren. Ich hielt daher diese Reden für überflüssig
und zeitraubend, und da stets dieselben banalen Redensarten
wiederholt wurden, so bekam ich förmlich einen Ekel davor
und konnte mich nicht entschließen, ebenfalls das Wort zu
nehmen.

Herwegh, wie schon gesagt, kein Redner, war vernünftig
genug, seinen Mangel einzusehen und sprach selten; allein
wenn er es that, geschah es meistens nur, die zu sanguini=
schen Hoffnungen der Leute zu dämpfen und ihnen den
richtigen Gesichtspunkt anzugeben, von welchem aus sie un=
sere Expedition zu betrachten hätten. Er sagte ihnen, „daß
man sie keineswegs dazu werben oder überreden wolle. Wer
sich nicht dazu von selbst getrieben fühle, solle entweder in
Paris bleiben, oder sich seine Marschroute holen, um allein
nach Deutschland zu wandern. Jeder ziehe dorthin auf
seine eigene Hand und Verantwortung. Man
möge ja nicht glauben, daß uns, wenn wir nach Deutsch=
land kämen, Wohlleben und Bequemlichkeit erwarteten; im
Gegentheil, es erwarte uns nichts als Hunger und Ka=
nonen. Wer darauf nicht gefaßt sei, der möge zurück=
bleiben." Das wurde den Leuten nicht einmal, sondern bei
jeder Gelegenheit gesagt, was ich zu erklären mich gegenüber
Herwegh um so mehr verpflichtet halte, als ich mich so häufig
über sein Benehmen tadelnd aussprechen muß. Ich thue das
im Interesse der Wahrheit und aus Ueberzeugung, so schwer
es mir auch eigentlich wird, da ich Herwegh persönlich lieb
habe und ihn als Dichter hochschätze.

Außer den Deutschen meldeten sich auch eine Menge Fran=
zosen, welche den Zug mitmachen wollten; ja ganze Bataillone
der Garde mobile erklärten sich hierzu bereit, wenn man es
ihnen gestatte; sie wollten unsere Schicksale und unsere Ent=

behrungen theilen, wie wir mit ihnen die Gefahren der drei Tage
getheilt hätten. Da wir jedoch den beschränkten Patriotismus
unserer Landsleute kannten, so wiesen wir alle dergleichen
Anerbietungen zurück. Die Deutschen wollten sich die Frei=
heit allein erkämpfen, oder — vielmehr im Frankfurter
Parlament erreden. Man war ja für dieses Parlament
in Deutschland so fanatisirt und überschätzte die Macht des=
selben so sehr, daß man förmlich empört war bei dem
Aussprechen des Gedankens, daß dasselbe ohne eine Volks=
armee ohnmächtig sei, so daß es sogar als eine Art Ver=
rath an der guten Sache betrachtet wurde, die Bemühungen
desselben durch Waffen zu unterstützen. Als ich in diesem
Sinne an einen meiner besten und zuverlässigsten Freunde
schrieb, einen durchaus tüchtigen und sehr verständigen Mann,
antwortete er mir: „Meine Büchse und die manches anderen
Ehrenmannes ist für Sie geladen! Wollen wir die Fürsten
absetzen, so können wir es noch immer thun, wenn wir es für
nothwendig halten." So verblendet über die Bedeutung dieser
Parlamentsseifenblase waren selbst ruhige, verständige Männer!

Da fast sämmtliche Angehörige der Legion ebenso gut
Französisch als Deutsch sprachen, so geschah es, daß trotz
aller Vorsicht sich eine Anzahl Franzosen in unsere Reihen
schmuggelten, was ich erst in Deutschland gewahr wurde;
es mochten einige Dreißig sein.

Wir hatten, wie ich bereits früher erzählte, die Absicht,
mit den Polen zusammen in Deutschland aufzutreten; allein
man rieth ihnen wie uns lebhaft von diesem Vorhaben ab,
und zwar aus folgenden Gründen: Die deutschen Regierun=
gen, sagte man, könnten und würden unter den waltenden
Umständen den Polen den Durchzug durch ihre Gebiete, viel=
leicht selbst bewaffnet, nicht verwehren; anders sei es mit
uns und wir müßten erwarten, beim ersten Schritt über die

Grenze angegriffen zu werden. Zögen die Polen mit uns, so müßten sie mit uns gemeinschaftliche Sache machen und sich mit und für uns schlagen; dadurch geriethen sie in eine feindliche Stellung zu den deutschen Regierungen, und der Marsch nach Polen, wo man sie mit Sehnsucht erwarte, würde verzögert oder gar unmöglich gemacht werden. Diese Gründe bewogen uns von unserm Vorhaben abzustehen. Dazu kam noch, daß wir überhaupt wenig mit den Polen harmonirten, woran Geldzänkereien mit Schuld waren. Kamen Gelder an, so wollten diese stets mit uns theilen, während sie zum Theilen nie bereit waren; sie waren einseitige Communisten.

Endlich nach einer langen Zwischenfrist waren wieder vierhundert Mann bereit nach Straßburg abzumarschiren. Ich hatte mir viel Mühe gegeben, sie etwas besser auszurüsten als die erste Abtheilung; die Leute sahen ganz stattlich aus und waren ziemlich gleich gekleidet. Sie trugen eine graue Leinwandblouse mit einem Gürtel und einen grauen „Freischärlerhut", der mit der deutschen Kokarde und einer kleinen dreifarbigen Feder geschmückt war. Einzelne Stutzer hatten einen ganzen Federwald auf dem Kopfe, so sehr ich auch gegen solche Narrheit eiferte. Ich hatte Unrecht; wer eine große Narrheit ausführen will, muß tolerant sein gegen kleinere, wogegen jedoch meistens gefehlt wird. Die Officiere, ähnlich gekleidet, trugen auf besonderes Verlangen Flocons Degen an der Seite und an der Spitze der Colonnen marschirten die Fahnenträger. Jeder Mann erhielt außer freiem Quartier noch einen Franc für den Tag.

Da die Polen an demselben Tage abzogen, so war ein großer Zusammenfluß von Menschen zu erwarten und ich beschloß, die Colonne selbst bis nach Vincennes zu führen, um grobe Unordnungen zu verhüten, da ich mir wohl denken konnte, daß beim Abschiede viel getrunken werden würde.

Morgens sieben Uhr waren unsere Leute an der Barrière du Trône versammelt. Wir mußten lange warten, denn Herwegh kam nicht, welcher versprochen hatte die Marschroute zu bringen. Da er sie am Abend noch nicht erhalten, so war er mitten in der Nacht bei Ledru-Rollin gewesen und dieser hatte sogleich alle Beamte auf die Beine gebracht. Gegen neun Uhr kam Herwegh mit der Marschroute; allein wir konnten noch nicht abmarschiren, da die der Polen nicht fertig war und die mit ihren Fahnen uns das Geleite ge= benden Pariser Corporationen es gern sahen, wenn wir mit diesen vereinigt uns in Bewegung setzten.

Die Leute unserer Legion waren durch die langen Zö= gerungen so ärgerlich geworden, daß die ganze Geschichte darüber aus dem Leim zu gehen drohte, und da man sie mehrmals mit Festsetzung des Abmarschtages angeführt hatte, was mich fast noch mehr als sie verdroß, so hatte ich ihnen bei dem letzten Apell auf dem Platz de la Concorde auf mein Ehrenwort versprochen, daß sie an dem Tage, den ich ihnen nannte, jedenfalls abmarschiren sollten, gleichviel ob mit ob ohne Marschroute.

Als ich an der Julisäule hielt, um einige Nachzügler zu sammeln, kam ein bekannter Demokrat zu mir, dessen Name ich vergessen habe; er hielt einen kleinen Knaben an der Hand, den er mir als den Sohn eines Freiheitsmärtyrers vorstellte, der in Folge einer der zahlreichen Verschwörungen gegen Louis Philipp sein Leben auf dem Schaffot verloren hatte; doch auch dieser Name ist mir entfallen. Der Mann bat mich, dem Knaben meine Hände auf den Kopf zu legen und ihn dann zu küssen; es würde dies eine Erinnerung für fein Leben fein. Solche poetische, sentimentale Regungen findet man bei den Franzosen sehr häufig und wenn sie sich auch oft auf eine etwas theatralische Weise äußern, so gehen sie nichtsdestoweniger aus ihrer innersten Natur hervor.

Die Zeit, welche mit Warten auf die Polen verging, wurde mit Reden ausgefüllt. Der Prinz von der Moskwa, Edgar Ney, bestieg mein Pferd und hielt von hier eine Rede an unsere Leute. Nach ihm bestieg Herwegh dieselbe Tribüne. Von diesen Reden wurde indessen die Mannschaft nicht berauscht, sie war dergleichen nun vollkommen gewohnt; allein desto mehr war dies der Fall von dem Wein, den sie mit ihren Pariser Freunden zum Abschied schon so früh am Morgen trinken mußte. Die Leute waren nicht aus den Wirthshäusern zu bringen, und mir ging die Ahnung auf, daß die Handwerksburschenneigungen unserer Republikaner, beim Mangel an aller militairischen Ordnung, eine reiche Quelle des Kummers und Verdrusses für mich sein würde.

Eine ungeheure Menge Volkes begleitete uns bis Vincennes. Der Kommandant der Festung stand in Uniform mit seinen Officieren unter dem Thore derselben. Ich stieg vom Pferde und machte ihm meine militairische Meldung, die mit großer Artigkeit aufgenommen wurde. In der Stadt empfing man uns mit Musik und auf einer Wiese ließ ich Halt machen, um eine halbe Stunde zu ruhen und den Leuten Zeit zu lassen, von ihren Pariser Freunden Abschied zu nehmen. — Es ging etwas bunt durcheinander; endlich aber kam die Kolonne in Marsch. Im Walde hinter Vincennes wurde sie von den Polen eingeholt, auf die wir wegen der zu großen Zögerung nicht hatten warten können. Man machte beiderseits Halt und trank Brüderschaft, bei welcher Trinkschlacht es von beiden Seiten einige Todte gab. —

Abends fünf Uhr kehrte ich endlich todtmüde und völlig
stimmlos nach Paris zurück, noch weniger lüstern nach dem
Kommando als früher. Seit einigen Tagen hatte ich dasselbe
übernommen, da Herwegh mich dazu aufgefordert, und Lö=
wenfels, der abwesend war, mich durch seinen verzehrenden
Ehrgeiz nicht ennuhirte.

Während wir bemüht gewesen, die Legion so gut als
möglich zu organisiren und Waffen und Geld herbeizuschaffen,
war die Wirksamkeit nach Außen hin auch nicht außer Acht
gelassen worden. Wir waren mit den deutschen Republikanern
in der Schweiz und in den andern Hauptstädten Frankreichs
in Verbindung getreten. Die Nachrichten von dorther lauteten
sehr günstig und wir durften hoffen, wenn wir zusammen=
stießen, ein Truppencorps von 5—6000 Mann zur Ver=
fügung zu haben.

Doll und Fuhrmann wurden als Emissäre nach
Frankfurt und Baden geschickt, Bakunin nahm Aufträge
in andere Gegenden mit und ein Pole ging voraus nach
Straßburg, dort ein Hülfsbüreau zu errichten. Wir schrieben
an unsere Freunde und an demokratische Gesellschaften in
Deutschland, wie auch an verschiedene Journale, hauptsächlich
um die Gerüchte zu widerlegen, welche die deutschen Regierun=
gen absichtlich in Bezug auf uns verbreitet hatten. Zahlreiche
Spione, welche all unsern Versammlungen beiwohnten, un=
terrichteten diese Regierungen von jedem unserer Schritte. Ge=
heimniß wurde indessen so wenig für nöthig gehalten, daß sogar
Bornstedt einst die Herrn Spione bat, ganz ungenirt ihre
Notizbücher hervorzuziehen und unsere Reden aufzuzeichnen,
damit keine Unwahrheiten in den Journalen abgedruckt würden.

Die Nachrichten, die wir aus Baden erhielten, machten
uns besondere Freude und wir durften erwarten, bei unserer

Ankunft am Rhein mit Jubel von der Bevölkerung em=
pfangen zu werden. Wir waren freilich entschlossen, die uns
gegenüberstehenden Truppen zu bekämpfen; allein so weit
ging unsere Verblendung nicht, daß wir dem Volk mit
Gewalt unsere republikanischen Ansichten octroyiren wollten;
unsere Devise war: Mit dem Volke für das Volk.

Die Nothwendigkeit eines erfahrenen, militärischen
Oberbefehlshabers leuchtete endlich dem Comité ein und
Bornstedt veranlaßte einen alten Offizier, Oberst Suarec
(er war ein Elsasser und mochte wohl ursprünglich Schwarz
heißen) sich um diese Stelle zu bewerben. Der Oberst hatte
viele Feldzüge mitgemacht und zuletzt ein Freicorps in Spa=
nien oder Portugal befehligt. Viele Leute, die unter ihm
gedient hatten und in Paris lebten, bezeichneten ihn als
einen sehr tüchtigen, feurigen und energischen Offizier, der
sich ganz besonders gut zur Leitung einer etwas abenteuer=
lichen Expedition eigne.

In der Reitbahn der Chaussée d'Antin wurde der
Oberst eines Abends den Leuten als unser General von
Bornstedt vorgestellt. Niemand von uns hatte ihn vorher
gesehen; ich glaube nicht einmal Herwegh! Da die Er=
nennung eines erfahrenen Befehlshabers mein liebster Wunsch
gewesen, so war ich natürlich sehr begierig, seine Bekannt=
schaft zu machen. Zu meiner großen Freude sah ich, daß
er ganz unser Mann war und daß ich ebenfalls seinen Bei=
fall hatte. Für zwei Soldaten bedarf es nur einer kurzen
Unterhaltung, um gegenseitig zu erkennen, was, in militäri=
scher Hinsicht, aneinander ist; Muth und Geistesgegenwart
lassen sich allerdings erst auf dem Schlachtfelde erproben.
Ich besuchte den Obersten noch einige Mal und da wir
über Organisation, den beabsichtigten Feldzug und andere

rein militärische Dinge sprachen, so hatte er Gelegenheit, auch meine Kenntnisse näher kennen zu lernen.

Als ihn Bornstedt und Löwenfels besuchten, hatte er ihnen erklärt, er werde nur das Obercommando übernehmen, wenn ich ihm als Chef des Generalstabes zur Seite stünde; rückten wir nach Baden ein, dann sollte ich zum General ernannt werden. In allen militärischen Dingen wolle er einzig mit mir verhandeln. Beide Herren riefen aber — so erzählte mir der Oberst selbst — „Nur Corvin nicht!" Darauf fragte er, ob man mich denn nicht für einen fähigen Offizier halte? worauf beide Herren sich günstig über meine militärischen Fähigkeiten aussprachen. Den Fragen des Obersten, ob man meinen politischen Gesinnungen miß= traue? konnten sie gleichfalls nichts entgegensetzen; allein ihr Refrain war: „Nur Corvin nicht"! Der Oberst wußte nicht, was er von einem solchen Benehmen halten sollte; allein ich wußte es sehr wohl; der Grund desselben waren Ehrgeiz und Eifersucht.

Da ich dem Obersten versprochen hatte, von seinen Mit= theilungen keinen Gebrauch zu machen, so that ich, als wisse ich von den üblen Gesinnungen jener Herren gegen mich nichts, schlug aber Herwegh in einem Briefe vor — ich hatte den Obersten davon unterrichtet — sämmtliche Offi= ziere der Legion durch eine aus französischen Generälen zu= sammengesetzte Commission in Bezug auf ihre militärischen Kenntnisse prüfen zu lassen und Jedem eine seinen dabei be= wiesenen Fähigkeiten angemessene Stellung zu geben. Dieser Vorschlag erregte höchst lächerliche Bestürzung und wurde heftig bekämpft.

Als ich am anderen Tage zum Obersten kam, hörte ich zu meinem Erstaunen, daß er von dem Commando zu=

rückgetreten sei. Herr Julius Faber, der mit allen Regie=
rungsverhältnissen sehr genau bekannt war, war ein Freund
des Obersten und ich vermuthe, daß dieser ihm einen Wink
davon gab, wie man mit uns zu handeln gedenke und daß
es nur darauf ankomme, die überflüssigen Arbeiter aus
Frankreich zu entfernen. Der Oberst konnte mir im Ver=
trauen gemachte Mittheilungen natürlich nicht verrathen;
allein er mahnte mich freundschaftlich dringend davon ab,
mich an dem Unternehmen zu betheiligen, welches gar kein
Resultat haben werde. Der von dem Obersten angegebene
Grund seines Rücktritts war die Art und Weise, wie Her=
wegh und Bornstedt ihn behandelten. Ein alter, hoher
Offizier wie er, konnte weder an den communistischen Formen
des letzteren noch an der durchaus unmilitärischen des ersteren
Gefallen finden und mußte sich unaufhörlich in seiner Würde
verletzt fühlen. Herwegh und Bornstedt dagegen entsetzten
sich über die Forderung des Obersten von 5000 Francs zu
seiner Equipirung für den Feldzug, eine Forderung, die in
der That eine sehr mäßige war. Man hatte ganz naiv ge=
meint, der Mann solle es sich zur großen Ehre schätzen, ein
undisciplinirtes Corps deutscher Handwerksburschen zu orga=
nisiren, zu commandiren und Leben und militärischen Ruf
für eine Sache zu gefährden, die ihn als Franzosen doch nur
wenig interessiren konnte.

All die Unordnungen und Kleinlichkeiten, wie die Eigen=
thümlichkeit Herweghs, hatten mir schon oft den Gedanken
eingegeben, mich von dem Unternehmen zurückzuziehen, und
einst als Herwegh abermals meine dringenden Vorstellungen
in Bezug auf militärische Ordnung mit seinem: „Ich will
keine Kamaschenknechte!" beantwortete, verließ ich ihn mit
dieser Erklärung. Als ich jedoch in meine Wohnung kam,
fand ich folgenden Brief von Herwegh:

Societé
des
Démocrates Allemands
à Paris.
Bureau Central
54 Rue Montmartre.

Lieber Corvin!

Ich hoffe nicht, daß Achilles in seinem Zelte schmollt und in einem Augenblicke sich zurückzieht, wo Alles sich zu unsern Gunsten zu gestalten anfängt. Wenn Sie mit dem Comité unzufrieden sind, so geht es Ihnen wie mir selbst; was unsere heutige Discussion betrifft, so werden Sie nicht empfindlich sein. Sie wissen, daß ich Ihnen gut bin, und wir werden zusammen schon was zu Stande bringen.

Freundlich grüßend

Ihr ergebener

Herwegh.

Monsieur

Corvin

134 rue St. Lazare

aux bains de Havre.

Ich hatte Herwegh trotz seiner Ungeeigentheit zu der von ihm bekleideten Stelle wegen seiner anderen liebenswürdigen Eigenschaften lieb gewonnen, und ließ mich durch ihn um so eher zum Bleiben bestimmen, als ich hoffen durfte, der guten Sache einst nöthig zu sein.

Herwegh ist ein Dichter und hat alle Fehler eines solchen; Fehler, die eben Dichtertugenden sind. Sein Leben ist ein Leben in der Phantasie; seine Handlungen sind Gedichte. Solche geistige Thaten sind für die Vorbereitung eines Volkes zu materiellen Thaten sehr wichtig; allein es ist ein Mißgriff, einen Dichter an die Spitze von Unternehmungen zu stellen, die eine andere Art des Handelns nöthig machen. Truppen kommandirt man nicht in Versen, auch werden sie

mit denselben weder gefüttert noch bekleidet. Stellt einen
wirklichen Dichter an die Spitze einer politischen Partei und
er wird dieselbe ruiniren; sie kann gar nicht in schlechtere
Hände fallen.

Herwegh nahm den regsten Antheil an allen politischen
Bewegungen, auf deren Hervorrufung er durch seine kräf=
tigen Gedichte einen nicht zu verachtenden Einfluß ausgeübt
hatte; allein seine Gedanken schwebten, eben weil sie poetische
waren, über der gemeinen Wirklichkeit, die ihn überall an=
ekelte und zornig machte, und der er keine Berechtigung zu=
gestehen wollte. Details haßte er; allein dennoch liebte er
es oft, sich um das Kleinste zu kümmern und dann wurde
er kleinlich. Dabei war er ein Egoist; weniger in materiellen
Dingen; er konnte entbehren und Anstrengungen, welche sei=
nen nicht kräftigen Körper mehr als den eines Andern an=
griffen, ohne Murren ertragen; allein er konnte wüthend
werden, wenn man ihn mit Dingen plagte, die ein Anderer
besorgen konnte; er handelte überhaupt nur, wenn er dazu
gezwungen wurde, niemals aus freiem, innerem Antrieb.
Dabei fehlte ihm durchaus jede Gegenwart des Geistes; war
der Moment vorüber, dann arbeitete seine Phantasie die
Situation desselben aus und er wußte sehr gut, was er
hätte thun sollen. Solche Grübeleien trugen indessen keine
Frucht; das nächste unvorhergesehene Ereigniß traf ihn gleich
unvorbereitet.

Dabei waren Herwegs Neigungen despotisch, wie ich
dies bei den meisten Demokraten gefunden habe; venünftigen
Vorstellungen setzte er förmlich gehässige Heftigkeit entgegen.
Auch liebte er es niemals, Auseinandersetzungen zu geben,
eben weil seine Gedanken keine bestimmten Umrisse hatten;
er wollte errathen sein, und war froh, wenn irgend Jemand
dieselben in eine wenn auch nur annähernd entsprechende

Form brachte. Zwang man Herwegh durch bestimmt ge=
stellte Fragen aus seinem träumerischen Schweigen heraus,
so gab er, was er zu sagen hatte, eilig, in kurzen Sätzen,
als läge ihm daran, die Sache nur bald vom Halse zu
haben; dabei redete er mit außerordentlicher Heftigkeit, und
je länger er sprach, desto hitziger wurde er, wenn ihm auch
Niemand opponirte. Praktische Menschenkenner, die ihn lange
beobachteten und für seinen Werth als Dichter keinen Maß=
stab in sich fanden, waren mit dem Urtheil über ihn schnell
fertig: ein Poet, ein träumerischer, ehrgeiziger, dabei charak=
terschwacher Mensch, der zu nichts zu gebrauchen ist!

So ungeeignet Herwegh für die Stelle war, an welcher
er stand, so würden unsere Angelegenheiten doch immer noch er=
träglich gegangen sein, wenn er nur dazu hätte gebracht
werden können, seinen Ideen zu folgen, die Praxis würde
das Ueberschwengliche derselben schon modifizirt haben. Da
waren aber Bornstedt, da Löwenfels, die vor Begierde brann=
ten, alle Geschäfte an sich zu reißen, um ihrem Ehrgeiz
Genüge zu leisten, selbst wenn diese Geschäfte weit über
ihre Fähigkeiten hinausgingen. Der Ehrgeiz der Mittelmäßig=
keit tritt stets am heftigsten auf, eben weil er seine innere
Unberechtigtkeit fühlt oder doch wenigstens von einer Ahnung
derselben gequält wird. Fing Herwegh an zu handeln, so
hinderten diese Leute ihn dadurch, daß sie ihm helfen wollten.
Herwegh fühlte dies sehr wohl und sah, daß bei all der zappe=
ligen Thätigkeit eigentlich nichts geschah; allein da er sich nicht
zu der Energie aufschwingen konnte, dem Dinge ein Ende zu
machen und das Bewußtsein seiner Schwäche hatte, so war
er beständig ärgerlich und mißmuthig. Häufig war er auf
dem Punkte loszubrechen und dazwischen zu fahren; allein
immer siegte wieder seine Abneigung gegen entschiedenes

Auftreten, gegen jede ihm nicht absolut nöthig scheinende geistige Aufregung.

So blieb Alles im alten Schlendrian; Jeder that, was ihm gefiel und Jeder ärgerte sich im Stillen über den An= dern und schwieg, um Uneinigkeit zu verhüten, da die Comité= mitglieder — mit wenigen Ausnahmen — ebenso empfindlich als unfähig waren. Ich selbst war noch nicht so erfahren, als ich es jetzt bin und namentlich hatte ich noch nicht die verschiedenen Charaktertypen der Demokraten kennen gelernt; ich hatte noch keinen Begriff von der ehrgeizigen, gewissen= losen Frechheit mittelmäßiger Menschen, von der schmachvollen Feigheit mancher Redner, deren heldenmüthige Worte ich an= staunte und für baare Münze nahm und war vor allen Dingen über mich selbst noch nicht im Klaren; ich hatte mich noch nicht erprobt und wußte nicht, ob meine Fähigkeit im Handeln groß genug war, das auszuführen, was ich träumte. Selbst wahr, hielt ich jeden Anderen dafür und fühlte mich den großen Worten gegenüber befangen und klein. Daher kam es, daß ich nicht entschieden auftrat.

Nachdem ich eine Skizze von Herweghs Charakter ge= geben habe, muß ich auch nothwendig von seiner Frau reden. Emma Herwegh ist die Tochter des Berliner Bankiers Sieg= mund. Bei der ersten Bekanntschaft machte sie auf mich keinen besonders günstigen Eindruck. Ich hielt sie für affec= tirt in ihrem Wesen und für berlinisch naseweis und ab= sprechend. Das war indessen rein zufällig; bei längerer Be= kanntschaft gewöhnte ich mich an ihre Art und Weise und lernte sie wegen ihrer vielen trefflichen Eigenschaften hoch= achten. Sie war nicht so poetisch und träumerisch wie ihr Mann, sondern bei Weitem praktischer als dieser. Dabei war sie energisch, entschlossen und unerschrocken; in den schwierigsten Lagen verlor sie den Muth nicht und die größte

Gefahr vermochte sie nicht zu erschrecken. Für sich fürchtete, für sich sorgte sie nie, nur für ihren Mann, den sie mit außerordentlicher Zärtlichkeit liebte und auf dessen Talent und Ruf sie mit Recht stolz war.

Trotz der Entschiedenheit im Handeln, trotz des männlichen Muthes fehlte es ihr nicht an den sanfteren Tugenden des Weibes; sie war eine treffliche Gattin und zärtliche Mutter, wenn sie auch alle Philisterei, wenigstens in der Theorie, abgestreift hatte. Herwegh und seine Frau ergänzten sich vollkommen; sie gehörten zusammen, wie Schwertgriff und Klinge. Sie kannte seinen Werth, aber auch seine Schwächen und war stets mit ächtem Liebeseifer bemüht, diese letzteren zu verhehlen, oder als Tugenden darzustellen, da es ihr nicht gelang, ihren eigensinnigen Poeten zu ändern; er seinerseits war gleichfalls von ihrem Werthe überzeugt, sie war ihm unentbehrlich; ohne sie fühlte er sich elend und bildete sich ein, kein Glück zu haben. Frau Herwegh war damals eine Frau in den Zwanzigern von nicht grad' schönem, doch angenehmem Aeußern. Sie war von mittlerer Größe und hübsch gewachsen, bräunlich blond mit hellblauen Augen, doch mögen sie auch grau gewesen sein, worauf ich nicht schwören will.

Sie hatte sich entschlossen, den Zug nach Deutschland an der Seite ihres Mannes mitzumachen und beschäftigte sich sehr viel mit dem Gedanken an die Männerkleidung, welche sie dabei tragen wollte. Sie konnte sehr lange Zeit nicht über die Form des Hutes und über die Art einig werden, wie sie ihr Haar tragen wollte; allein endlich wurde diese Angelegenheit zur Zufriedenheit beendigt, nachdem wir Alle unsere Meinung über diesen wichtigen Gegenstand abgegeben hatten.

4*

Bornstedt, Löwenfels, Karl Börnstein und die meisten
andern Mitglieder des Comités waren den Colonnen nach=
gereist, von denen in kurzen Zeiträumen noch einige ab=
marschirten, und Herwegh und ich blieben in Paris zurück,
da wir noch immer nicht die Hoffnung aufgaben, die provi=
sorische Regierung zu bewegen, uns wenigstens heimlich auf
irgend eine Weise Waffen zukommen zu lassen.

Ich war fast jeden Tag bei Flocon; konnte aber nichts
als vague Versprechungen von ihm erlangen; Ledru=Rollin
bekam man gar nicht mehr zu sehen; er wurde von seinen,
wahrscheinlich von der Gegenpartei gewonnenen, Leuten
förmlich gefangen gehalten und von der Verbindung mit
Gewalt sinnenden Menschen abgeschnitten. Herwegh dachte
unsere Freunde würden in Straßburg Gelegenheit bieten,
uns mit Waffen zu versehen; allein das Benehmen der
provisorischen Regierung in der letzten Zeit rechtfertigte diese
Hoffnung keineswegs.

Es ist möglich, daß die wirklich revolutionäre Partei
in der provisorischen Regierung es durchgesetzt haben würde,
uns heimlich mit Waffen zu unterstützen, wenn sie allen
Mitgliedern unsers Comités getraut hätte; allein es waren
Leute dabei, bei deren Namen jene Herren die Köpfe schüt=
telten. Daß Spione fremder Mächte im Comité waren,
wußten sie damals wohl eben so wenig als wir; allein
Bornstedt war bekannt und sein Ruf rechtfertigte alle mög=
liche Voraussetzungen. Ich habe, wie schon bemerkt, nichts
Schlechtes an ihm bemerkt, wenn mir auch seine commu=
nistische Art und Weise mißfiel, und ich seine Methode auf
die Leute zu wirken, nicht billigte und seine ganze Begeiste=
rung mir eine durchaus künstliche schien; allein es ist eine
nicht wegzuläugnende Thatsache, daß sein schlechter Namen
uns sowohl bei der provisorischen Regierung Frankreichs wie

in Deutschland sehr viel schadete. Andererseits konnten wir uns nicht verbergen, daß er uns bisher in materieller Hinsicht mehr als irgend Jemand anderes genutzt und eine große Gewalt über die Leute der Legion gewonnen hatte. So erkenntlich wir nun auch für diese wesentlichen Leistungen Bornstedts waren, so sahen wir doch ein, daß das Unternehmen, durch seinen zu großen Einfluß auf den Fortgang desselben, gefährdet werden würde und nach Berathung zwischen Herwegh, mir und anderen in Paris zurückgebliebenen Deutschen wurde der Entschluß gefaßt, Bornstedt von seiner Stellung zu entfernen.

Herr Bernays kam Herweghs Unentschlossenheit zu Hülfe. Er redigirte ohne Aufforderung ein Decret, durch welches Bornstedt, weil er mit Gesellschaftsgeldern eigenmächtig verfahren, weil man die Redlichkeit seiner republikanischen Gesinnungen zu bezweifeln Gründe habe, weil sein schlechter Ruf unserer Sache nur schaden könne, weil jetzt nur dieses Faktum und nicht das Verdientsein dieses Rufes zu berücksichtigen sei, — seines Amtes als Vicepräsident der Gesellschaft enthoben und von seiner Mission (nach Straßburg) zurückgerufen wird.

Dieses Papier legte Bernays Herwegh und mir zur Unterschrift vor. Wir waren mit dem Inhalt um so mehr einverstanden, als von allen Seiten Klagen gegen Bornstedt kamen. Wir unterschrieben das Papier und uns folgten darin die anderen in Paris anwesenden Comitémitglieder. Ich unternahm es, in Straßburg dies Decret zur Ausführung zu bringen und wenn ich auf Widerstand stoßen sollte, dies nöthigenfalls mit Gewalt zu thun; Herwegh versprach dazu als Präsident seine kräftigste Unterstützung.

Als Herwegh und seine Frau nach Straßburg abreisten, blieb ich noch in Paris, um die unmittelbare Verbindung

mit unfern dortigen Freunden und der proviforischen Re=
gierung so lange als möglich zu unterhalten. Meine Unter=
handlungen hatten indessen keinen besseren Erfolg als früher
und Flocon, der sich wahrscheinlich schämte, da er mir früher
andere Hoffnungen gemacht hatte, sagte mir, daß bereits
Instructionen nach Straßburg geschickt wären, wo wir das
Nöthige erfahren und erhalten sollten. Beim Abschied um=
armte er mich freundlich und wünschte uns alles Glück; ich
bin überzeugt, es that ihm leid, nicht mehr für uns thun
zu können.

Man hat in Deutschland oftmals die Frage an mich
gerichtet, warum die Legion nicht früher hierher kam und
zögerte, bis der erste Enthusiasmus vorüber war. Die
Gründe dieses Zögerns erklären sich zum Theil schon aus
dem Erzählten; allein noch mehr durch den stets vergessenen
Umstand, daß Straßburg (und überhaupt die deutsche Grenze),
sehr weit von Paris entfernt ist, daß es damals noch keine
Eisenbahn dorthin gab, und daß man vier Wochen marschi=
schiren mußte, um es zu erreichen.

Endlich hatte ich meine Geschäfte in Paris beendet und
meine hübsche Wirthin war sehr unglücklich darüber, ihren
Miether zu verlieren, der trotz allem Geldmangel sehr pünkt=
lich bezahlt hatte, was sie von den Offizieren der Garde
mobile nicht rühmen konnte, welche die anderen Zimmer inne
hatten. Am Abend vor meiner Abreise kam sie auf den
Einfall, mir die Karte zu legen, worauf sie wie alle Pariser
Frauen ihrer Art sehr viel gab. Von unsern Verhältnissen
verstand sie nichts und ich hatte ihr deßhalb davon auch
nichts mitgetheilt; ich wurde daher durch die Sprache ihrer
Karte sehr überrascht. Sie sagte mir, daß ich bei meiner
Ankunft in Straßburg einen außerordentlich heftigen Streit
mit mehreren Männern haben, der aber in einen Triumph

für mich enden würde. In große Gefahr würde ich aller=
dings gerathen, aber weder getödtet noch verwundet werden,
doch drohe mir eine sehr lange, schmerzliche Gefangenschaft.
Alle Proben, die sie kunstgemäß anstellte, bestätigten diese
Gefahr, so daß sie vollkommen von der Erfüllung der Pro=
phezeihung überzeugt war und mit wirklichen Thränen im
Voraus mein hartes Loos beklagte. Am anderen Nachmittag
fuhr ich mit der Mallepost nach Straßburg ab.

# Zweites Capitel.

Die republikanische Legion in Straßburg. — Unordnungen. — Das Dekret gegen Bornstedt. — Wahl der Befehlshaber. — Feldmarschall Börnstein. — Corvin, Chef des Generalstabes. — Löwenfels in Verzweiflung. — Frau Herwegh macht eine Kundschaftsreise nach Baden. — Aufstand in Offenburg. — Veranlassung desselben. — Meine Kundschaftsreise nach Baden. — Freiburg. — Hecker bei Kandern. — Rückkehr nach Straßburg. — Neue Wahl. — Recognoscirung zum Uebergang über den Rhein. — Der Abgesandte von Philip Becker. — Abmarsch von Straßburg. — Banzenheim. — Schalampe. — Alarmirung der badischen Vorposten bei Neuenburg. — Austheilung der Waffen. — Absendung des Obersten Ranzo von Westerburg. — Uebergang über den Rhein bei Großkembs.

Am Tage meiner Ankunft in Straßburg gingen Her=
wegh, Löwenfels und ich zu dem Regierungs=Commissair
Herrn Lichtenberger, um von ihm zu hören, was die
provisorische Regierung in Bezug auf die uns zu gewährende
Hülfe an Waffen beschlossen habe. Meine Vermuthungen
bestätigten sich; Herr Lichtenberger wollte durchaus keine Auf=
träge haben und wir sahen nun, daß die provisorische Re=
gierung nur ihr Spiel mit uns getrieben habe und daß es
ihr einzig und allein darauf ankam, die deutschen Arbeiter
aus Frankreich zu entfernen, da sie genug damit zu thun
hatte, die französischen zufrieden zu stellen. Auf dem Marsche
von Paris nach Straßburg waren unsere Mannschaften vom
Volke überall sehr zuvorkommend und freundlich aufgenom=
men worden und in gleicher Weise empfing uns die Bürger=

schaft von Straßburg; allein von Seiten der Regierung geschah für die Legion weiter nichts, als daß ihr eine alte,
verlassene und von Allem entblößte Kaserne eingeräumt wurde,
wo die Leute schlechter wie die Hunde einquartirt waren
und wo man selbst die Kranken ohne Hülfe ließ. Wir sprachen uns über diese Behandlung sehr derb gegen den Re-
gierungs-Commissair aus, der nur mit Achselzucken auf unsere Vorwürfe antworten konnte. Hätten die Straßburger
sich unserer nicht freundlich angenommen, wir hätten in ihrer
Stadt verhungern müssen.

Auf dem langen Marsche nach Straßburg waren allerlei
Unordnungen vorgefallen und das Handwerksburschenwesen
der Leute hatte die in Paris nothdürftig hergestellte Disciplin
vollständig aufgelöst. Die Schuld dieser Unordnungen trug
zum Theil die schlechte Wahl der Kolonnenführer und ich
selbst machte in dieser Beziehung manchen Mißgriff. Dies
war zum Theil wohl durch die Umstände zu entschuldigen,
denn die Zahl der Leute, die sich zu einem solchen Posten
einigermaßen eigneten, war sehr gering; man hatte wenig
Auswahl und vor allen Dingen keine Zeit und keine genügende Gelegenheit, die auf solche Posten Anspruch machenden
Personen kennen zu lernen. Ich hatte, wie schon oben
bemerkt, noch nicht Gelegenheit gehabt, die Demokratentypen
genügend genug kennen zu lernen, um gleich bei dem ersten
Blick die Lumpen von den ordentlichen Leuten zu unterscheiden.
Ich wählte zum Führer der zweiten Kolonne einen jungen
Mann, der preußischer Landwehrofficier sein wollte, ein or-
dentlicher Mensch zu sein schien und wenigstens einige militairische Routine hatte. Dieser Mensch war ein durchaus
elendes Subjekt, der von seiner Stellung zu Gunsten seines
Geldbeutels den größten Nutzen zu ziehen wußte. Die
Marschroute war bei der eiligen Ausführung auf fünfhundert

Mann ausgestellt worden und nach ihr zahlten die Behörden die von der Regierung bewilligten Marschgelder. Diese wußte, daß kaum vierhundert Mann abmarschirten, ließ es aber stillschweigend hingehen, um uns auf diese Weise einen Ueberschuß an Geldmitteln zu gewähren. Flocon sprach dies ganz bestimmt gegen mich aus. Manche Kolonnenführer benutzten, wie gesagt, nicht allein diesen Umstand zu ihrem eigenen Vortheil, anstatt zu dem der Gesellschaft, sondern wußten auch davon Nutzen zu ziehen, daß viele französische Quartiergeber das von der Regierung gezahlte Geld nicht nahmen. Die Legionäre, welche das sehr wohl gewahr wurden, rückten deßhalb ihren Führern zu Leibe und verlangten Theilung des Raubes, wodurch oft die widerlichsten Auftritte herbeigeführt wurden. Diese Geldzänkereien liefen als rother Faden durch unsere ganze Expedition, und ich dankte dem Himmel, daß ich mich von vornherein von allem Rechnungswesen ferngehalten hatte. Alles Geld, welches ich persönlich für mich erhielt und wovon ich Reisen und andere Kosten bestritt, belief sich auf 150 Francs durch Herwegh, 200 von Flocon und 100 aus der Kasse der Gesellschaft in Paris, zusammen 450 Francs, was für zwei Monate gewiß nicht zu viel war!

Was eigentlich die Comitémitglieder vor meiner Ankunft in Straßburg thaten, weiß ich wirklich nicht anzugeben. Herr Karl Börnstein, der ein Artillerist gewesen war, hatte zwei Kästchen mit Patronen machen und etwa ein Dutzend unbrauchbare Gewehre zusammen betteln lassen; die Andern hatten Bier getrunken und sich gelangweilt. Der thätigste von Allen war wieder Bornstedt gewesen, der sich unterdessen immer fester bei den Leuten in Gunst gesetzt hatte. Er schlief mit ihnen auf der Streu, aß und trank mit ihnen und ließ sich von ihnen duzen. Auch hatte er begonnen, die Leute im

Kasernenhofe ein Wenig einzuexerciren. Ich war daher mit meinem Decrete, welches seine Abberufung verfügte, in einiger Verlegenheit, und da Herwegh auch nicht ein Wort davon erwähnte, so behielt ich es einstweilen in meiner Tasche, bis ich die Stimmung genug sondirt haben würde, um danach zu beurtheilen, ob es sich ohne Gefährdung der ganzen Expedition würde ausführen lassen. Ich hielt zwar Bornstedt für verrückt; allein er war gefährlich, weil Methode in seiner Narrheit und diese eine zeitgemäße war.

Zwei der Compagniechefs machten mir die Mittheilung, daß ein militairischer, beim Zeughause angestellter Beamter sich willig gezeigt habe, uns eine große Quantität von Munition und selbst Waffen heimlich zu verschaffen. Ich glaubte, daß dieser Mann im geheimen Auftrage der Regierung handle und daß, um in ihre Intentionen einzugehen, das allerstrengste Geheimniß beobachtet werden müsse, verbot also den beiden Officieren, irgend Jemand davon Mittheilung zu machen und warnte sie vor Bornstedt, mit dem sie ganz besonders vertraut waren. Als sie darüber erstaunten, und die Gründe meines Mißtrauens zu kennen verlangten, zeigte ich ihnen das in Paris ausgefertigte Decret, nahm ihnen jedoch das Ehrenwort darauf ab, daß sie Niemand davon einen Wink geben sollten, bis ich es auszuführen für zweckmäßig halten würde.

Das Ehrenwort zeigte sich jedoch nicht als ein hinlänglich festes Siegel der Verschwiegenheit und Bornstedt erhielt Nachricht von dem was ihn bedrohte. Er ging sogleich zu Herwegh und stellte ihn zur Rede. Ich trat ganz zufällig ins Zimmer und wußte sogleich, daß „the murder was out," denn Herwegh wand sich verlegen auf seinem Stuhl und Bornstedt war todtenbleich und zitterte vor Aufregung. Herwegh hatte nicht den Muth gehabt, ihm die Erklärung zu geben und ich that es mit einfachen Worten, zugleich das Decret vorlegend, wobei ich mich auf alle Fälle gefaßt machte. Bornstedt benahm sich jedoch mit unerwarteter Mäßigung und nöthigte mir durch sein Verhalten wirklich Achtung ab, was ich leider von Herwegh nicht sagen kann, der keineswegs männlich seine Unterschrift vertheidigte, sondern Entschuldigungen und Aus= flüchte stammelte. Von dem Präsidenten der Gesellschaft so in Stich gelassen, schämte ich mich meiner Rolle und erschien mir in einem ziemlich albernen Lichte.

Bornstedt betheuerte uns, daß er durchaus keine bösen Absichten und auch keine Rachsucht gegen die Unterzeichner der Schrift im Herzen habe; wäre dies der Fall, so würde er an die Legion appelliren und dann könnte es ihm nicht schwer werden, den größten Theil derselben auf seine Seite zu bringen. Die Sache sei ihm aber zu lieb, als daß er sie wegen ihm persönlich widerfahrener Beleidigungen in Gefahr bringen sollte; er verlange aber, daß die Angelegenheit auf sich beruhen bliebe. Da ich nun einsah, daß Bornstedt in Vielem Recht hatte und bei Herweghs Schwäche kein anderer Ausweg blieb, so stimmte ich selbst für diesen Vorschlag und Alles blieb beim Alten.

In Paris hatte ich auf Herweghs ausdrückliches Ver= langen den Befehl über die Legion übernommen; da ich aber keine Lust hatte, mich wegen desselben mit den andern Aspiranten herumzustreiten, so ließ ich mir von Herwegh versprechen, daß er diese Angelegenheit vor meiner Ankunft in Straßburg in Ordnung bringen wolle, was er nicht gethan hatte.

Löwenfels, der schon frühzeitig nach Straßburg ge= kommen war, hatte die Zeit meiner Abwesenheit nach Kräf= ten dazu benutzt, sich bei den Bataillons= und Compagnie= führern beliebt zu machen und diese möglichst gegen mich

einzunehmen. Als er nun meinte, daß die Waagschale zu
seinen Gunsten belastet sei, brachte er die Wahl eines neuen
Befehlshabers in Anregung, worüber ich mit ihm in einen sehr
heftigen Streit gerieth, von dem er Veranlassung nahm, auf
meinen Jähzorn hinzuweisen, der mich zum Anführer un=
tauglich mache. Ich schämte mich in der That meiner Hef=
tigkeit und drang nun selbst auf die Wahl.
Diese fiel indessen nicht so aus als Löwenfels er=
wartete. Zum Befehlshaber der Legion wurde — Karl
Börnstein ernannt und ich zum Chef des General=
stabes. Löwenfels war so gekränkt, daß er weinte! Er
suchte meine Unfähigkeit auch zu diesem Posten zu beweisen
und da mich diese elenden Streitigkeiten anekelten, so erklärte
ich mich bereit, ihm meine Stelle abzutreten; er wollte sie
aber nur durch Wahl, und als man darauf nicht einging,
schien er sich zu beruhigen und ich glaubte die Angelegenheit
erledigt. Herwegh hatte sich seines Stimmrechtes ent=
halten; mit seiner Stimme wäre mir der Oberbefehl der
Legion zugefallen, den er mir selbst angetragen hatte! —
Bei einer polnischen Königswahl konnte es nicht stürmischer
hergegangen sein, denn auch Reinhardt Schimmel=
pfennig, der durchaus auf meiner Seite war, gerieth mit
Löwenfels in einen heftigen Streit.
Wie und warum Börnstein gewählt wurde, von dem bis
dahin noch gar nicht die Rede gewesen, war mir damals
ganz unbegreiflich; er hatte Patronen gemacht! Darauf hatte
sich seine ganze Thätigkeit beschränkt. Da er aber ein Cor=
poralsgesicht und einen großen Schnurrbart hatte und gut
und bedeutend zu schweigen verstand, so konnte, wer ihn nicht
näher kannte, auf den Gedanken kommen, er sei ein erfahrener,
vorsichtiger Militair. Dabei war er sehr ruhig und das fiel
bei dieser Gelegenheit gegen meine Heftigkeit schwer ins Gewicht.

Löwenfels' Intriguen waren noch nicht vorüber. Wir
hatten aus dem Comité einen leitenden Ausschuß gewählt; als
am andern Tage an der Zusammensetzung desselben eine Aen=
derung gemacht werden sollte, die auch wirklich ausgeführt
wurde, trat sogleich Löwenfels auf und erklärte, daß nun
auch meine Wahl, bei der ein Formfehler vorgekommen sein
sollte, nicht gültig sein könne. Die andern Mitglieder des
Ausschusses wiesen dieses Ansinnen zurück; allein ich bestand
dringend darauf und man gab mir nach. Die Wahl fand
statt während ein Wagen vor der Thüre stand, der mich zu
einer Recognoscirung an den Rhein bringen sollte. Zu Lö=
wenfels' großem Kummer ward ich nun einstimmig in
meiner Stelle bestätigt.

Diese Streitigkeiten, welche der Ehrgeiz hervorrief, ließen
keine ordentliche Thätigkeit aufkommen. Für die militairische
Organisation geschah nichts. Man machte einen schwachen
Anfang, die Leute in der Kaserne einzuexerciren, allein die
Sache gewann keinen Fortgang.

Unser Feldzugsplan, der von den Vorgängen in Deutsch=
land abhängig war, mußte jeden Augenblick geändert werden.
Meine in Paris gemachten Vorschläge wurden abermals
geprüft, allein für nicht ausführbar erachtet und man beschloß,
einstweilen nichts zu beschließen. Seit wir in Straßburg
waren hörten wir von den Angelegenheiten unserer Partei
in Baden sehr wenig; unser Emissär Friedrich Doll
hatte sich in Frankfurt Hecker angeschlossen und gab uns
keine Nachricht; Fuhrmann hatte der Offenburger Volks=
versammlung beigewohnt und war dann nach Straßburg
gekommen. Hecker war gegen unsere Legion eingenommen,
da er dem Gerücht glaubte, daß sie hauptsächlich aus Fran=
zosen bestünde, und wollte keine Notiz von uns nehmen. Um
nun zu erfahren, wie wir zu dem populärsten Manne in

Baden stünden, entschloß sich Frau Herwegh zu einer Reise, die den Zweck hatte, Hecker aufzusuchen und sich mit ihm zu besprechen. Sie konnte diese Reise leichter machen als irgend Jemand von uns, die wir bereits durch die vielen Spione an die badischen Behörden signalisirt waren. Was wir aus Baden vernahmen, waren Gerüchte. Man habe, hieß es, in Constanz die Republik proklamirt, das ganze Oberland sei in Aufstand, zahlreiche Freischaaren unter verschiedenen Anführern — Hecker, Struve, Becker, Weißhaar, Sigel u. s. w. zögen in Baden umher, das Land revolutionirend; das Militair sei günstig gestimmt und werde gemeinschaftliche Sache mit ihnen machen, — kurz unsere Angelegenheit sei im besten Gedeihen. Ueber alles dies von Hecker Gewißheit zu erhalten, zu erfahren was er eigentlich beabsichtige und ihn über die Zusammensetzung und die Mittel unserer Legion aufzuklären, war der Zweck der Reise der Frau Herwegh.

Bald nachdem sie uns verlassen hatte, erhielten wir von Offenburg die Nachricht, daß die dortigen Bürger die Republik proklamirt, den Bahnhof besetzt und die Eisen= bahn verbarrikadirt hätten. Sechshundert Bürger, hieß es, stünden in Waffen bereit, ihr Recht zu vertheidigen und hofften, daß wir über den Rhein kommen und sie unterstützen würden. Patronen und Gewehre habe man für uns, da man eine Anzahl Kisten mit diesen Gegenständen, die auf der Eisenbahn gekommen, in Beschlag genommen habe.

Wir waren natürlich bereit zu helfen, da dies der Hauptzweck unseres Unternehmens; da aber die Sache für dasselbe von der äußersten Wichtigkeit war und es darauf hauptsächlich ankam, zuverlässige Nachrichten über Alles zu erhalten, und diese nur durch ein Sehen mit ei= genen Augen zu erlangen waren, so beschloß ich selbst nach

Offenburg zu gehen, obgleich bereits ein Vertrauter dorthin abgeschickt war. Zu gleicher Zeit wollte ich mich nach dem Schicksal der Frau Herwegh erkundigen, die länger als erwartet wurde ausblieb, was Besorgniß erregte. Ein ehemaliger Postsecretair, der von Offenburg geflüchtet war, und seine Familie noch dort hatte, und ein Turner aus Freiburg begleiteten mich. Wir gingen nach Kehl hinüber, um auf den letzten Bahnzug zu warten, und erfuhren hier, daß Truppen vor Offenburg angekommen seien und daß die Bürger mit denselben capitulirt hätten. Diese Nachricht war nun keineswegs erfreulich; dennoch beschloß ich meine Recognoscirung fortzusetzen, was nicht ganz ohne Gefahr war; denn den Chef des Generalstabes der Legion zu fangen, die mehr Besorgniß erregte, als sie verdiente, würde für die Herren in Baden kein geringes Vergnügen gewesen sein.

In einem Wirthshause in Kehl mischten wir uns unter die dort zahlreich versammelten Landleute und Soldaten, deren Stimmung wir sehr günstig für unsere Sache fanden. Die Soldaten versicherten, daß sie, wenn sie gegen die Aufständischen marschiren müßten, in die Luft schießen würden. Als wir in Appenweier anlangten, hatten wir die Freude, dort ein Bataillon hessen-darmstädtischer Truppen ankommen zu sehen, die uns indessen auch nicht besonders kampflustig erschienen. Da der Zug so lange auf sich warten ließ, entschlossen wir uns, nach Offenburg zu Fuß zu gehen, was mir lieber war, da ich dabei Gelegenheit hatte, zu erforschen, was für Truppen in der Umgegend lagen. Alle Dörfer, durch welche wir kamen, fanden wir mit Soldaten besetzt.

Als wir etwa noch eine halbe Stunde von Offenburg entfernt waren, wurde es Nacht. Die Landstraße war menschenleerer als mir lieb, weil wir drei einsamen Wanderer

dadurch desto mehr auffielen und leicht von den uns von
Zeit zu Zeit begegnenden Reiterpatrouillen angehalten werden
konnten; sie ließen uns jedoch ohne zu fragen passiren.

Dicht vor der Stadt, mit der Front nach derselben,
den rechten Flügel an die Landstraße gelehnt, stand ein Ba=
taillon hessischer Infanterie; auf ihrem linken Flügel befanden
sich, was ich jedoch erst am Morgen sah, vier Geschütze.
Rechts vom Wege stand eine Schwadron Dragoner.

Ohne angehalten zu werden, gingen wir hart am rechten
Flügel der Infanterie vorbei, deren Lage in der regnerischen,
kalten Nacht gar nicht behaglich war. Als wir nach Offen=
burg hineingingen, erwartete ich von der Bürgerwache ange=
rufen zu werden, in der Voraussetzung, daß die Zugänge
zur Stadt besetzt seien. Dem war aber nicht so; auf den
Straßen war es so ruhig, als sei die gewöhnliche Ordnung
nie gestört worden, und in den Gasthäusern saßen die Phi=
lister beim Schoppen, wie sie es seit Jahrhunderten zu thun
pflegten. Diese idyllische, kleinstädtische Ruhe überraschte
mich ganz außerordentlich unter diesen außerordentlichen Um=
ständen.

Ich ging sogleich zum Bürgermeister, den ich sehr nie=
dergeschlagen bei seinem Abendessen fand. Er klagte, daß
man seinen Rath nicht gehört und unüberlegter Weise eine
Demonstration gemacht habe, welche der Stadt und überhaupt
der guten Sache nur Nachtheil bringen könnte, da man weder
die Mittel noch den Muth habe, das Angefangene durchzu=
setzen. Die Zahl der Bewaffneten belaufe sich kaum auf 150
Mann und von diesen wisse keiner wem er gehorchen solle.

Unter solchen Umständen mußte ich freilich dem Bür=
germeister Recht darin geben, daß man einen dummen Streich
gemacht habe, konnte ihm aber meine Verwunderung darüber
nicht verhehlen, daß man, da die Sache einmal geschehen

sei, nicht wenigstens die Eingänge zur Stadt bewacht halte. Der Bürgermeister zuckte mit den Achseln und ich lachte über die Hessen, welche die Nacht im Regen bivouakirten, während ihnen nichts in der Welt im Wege stand, um in den Betten der Offenburger Bürger zu schlafen. Soldaten, an die Regeln der Kriegskunst gewöhnt, können sich niemals vorstellen, daß diejenigen, welche sie so keck zum Kampfe herausfordern, so unvorbereitet und gedankenlos zu handeln im Stande sind. Wären sie überhaupt mit demokratischer Soldatenwirthschaft bekannt gewesen, so würden sie bei allen spätern Gelegenheiten noch weit schneller als es geschah gesiegt haben.

Ich legte mich mit der Besorgniß zu Bette, daß die Hessen während der Nacht in die Stadt dringen und die Urheber des Aufstandes aus ihren Häusern holen würden; ja von diesem Gedanken erfüllt, träumte ich es so lebhaft, daß ich mich, am frühen Morgen zum Fenster hinaussehend, wunderte, die Truppen nicht in der Stadt zu erblicken.

Ich erfuhr später, daß dies unzeitige Unternehmen in Offenburg durch zwei vorwitzige Officiere unserer Legion hervorgerufen worden war. Der eine, ein Student, aus dieser Stadt gebürtig, und ein Preuße Namens Wallraff, waren dorthin gekommen, ohne mir oder einem der andern An= führer das Geringste von ihrer Reise zu sagen, also auch ohne Auftrag. Diese Leute machten sich sehr wichtig und thaten, als ob sie über die Legion zu verfügen hätten; sie versprachen, daß diese sogleich herüberkommen und den Aufstand unter= stützen würde.

Am Morgen fuhr ich nach Freiburg, theils um mich nach der Stimmung in dieser Stadt zu erkundigen, theils um Frau Herwegh aufzusuchen; fand ich sie nicht, so wollte ich den Versuch machen zu Hecker zu gelangen, der ein nicht unbedeutendes Corps von Insurgenten beisammen hatte und damit in der Nähe von Kandern stehen sollte. Ich hatte dies jedoch nicht nöthig; ich traf Frau Herwegh im Gast= hofe an. Sie war von Freiburg aus in Begleitung eines jungen republikanischen Doctors ausgezogen und glücklich in das Lager der Insurgenten und zu deren Chef gebracht worden. Die Reise dahin war abenteuerlich und beschwerlich, mitten durch die feindlichen Truppen.

Hecker hielt· noch immer seine Vorurtheile gegen die Legion fest und am allerwenigsten wollte er etwas von Un= terhandlungen mit Frauenzimmern wissen; allein er ließ sich durch die Geschicklichkeit unserer Unterhändlerin besänftigen, der er sagte: „Kommt die Legion herüber, so kann ich es ihr nicht wehren; will sie aber nutzen, so muß sie bald kommen." Als bequemer Ort über den Uebergang am Rhein war der Ort Banzenheim von Hecker genannt worden, der Sonnabend vor Ostern, zehn Uhr Morgens, einen Boten mit näheren Nachrichten dorthin schicken wollte.

Hecker hatte bei Kandern eine nicht unbedeutende Macht zusammen gezogen, worunter gegen achthundert Leute von Constanz und aus dem Seekreis, die im Gebrauch der Büchse sehr geübt waren. Den militairischen Oberbefehl führte August Willich, ein ehemaliger, preußischer Artillerieofficier, der mit mir im Kadettenhause in Berlin gewesen war und sich durch seine communistischen Ansichten und sonstige Ei= genheiten bekannt machte. Er hatte seinen Abschied genommen und das Schreinerhandwerk gelernt; war in jeder Beziehung ein durchaus achtungswerther Mann und tüchtiger Soldat und nannte Jedermann Du, was manche Leute nicht wenig in Erstaunen setzte. Wenn er bei dem Durchzuge durch Städte und Dörfer die an der Spitze des Volkes ihm ent= gegenkommenden Honoratioren fragte: „Bist Du der Bür=

germeister, oder bist Du der Pfarrer des Orts?" so fand sich
manche spießbürgerliche Eitelkeit durch diese communistischen
Formen beleidigt. — Außer Willich waren noch Theodor
Mögling, Friedrich Doll, und Andere bei Hecker,
deren Namen später bekannt wurden.

Als ich mit Frau Herwegh nach Straßburg zurückkehrte,
fand ich dort einen gewissen Lommel, einen Abgesandten
von Philipp Becker, der ein in der Schweiz gebildetes
Freicorps befehligte, welches sich mit der Legion verbinden
wollte. Diese, so verstärkt, sollte nun in zwei Regimenter
getheilt und das Commando derselben Philipp Becker und
Löwenfels übergeben werden. Mit diesem Vorschlag kehrte
Herr Lommel nach der Schweiz zurück; allein er wurde nicht
einmal einer Antwort für werth gehalten, da Philipp Becker
erwartet hatte — mit welchem Recht weiß Gott, — daß
man ihm mit großer Bereitwilligkeit das Commando der
ganzen Expedition übertragen werde.

Da es bereits Donnerstag war, als ich aus Baden zu=
rückkehrte und wir am Sonnabend über den Rhein gehen
wollten, so mußte ich am Freitag nochmals nach Banzenheim
fahren, um das Nöthige zur Aufnahme unserer Leute anzu=
ordnen. Bis Bollweiler konnte ich mit der Eisenbahn fahren,
dann mußte ich aber einen Wagen nehmen, um zum letzten
Zug wieder an der Station einzutreffen. Herwegh vertraute
dem „Chef des Generalstabes" zu dieser Reise eine so große
Summe an, daß derselbe, um sein Mittagessen in Banzen=
heim zu bezahlen und noch die Mittel zur Rückkehr zu be=
halten, dem Wirth einen Ring in Versatz lassen wollte, der
aber zurückgewiesen wurde, weil derselbe wegen seiner gelben
Farbe für Messing gehalten wurde! Ich konnte mich nur
losmachen, indem ich meinen Pallasch mit ächt goldener
Kuppel zurückließ!

Die Direction der Eisenbahn hatte es übernommen, uns
umsonst nach der gewünschten Station zu bringen, welches
Anerbieten natürlich mit großem Dank angenommen worden
war. Am andern Morgen vier Uhr, Sonnabend vor Ostern
1848, fuhr die Legion mit einem Extrazuge von Straßburg ab.

Als Alles zur Abfahrt bereit war, fiel es mir ein, mich
selbst davon zu überzeugen, ob die Kisten mit unsern Gewehren aufgeladen wären. Zu meinem Erstaunen hörte ich,
daß sie noch ruhig in der Kaserne stünden und daß kein
Mensch sich darum bekümmere. Ich theilte dies sogleich dem
„General Börnstein" mit; allein dieser antwortete mir ganz
großartig, er habe das Alles besorgt und die „nöthigen Befehle" an Löwenfels gegeben. Ich veranlaßte ihn aber, sich
selbst darum zu bekümmern und nöthigte ihn, bei der nächsten
Station auszusteigen, nach Straßburg zurückzukehren und
dafür zu sorgen, daß die Waffen wenigstens mit dem nächsten
Zuge nachkämen.

In Banzenheim ging ich sogleich zum Maire des
Orts, den ich schon am Tage vorher deshalb gesprochen
hatte, und bat ihn um freundliche Aufnahme der Legion
für einige Tage. Wir hatten durchaus keine Empfehlung von irgend einer Behörde; dennoch waren der Maire
und die Gemeindevorsteher sogleich bereit, die erbetene Gastfreundschaft zu bewilligen, jedoch unter der Bedingung, daß
wir vor dem Anbruch des dritten Tages den Ort verließen,
da auf diesen Tag die Wahlen zur National-Versammlung
festgesetzt seien und die Einwohner durch unsere Gegenwart
leicht abgehalten werden könnten, bei der Wahl zu erscheinen;
nach derselben würden wir, so lange es uns gefiele, willkommen sein. Wir fügten uns natürlich den so billigen Forderungen dieser gastfreundlichen Leute; zweihundert Mann wur-

den in Banzenheim selbst und sechshundert Mann in be=
nachbarten Ortschaften einquartirt.

Wir hatten nämlich beschlossen, nur mit einer Abtheilung
der Legion in Baden einzurücken, da wir keine Waffen hatten
und nicht wußten, ob wir dieselben in der nöthigen Menge
sogleich dort finden würden. Die unbewaffneten Leute, die
einstweilen in Frankreich zurückblieben, konnten trotzdem unser
Unternehmen dadurch fördern, daß sie sich bei Hüningen
(wo eine Brücke ist) zusammenzogen, um in Baden zu dem
Glauben zu veranlassen, daß der Uebergang hier gemacht
werden solle.

Ich nahm mein Quartier in Schalampe, ein Dorf,
welches Neuenburg gegenüber dicht am Rhein liegt, um
dem Flusse so nahe als möglich zu sein. Vor diesem Orte
ist eine Insel, über deren Besitz man nicht klar zu sein
schien; man sagte sie gehöre zu Baden; allein dessenungeachtet
hatten die Franzosen hier einen Zollposten.

Nachdem ich die nöthigen Erkundigungen über Ter=
rain u. s. w. eingezogen hatte, kam ich zu der Ueberzeugung,
daß ein Angriff auf Neuenburg, welches mit fünfhundertund=
fünfzig Mann besetzt war, unthunlich und ein Uebergang über
den Rhein an diesem Punkte mit unsern Mitteln nicht nur
sehr schwierig, sondern unmöglich sein würde. Ich hielt
es trotzdem für das Zweckmäßigste zu verbreiten, daß wir
bei Neuenburg über den Rhein gehen würden, damit die am
Rhein aufgestellten badischen Truppen sich bei Hüningen und
Neuenburg zusammenzogen und uns dadurch Gelegenheit ge=
boten wurde, zwischen beiden Orten weniger gefährdet den
Uebergang zu bewerkstelligen.

Um die Täuschung noch vollkommener zu machen, be=
schloß ich, in der Nacht die badischen Vorposten anzugreifen
und zu diesem Ende mit fünfzig Mann über den Rhein zu

setzen, was unter dem Schutz der erwähnten Insel ohne besondere Schwierigkeit geschehen konnte. Hatte ich dadurch
Neuenburg und das Land ringsum alarmirt, dann wollte ich
mich auf die Insel zurückziehen und diese durch schlecht oder
gar nicht bewaffnete Leute den folgenden Tag über besetzt
halten lassen, während die Legion nach dem wirklichen Ueber-
gangspunkt marschirte. Dadurch sollte der Feind zu dem
Glauben veranlaßt werden, daß man behufs des Uebergangs
die Insel festhalten wolle.

Dieser Plan konnte nur zum Theil ausgeführt werden.
Die Nacht war finster und stürmisch, und als die zum
Angriff der Posten auserlesenen Mannschaften um Mitternacht vor meinem Quartier in Schalampe anlangten, wagten
es die Schiffer nicht, sie über den Rhein zu bringen und
wir konnten nicht weiter als bis auf die Insel gelangen.
Um nun den beabsichtigten Zweck wenigstens theilweise zu
erreichen, stellte ich die Leute Neuenburg gegenüber auf und
eröffnete gegen dasselbe ein vollständig unschädliches Gewehr-
feuer, welches sogleich durch einige Schüsse von den Posten
jenseits erwidert wurde, deren Kugeln über unsere Köpfe
hinwegpfiffen.

Bei dieser Veranlassung hatte ich Gelegenheit unsere
Leute kennen zu lernen, und wenn ich auch dem komischen
Anblick nicht widerstehen konnte und sehr lachen mußte, so
war die Sache an und für sich doch sehr betrübend und erregte Besorgnisse für den Ausgang der Expedition. Viele
meiner Helden waren Ritter von der Elle und hatten bisher
zwar sehr viel mit blanken Waffen — Nadel und Scheere —
aber noch niemals etwas mit Schießgewehren zu thun gehabt.
Sie entsetzten sich über das Getöse und den Blitz, den sie
hervorbrachten so sehr, daß Einige davon fast umfielen und
Andere nach dem Schuß förmlich ausrissen und sich hinter

den Weidenbüschen versteckten. Bei Tagesanbruch marschirten meine Helden wieder nach Banzenheim, wo sie von ihren Kameraden bewundert und beneidet wurden.

Am Morgen wurde ein herübergekommener Bürger von Neuenburg zu mir geführt. Der Mann erzählte mir, die Bürger seien über unser nächtliches Feuer sehr erschrocken gewesen und hätten zum Theil ihr bewegliches Gut zur ei= ligen Flucht gepackt, da die Regierung verbreitet habe, wir wollten dort rauben und morden. Das Militär, sagte er, zeige keine besondere Lust, feindlich gegen uns aufzutreten. Ich schrieb sogleich eine beruhigende und andrerseits aufregende Proclamation an die Bürger von Neuenburg, die ich dem Manne mitgab und durch welche die Wahrscheinlichkeit unserer Absicht, dort über den Rhein zu gehen, noch vermehrt werden mußte.

Um ein Uhr Mittags, es war am Ostersonntage, wurde die Legion in Banzenheim versammelt, denn die Waffen sollten ausgetheilt werden. Dies war mit großen Schwierig= keiten verbunden und dauerte bis sechs Uhr Abends, da Jeder darauf bestand, sein eigenes Gewehr wiederzuerhalten, das er in Paris entweder gekauft oder geschenkt bekommen hatte. So kam es, daß Leute Gewehre erhielten, welche damit nicht umzugehen verstanden, während alte Soldaten mit dem Stock in der Hand marschiren mußten.

Ein anderer Uebelstand war der, daß die Leute mit gleichen Waffen — wir hatten nämlich auch Sensen — nicht zusam= men gestellt werden konnten, da Jeder bei der Compagnie bleiben wollte, der er einmal zugetheilt war.

Vergeblich ermahnten Herwegh und ich, die Austheilung der Waffen nicht so öffentlich zu betreiben, damit die nach= sichtigen französischen Behörden nicht Notiz davon nehmen müßten, wodurch sie leicht gezwungen werden könnten, Ge=

walt gegen uns zu gebrauchen. Man kehrte sich so wenig
an unsere Ermahnungen, daß man mitten im Dorfe aus
bloßem Muthwillen Schüsse abfeuerte, wodurch man die Bewohner ängstigte, da Unglück aller Art daraus entstehen
konnte.

Unsere Besorgniß war keine unbegründete, denn im
Laufe des Nachmittages kam uns die Nachricht zu, daß die
Gensdarmerie der ganzen Gegend aufgeboten sei und daß sie
in Verbindung mit den nahe gelegenen Truppen uns entwaffnen solle. Dreitausend Mann, hieß es, stünden zu
diesem Zweck in einem benachbarten Walde bereit; andere
Nachrichten sagten, um uns den Uebergang über den Rhein
zu erleichtern, woran jedoch Niemand von den Führern
glaubte.

Um Näheres über den Zweck dieser Truppen zu erfahren und sie durch die Nachricht irre zu leiten, daß wir erst
in der Nacht des nächsten Tages über den Rhein gehen
wollten, schickte ich den Obersten Rango von Westerburg
ab, der mir zu einer solchen Mission besonders geeignet
schien.

Herr von Rango war Hauptmann im Kaiser Franz-
Regiment in Berlin gewesen; dann war er als Major zum
Fürsten von Reuß gekommen und endlich Oberstlieutenant
in griechischen Diensten gewesen, wo er jedoch auch nicht
lange blieb. Er reiste nach Brasilien, zu welchem Zwecke
weiß ich nicht, trat dann in französische Dienste und wollte
Bataillons-Commandeur in Algerien gewesen sein. Von
hier, sagte er, sei er auf Urlaub nach Frankreich gegangen,
während welcher Zeit die Revolution ausgebrochen sei, die
ihm seine Stelle koste; ja er könne nicht einmal seinen rück-
ständigen Gehalt bekommen. Die ganze Sache war etwas

unklar. Der Oberst kam in Straßburg zu uns und da seine Manieren etwas zu höflich waren, wie man es manch= mal bei Menschen findet, die vom Unglück heimgesucht wur= den, so mißfiel er Herwegh außerordentlich, der ihn auf eine sehr abstoßende Weise behandelte, die mir weh that. Ich nahm mich also des Mannes an und da ich hoffte von seinen bei ihm vorauszusetzenden militärischen Kenntnissen Gebrauch machen zu können, so gestattete ich ihm, in der Nähe meiner Person unsere Expedition mitzumachen, wobei ich zugleich Gelegenheit zu haben hoffte, sowohl seinen Charakter, als seine Fähigkei= ten kennen zu lernen.

Die französischen Truppen legten uns keine Hindernisse in den Weg und als späterhin Herr von Rango wieder zu uns kam, hörte ich, daß sie nur Befehl gehabt hätten, unserem Corps von Weitem zu folgen, um die Dörfer, welche dasselbe durchzog, gegen Unordnungen von Seiten etwaiger Nachzügler zu schützen.

Um neun Uhr Abends waren wir zum Abmarsch bereit, um in der Nähe von Niffern und Großkembs über den Rhein zu gehen. Dieser Punkt war uns von kundigen Franzosen als der günstigste bezeichnet worden. Ein junger Pariser, Herr Alfred de Horter, der uns aus Lieb= haberei begleitete und sich außerordentlich brav und thätig bewies, hatte die Angelegenheit mit den Schiffern geordnet, denen wir einige hundert Francs zahlten. Um ein Uhr Nachts sollten eine hinlängliche Anzahl Schiffe bereit liegen, um die Legion an das badische Ufer zu bringen.

Damit ferner kein unnöthiger Lärm durch Schießen ge= macht wurde, sollten die Patronen erst auf dem Marsche ausgetheilt werden. Dies hielt bei der Dunkelheit außeror= dentlich lange auf, obwohl wir nur gegen zweitausend Stück

Patronen hatten; allein manche Leute hatten Gewehre mit Percuſſions= andere mit Steinſchlößern; Dieſe hatten Jagd= flinten, Jene Piſtolen und Jeder wollte natürlich haben, was für ſeine Waffe paßte. Wir hatten höchſtens zweihundert erträglich brauchbare Gewehre; außerdem waren etwa ſechzig Mann mit alten, ſchadhaften Flinten bewaffnet, welche man bei nächſter Gelegenheit in Stand ſetzen laſſen, oder mit beſſeren vertauſchen wollte. Alle dieſe Leute machten auf Patronen Anſprüche, ſo daß dieſelben höchſt unzweckmäßig vertheilt wurden. Ein anderer Uebelſtand war der, daß unſere Finanzen zur Anſchaffung der durchaus nöthigen Pa= trontaſchen nicht hinreichten und die Leute die ohnedies ſchlecht genug gemachten Patronen in ihre Rock= oder Hoſentaſchen ſtecken mußten, wo ſie durch Reibung und Regenwetter größ= tentheils unbrauchbar wurden.

Der Schiffer, welcher die Ueberfahrt übernommen hatte, kam uns entgegen, um uns den Weg zu zeigen. Er ver= ſicherte, daß am andern Ufer keine Truppen lägen; er ſagte, daß er mit uns hinüberfahren und in unſerer Gewalt bleiben wolle, bis wir uns von der Richtigkeit ſeiner Ausſage überzeugt hätten; er trieb jedoch zur Eile, damit uns der Tag nicht überraſche.

Wir marſchirten mit großer Stille und Vorſicht, beſon= ders als wir in die Nähe des Rheins kamen und möglichſt immer ſo, daß unſere Colonne durch das Terrain gedeckt war; denn gegen Morgen ſchien der Mond und vom an= dern Ufer hätte man marſchirende Truppen leicht erkennen können.

Wo Feldmarſchall Börnſtein bei der Ankunft an dem Rhein war, weiß ich nicht; genug er war verſchwunden und ich ließ mit großer Behutſamkeit die Gewehre laden, was

denn auch glücklich von statten ging, ohne daß uns ein zu=
fällig losgehender Schuß verrathen hätte.

Nun wählte ich fünfzig Leute aus, welche in einem klei=
nen Schiffe zuerst mit mir hinüberfahren sollten, denn ich
hielt es für durchaus nöthig, vorher ein wenig zu recognos=
ciren und die Landung durch eine Postenkette vor einem
plötzlichen und verderblichen Ueberfall zu schützen; bei Zeiten
gewarnt, konnten wir entweder fechten, oder wenn uns eine
zu große Macht angriff, auf den Schiffen, die uns brachten,
wieder nach Frankreich zurückkehren.

Als diese Leute in das Schiff steigen wollten erschien
Börnstein; er verlangte, daß die ganze Mannschaft zu gleicher
Zeit überfahren sollte und packte in das von mir ausgesuchte,
leichtere Fahrzeug statt der fünfzig Mann, beinahe zweihun=
dert, so daß es nur mit Mühe und Noth flott wurde und
mehrmals auf dem Sande sitzen blieb. Die Leute waren
wie Häringe zusammengepackt; Gewehre und Sensen legte
man wo möglich so, daß sie nicht über Bord hervorragten;
denn es war bereits Tag geworden und an den Waffen
würde man uns sogleich errathen haben. Hätten am andern
Ufer nur hundert Mann im Hinterhalt gelegen, unsere ganze
Expedition hätte ein kühles Grab im Rhein gefunden. Ein
Dutzend Schüsse in unsere überladenen Fahrzeuge hätten
eine entsetzliche Wirkung hervorgebracht, denn schwerlich wür=
den die Leute ruhig sitzen geblieben sein und bei einiger Be=
wegung hätten die Schiffe sich mit Wasser füllen müssen.

Als das Schiff, auf welchem ich mich befand, von seinem
letzten Festsitzen befreit war, fuhr es bei dem gewöhnlichen
Landungsplatze vorüber und mit großer Schnelligkeit den
Strom hinunter bis an eine Landzunge, welche sich zwischen
den Dörfern Rheinweiler und Kleinkembs weit in
den Fluß hineinerstreckt. Als wir in die Nähe des Ufers

kamen, sahen wir in der Dämmerung weiße Gestalten, welche ich für Soldaten hielt und ich gestehe, daß es mich kalt überlief; denn zusammengepackt wie wir waren, konnten wir nicht einmal zu unsern am Boden liegenden Waffen greifen und mußten uns wehrlos morden lassen. Es fiel mir eine große Last vom Herzen, als ich endlich Freischärlerhüte er= kannte; eines der Schiffe, weniger schwer beladen als die an= dern, war viel früher angekommen.

So hatten wir denn den deutschen Boden betreten, ein Theil unserer Unternehmung war glücklich vollbracht.

Sobald ich ans Land gestiegen war, befahl ich Löwen= fels, mit den Leuten am Landungsplatze zu bleiben, bis die Andern angekommen und ich vom Ausstellen der Posten zu= rückgekehrt sein würde. Vor uns lag ein Sumpf und jen= seits desselben ein dichtes Gebüsch, in welchem alles Mög= liche versteckt sein konnte; man konnte uns ja ruhig landen lassen, um uns während des Formirens mit einem Schlage desto gewisser zu vernichten; für alle Fälle bot der Sumpf wenigstens augenblickliche Sicherheit gegen einen Ueberfall.

Ich nahm sogleich genügende Mannschaft mit mir, ließ sorgfältig das Gebüsch abpatrouilliren und stellte Doppel= posten rings um die Legion in einen großen nach dem Rhein zu offenen Halbkreis auf. Bornstedt war bei diesem beschwerlichen und möglicherweise gefährlichen Spaziergange stets an meiner Seite als Freiwilliger.

Als ich von diesem Geschäft zurückkehrte, sah ich Löwenfels mit der ganzen Legion aus dem deckenden Gebüsch hervor= kommen und dieselbe auf einer Wiese, mit der Front gegen Rheinweiler aufstellen. Es war nun bereits ganz hell und man hätte uns vom genannten Dorfe aus Mann für Mann zählen können, da die weißen Blousen auf dem dunkeln Hin= tergrunde vortrefflich abstachen. Auf meinen Vorwurf „meinte"

Löwenfels, seine Stellung sei schlecht gewesen; dann tadelte er die Aufstellung der Posten und verlangte, daß diese auf dem entfernten Thalrand stehen sollten, während sie doch nur einen ganz momentanen Zweck hatten. Ich sagte jedoch dem gescheuten Herrn sehr derb, „daß er zu gehorchen habe" und befahl ihm, die Legion auf den früheren Standpunkt zurückzuführen, was geschah. Feldmarschall Börnstein verhielt sich — bedeutend schweigend.

# Drittes Capitel.

Die Abtheilung der Legion, welche über den Rhein geführt wurde belief sich auf nicht mehr als ungefähr sechshundertundfünfzig Mann; als es Ernst wurde, hatten sich eine Menge Leute heimlich entfernt. Die ganze Mannschaft war in sechszehn Compagnien getheilt, welche man durch die Zuzügler aus Baden, bis auf hundertundzehn Mann jede, zu complettiren gedachte. Vier Compagnien bildeten ein Bataillon, vier Bataillone ein Regiment. Börnstein und ich leiteten die militärischen Bewegungen der Legion; Herwegh war vorläufig politischer Missionär ohne Beschäftigung. Das Regiment befehligte Löwenfels; die vier Bataillonscommandeurs waren A., Hörter, Delaporte und Schimmelpfennig.

A. war, glaub' ich, ein Berliner. Er war bereits in Paris Mitglied der demokratischen Gesellschaft gewor-

den und sprach sehr heldenmüthig. Auf dem Marsch
fielen seine häufigen Unterhaltungen mit französischen Gens=
darmen auf und als in Banzenheim die Waffen ausgetheilt
wurden, erbat er sich Urlaub nach Paris, wohin ihn die
allerdringendsten Familienverhältnisse riefen; er versprach je=
doch seinem Bataillon auf „sein Ehrenwort", daß er in
einigen Tagen zurückkehren werde und bedauerte es unendlich,
daß er seinen Posten grade in diesem kritischen Augenblicke
zu verlassen gezwungen sei. Ich sah ihn jedoch nicht eher
wieder als sechs Monate darauf in Berlin, wo er wegen
seines bei unserer Expedition bewiesenen Muthes eine Stelle
im Comité des demokratischen Klubs bekleidete! Bornstedt
übernahm das Commando seines Bataillons.

Hörter, von dem ich schon früher als Führer der
zweiten von Paris abmarschirenden Kolonne redete, war auf
Wunsch der Leute zum Bataillonscommandeur ernannt wor=
den; sein Benehmen auf dem Marsche von Paris nach
Straßburg wurde erst später bekannt.

August Delaporte war Offizier gewesen und hatte
unter Oberst Swarec den Feldzug in Spanien mitgemacht.

Herwegh und seine Frau zogen an unserer Spitze;
letztere in Männerkleidung. Sie trug schwarze Tuchpanta=
lons und eine schwarze Sammetblouse mit einem Ledergürtel,
in welchem zwei kleine Terzerole und ein Dolch steckten,
wahrscheinlich um ihren Dichter zu beschützen, der nur eine
Doppel = Pistole mit sich führte, deren einer damascirter
Lauf gesprungen war, als ich sie mit der Patrone probirte,
die mir Herwegh zu diesem Ende gegeben hatte. Als Kopf=
bedeckung trug Frau Herwegh einen breitkrämpigen, schwarzen
Hut ohne Kokarde oder Feder; das blondbraune Haar war
nach Männerweise geordnet. Ihre äußere Erscheinung war

nicht eben auffallend, denn wir sahen Alle abenteuerlich genug aus; man hielt sie für einen halbwüchsigen Jungen.

Meine Frau war wenige Stunden nach unserem Ab=marsch aus Straßburg in diese Stadt gekommen, um mich womöglich von dem Zuge zurückzuhalten. Das würde ihr nicht gelungen sein, selbst wenn sie mich angetroffen hätte; denn wenn ich auch sehr wenig von diesem Abenteuer erwar=tete, so hatte ich mich doch durch mein Versprechen gebunden, und hielt es für wesentlich, zu zeigen, daß ich auch bereit sei, für die Sache mit dem Schwerte zu kämpfen, die ich so lange Jahre hindurch mit der Feder vertheidigt hatte. Meine Frau folgte uns nicht, sondern blieb in Straßburg. Bös=willige Personen haben verbreitet, daß sie den Zug mitmachte; es ist dies eine Lüge, wie die Straßburger bezeugen können, die sich der Sache, der spätern Umstände wegen, wohl noch erinnern werden.

Der glücklich vollbrachte Uebergang über den Rhein machte mir und uns Allen großes Vergnügen, besonders da wir wußten, daß seit vier Wochen ein bedeutendes Truppen=corps eigends zu dem Zwecke aufgestellt war, ihn zu ver=hindern. Durch unsere Diversionen und die eben in Baden stattfindenden Dinge, welche in den Gefechten bei Kandern und Freiburg ihre unglückliche Lösung fanden, war die Auf=merksamkeit der Truppen getheilt worden.

Der Bote, den uns Hecker an den Rhein schicken wollte, war nicht eingetroffen, und die erste Nachricht, die wir nach dem Uebergange erhielten, war die von dem Tags zu=vor bei Kandern vorgefallenen unglücklichen Gefecht. Der Grund des traurigen Ausgangs lag hauptsächlich in dem Umstand, daß Hecker zögerte, feindliche Maßregeln gegen die anrückenden Truppen zu ergreifen, deren Uebergang zu hoffen er gegründete Ursache hatte. Willich, der mir später über dieſen Gegenſtand ſchrieb, ſagte in ſeinem Briefe, dem er eine flüchtige Zeichnung der Situation beifügte, ſeine Stellung ſei ſo geweſen, „wie ſie ſich die lebhafteſte Phan= taſie eines Soldaten nicht günſtiger wünſchen könne,“ was auch durch den Plan bewieſen wurde. Unter der oben er= wähnten Vorausſetzung ließ man jedoch, auf Heckers Ver= langen, den Feind ein Defilée paſſiren, in welchem er ver= nichtet worden ſein würde, wenn man ihn feindlich empfangen hätte.

Der Tod des Generals von Gagern, der die Truppen ſo ſehr erbitterte, da ſie natürlich nicht ſogleich den Hergang kennen konnten, wurde auf ſehr verſchiedene Weiſe erzählt. Mir wurde der Vorgang nicht allein von Hecker ſelbſt, ſon= dern auch von andern Perſonen mitgetheilt, welche die Kugeln abfeuerten, die den General trafen. Als Hecker ſich bereits zum Gehen gewandt, hätten ſeine Leute noch immer gezögert, die Feindſeligkeiten zu beginnen und die Soldaten hätten ebenſo wenig Neigung dazu gehabt. Die Freiſchärler riefen den letztern zu: „Wollt Ihr Bruderblut vergießen?“ — Darauf hätte, erzählen die Augenzeugen, General von Ga= gern gerufen: „Was, Bruderblut! — Hundeblut!“ und ein Piſtol gegen die Freiſchärler abgefeuert. Sogleich hätte der General mehrere Schüſſe von ihnen erhalten. Er ließ die Zügel fallen und ſaß mit ausgebreiteten Armen da, als ein Conſtanzer, deſſen Namen ich vergeſſen habe, ihm mit den Worten: „Da haſt Du Hundeblut!“ das Bayonnet in die Bruſt ſtieß. Ich erzähle, was ich hörte, ohne eine Bürg= ſchaft zu übernehmen.

Von den Unfällen bei Freiburg und Günthers= thal konnten wir noch nichts wiſſen, da dieſe Gefechte erſt am Tage unſeres Rheinüberganges ſtattfanden; wir waren daher, trotz Heckers Niederlage, guten Muthes und be=

schlossen, über Tannenkirchen und Kandern nach Todtnau zu marschiren, aber, so viel wie möglich, jedes Zusammentreffen mit dem Feinde zu vermeiden, da mir die Verbindung mit der unter Sigel und Struve ver= sammelten Insurgentenarmee wichtiger erschien, als alles Andere. Nach Todtnau beschloß ich aber unsern Marsch zu richten, da man uns versprochen hatte, daß wir hier oder in Zell Waffen für unsere unbewaffneten Leute erhalten sollten.

Die Mannschaft, von dem Nachtmarsche angestrengt, war ziemlich ermüdet auf dem rechten Rheinufer angekom= men; allein es war zu gefährlich, uns an dem Landungs= platze Ruhe zu gönnen, wir mußten eilen, die Berge zu erreichen, wo wir im Falle eines Angriffes günstigere Stellun= gen finden konnten.

Ich formirte alsbald eine Avantgarde — Feldmarschall Börnstein war froh, wenn ich Alles that — deren Ober= befehl ich einem dazu sehr geeigneten Manne, Herrn Gräfe, übertrug, der neun Jahre in Griechenland gegen die Klephten gefochten hatte und im Guerillakriege sehr erfahren war. Er führte die Avantgarde vortrefflich, und ich ließ ihm wäh= rend des ganzen Marsches das Kommando und dieselben Leute. Der Mann, welcher die Spitze führte, hieß zufälliger Weise Herrgott, was als ein gutes Omen betrachtet wurde und zu vielen Wortwitzen Veranlassung gab.

Als wir das Rheinthal verließen und den Weg am Thalrand nach Kleinkembs einschlugen, war es etwa sechs Uhr und die Gegend bereits lebendig. Die Leute, welche zur Kirche gingen, waren nicht wenig erstaunt, auf ein Regi= ment der so lange erwarteten und gefürchteten „Pariser Arbeiterlegion" zu stoßen, von welcher die Regierungs= partei so viel Böses ausgebreitet hatte. Gar bald überzeug=

6*

ten sie sich aber, daß all diese boshaften Gerüchte leere Er=
findungen, und daß wir deutsche Brüder waren, welche ehrlich
und offen für die Freiheit fechten wollten. Das anfängliche
Mißtrauen verwandelte sich augenblicklich in herzliche Freund=
lichkeit. Ein Mann aus einem benachbarten Orte, der in
Tannenkirchen bekannt war, lud uns ein, in diesem Dorfe zu
frühstücken, was natürlich sehr dankbar angenommen wurde.
Als wir dort ankamen, fanden wir überall Tische auf=
geschlagen; die braven Mädchen und Frauen versahen die
Leute reichlich mit Essen und Wein, und diese, welche, durch
den Nachtmarsch ermüdet, hungrig und daher still gewesen
waren, wurden so übermüthig, daß sie sich für ihr Leben gern
mit den Würtembergern geschlagen hätten, welche ich ihnen
vor einem Walde, rechts vom Orte, aufgestellt zeigte.

In der That hatten wir schon bei unserm Einmarsche
in Tannenkirchen vor dem bezeichneten Walde eine Abtheilung
Reiterei entdeckt, welche sich indessen ganz ruhig und beobach=
tend verhielt. Da wir in dem Dorfe wenig von dieser
Reiterei zu fürchten hatten, so schenkte ich diesen Truppen
keine besondere Aufmerksamkeit und begnügte mich, einige
Posten auszustellen und Patrouillen zur Untersuchung des
vor uns liegenden Terrains abzusenden.

Der Regen, der nun eintrat, machte unsern Marsch
keineswegs behaglich, zumal die Leute meist weder mit
Schuhwerk, noch mit Kleidungsstücken reichlich versehen
waren; ein großer Theil derselben hatte nicht einmal einen
Rock oder eine Jacke unter der Blouse. Es regnete in
Strömen, als wir in Kandern einmarschirten, wo wir
keinen Mann Soldaten, wohl aber sehr freundlich gesinnte
Einwohner fanden.

Die Leute wurden auf der Straße oder in Privathäusern
bewirthet, während wir Anführer auf das Rathhaus genöthigt

wurden. Man machte uns einige Gewehre, eine Trommel und dreißig Pfund Schießpulver zum Geschenk, die uns sehr willkommen waren. Waffen und Munition nahmen wir übrigens auf unserm Marsche für uns in Beschlag, wo wir sie finden konnten, und hielten zu diesem Ende eifrige Nach=forschungen; andere Dinge wurden natürlich unberührt ge=lassen und selbst die Lebensmittel baar bezahlt, wenn man sie uns nicht als Geschenk anbot.

Wir wollten in den Dörfern Vogelbach und Mar=zell unser erstes Nachtquartier auf deutschem Boden neh=men, denn weiter zu marschiren war wegen der Erschöpfung der Leute nicht möglich; viele hinkten schon jämmerlich und alle waren sehr müde. Mit Mühe und Noth brachten wir sie in diesen beiden Dörfern unter. Ich selbst, der ich übrigens die meisten Strapazen gehabt hatte, war herzlich froh, als ich in mein Quartier kam, wo ich Herwegh und seine Frau, Börnstein, unsern Stabsarzt Dr. Rode und unsere Adjutanten und Ordonanzen fand.

Feldmarschall Börnstein wüthete, denn sein Nachtsack, der Kleidungsstücke und Geld enthielt, war in Tannenkirchen nicht mit auf den Bagagewagen geladen, der zugleich Her=weghs und andere Marode transportirte. Dasselbe Schicksal hatte mein kleines Päckchen gehabt und wir Beide befanden uns ohne Wäsche und Kleider. Das war allerdings nicht angenehm; ich schlief indessen bald herrlich auf meiner Streu, Nase an Nase mit Dr. Rode.

Am Abend kam Oberst Löwenfels in unser Quartier gehinkt. Er war in dem andern Dorfe einquartiert worden; allein es verbreiteten sich Gerüchte von der Nähe von Trup=pen und er fühlte sich in seinem Quartier so einsam! Doch dies war nicht der offizielle Grund seines Quartierwechsels; nein, er hatte plötzlich ein „böses Bein" bekommen und suchte die Hülfe unseres Doctors. Lange vor Tag wurde dieser abermals von seiner Streu geschreckt, zur Untersuchung des kranken Löwenfelsbeines; brummend kam er nach einer Weile zurück und antwortete auf meine theilnehmende Frage: „Ich kann an dem Bein nichts entdecken! Dem Kerl fehlt nicht das Allergeringste".

Ich stand auf und versuchte es, meine vollkommnen durchweichten Stiefel anzuziehen; es wollte mir durchaus nicht gelingen und ich war in Verzweiflung, denn ich hatte keine anderen und jeder Soldat weiß, von welcher Wichtigkeit Stiefel im Kriege sind. Mit stoischem Gleichmuth sah der Doctor von seiner Streu aus meine krampfhaften Versuche mit an, murmelte „Talg" und legte sich auf die andere Seite. Lachend fuhr ich mit dem Lichte in die Stiefeln und unter Ach und Weh gelang es mir endlich, den strumpflosen Fuß hineinzuzwängen. Börnstein hatte einen Mann nach Tannen= kirchen zurückgeschickt, der das zurückgebliebene Gepäck holen sollte; sein Nachtjack fand sich vor; allein mein Päckchen war und blieb verschwunden. Wer in jener Zeit in Tannen= kirchen mit meinem schönen, lilasammtnen Schlafpelz prunkte, der ist der Dieb! Mehr als der Verlust meines Pelzes schmerzte mich jedoch der von circa achtzehn Blättern der französischen Generalstabskarte der Rheinufer, die ich in Paris für hundert und zwanzig Francs gekauft hatte.

Als wir am andern Morgen abmarschirten, hatte das Wetter sich aufgeklärt. Die Leute hatten sich durch den Schlaf vollkommen restaurirt und waren guten Muthes, mit Ausnahme einer kleinen Anzahl, die kranke Füße hatten. Unter diesen Unglücklichen hinkte als der Unglücklichste Oberst Löwenfels umher, der Gesichter schnitt, als habe er das Podagra, bis er auf einem Bauerwagen neben dem Gepäck Platz fand.

Am Abend war einer der Commissäre der französischen
Regierung in unserm Hauptquartier gewesen, von denen
uns mehrere zu folgen schienen, wahrscheinlich um unsere
Erfolge und die Stimmung des Volkes in Baden zu beob=
achten, um sogleich für den Fall des günstigen Ausgangs
unserer Sache die angeordneten Maßregeln in Ausführung
zu bringen. Da man sich in Frankreich so sehr für dies
Unternehmen interessirte, so begreife ich nicht, weshalb man
es so wenig unterstützte, was mit so Wenigem zu unserer
vollkommenen Zufriedenheit hätte bewerkstelligt werden können.

Wir beschlossen nun über die Münsterhalde, die
Dörfer Mutten und Nieder= und Obermünsterthal
nach Todtnau zu marschiren. Des Weges vollkommen
kundige, zuverlässige Führer führten uns sehr romantische,
aber sehr beschwerliche Straßen, die bald durch fußtiefen
Schnee, bald durch Wasser, bald durch Steingeröll fast un=
gangbar waren. Der Wagen konnte uns auf ihnen nicht
folgen und mußte gebahntere Wege aufsuchen.

Endlich stiegen wir ins Münsterthal hinab durch ein
in dasselbe mündendes, enges Seitenthal. Als ich der Legion
voraneilte, um das Terrain zn recognosziren und die ge=
wöhnlichen Vorsichtsmaßregeln anzuordnen, bemerkte ich auf
verschiedenen Berggipfeln verdächtige Gestalten, welche un=
seren Marsch zu beobachten schienen und eilig verschwanden,
sobald sie sich bemerkt glaubten. Da in den ringsumliegen=
den Städtchen und Dörfern Militair stand, so konnte ich
natürlich nicht daran denken, in das Münsterthal einzurücken,
ehe ich die vor uns liegenden Höhen, Thäler und Waldungen
auf das Sorgfältigste hatte untersuchen lassen.

Die Legion machte also auf dem Abhang des Berges
Halt, während ich rechts und links Seitenpatrouillen ab=
schickte, welche mit großer Gewandtheit ihre Aufgabe er=

füllten, so daß ich für einige Zeit mit der militairischen Ord=
nung unseres Zuges zufrieden war.  Ich stand auf einem
nahe der Mündung dieses Seitenthals liegenden Felsblock
und war überrascht von der sich dem Blick darbietenden,
wild romantischen Scene.  Im Vordergrunde der mächtige
Felsblock, auf welchem ich stand, gestützt auf meinen Pallasch,
der mir während des Marsches als Wanderstab dienen
mußte; am Fuße des Felsens Herwegh, der mit seinem
schwarzbärtigen Gesicht, dem breitrandigen schwarzen Hut,
und faltenreichem schwarzen Mantel wie ein italienischer
Räuber aussah; neben ihm seine nicht minder eigenthümlich
aussehende Frau und Feldmarschall Börnsteins lange Feld=
webelgestalt, mit steifaufgekremptem weißem Freischärlerhut
und Paletot.  In angemessener Entfernung hinter uns eine
Gruppe von Adjutanten und Ordonanzen und links vor
einem die Halde herabschäumenden Waldbache auf der Höhe,
halb durch Felsen verdeckt, die Spitze unserer Legion, die
malerisch genug aussah.  An der Spitze flatterten die schwarz=
rothgoldenen Fahnen gegen die Sensen der bärtigen, grimmig
aussehenden Träger mit ihren weißen Blousen und grauen,
federgeschmückten Freischärlerhüten.  Die Staffage paßte treff=
lich zu der wilden Schwarzwaldlandschaft.

Mit großer Vorsicht und Ordnung rückten wir endlich
in das Dorf Mutten ein, welches mit Untermünster=
thal zusammenhängt.  Mit großem Erstaunen sahen wir,
daß sämmtliche Häuser und hie und da selbst die Fenster=
laden verschlossen waren.  Nur selten zeigte sich ein blasses,
ängstliches Gesicht hinter einer Fensterscheibe.  Ein großer
Theil der Einwohner, besonders Mädchen und Frauen, waren
in die benachbarten Wälder geflohen, um den Gräueln zu
entgehen, welche ihnen von den vermeintlichen Franzosen
drohten.

An den Fenstern des an der Straße liegenden Gasthofes standen mehrere Leute, welche mit großer Besorgniß auf die vorüberziehende Avantgarde der Kolonne sahen; als ich sie aber deutsch anredete, und ihnen versicherte, daß wir als Freunde kämen, da klärten sich die Gesichter der braven Leute auf, ja einigen traten die Thränen in die Augen. Die frohe Nachricht wurde sogleich durch das ganze Thal verbreitet; die Häuser öffneten sich und Lebensmittel wurden von allen Seiten auf die Straße gebracht. Die geflüchteten Weiber kehrten allmälich wieder zurück und um sie nicht unnöthig zu ängstigen, ermahnte ich unsere Mannschaft, so wenig als möglich französisch zu reden. Die Leute befanden sich vortrefflich, wie immer, wenn sie hinreichend zu essen und zu trinken hatten.

Von einem aufgefangenen Flüchtling erhielten wir hier zuerst sichere Nachricht von dem von den Freischaaren bei Freiburg und Güntersthal am Tage vorher verlorenen Gefecht, wovon uns bereits Gerüchte durch die Bauern zugekommen waren. Zugleich wurde die Nachricht bestätigt, daß Sigel mit 3500 Mann am Storen stehe, ein Berg, den man von dem Dorfe, in welchem wir uns befanden, bequem sehen und den wir in zwei Stunden erreichen konnten. Diese Nachricht machte uns außerordentliche Freude; nun hatten wir ja den nächsten Zweck unserer verwegenen Expedition so gut wie erreicht; in Verbindung mit Sigel, bei dem wir Waffen und Munition finden sollten, konnten wir uns im Gebirge gegen ein zehnmal stärkeres Heer halten, und die Gleichgesinnten des ganzen Landes an uns ziehen.

Herwegh wurde auf geheimnißvolle Weise in ein bestimmtes Haus eingeladen, wo man ihm besondere Mittheilungen zu machen habe, doch solle er allein kommen. Ich erbot mich, seine Stelle zu vertreten und ging in das

Haus, wo ich in einem Hinterzimmer drei Leute fand, die sich als eifrige Anhänger unserer Sache zu erkennen gaben, und mir mittheilten, daß der Bürgermeister nach Stauffen geeilt sei, um von dorther Militair herbeizuholen. Dieser Bürgermeister wurde uns als ein eifriger Freund der Regierung geschildert; er habe, sagte man uns, Waffen herbeigeschafft und eigens zu unserem Empfange lange Spieße anfertigen lassen, die bei der Nachricht von unserem Anrücken nebst den Gewehren — versteckt worden wären. Als man mir eben diesen Versteck anzeigen wollte, hörte ich dicht bei dem Hause drei Alarmschüsse, die mich vor die Thür riefen.

Ich hatte gleich beim Einmarsch in das Thal die Ausgänge des Dorfes nach Obermünsterthal und Stauffen besetzen lassen und war sehr zufrieden damit, diese Vorsicht gebraucht zu haben, da mir ein von Stauffen kommender Bauer erzählte, daß er die Fouriere hessischer Truppen in diesem Orte gesehen habe, die 600 Mann stark heute dort erwartet würden.

Die Alarmschüsse waren abgefeuert worden, weil ein Franzose, der auf Vorposten stand, auf einem der vor uns liegenden Berge eine Patrouille von gegen zwanzig Mann ihm unbekannter Truppen gesehen hatte, die aber sogleich wieder verschwunden war, wahrscheinlich um Meldung zu machen, so daß wir den Angriff jeden Augenblick erwarten mußten.

Dieser Angriff wäre mir in jenem Augenblick sehr erwünscht gewesen, denn wir hatten eine ganz vortreffliche Stellung und unsere Leute waren so übermüthig, daß sie sich mit einem weit stärkeren Feinde geschlagen haben würden.

Die Alarmschüsse verursachten denn auch eine fast zauberhafte Wirkung; ein lautes Jauchzen folgte der ersten Ueberraschung; Jeder eilte auf den Sammelplatz und im Nu

wurde die durch das Thal führende Straße durch vorgefun=
dene Materialien verschanzt und die ziemlich steilen Thal=
ränder wurden besetzt. Um dahin zu gelangen, verschmähten
die Leute in ihrem Uebermuth den Gebrauch der Brücke und
sprangen frisch in das Flüßchen, welches das Dorf durch=
schneidet.

Feldmarschall Börnstein, der wahrscheinlich am meisten
von Allen erschrak, wollte an keinen Feind glauben und
lächelte sehr weise, als wir nach langem Warten nicht an=
gegriffen wurden; er verspottete mich darüber, daß ich „überall
Hessen sehe". Der Feind war uns indessen, wie ich später
erfuhr, sehr nahe, getraute sich aber nicht, uns in unserer
vortheilhaften Stellung anzugreifen.

Als der Alarm vorüber und kein Angriff zu erwarten
war, richtete sich die Wuth unserer Leute gegen den Bürger=
meister, der sicher von ihnen gehängt worden sein würde, —
wenn er es gewagt hätte, zurückzukehren, was er jedoch wohl=
weislich nicht that. Viele hatten große Lust, sein Haus der
Erde gleich zu machen, was man ihnen eben nicht verdenken
konnte; allein Rücksichten der Klugheit geboten uns, derglei=
chen Gewaltakte so viel als nur irgend möglich zu vermeiden,
und ich stellte zum Schutz des Hauses eine zuverlässige Wache
vor dasselbe.

Die Handlungsweise des Bürgermeisters veränderte
aber einigermaßen unsere Gesinnungen gegen die Gemeinde
und wir traten ein wenig strenger auf, als es bisher ge=
schehen war. Um die versteckten 200 Gewehre und andere
Waffen aufzufinden, wurden alsbald Haussuchungen vor=
genommen, bei denen sich Bornstedt besonders thätig bewies.
Die drei Leute, deren Mittheilungen durch die Alarmschüsse
abgeschnitten wurden, waren bei der Nachricht von dem An=
rücken der Truppen spurlos verschwunden.

Wir entdeckten bald eine Anzahl trefflich gearbeiteter Lanzen, welche man gegen die „französische Räuberbande" hatte anfertigen lassen. Sie waren natürlich eine sehr willkommene Beute; allein noch willkommener würden die Gewehre gewesen sein, die wir nicht auffinden konnten; indessen eine Menge Jagdgewehre, Büchsen und Pistolen, die man in Privathäusern fand, wurden als gute Beute erklärt.

Die Hoffnung, Sigel am Storen zu finden, zeigte sich bald als eine falsche; wir erhielten die unangenehme Nachricht, daß die Freischaaren bereits von dort abmarschirt seien. Wir hofften sie indessen in Todtnau oder in der Umgegend zu finden, beschlossen nach dem Dorfe Wieden zu marschiren, dort zu übernachten und nähere Nachrichten abzuwarten.

Börnstein blieb indessen dabei, den Feind für einen Mythus zu halten. Als wir in das andere Münsterthal einrückten, glaubte ich ganz sicher, daß unsere Arrieregarde von den von Stauffen erwarteten Hessen angegriffen werden würde. Da Löwenfels Invalide zu sein behauptete und mit erbärmlicher Miene auf dem Wagen saß, so mußte ich neben meiner Function als Generalstabsoffizier auch noch die des Regiments-Kommandeurs übernehmen, da Börnsteins ganze Thätigkeit sich darauf beschränkte, mit einem an seiner Hüfte hängenden Hörnchen Halt und Marsch zu kommandiren, wenn ich es ihm hieß, und sich über meine Vorsichtsmaßregeln lustig zu machen.

Als ich mit großer Sorgfalt die Arrieregarde auswählte und nicht nur die Seitenpatrouillen selbst genau instruirte, sondern auch hinten blieb, äußerte Börnstein seine Verwunderung darüber, daß ich nicht bei der Avantgarde sei, „wo ich hingehöre". Der Korporalston, mit welchem diese Bemerkung gemacht wurde, mißfiel mir höchlich; allein ich erwiderte ganz ruhig, daß ich den Feind von dieser Seite erwarte. — „Den Feind!" wiederholte er spöttisch und brach dabei in ein ungezogenes Gelächter aus: „Sie sehen nichts als Hessen!" — Dieses abgeschmackte Betragen und die dabei verrathene Unwissenheit über unsere gefahrvolle Situation empörten mich und ich entgegnete: ich sei gegen den Feind ausgezogen und begreife nicht, was er hier wolle, wenn das nicht seine Absicht sei. Wolle er den Feind vermeiden, dann möge er sich zur Avantgarde verfügen, was er denn auch ganz geduldig that.

Der Führer dieser Avantgarde war in der Gegend ganz genau bekannt und schlug, etwa zwei Stunden vor Wieden, einen Weg ein, der auf eine neue, sehr gute Landstraße führte. Ohne mir das Allergeringste davon zu sagen, ließ aber Börnstein die Kolonne einen anderen Weg nehmen, indem er behauptete, ich habe die Avantgarde falsch instruirt. Ja, er wartete nicht, bis diese zurückgezogen war, sondern ließ diese einstweilen fortmarschiren und eine neue formiren. Die Folge dieser Einmischung in mein Amt war, daß unsere schon sehr ermüdeten Leute sich auf Wegen plagen mußten, die nicht beschwerlicher sein konnten, und daß die Nacht uns ereilte, ehe wir in Wieden ankamen.

Dieser Ort besteht aus einzelnen, zerstreuten Gehöften, die zum Theil auf den Halden, zum Theil im Thale selbst liegen und eine sehr große Strecke einnehmen. Vor einem großen Wirthshause wurde Halt gemacht. Die Fouriere waren zwar vorausgegangen, allein die Bauern konnten mit den Quartierzetteln nicht so schnell fertig werden, da sich wohl selten Truppen hierher verirrten und ihnen die Uebung fehlte; die Leute mußten daher lange im Regen stehen und wurden endlich mehr als ungeduldig. Manche Abtheilungen hatten noch eine halbe Stunde zu marschiren, ehe sie in ihre Quartiere kamen und achtzig Mann von Delaportes

Bataillon weigerten sich geradezu zu gehen und verlangten in das vor ihnen stehende Wirthshaus quartirt zu werden.

Da mir kein Mittel zu Gebote stand, diese Leute zu zwingen, es mir andererseits auch wünschenswerth schien, so viel als möglich die Legion für alle Fälle beisammen zu haben und da die Nachricht des Einrückens von 800 Mann in dem nicht fernen Todtnau mich beunruhigte, so war es mir ganz recht, daß so viel Leute als nur immer möglich in dem großen Hause untergebracht wurden; es faßte gegen dreihundert Mann und bot noch Raum für eine starke Wache, zu der sich ein einziger Freiwilliger fand!

Es dauerte sehr lange, bis ich mit allen Anordnungen fertig wurde, besonders da mir keiner von den Bataillons=kommandeuren hülfreich beistand, mit Ausnahme von Born=stedt, der stets bei der Hand war.

Ich konnte mich kaum mehr auf den Füßen halten, als ich in das große Wirthszimmer trat, wo Herwegh, Börnstein und ich einquartirt waren. An Ruhe war für mich noch nicht zu denken, denn die Leute, welche auf Posten kamen, mußten essen, und es war nicht leicht, in der all=gemeinen Verwirrung etwas zu erhalten. Mit Hülfe der Frau Herwegh, die trotz ihrer Hosen weiblich geschäftig in der Küche waltete, gelang es endlich, die vielen hungrigen Magen zu befriedigen.

Herr Börnstein hatte sich zurückgezogen und bekümmerte sich um gar nichts. Es regnete in Strömen und die Posten mußten noch ausgestellt werden. Dies war bei der stock=dunklen Nacht eine höchst schwierige Sache und wurde durch meine Unbekanntschaft mit der Umgegend noch schwieriger. Da ich aber in dieser finstern und nassen Nacht nicht eben Grund hatte, einen Angriff von den gleichfalls ermüdeten feindlichen Truppen, die in Todtnau lagen, zu erwarten und diese ebensowenig mit der Fähigkeit begabt waren, im Finstern zu sehen, wie wir, so hielt ich es nicht für nöthig, mich ganz strenge an die militärischen Regeln zu binden und besetzte nur die zum Dorfe führenden Wege mit Doppelposten, welche zugleich die kahlen Halden hinaufsehen konnten. Es ist bekanntlich Regel, die Posten Nachts nicht auf die Berge, sondern am Fuße derselben aufzustellen, weil sich gegen den immer etwas helleren Himmel Truppen leichter erkennen lassen, die den Kamm überschreiten.

Während des Marsches hatten sich Ordnung und Disciplin unter unserer Mannschaft immer mehr gelockert. Man hätte das Gegentheil erwarten sollen; aber die Sache ist sehr erklärlich. Militairrekruten, welche unter der Soldatenfuchtel zittern, werden, wenn man sie über ihre Kräfte anstrengt, stets liegen bleiben, oder doch gänzlich den Muth verlieren; Leute, wie die unserigen dagegen, welche durch ihren eigenen Willen vorwärts getrieben werden, die Alle wissen, warum und wofür sie kämpfen, werden unter solchen Umständen widerspenstig, besonders wenn sie sehen, daß ihre Anführer ohne Energie handeln, stets nur für sich sorgen und militairisch vollkommen unfähig sind. — Als wir von Banzenheim abmarschirten, war es noch Zeit, die Zügel des Kommando's straffer in die Hand zu nehmen; mit dem Ergreifen der Waffen mußte auch der Ernst ergriffen werden und das sahrige, raisonnirende Handwerksburschenwesen ein Ende haben; allein dies zu erreichen, war unmöglich.

Herwegh, der die Nothwendigkeit militairischer Ordnung nie einsehen wollte und stets dagegen eiferte, da er keine „Kamaschenknechte" wolle, trug große Schuld an diesem Geiste der Unordnung und Widersetzlichkeit; Börnstein bekümmerte sich um dergleichen gar nicht.

Meine Bemühungen fanden daher nicht nur gar keine
Unterstützung, sondern machten mir im Gegentheil all diese
Leute zu Feinden, deren Nachlässigkeit ich rügen mußte; ich
sah voraus, welch ein Ende unsere Expedition nehmen würde
und wünschte mich hundert Meilen davon; ja ich würde die
Legion im Stiche gelassen haben wie mancher Andere, wenn
ich es nicht für eine Ehrensache gehalten hätte, dem Unter=
nehmen bis ans Ende treu zu bleiben und mir alle mögliche
Mühe zu geben, nach besten Kräften zu nützen, und diese
närrischen Leute selbst gegen ihren Willen vor Schaden zu
hüten.

Was die Unzufriedenheit der Leute auf das Höchste stei=
gerte, war die mangelhafte und unzureichende Bewaffnung.
Dies ließ sich nun einmal nicht ändern; aber unverzeihlich
war es, daß nicht wenigstens für hinlängliche Munition ge=
sorgt wurde; dazu hatte man Geld! Börnstein hatte die
Anfertigung der Patronen übernommen; allein er that seine
Schuldigkeit so wenig, daß man auf den Gedanken kam,
er habe dabei eine böswillige Absicht; ich halte es jedoch ein=
fach für Dummheit. Während der vierzehn Tage, die er
vor mir in Straßburg zubrachte, hatte er, wie gesagt, zwei=
tausend Patronen anfertigen lassen, und dieselben hielt er
für vollkommen genügend! Herwegh und ich erinnerten ihn
wohl zehnmal des Tages an die Patronen; allein er ant=
wortete dann stets mit Grobheit. Die Leute rückten ihm
endlich zu Leibe und er versprach im Nachtquartier das in
Kandern erhaltene Pulver verarbeiten zu lassen. In Wieden
kamen zu diesem Zweck acht Mann zu ihm und die Sache
wäre in zwei Stunden abgemacht gewesen, da man alle
Geräthschaften hatte, allein er schickte die Leute in ihre
Quartiere zurück, da er zu müde sei! Er behauptete stets,
die Leute hätten Patronen genug, und ging irgend ein Ge=

mehr zufällig los, so verfehlte er nie mit geistreichem Lächeln zu sagen: „Sehen Sie, die Leute haben keine Patronen!" So blieb es denn dabei: um uns mit Tausenden von Soldaten zu schlagen, hatten wir nichts als etwa 200 kaum brauchbare Gewehre, eine kleine Anzahl Sensen und Piken und 2000 Patronen, welche durch den starken Regen der letzten Tage, in den Hosentaschen der Leute, zum großen Theil in schwarzen Brei verwandelt worden waren.

Doch kehren wir wieder nach Wieden zurück. Die ermüdeten Leute waren untergebracht und aus jeder Ecke des Hauses schnarchte Einem ein Freiheitsheld entgegen; um Mitternacht kamen ihre geplagten Führer endlich dazu, zu Mittag zu speisen.

Feldmarschall Börnstein war höchst unglücklich, denn unsere ermüdeten Adjutanten hatten sich aus Versehen in die Betten gelegt, welche für uns Beide bestimmt waren und ich konnte es nicht über das Herz bringen, sie zu vertreiben. „Ich will an meiner Bequemlichkeit nichts entbehren", sagte unser großer Feldherr und schien dabei zu denken: „Ihr könnt froh sein, daß ein so großes militärisches Licht wie ich, Euch mit seinem Talent unterstützt!" — O hätte ich geahnt, daß er ein weggejagter österreichischer Feldwebel war! Er fand indessen noch ein Bett und auch ich erkämpfte mir einen Strohsack.

In Wieden trafen wir mehrere Versprengte der Sigel'schen Kolonne und erfuhren, daß von dieser nicht mehr das Geringste zu hoffen sei. Sigel hatte ganz richtig berechnet, daß wir vor Dienstag nicht mit ihm zusammentreffen könnten; vor dieser Vereinigung wollte er nichts Entscheidendes unternehmen. Alle Dispositionen, die Sigel getroffen hatte, um unsern Durchmarsch zu sichern und diese Vereinigung zu bewerkstelligen waren ganz vernünftig; allein die militairische Unkenntniß Struves verdarb die ganze Unternehmung.

Struve war nämlich, wie mir Sigel später selbst er=zählte, bei der ihn gar nichts angehenden Sigelschen Kolonne angekommen, als einige junge Leute aus Freiburg zu ihm schickten und ihn aufforderten, in die vom Militair nicht besetzte Stadt zu rücken. Sigel war unglücklicher Weise abwesend, um an einem entlegenen Punkte nachzusehen, ob seine Anordnungen befolgt wären.

Ohne den Befehlshaber dieser von Sigel gesammelten 3500 Mann abzuwarten, nahm Struve die ihm zunächst stehenden Leute und marschirte mit ihnen gegen die Stadt. Ehe er aber dorthin gelangte, wurde er vom Kartätschen=feuer der Badischen Artillerie begrüßt. Statt nun die Sen=senmänner von Weitem folgen, die Schützen als Tirailleurs gegen die Geschütze vorrücken und Bedienung und Pferde wegschießen zu lassen, kommandirte Struve: „Sensenmänner vor!" — Mit Sensenmännern wollte er mehrere hundert Schritt durchlaufen und die Kanonen nehmen! Es zeugt dies von großem Muth, allein von wenig militairischem Verstand. Die Sensenmänner — meistens Bauern — waren nicht so tollkühn, und als die Kartätschen herangehüpft kamen, rannten sie wie besessen davon, was man ihnen gar nicht so sehr verdenken kann. — Das Gefecht war nun einmal begonnen und mußte fortgesetzt werden. Dies geschah fast allein durch die Scharfschützen, welche auch den Truppen Schaden thaten, ohne jedoch ein weiteres Resultat zu erzielen. Von einem reichen Bauer erzählte man mir, daß er, hinter einem Baume stehend, mit aller Kaltblütigkeit auf die Soldaten schoß, während sein Knecht hinter ihm stets eine zweite geladene Büchse bereit hielt. Das Resultat des Gefechtes war die völlige Auflösung der Freischaar. Nähere Details will ich nicht angeben, da diese Blätter hauptsächlich nur enthalten sollen, was ich mit eigenen Augen sah.

Die Nachricht von der Niederlage Heckers, Sigels und Struves traf uns wie ein Donnerschlag, weil uns dadurch jede Hoffnung auf Waffen und Munition verloren ging. Da saßen wir nun, umgeben von feindlichen Truppen, verlassen von denen auf die wir rechneten, wüthend über Struves Unklugheit und das Davonlaufen der Bauern mit den Sensen, welches die weitere Unordnung veranlaßte.

Heiliger Gott! hätten wir 3500 Mann Bewaffnete und darunter 800 Scharfschützen gehabt, wie sie, ich glaube wir wären keck mitten durch Baden gezogen und hätten uns vor all den Truppen nicht gefürchtet, wenn sie auch beisammen gewesen wären. Muth hatten unsere Leute — Ausnahmen abgerechnet — genug; allein ohne Waffen und Munition nützte derselbe nichts. —

Ich war kaum eingeschlafen, als ich wieder geweckt wurde und vor meinem Bette Herwegh fand, der in einer Hand ein Licht und in der andern einen eben ange= kommenen Brief mit einer neuen Hiobspost hatte. Ich überlegte nun die Umstände und der Plan war bald gemacht. Hecker war mit seinen Leuten nach der Schweiz gegangen, und dort mußten wir auch Becker mit seinem Corps und die Trüm= mer der Sigelschen Kolonne finden; wir beschlossen daher, uns nach der Schweizer Grenze zurückzuziehen, an irgend einem geeigneten Punkt über den Rhein zu gehen, und uns mit ihnen zu vereinigen.

Bei unserer numerischen Schwäche, dem mangelhaften Zustande unserer Ausrüstung und dem Geiste der Unordnung, die in der Legion eingerissen war, konnte es mir auch nicht entfernt in den Sinn kommen, ein Gefecht herbeiführen zu wollen; die Aufgabe, die ich mir stellte, war im Gegentheil

7*

diese, die Legion durch alle Feinde hindurch über die Schweizer
Grenze zu bringen, ohne mit den Truppen einen Schuß zu
wechseln. Diese Aufgabe war um so schwieriger, als das
Militair, unsere Schwäche jetzt sicherlich kennend, uns auf=
suchte und, darin nicht mehr durch andere Insurgentenschaaren
gehindert, in größern Massen gegen uns anrücken konnte;
unser Plan konnte nur gelingen, wenn wir genau von der
Stellung der Truppen unterrichtet wurden und dann Wege
einschlugen, welche für Militair als unpracticabel betrachtet
werden. Wir beschlossen daher gradeswegs über den hohen
Belchenberg nach Zell im Wiesenthale zu marschiren,
wo die Umstände uns den Weg nach der Schweiz vorzeichnen
würden.

Als ich lange vor Tagesanbruch aufstand, fand ich
meine armen Füße mit Blutblasen überdeckt; es war eine
absolute Unmöglichkeit selbst baarfuß in meine durchnäßten
Pariser Stiefel zu kommen. Ich hätte mich zu Löwenfels
auf den Invalidenwagen setzen müssen, wenn mir nicht eine
meiner Ordonnanzen, die zwei Paar Schuhe besaß, eins
davon abgetreten hätte. Ich biß die Zähne zusammen und
fuhr hinein; allein es gehörte starke Willenskraft dazu, in
diesem Zustande zu laufen wie ich es that. —

Als ich in die Wachtstube trat, meldete mir der Wacht=
kommandant, daß während der Nacht von Todtnau Leute
mit einer Laterne sich genähert, aber beim Anruf des Postens
die Flucht ergriffen hätten. Der Posten habe Feuer gege=
ben, die ausgeschickte Patrouille jedoch nichts Verdächtiges
entdeckt und man habe mir deßhalb keine Meldung machen
wollen. —

Ich ließ um vier Uhr Generalmarsch schlagen; allein
es dauerte länger als anderthalb Stunden, ehe ich den

größeren Theil der Leute beisammen hatte, selbst die höheren
Officiere waren nicht aus den Betten zu bringen.

Das Gefahrvolle unserer Lage mit klarem Blick über=
schauend, fuhr ich fast aus der Haut über die Gleichgültigkeit
und Saumseligkeit unserer Leute, die an keine Gefahr glauben
wollten, da sie noch keinen Soldaten gesehen hatten. Als
ich in sehr großem Eifer in die geräumige Küche unseres
Wirthshauses kam, fand ich dieselbe mit Leuten angefüllt,
die in aller Ruhe frühstückten. Ein Advokat aus Detmold,
der den heißen, in seine Untertasse gegossenen Kaffee ganz
gelassen blies, sagte zu mir mit äußerster Gutmüthigkeit:
„Ach, trinken Sie doch erst ein Schälchen Kaffee!" Diese
gemüthliche Ruhe stach so komisch von meinem Feuereifer ab,
daß ich mich nicht enthalten konnte, laut zu lachen, was
merklich meinen Aerger linderte.

Endlich, endlich konnte sich die Kolonne in Bewegung
setzen, obwohl noch Hunderte von Nachzüglern im Dorfe
blieben. Wir schlugen nun dieselbe Richtung ein, woher wir
Abends gekommen waren, nur daß wir nun auf der guten
Landstraße marschirten, die Feldmarschall Börnstein nicht
hatte entdecken können.

Am Fuße des Berges angekommen, sahen wir die Ge=
päckwagen und Nachzügler den andern, beschwerlicheren Weg
herabsteigen und machten Halt, um sie zu erwarten; allein
da fast noch ein Viertel der Mannschaft im Dorfe war und
wir fürchteten, daß sie sich verlieren und den Truppen einzeln
in die Hände fallen möchten, so wurde auf einer kahlen
Höhe abermals ein Halt gemacht, sie zu erwarten.

Das Wetter konnte für einen heimlichen Marsch nicht
günstiger sein, denn ehe wir auf die Höhe gelangten, fiel ein
so dichter Nebel, daß wir die nächsten Thäler nicht sehen
konnten. Ohne denselben hätte man uns stundenweit erblickt

und dann bequem Zeit gehabt, die Päſſe, durch welche
wir nothwendigerweiſe mußten, zu verlegen.

Der naßkalte Nebel und der auf den Bergen wehende
ſcharfe Wind erkältete aber unſere vom Steigen erhitzten und
nur leicht bekleideten Leute durch und durch, ſo daß das Warten
auf dieſem Punkte gefährlich war; wir marſchirten daher
langſam weiter, und nachdem wir ein Thal durchſchnitten
hatten, begannen wir den vor uns liegenden Belchen zu
erſteigen.

Da der Wagen uns nicht folgen konnte, wurden die
Pferde ausgeſpannt und die Bagage getragen. Frau Herwegh
beſtieg das eine Pferd, allein Löwenfels, kein Freund von
ſolchen Wagniſſen, zog die Schultern eines kräftigen Burſchen
vor, der dumm genug war, an die Krankheit ſeines Oberſten
zu glauben, was von Seiten des Doctors nicht geſagt werden
kann. Mit großen Augen ſah ich von der Höhe herab dieſe
burleske Reiterei, welche bei unſern Leuten große Heiterkeit
erregte. Herwegh marſchirte mit uns; ich befand mich mit
dem Führer bei der Avantgarde. Der Weg war ſehr be=
ſchwerlich und wurde es immer mehr je höher wir ſtiegen.
Bald geriethen wir in den Schnee und ſanken oft bis an
die Kniee hinein. Die Nachfolgenden hatten es bequemer.

Das Wetter hatte ſich aufgehellt und wir ſahen eine
wildromantiſche, höchſt eigenthümliche Landſchaft vor uns, in
welcher die weißen Schneeflächen wunderlich mit den grünen
Thälern contraſtirten. Menſchen ſchienen nicht oft hierherzu=
kommen und zu meinem Erſtaunen ſah ich in dieſer Oede
auf dem Schnee eine Fährte, die mit der eines Wolfes die
größeſte Aehnlichkeit hatte.

Da wir einen ſogenannten Gänſemarſch machen mußten,
ſo war unſere Linie ungeheuer lang und wir mußten jeden

Augenblick halten, theils um uns etwas zu erholen, theils um die Arrieregarde etwas näher herankommen zu lassen.

Der Gipfel des Berges erhob sich rechts von unserm Wege, über denselben höchstens hundert Fuß emporragend und wir marschirten auf schmalen Fußwegen die Halde entlang. Die lachende Aussicht auf das schöne, zu unsern Füßen liegende badische Land erhob die Herzen unsrer Leute; allein mir war sie keineswegs angenehm, da man von allen benachbarten Ortschaften unsern Marsch beobachten konnte. Schönau lag uns unangenehm nahe, und wenn das Militair dort aufpaßte, konnte es uns den Weg in das Wiesenthal mit Bequemlichkeit verlegen.

Die Bergwasser, welche wir auf unserm Wege durchwateten, erschienen warm gegen den Schnee, der die Füße der armen Leute völlig erstarrte, da ein großer Theil von ihnen Schuhe an hatte, aus denen die nackten Zehen heraussahen. Trotzdem waren die Leute munter und unterhielten sich damit, Felsstücke hinabzurollen, und einige waren so übermüthig, daß sie auf einen unglücklichen Hasen und einen Häher schossen, die ihnen in den Weg kamen. Sie erlegten ihr Wildpret, allein ich nahm die Schüsse sehr übel und Börnstein erhob den Finger und sang sein altes Lied: „Sehen Sie, die Leute haben keine Patronen!"

Die frische Bergluft machte Allen guten Appetit; aber wir hatten nichts zu essen und fütterten die Leute einstweilen mit dem Versprechen, daß sie im nächsten Dorfe im Thal frühstücken sollten. Als wir endlich dort ankamen, war nur wenig aufzutreiben, und da die Hälfte nichts zu essen bekam, brach allgemeine Unzufriedenheit, ja förmliche Rebellion aus. Ich habe in meinem Leben nicht so viele und so energische Reden gehalten als an diesem Tage; aber gewöhnlich machen Reden auf Hungrige keinen großen Eindruck. Ein ganzes

Bataillon weigerte sich weiter zu marschiren und es regnete
Vorwürfe von allen Seiten.

Da ich den Aufenthalt in diesem Dorfe für gar nicht
ersprießlich hielt, ließ ich endlich Generalmarsch schlagen und
die Avantgarde abmarschiren, was aber wenig half. Ich
mußte wieder zurückkehren und noch einmal die Kunst der
Ueberredung versuchen. Man freute sich, wenn ich recht schalt
und wetterte, und ihnen versicherte, daß ich lieber eine Heerde
Schweine als solch Lumpengesindel commandiren wolle —
machte aber keine Miene von der Stelle zu gehen, bis ich
endlich, was ich bisher nicht hatte thun wollen, den Wider=
spenstigen die Truppen aufzählte, die ringsum in den Ort=
schaften lagen, alle bereit über sie herzustürzen und sie in
Stücken zu hauen. Sie hatten — wie Börnstein — nie
an die Nähe des Feindes geglaubt; allein mein Ernst gab
ihnen zu denken, und als ich ohne Weiteres zu der Avant=
garde zurückkehrte, folgten sie mit sehr trübseligen Gesichtern.

Ich gab mir die erdenklichste Mühe die Leute durch
mein Beispiel anzufeuern, und als sie über Müdigkeit klagten
und alle Augenblicke lagern wollten, lief ich, der ich ihren
Weg mehr als drei Mal gemacht hatte, im vollsten Laufe
von der Spitze zur Arrieregarde, einen Scherz darüber machend,
daß ich mein eigenes Pferd sein müsse.

Im nächsten Dorfe gelang es uns indessen einige Le=
bensmittel aufzutreiben, die ordentlich vertheilt wurden, so
weit Ordnung bei diesem Sturm möglich war. Ueber der
Sorge so viele hungrige Mäuler zu stopfen, vergaß ich mich
selbst, der ich der Erholung mehr als einer nöthig hatte.
Auf meinen Theil wäre nichts gekommen, wenn mir meine
Ordonnanzen, die mich persönlich sehr lieb hatten, nicht einige
Lebensmittel in meine Taschen gesteckt hätten. Dabei war
auch ein delicates Stück Speck, welches ich in Ruhe zu ver=

zehren gedachte, als ein Hungriger zu mir kam und klagte, daß er nichts erhalten — und fort war meine Hoffnung! Mit stoischem Gleichmuth reichte ich ihm den Inhalt meiner Tasche, der nach einigem Erröthen und einigen Complimenten auch angenommen wurde. Ich dachte an Anecboten aus dem Leben berühmter Feldherren und war sehr zufrieden mit mir. Ich erzähle diesen kleinen Vorfall nur, um unsere Noth zu charakterisiren. Jetzt, da die Sache vorüber ist, erstaune ich, mit welchen geringen Mitteln und unter welchen Umständen ein so schwieriges Unternehmen gewagt wurde. Hätte ich übrigens gewußt, daß noch so viel Geld vorhanden war, so würde ich darauf gedrungen haben, daß man besser für die Ernährung der Leute sorgte. Herwegh hatte noch über 2500 Francs in Gold, wovon er freilich 1900 als sein Privateigenthum in Anspruch nahm, allein unter solchen Umständen konnte das nichts ausmachen. Auch Börnstein hatte noch die Taschen voll. Ich meinte aber, wir besäßen nicht viel mehr als die 180 Gulden, welche uns der als Bauer verkleidete Kassier der Sigelschen Kolonne, Philipp Reuter, am Abend vorher in Wieden gegeben hatte, und die in Zell unter die Leute vertheilt werden sollten. Diesen muß ich es indessen zum Ruhme nachsagen, daß sie trotz allem Hunger nicht einen Augenblick das Gelüste hatten, plündernd in die Häuser zu brechen, und als ein Marodeur mit einigen gestohlenen Broten auf dem Bayonet sich seines Diebstahls rühmte und die Andern aufforderte, es ebenso zu machen, verlangten diese von mir, ich sollte den Mann auf der Stelle erschießen lassen, wie es in Paris während der drei Tage mit Dieben geschehen war.

Es war schon ziemlich spät am Nachmittag, als wir eine Stunde vor Zell anlangten. Einige Bauern brachten

uns die Nachricht, daß dieses Städtchen von Truppen besetzt
sei; allein unsere Leute waren so müde und hungrig, daß
sie sich Nachtlager und Nachtessen gern erkämpft haben würden.
Da einige unserer Leute aus der Umgegend von Zell zu
Hause waren, so ließ ich sie gehörig kleiden und auf Kund=
schaft ausgehen; sie sollten Nachricht einholen über die Zahl
der Truppen in Zell und sich nach unsern Fourieren um=
sehen, die einige Stunden vorausgegangen und um deren
Schicksal wir besorgt waren.

Die Nachrichten, welche die Kundschafter zurückbrachten,
waren befriedigend. In Zell war kein Militair, aber in
dem eine Stunde davon gelegenen Schopfheim lagen
Truppen, deren Zahl von einigen auf sechshundert, von
andern auf funfzehnhundert Mann angegeben wurde.

Eine Viertelstunde vor Zell kam uns der Bürgermeister
mit den Gemeinderäthen und unsern Fourieren entgegen; er
beschwor uns bei allen Heiligen, seine Stadt mit unserm
Besuch zu verschonen und dieselbe nicht zum Schauplatz eines
blutigen Kampfes zu machen, der unvermeidlich wäre, wenn
wir dort übernachteten.

Wir wogen die Gefahr gegen die Müdigkeit und den
Hunger unserer Leute ab und entschieden uns dahin, für's
Erste in die Stadt zu marschiren und nach dem Essen Wei=
teres zu beschließen.

In großer Ordnung rückten wir Abends gegen sieben
Uhr in Zell ein. Die Häuser waren zwar nicht geschlossen,
allein man sah aus mancherlei Zeichen, daß die Einwohner
große Besorgniß hegten, ja einige arme Leute sah ich sogar
ihre Kühe zur Stadt hinaustreiben, um sie vor uns in
Sicherheit zu bringen. Die Bürger hatten allerdings Ur=
sache genug, uns großen Appetit zuzutrauen und noch mehr
in anderer Weise besorgt zu sein; man konnte mit Bestimmt=

heit darauf rechnen, daß Militair von Schopfheim gegen
uns anrückte, sobald man dort von unserer Ankunft Nachricht
erhielt, was sehr bald geschehen mußte. General Hoffmann
fuhr zum Thor hinaus nach Schopfheim, als wir an der
andern Seite in die Stadt hineinmarschirten.

Da einige Stunden Ruhe und Stärkung für unsere
Mannschaft absolut nothwendig waren, mußte ich darauf bedacht
sein, ihnen diese zu verschaffen und uns gegen einen Ueberfall
zu sichern. Ich nahm daher sogleich eine Compagnie und
ließ eine starke Barrikade errichten, durch welche der nach
Schopfheim führende Weg gesperrt wurde. So müde die
Leute waren, so legten sie doch kräftig Hand ans Werk.
Mit wahrhaft zauberhafter Schnelligkeit wurden alle nöthigen
Materialien herbeigeschleppt. Ungeheure Steine, Fässer, Kar=
ren, Balken, Geräthschaften aller Art fanden sich vor, und in
der Zeit von etwa zwanzig Minuten erhob sich eine pracht=
volle Barrikade, hinter der man einer Armee widerstehen
konnte, wenn nicht schweres Geschütz zu hartnäckig dagegen
angewendet wurde. In ihrem Eifer hatten die Leute auch
einen Schäferkarren herbeigeschleppt und mitten in die Barri=
kade geschoben, ohne Rücksicht auf den schwerbetrunkenen
Schäfer, der in dem beweglichen Häuschen seinen Rausch
ausschlief und auch nicht erwachte.

Auf der links von der Straße gelegenen Anhöhe postirte
ich hinter den Hecken eine Anzahl Schützen, die theils eine
unvermuthete Umgehung der Barrikade auf diesem Wege
verhindern, theils ein Kreuzfeuer auf eine anrückende Kolonne
mit den Vertheidigern der Barrikade herstellen sollten. Der
rechte Flügel der Verschanzung war durch den Wiesenfluß
gesichert. Jenseits desselben führte ein Weg in den nahe
bei Schopfheim liegenden, mir verdächtig scheinenden Wald;
hier wurde ebenfalls eine Barrikade errichtet und der noch

weiter rechts liegende, mit einer Mauer umgebene Kirchhof wurde beſetzt.

Auf der andern Seite hatte mir bereits der gute Rein=
hardt Schimmelpfennig in das Handwerk gepfuſcht und auf
dem Wege nach Adelsberg, ſehr weit vorgeſchoben, einen
einſamen Doppelpoſten aufgeſtellt. Da ich nach dieſer Seite
hin, im Fall eines überlegenen Angriffs, meinen Rückzug zu
nehmen gedachte, ſo poſtirte ich hier eine Feldwacht, deren
Commando ich einem erfahrenen Soldaten übertrug, der die
Aufſtellung der Poſten ſogleich mit einer Umſicht bewerk=
ſtelligte, wie ich ſie einem gemeinen Soldaten niemals zu=
getraut hätte.

Auf dem Wege nach Schönau, über eine Viertelſtunde
weit, bis an die Brücke über den Wieſenfluß vorgeſchoben,
fand ich abermals einen unglücklichen, verlorenen Doppel=
poſten, der ſehr froh war, als ich ihn mit etwa zwölf Mann
erreichte, die ich am Ausgange des Ortes ſelbſt an einem
ſehr günſtigen Punkte aufſtellte.

Ueber dieſe Anordnungen waren beinahe zwei Stunden
vergangen. Als ich in die Sitzung des Ausſchuſſes kam,
wo man über die zu nehmenden Maßregeln berathſchlagte,
gab ich meine Meinung dahin ab, ·daß es eine Unklugheit
ſei, Zell gegen einen ſo überlegenen Feind halten zu wollen.
. Das Städtchen liegt nämlich in dem ziemlich engen Wieſen=
thal und von zwei Seiten treten die Berge ſo nahe zu dem
Orte heran, daß man von denſelben jeden Mann auf der
Straße und hinter den Barrikaden einzeln wegſchießen konnte.
Meine Einrichtungen, ſagte ich, ſeien nur gegen einen nächt=
lichen Ueberfall getroffen; je eher man das Neſt verließe,
deſto beſſer ſei es; da die Leute jedoch ſo erſchöpft wären,
möchte man ihnen einige Stunden Ruhe gönnen, aber jeden=

falls vor Tagesanbruch abmarschiren und die Schweiz so bald als möglich zu erreichen suchen.

Der lahme Löwenfels sprach sich heldenmüthig dahin aus, den Feind in Zell zu erwarten und bis auf den letzten Mann zu kämpfen; wahrscheinlich hatte er bereits seinen später ausgeführten Rückzugsplan gemacht. Börnstein hörte den Vorschlag des Davonlaufens — solche flinke Weisheit hätte er mir gar nicht zugetraut! — mit unverkennbarem Vergnügen und ergriff ihn mit solchem Eifer, daß er vorschlug, augenblicklich abzumarschiren; Herwegh zeigte denselben Enthusiasmus, nur wollte er einen weiteren Bogen machen und nicht, wie Börnstein bei Schopfheim dicht vorbei, sondern grade auf die Rheinbrücke von Rheinfelden zu marschiren.

Ich trat — zum ersten Mal seit unserm Auszug! — dem Vorschlage Börnsteins bei, als die durch Frau Herwegh befragten Leute erklärt hatten, daß sie bereit wären, sogleich zu marschiren. — In Schopfheim stand der uns mehr als dreifach überlegene Feind und es wird Manchem als eine Tollheit erscheinen, mit einer so erschöpften und schlecht bewaffneten Mannschaft einen Marsch fast mitten durch das feindliche Lager zu wagen. Ich muß daher die Gründe an= führen, welche mich bewogen, für diesen verrückt scheinenden Plan zu stimmen.

Der Feind hatte von unsern Verschanzungen in Zell ganz sicher in einer Stunde Nachricht und mußte glauben, daß es unsere Absicht sei, in der Stadt zu übernachten. Griff er uns in der Nacht an, so war er bedeutend im Nachtheil, denn er konnte nicht wissen, welche Dispositionen wir getroffen hatten, und seine Uebermacht nützte ihm gar nichts; wartete er aber den Tag zum Angriff ab, so konnte er die Höhen besetzen und uns entweder vernichten, oder sämmtlich gefangen nehmen. Es war ferner zu vermuthen, daß die Truppen nichts weniger als einen nächtlichen Angriff von uns erwarteten; wenn sie Posten ausstellten, so war dies höchstens in der Nähe von Schopfheim der Fall, und wir konnten hoffen, mit Anwendung einiger Vorsicht, unbemerkt an dem Orte vorbei und nach Rheinfelden zu kommen, das von Zell nur vier Stunden entfernt ist. Entdeckte man unsern nächtlichen Marsch, wie auch möglich, so erschien die Gefahr doch nicht groß. Die Nacht war sehr finster und es ist schwierig den Feind anzugreifen, wenn man ihn nicht sieht. Ueberdies mußten die Truppen glauben, wir wollten sie in Schopfheim angreifen und wären wahrscheinlich für den Augenblick darauf bedacht gewesen, sich in dem Orte zu vertheidigen. Die irrige Meinung von unserer Absicht hätte ziemlich gefahrlos lange durch einiges Arrieregardefeuer erhalten werden können. Ehe sie ihren Irrthum entdeckten, hatten wir einen bedeutenden Vorsprung, und kamen wir nur eine halbe Viertelstunde vor ihnen auf der Rheinfelder Brücke an, so hatten wir unsern Zweck erreicht, denn schon auf der Mitte derselben beginnt die Schweiz. Reiterei, die uns hätte zum Stehen bringen können, lag aber nicht in Schopfheim und diese manövrirt auch nur höchst ungern in so dunkler Nacht.

Ich ließ also gleich in größter Stille die Vorposten einziehen. Börnstein, der ungeheure Eile hatte, bemächtigte sich augenblicklich des von dem Bürgermeister mit großer Zuvorkommenheit gestellten Führers, und ehe noch die Hälfte der Mannschaft beisammen war, marschirte er in großer Hast ab. Ich eilte ihm nach, um ihn zum Warten zu vermögen, und traf ihn vor der Barrikade, welche den Weg nach Schopfheim verlegte. Man konnte links an derselben vorbei, allein dies behagte Börnstein nicht, der plötzlich große Lust zum sicherern, aber weiteren und beschwerlichen Weg über das Gebirge bekam, sogleich Kehrt machte und eine Seiten= gasse einschlug, welche in das Bette eines Bergstroms, einen sehr steilen, durch Steingeröll fast ungangbaren Weg führte, der für Fußgänger sehr beschwerlich, für Reiter oder Wagen, vollends bei Nacht, aber gar nicht zu passiren war.

Ich begleitete Börnstein einige hundert Schritte, und forderte ihn mehrmals auf zu halten und die Andern zu er= warten und erklärte ihm, daß ich nicht ohne Herweghs ab= marschiren würde; sie zurückzulassen sei eine Schurkerei. Börnstein hörte auf meine Vorstellungen gar nicht, sondern rannte weiter, als wäre er von panischem Schreck beflügelt. Ich mußte ihn laufen lassen und kehrte nach Zell zurück, um den größten Theil der Mannschaft und Herweghs ab= zuholen. Es war etwa elf Uhr in der Nacht.

Da wir unsern Gepäckwagen nicht im Stiche lassen wollten, dieser aber auf dem von Börnstein eingeschlagenen Weg nicht fahren konnte, so wollte ich einen Durchgang durch die Barrikade öffnen und mit dem Rest der Mannschaft den kürzeren Weg marschiren. Wir gaben es aber auf, da die Barrikade zu gut gebaut war und wir eine sehr lange Zeit dazu gebraucht haben würden, sie abzutragen. Der Gepäck= wagen mußte daher abgeladen und das Gepäck von Un= bewaffneten getragen werden. Frau Herwegh entschloß sich zu Fuß zu gehen; Löwenfels dagegen wollte in Zell bleiben und sehen wie er sich retten könnte.

Es war Mitternacht als wir Börnstein folgten, und dies war nicht schwer, da man die Laternen, welche er mitge= nommen hatte, bei Nacht sechs Meilen weit sah. Wir hatten indessen gleichfalls Laternen, da Börnstein einmal den Anfang damit gemacht hatte. Es war das der seltsamste heimliche Nachtmarsch, von dem ich jemals gehört oder gelesen habe

und wie er nur einem österreichischen Feldwebel einfallen
konnte!

Die Lichter machten übrigens in der Entfernung einen
zauberhaften Effekt; sie tanzten bald hier bald da auf den
Bergen, waren bald klein wie ein Stern, bald groß wie
ein Mann, und sie würden mich sehr ergötzt haben, wenn
nicht ihr Schein so verrätherisch gewesen wäre. Ich ließ
wenigstens die Laternen auf der Seite, wo der Feind stand,
bedecken; allein Börnsteins helles Licht hatte die ganze Gegend
alarmirt. Im Thale sah man Lichter geschäftig hin und
her eilen und in den Dörfern läuteten die Sturmglocken.

Als wir etwas höher in die Berge kamen wurde der
Weg vortrefflich. Frau Herwegh, der ich auf diesem Marsche
zur Seite blieb, hielt sich sehr tapfer, und ich mußte diese
Frau bewundern, die solche ungewohnte Strapazen ohne
Murren ertrug und der Gefahr, deren sie sich vollkommen
bewußt war, muthig entgegen blickte. Ein ehrlicher Schweizer
und ich halfen ihr durch die Bäche und sehr schmutzigen
Stellen.

An eine Ordnung war gar nicht zu denken. Börnsteins
übereilter Abmarsch hatte Alles aufgelöst. Was dieser eigent=
lich dabei dachte, ist mir noch heute ein Räthsel. Während
der ganzen Zeit, da ich in Zell die Posten ausstellte, hatte
er meine Karte studirt und mußte wissen, daß der nächste
und sicherste Weg zwischen Schopfheim und Hasel hin=
durch und rechts bei Wehr vorbeiführte; allein er nahm
dennoch den Weg über die Dörfer, und zwar einen so weiten,
daß wir erst spät am Morgen nach Hasel kamen, das in
grader Richtung nur anderthalb Stunden von Zell entfernt
ist. Hatte der Führer nicht Instructionen von Börnstein
erhalten, was ich nicht weiß, so war derselbe ein Verräther

und wir sind dem Bürgermeister von Zell für die Recommandation unsern Dank schuldig.

Während eines Nachtmarsches wird die Mannschaft selten müde; die Aufregung läßt es nicht dazu kommen; allein gegen Morgen folgt die Abspannung. Unsere Leute waren von Mittwoch Morgens fünf Uhr bis Abends sieben Uhr marschirt; sie hatten dabei den Belchenberg überschritten und sehr wenig gegessen. Die vierstündige Ruhe in Zell kann kaum so genannt werden; ein Viertel der Leute baute Barrikaden und war auf Posten, und die Stärkung, welche sie dort erhielten, war nicht hinreichend; die Bürger zeigten sich sehr karg und der schlechte Wein, den die Leute in den leeren Magen schütteten, diente nur dazu, sie augenblicklich aufzuregen und dann desto schlaffer zu machen.

Die armen Menschen waren so müde, daß sie bei jedem Halt in den Dörfern auf dem Fleck, wo sie standen, niederfielen und beim Abmarsch kaum zu erwecken waren. Einige Nachzügler von Börnstein's Abtheilung fanden wir am Wege im tiefsten Schlaf. Ich selbst war so ermattet, daß ich im Gehen schlief; ich bin dessen ganz versichert, denn ich träumte; und es war kein Wunder: den Weg, den die Colonne machte, habe ich gewiß dreimal zurückgelegt, und seit Wieden hatte ich nichts genossen, als zwei Aepfel, ein Stückchen Kuchen und in Zell etwas Brod und Käse nebst einigen Gläsern Wein. Wäre ich nicht durch die Jagd an Strapazen gewöhnt gewesen, ich müßte längst vor Ermattung niedergesunken sein. Im ersten Dorfe, in das wir auf unserem Wege kamen, gelang es, einen Wagen für das Gepäck und Herweghs und später noch einen zweiten für die Ermüdeten aufzutreiben.

Morgens um sieben Uhr holten wir endlich Börnstein ein. Ohne dessen unverantwortliche Handlungsweise mußten

wir um diese Zeit bereits in der Schweiz sein. Er hatte
unnöthig den Marsch geändert und konnte wissen, daß der
Führer ihn unnöthig spazieren führte. Ich war in der Ge=
gend, besonders bei Nacht, vollkommen fremd und konnte
nichts thun, als Börnstein folgen, der den Führer an der
Seite hatte.

Am Tage vorher hatten wir in den Dörfern, durch
welche wir kamen, die Eingänge zu den Wirthshäusern mit
Posten besetzt, die Jedem den Eintritt ohne Erlaubniß ver=
wehren mußten; jetzt war diese Maßregel unmöglich durch=
zuführen. Das thierische Bedürfniß nach Nahrung und
Schlaf hatte fast bei Allen die Oberhand und keine Wache
wurde mehr respectirt. In jedem Dorfe blieben Einige zu=
rück und die Zahl der Maroden mehrte sich, je weiter wir
kamen. Nach jedem Halt mußte man die Schläfer zusam=
men suchen, die überall auf dem Boden umherlagen, und
Diejenigen, welche man damit beauftragte, blieben zum Theil
selbst in den Wirthshäusern sitzen und ließen die Colonne
ruhig fortmarschiren. Das thaten sogar der Führer des
zweiten Bataillons, Hörter und einige Compagniechefs.

In Hasel erhielt ich durch einen zuverlässigen Menschen
die Nachricht, daß dreihundert Mann würtembergischer In=
fanterie uns folgten und den Weg nach dem Rhein abzu=
schneiden suchten. Der schöne Tag und diese Nachricht mach=
ten mich wieder vollkommen lebendig und auch die Leute
schienen mir kräftiger als bisher; besonders muthig und hei=
ter war die Avantgarde mit ihrem Herrgott an der
Spitze.

Reinhardt Schimmelpfennig stahl sich gewißermaßen
unterwegs zu mir — vielleicht war's jedoch schon Tages zu=
vor — und warnte mich vor heimlichen Kabalen, die von
Börnstein, Bornstedt und andern Führern gegen mich vorbe=

reitet wurden; er glaube es handelte sich darum, mich von meinem Posten zu entfernen. Ich kümmerte mich nicht darum — mein Posten war wahrlich keine Sinecure! — Die Nähe des Feindes, die sich nun nicht mehr hinweg= läugnen ließ, verschaffte meinen Befehlen Nachdruck. Ich hielt von nun an die allerstrengste Ordnung, denn wir mar= schirten etwa eine Stunde seitwärts von Schopfheim vorüber und ein Angriff von dieser Seite her war nichts weniger als unwahrscheinlich; wir konnten ihn jeden Augenblick er= warten. Ohne Gefecht über den Rhein zu kommen hoffte ich jetzt nicht mehr, besonders als ich erfuhr, daß eine Schwadron würtembergischer Lanzenreiter von Wehr nach Nieder= schwörstadt abmarschirt sei.

Ich behielt jedoch meine Besorgnisse für mich, um die Leute nicht zu entmuthigen; allein selbst Frau Herwegh fielen meine Vorsichtsmaßregeln auf, und sie sagte halb scherzhaft zu mir: „Sie nehmen ja ganz die Miene an, als erwar= teten Sie eine Schlacht!“ — Börnstein war mit diesen Maßregeln sehr schlecht zufrieden, da sie an raschem Fort= kommen hinderten und er nicht den Muth hatte, allein da= vonzulaufen. Er wollte nie die Nothwendigkeit einsehn, daß die Avantgarde, ehe sie in ein Gebüsch eindrang, Halt machte, bis die abgeschickten Patrouillen das Terrain genau erforscht hatten. Der Führer der Avantgarde, der über das einfältige Geschwätz endlich ungeduldig wurde, antwortete ihm etwas derb, „er scheine ganz und gar nichts von der Sache zu ver= stehen“, womit er allerdings den Nagel auf den Kopf ge= troffen hatte.

Es mochte etwa neun Uhr Vormittags sein — Don= nerstag nach Ostern — als wir in Niederdossenbach an= kamen. Da wir dem Ufer des Rheins so nahe waren, glaubten die Leute ohne Zweifel, nunmehr sei alle Gefahr vorüber. Sie

8*

zerstreuten sich im Dorfe, um Lebensmittel aufzusuchen, und als Generalmarsch geschlagen wurde, konnten sich Viele nicht von dem Speck trennen, den sie aufgetrieben hatten.

Ich marschirte unterdessen mit der Avantgarde ab, in der Hoffnung, daß dieses Mittel sich auch diesmal wirksam zeigen werde, um die Nachzügler herbeizuholen. Den Wagen, auf dem Herweghs saßen, ließ ich zwischen dem Haupttrupp der Avantgarde und dem ersten Bataillon fahren, da er hier sicherer war, als bei der Arrieregarde, die zuerst von den nachfolgenden Würtembergern angegriffen werden mußte. Diese Vorsicht rettete Herweghs das Leben, wie wir später sehen werden.

Etwa zehn Minuten hinter Niederdossenbach beginnt ein Wald, der sich an einer Stelle bis zum Rhein hinab erstreckt. Als wir die Lisière des Waldes passirt hatten und an ein von Gehölz umgebenes, großes, freies Feld kamen, längst dessen linker Seite der Fahrweg hinlief, ließ ich Halt machen, um die Nachzügler heranzuziehen und die frühere Ordnung wieder herzustellen.

Während wir hier warteten, Einige sich zum schlafen niedergelegt und Andere ihre Stiefeln ausgezogen hatten, um ihre kranken Füße zu pflegen, hörten wir plötzlich vom Dorfe her einzelne Schüsse und Leute stürzten in den Wald mit dem Ruf: „Die Würtemberger sind da!" — —: „„Da haben wir die Bescheerung!"" rief ich ärgerlich und zog meinen Degen, denn Börnstein erstarrte fast zur Salzsäule.

# Viertes Capitel.

Der Ruf: „die Würtemberger sind da!" machte Alles
nur zu lebenbig. Jeder vergaß seine wunden Füße, seinen
Hunger und seine Mübigkeit, um — fortzulaufen? — oh
nein! Es macht mir Freude anzuerkennen, daß troß all ber
niederbrückenben Umstänbe, ber Muth ber Leute sich in bie=
sem Augenblicke bewährte. Mit lautem Jubelgeschrei griffen
sie zu ben Waffen unb stürzten burch ben Walbstreifen, ben
wir bereits burchschritten hatten, auf bas freie Felb, bem
von Nieberbossenbach anrückenben Feinbe entgegen.
Alles Rufen war vergebens, und meine Stimme war ganz
ohnmächtig, da ich von ben vielen Reben am vorhergehenben
Tage sie fast ganz verloren hatte. Die Leute waren so er=
bittert unb kampfbegierig, daß Viele bie Officiere zu er=
schießen brohten, welche sie aufzuhalten suchten, um Regel=
mäßigkeit in bie Vertheibigung zu bringen. Nun hatte Herwegh
ben besten Beweis, wie nothwenbig bei einer militärischen
Expebition militärische Orbnung ist. —

Meine Absicht war, so viel als irgend möglich jedes regelmäßige Gefecht zu vermeiden, da ich ein solches bei dem Mangel an Munition, die durch die Regengüsse entsetzlich zusammengeschmolzen war, für äußerst bedenklich hielt, selbst wenn der Feind an Zahl schwächer war als wir. Ich wollte die mit Gewehren bewaffneten Leute als Arrièregarde formiren und mit ihnen ein Tirailleurgefecht unterhalten, welches den Rückzug der Unbewaffneten sichern sollte. Das war bei dieser plötzlichen Auflösung aller Ordnung unmöglich und es begann ein allgemeines, unordentliches Gefecht, welches ich nur theilweise leiten konnte.

Die Avantgarde, verstärkt durch eine Anzahl Schützen, warf sich sogleich in den Wald und rückte nach der Lisière desselben vor, um ihn gegen die andringenden Würtemberger zu halten.

Reinhardt von Schimmelpfennig, der die Sensen= männer und Pikenträger befehligte, blieb mit diesem kleinen Häuflein, nebst einigen Unbewaffneten, allein auf dem Platze. Er wollte auch fort, dem Feinde entgegenstürmen, und war sehr aufgebracht, als ich ihm befahl, stehen zu bleiben wo er sei, bis ich ihm sagen lassen würde, wohin er zu marschi= ren habe. Er war indessen vernünftig genug, die Nothwen= digkeit dieses Befehls einzusehn und als ich ihn ermahnte, wenn ich ihm Befehl dazu schickte, tapfer in den Feind zu bringen, antwortete er mit Schwenken seines Säbels und freudigem Zuruf.

Ein Pferd würde mir nun von großem Nutzen gewesen sein; denn vermittelst desselben würde ich unsere Mannschaf= ten haben zusammenziehen und das Gefecht „in der Hand" behalten können; die Furcht vor Plünderung hatte mich je= doch stets abgehalten, ein Pferd zu „requiriren" und ich sah mich auf Adjutanten und Ordonnanzen angewiesen, die fast ebenfo müde als ich, und nicht alle geeignet waren, meine eiligen Aufträge auf geeignete Weife auszurichten. Begleitet von einigen derfelben fchritt ich durch den Wald, um von dem Mittelpunkt des Gefechtes aus, wo die Avantgarde die Lifière vertheidigte, einen Ueberblick über den Stand der Dinge zu gewinnen. Vom Felde her kam mir ein fonft immer fehr großmäuliger „Hauptmann" entgegen, der durch feine Schnelligkeit im Davonlaufen zeigte, daß er Turner war und aus vollem Halfe fchrie: „Ja, wenn die Führer nicht vorn find! Ja, wenn die Führer nicht vorn find!" — Ich legte dem über meinen Anblick fehr Erfchrockenen meine lange Klinge über den feigen Rücken und trieb ihn zurück ins Gefecht.

Der Führer der Avantgarde hielt fich mit feinen Leuten fehr brav; allein er fagte mir, daß feine Schützen fich mei= ftens fchon verfchoffen hätten und daß an eine weitere Ver= theidigung des Waldes nicht zu denken fein würde. Die Würtemberger rückten mit hellem Trommelfchlag vor; gelang es ihnen den Wald zu nehmen, fo fchnitten fie uns den Rück= zug nach Rheinfelden ab. Um nun dies womöglich zu ver= hindern, fchickte ich einen Adjutanten an Reinhardt von Schimmelpfennig mit dem Befehl ab, durch den Wald gedeckt, vorzurücken, und fobald der Feind eindringen wolle, demfelben mit den Senfenmännern und Pikenträ= gern unter Hurrah entgegen zu gehen. Bei unferm Mangel an Munition konnte nur dadurch das Gefecht einigermaßen ausgeglichen werden, daß ich ein Handgemenge herbeiführte. Hierbei konnten auch die unvollkommen bewaffneten Leute mitwirken, und ich befchloß, unfern linken Flügel näher heran zu ziehen.

Ich ging daher über das vor mir liegende Feld, wo fich unfere Tirailleurs meiftens recht gut hinter den dort

stehenden Obstbäumen aufgestellt hatten und ein nicht un-
wirksames Feuer unterhielten. Auf dem linken Flügel fand
ich die Leute in ziemlicher Unordnung; nur das erste Bataillon, welches Bornstedt befehligte, stand in geschlossenen
Gliedern.

Ich bemühte mich, die Zerstreuten auf der Höhe so
aufzustellen, daß die Linie mit der Lisière des Waldes einen
rechten Winkel bildete, und sah mit Vergnügen, daß die
Würtemberger, durch das schwächer werdende Feuer ermuthigt, hitzig gegen den Wald vordrangen. Dort mußten sie
in der Front von Reinhardt empfangen werden; ich wollte
ihnen, durch die Tirailleurs gedeckt, mit meinem linken
Flügel in die rechte Flanke und Rücken fallen und sie wo
möglich umzingeln, was leicht zu bewerkstelligen war, wenn
mein rechter Flügel, wo Delaporte stand, auf die Bewegung einging. Dann kam es zu einem allgemeinen
Handgemenge, wobei wir wegen unserer größeren Zahl im
Vortheil waren.

Die Würtemberger bestanden aus dreihundert Mann
unter Hauptmann Lipp, der bei dieser Gelegenheit mehr
persönliche Tapferkeit als militärische Fähigkeit zeigte; hätten
wir Munition gehabt, so wäre er mit seiner Compagnie verloren gewesen, denn die Sache stand auf dem rechten Flügel
für sie bereits sehr zweifelhaft; wir waren in Bezug auf
Bewaffnung zu sehr im Nachtheil. Jeder der dreihundert
Mann war mit einem sogenannten Specialgewehr bewaffnet
und hatte sechzig Patronen bei sich, was die runde Summe
von achtzehntausend macht, während wir noch nicht zweihundert schlechte Gewehre und dazu gewiß nicht tausend Patronen hatten, da die an ganz schlecht Bewaffnete vertheilten,
wie auch die durch den Regen verdorbenen abgerechnet werden müssen. Manche Leute hatten statt Patronen eine schwarze

Sauce in ihren Hosentaschen! Außerdem hatten die Würtemberger den Vorzug der Disciplin und Ordnung und waren noch ganz frisch, während unsere Leute nun sechsunddreißig Stunden auf den Beinen und vor Müdigkeit und
Hunger ganz matt waren. Ein Soldat, der gut gefrühstückt
hat, wiegt aber mehr als drei milde und halb verhungerte
auf, wie jeder Officier einräumen wird.

Als ich eben damit fertig war, die etwas verworrene
Masse zum Angriff zu formiren, sah ich zu meinem Verdruß
den Feind in den Wald eindringen, und daß er dort den
Sieg errungen, wurde mir klar, als ein Zug wieder auf
das Feld hinausschwenkte und gegen uns Front machte. Ich
stand fast allein auf einer Höhe und da ich einen dunkeln
Paletot trug und den gezogenen Degen in der Hand hielt,
so war ich leicht als Anführer kenntlich; dadurch wurde
mir die Ehre einer Salve zu Theil. Die Kugeln umpfiffen
mich von allen Seiten; eine zerriß meinen Paletot, eine
zweite streifte mein langes Haar, so daß ich unwillkürlich
seitwärts wankte. Diese Kugel, die kaum einen halben Zoll
an meinem Ohr vorüber ging, pfiff nicht wie die andern,
sondern heulte förmlich, und ich hatte die Empfindung, als
blase man mir mit einem Blasebalg ins Ohr.

Die Wirkung, welche diese Salve auf die hinter mir,
durch das Terrain ziemlich verdeckten Leute machte, war tragikomisch. Als nämlich die vor uns stehenden Tirailleurs die
Würtemberger herausschwenken sahen, stürzten uns Viele von
ihnen eilig entgegen; es waren Leute, die sich verschossen
hatten und zurückrannten, um sich Patronen oder Pulver zu verschaffen, welches von Herwegh und seiner Frau,
die auf dem Wagen zurückgeblieben waren, auf den Kampfplatz geschickt wurde. Leider nützte dies wenig, da es sogar
an Papier zum Laden und zum Tragen des Pulvers fehlte,

welches einige Leute in ihre Blousen schütteten und darin
wie in einer Schürze trugen; geladen wurde mit Gras. Als
nun, wie gesagt, diese Tirailleurs zurückstürzten und zugleich
einige Verwundete zurückgeführt wurden, hielten die hinter
mir stehenden Leute dies für das Signal zum Reißaus, und
als dabei zugleich die würtembergischen Kugeln gegen Bayon=
nete und Sensen klapperten, ließen sie sich nicht mehr halten.
Wie eine von panischem Schrecken ergriffene Kuhheerde mach=
ten sie Kehrt und rannten wie toll und blind, in vollem,
fast tactmäßigen Trab einige hundert Schritt zurück. Der
schon erwähnte Pariser, Alfred de Horter (nicht zu verwech=
seln mit dem davon gelaufenen Bataillonscommandeur
Hörter) den ich wegen seiner Gewandtheit und Unerschrocken=
heit stets gern an meiner Seite hatte, stellte sich den Flie=
henden mit dem Gewehr entgegen; allein sie liefen seitwärts
an ihm vorbei und ließen sich nicht halten ebenso wenig wie
durch meine von vielen Reden halb erloschene Stimme.

An diesem schmählichen Davonlaufen — die Leute konn=
ten übrigens das Feuer nicht erwidern! — hatte Börn=
steins Rückzugsgeschrei großen Antheil. Ich sah ihn bei
dieser Gelegenheit während des ganzen Gefechtes, welches etwa
anderthalb Stunden dauerte, zum ersten und einzigen Mal,
und vernahm nichts anderes von ihm, als den etwas stam=
melnden Ruf: „Ziehen Sie sich zurück!" Er stand rechts
von mir hinter einem dicken Baum und sah durch ein Glas;
die Leute in seiner Nähe behaupteten, daß dasselbe sehr zitterte
und daß er damit gegen den Baumstamm sah, hinter wel=
chem er sich nebst einigen andern Hasenfüßen versteckt hatte,
als die Würtemberger so unvermuthet gegen den linken Flügel
Front machten.

Ein sehr braver Student Namens Krebs, wie auch
ein anderer durchaus glaubwürdiger Mann, Namens Teut=

horn, erzählten, daß sie Börnstein einige hundert Schritt hinter der Front angetroffen hätten. Als sie ihn verwundert fragten, was er denn hier, so weit entfernt vom Gefecht thue, gab er die heroische Antwort: „Ich soll mich wohl todtschießen lassen?" Andere fanden ihn später im Begriff, alle Insignien seiner Feldherrnschaft von sich zu werfen, wobei er den Fragenden zurief: „Da man meinen Plan (?) nicht befolgt, so lege ich das Commando nieder!" Er war der erste, der die Kunde von unserm Unglück dem schon früher davongelaufenen Löwenfels in Straßburg mittheilen konnte.

Auf dem rechten Flügel hatte das Gefecht anfänglich eine sehr günstige Wendung für uns genommen; die Leute standen sehr-gut im Feuer und die Würtemberger wurden eine Zeitlang zum Weichen gebracht, allein alle Vortheile gingen durch den Mangel an Munition verloren und es war begreiflich, daß Diejenigen, welche sich verschossen hatten, auf ihre Rettung bedacht waren. Hier befehligte Delaporte, der bei seinen Leuten die meisten der von Paris mitgekommenen Franzosen hatte, welche sich außerordentlich brav hielten. Als die Sache anfing mißlich zu werden, rief Delaporte, den Degen hochhaltend: „Les Français à moi!" Die Franzosen sammelten sich sogleich um ihn und folgten ihm muthig gegen den Feind, als Delaporte plötzlich auf das Gesicht fiel. Alle glaubten ihn todt, klagten: „Ah notre pauvre commandant!" und zogen sich zurück, durch seinen Fall entmuthigt; sie waren daher nicht wenig erstaunt, als „le pauvre commandant" flink wie ein Hirsch aufsprang und ihnen nacheilte. Dies erzählten mir später einige der Franzosen, welche Augenzeuge dieser Falstaffiade gewesen sein wollten; sicher wahr ist davon, daß Delaporte weder todt noch verwundet, noch gefangen war und sich auch in Straß-

burg nicht wieder blicken ließ. — Am muthvollsten und da=
bei höchst komisch benahm sich unser Tambour, der ebenfalls
ein Franzose war. Er schlug unverdrossen sein Kalbfell, bis
der Kessel der Trommel von ebenso vielen Kugeln durch=
löchert war, als seine Blouse. Er selbst blieb unverwundet,
stand einige Schritte vom Feinde, schnitt den Würtembergern
wüthende Gesichter und schrie: „Ah les grêdins! ah les
grêdins!" Er ward gefangen genommen.

Wie schon aus dem Vorhergehenden hervorgeht, war
Schimmelpfennigs Versuch, den Wald mit seinen Sensen= und
Pikenträgern zu vertheidigen, mißglückt. Die Schuld davon
lag jedoch nicht an dem Führer. Die Würtemberger erzählten
mir später, daß der Anblick der Sensenmänner ihnen Furcht
eingeflößt hätte und daß sie einem herzhaften Angriff der=
selben schwerlich Stand gehalten haben würden. Das ist be=
greiflich. Die an das Ende einer langen Stange aufrecht
befestigte Sense ist eine furchtbare Waffe, gegen welche man
sich schwer mit dem Bayonnet vertheidigen kann, da dieselbe
viel länger ist. Die Sensenmänner folgten freudig ihrem
muthigen Führer; als sie sich jedoch dem geordneten und
gut bewaffneten Feinde gegenüber sahen, mäßigte sich ihr
Feuer. Schimmelpfennig sah sich bald mit wenigen Leuten
allein und schwankte einen Augenblick, ob er sich ergeben
solle. Er rief den Soldaten zu, er hoffe, daß man nach
Kriegsgebrauch mit ihm verfahren werde. Als ihm mit
Schimpfworten und Schüssen geantwortet wurde, stürzte er
mit geschwungenem Säbel in die feindliche Reihe, deren An=
führer er suchte. Er verwundete einige Soldaten und stand
dann dem Hauptmann Lipp gegenüber, dem er in dem kur=
zen Zweikampf einen Finger abhieb. Der Hauptmann wäre
verloren gewesen, wenn Schimmelpfennig nicht in diesem
kritischen Augenblicke eine Kugel in die linke Brust erhalten

hätte, wodurch er zum Fall gebracht wurde. Als er noch lebte, stieß ihm ein Soldat das Bayonnet in den Mund, so daß es zur andern Seite des Kopfes hinausbrang.

Reinhard von Schimmelpfennig war ein schöner, schlanker und großer Mann von etwa fünfundzwanzig Jahren. Er hatte dunkles Haar und trug einen Schnurrbart. Bekleidet war er mit einem blauen Schnürrock, trug eine schwarz-roth-goldene Feldbinde quer über der Brust und einen schönen Säbel, den er in Paris erhalten hatte; dazu den weißen Freischärlerhut. Er war ein etwas schwacher, aber herzensguter, liebenswürdiger und braver Mann, dessen Verlust mir um so mehr nahe ging, als er mir persönlich ganz besondere Anhänglichkeit gezeigt hatte. Sein Loos war ein beneidenswerthes; er starb wie ein Held für sein Volk und sein Name verdient in den Herzen desselben ein ehrenvolles Gedächtniß.

Bornstedt hielt sein Bataillon in guter Ordnung und wenn er auch keine Gelegenheit hatte, thätigen Antheil an dem Gefecht zu nehmen, so zeigte er doch Ruhe, Muth und Geistesgegenwart. Unter seinen Leuten waren viele mit guten Gewehren; allein durch Börnsteins Fürsorge hatten sie grad die wenigsten Patronen erhalten und sich längst verschossen. Einige Leute waren mit der einzigen Patrone im Gewehr dem Feinde entgegengelaufen.

Börnstein hatte mich mit dem Ruf: „Ziehen Sie sich zurück!" auf dem Kampfplatze gelassen. Ich zögerte jedoch, um irgend eine Möglichkeit zu erspähen, das Gefecht wieder herzustellen; denn noch immer hielt sich eine Anzahl unserer Tirailleurs. Der alte Soldat, dem ich in Zell das Commando der Feldwacht anvertraut hatte, hinkte zu mir heran. Betrübt sagte er: „Ich bin heut zum fünfzehnten Mal in der Schlacht und nun muß ich so schändlich verwundet wer-

ben." Er hatte eine Kugel im Dickbein und eine andere war ihm oberhalb der Hand durch den Arm gegangen, ohne jedoch einen Knochen zu zerschmettern. Diese Wunde blutete gar nicht und der Ausgang der Kugel sah aus, wie der auf der Rückseite einer Pappdeckelscheibe, da das Futter der alten Uniform, die der Mann trug, mit herausgerissen war. Wie er es trotz dieser Wunde möglich machte, weiß ich nicht, genug er legte ganz kaltblütig sein Gewehr an und verwundete einen Soldaten. Dann sagte er zu mir: „Wenn Sie es mir nicht übel nehmen, so erlaube ich mir Ihnen den Rath zu geben, sich zurückzuziehen, es ist nichts mehr zu machen."
— Das sah ich nun freilich ebenfalls ein, ließ den Mann nach dem Wagen bringen und traf mit Bornstedt Maß= regeln zu einem möglichst ordentlichen Rückzuge. Ein großes Unglück war es für mich, daß einer meiner Leute die ihm anvertrauten, mir noch gebliebenen Theile meiner Karte ver= loren hatte; denn sie enthielten grade das Terrain, dessen Kenntniß mir jetzt so sehr nöthig war. Ich wäre ganz rath= los gewesen, wenn wir nicht einen Forstgehülfen aufgetrieben hätten, welcher uns auf wenig bekannten Waldwegen an das Ufer des Rheins zu führen versprach, der uns von der Schweiz trennte, nach der wir begreiflicher Weise große Sehnsucht hatten.

Es war etwa zwei Uhr, als wir am Ausgange des Waldes anlangten; vor uns lagen der Rhein und am Ufer desselben das Dorf Beugen; rechts von demselben Karsau; zwischen uns und diesen Dörfern erstreckte sich jedoch freies Feld. —

Die Kraft unserer halbverhungerten Leute, die wirk= lich außerordentliche Anstrengungen ausgehalten hatten, war nun gänzlich erschöpft; sie sanken unter den Büchsen nieder und schliefen meist augenblicklich ein. Einem jungen Bur=

schen ging unversehens das Gewehr los und niemals habe ich ein sprechenderes Bild des Entsetzens gesehen. Todtenbleich, mit blauen, geöffneten und zitternden Lippen, weit geöffneten Auges saß der Aermste an der Erde und ich meinte wirklich, er werde vor Angst sterben. Mit Mühe trieb ich einige Frei= willige auf, welche rings um unsern versteckten Lagerplatz eine Postenkette bilden mußten, damit man uns nicht über= falle und wehrlos schlachte.

Während des anderthalb Stunden dauernden Gefechtes sind einige dreißig unserer Leute gefallen, doch wurden in Dossenbach selbst, wie mir Augenzeugen erzählten, nur neun begraben; man fand die übrigen wohl später. Mehrere der Fliehenden ertranken im Rhein, als sie schwimmend die Schweiz erreichen wollten; Einen erhängten die Würtember= ger im Walde. Diese waren durch ihren ziemlich bedeutenden Verlust erbittert und benahmen sich mit einer Greusamkeit, die mir bei den sonst gutmüthigen Schwaben sehr auffallend war. Der eine Wagen mit den Verwundeten fiel in ihre Hände. Sie ermordeten nicht nur diese, sondern auch den armen Bauer, welcher sie fuhr und stachen sogar die Pferde todt!

Der Wagen, auf dem Herwegh's sich befanden, war durch meine Veranstaltung glücklicherweise voraus und so gewannen sie einen Vorsprung vor den Würtembergern, die ihnen wahr= scheinlich das Schicksal der Verwundeten bereitet haben wür= den. Während des Gefechtes waren sie bei dem Wagen geblieben und hatten von dem in Kandern erhaltenen Vorrath Pulver auf den Kampfplatz geschickt. Die Zeitungen der damaligen Zeit wetteiferten in Erzählungen, die sämmtlich den Zweck hatten, Herwegh lächerlich zu machen und beson= ders seine Feigheit zu geißeln. Er als Nichtkämpfer und Nichtmilitär hatte nichts im Gefecht zu thun und ich habe bei keiner Gelegenheit während dieses Zuges Zeichen von

Feigheit an ihm entdeckt. Daß er während des Gefechtes
unter das Spritzleder des Wagens gekrochen sei, ist eine bos=
hafte Lüge, schon deshalb, weil der Leiterwagen, auf dem er
saß, kein Spritzleder hatte.

Doch ich kehre zu unserer niedergeschlagenen, unglückli=
chen Schaar zurück, welche rathlos im Walde lagerte. Von
den Führern war Niemand bei ihnen als Bornstedt und ich!
Hätten wir noch Munition gehabt, so wäre ich trotz der Er=
schöpfung der Mannschaft und der Reiterpatrouillen,*) die
ich unter uns auf der Chaussee reiten sah, geradeweges nach
dem nahen Beugen marschirt und hätte die Ueberfahrt dort
erzwungen, und wahrscheinlich würden wir noch vor Eintreffen
der Truppen dort angelangt sein; allein unter den obwalten=
den Umständen war den Leuten nichts mehr zuzumuthen.

Während ich lokale Sicherheitsmaßregeln traf, war
Bornstedt nach Beugen gegangen und hatte hier die Gelegen=
heit zur Ueberfahrt erkundet. Als er zurückkehrte, sagte er
zu mir, es sei Hoffnung vorhanden, die Leute hinüberzu=
bringen, doch wolle er nochmals zu dem Schiffer zurückkehren,
und mit demselben reden. Da er jedoch zu gleicher Zeit ein
kleines Bündelchen mitnahm, so hatte ich ihn in Verdacht, daß
er sich allein retten wolle. Ich redete also ernstlich mit ihm
und mahnte ihn an die Verpflichtungen, welche wir gegen
die Leute hätten, die ohne uns ganz hülf= und rathlos sein
würden. Er sah das auch sogleich ein und legte sein Bün=
del nieder; um jedoch der Sache gewiß zu sein, erbot ich mich,
ihn zu begleiten. Zu diesem Ende legte ich Alles ab, was
mich verrathen konnte und nahm ein mit zwei Kugeln gela=
denes Doppelgewehr und den Anzeigehammer eines Forstge=

*) Die Reiter kamen, als das Gefecht vorüber war, auf den Kampf-
platz; allein sie konnten uns glücklicherweise im Walde nicht verfolgen.

hülfen, so daß mich etwa begegnende Würtemberger für einen
solchen halten konnten.

Als wir am Fuße der Höhe vorüber kamen, auf welcher
das Dorf Karsau liegt, machten uns die Bauern abwehrende
Zeichen, und als wir dieselben nicht verstehen wollten, kam
einer von ihnen herab und theilte uns mit, daß wir bereits
durch einen Schurken verrathen wären. Er lud uns ein in
das Dorf zu kommen, wo wir willige Leute finden könnten,
die uns über den Rhein bringen würden; doch rieth er
dringend, daß ich mein Gewehr ablegen möchte, welches er
mir gut verwahren wollte. Ich gab es ihm und er ver=
schwand mit dem schönen, neuen Jagdgewehr, welches ich
natürlich niemals wieder sah. Bornstedt und ich kletterten
also auf dem kürzesten Wege in das Dorf hinauf.

Theils um Nachrichten einzuziehen, theils um uns durch
Milch ein wenig zu erfrischen — denn wir sanken fast zu=
sammen — suchten wir nach einem Wirthshaus, welches
wir endlich am Ende des Dorfes am Wege liegen sahen.
Um den Weg abzukürzen, folgten wir einem Fußstege, welcher
eine kleine Wiese durchschnitt. Die Aengstlichkeit der in den
Thüren stehenden Leute, die Alle nach uns sahen, fiel uns
allerdings auf; allein wir konnten den besondern Grund der=
selben nicht errathen. Er wurde uns jedoch klar, als wir
etwa in die Mitte der Wiese kamen. Dreihundert Schritt
vor uns erblickten wir eine Schwadron würtembergischer
Lanzenreiter! Eine plötzliche Umkehr würde wahrscheinlich
sogleich die Aufmerksamkeit auf uns gelenkt haben; wir setzten
daher unsern Weg fort und traten in das Wirthshaus.

Hier schienen wir sehr unwillkommene Gäste zu sein;
vielleicht rang jedoch der alte Wirth auch nur aus Theil=
nahme die Hände. Nur mit Widerstreben reichte man uns
die verlangte Milch; doch kaum hatten wir uns niedergesetzt,

so trat eine Magd sehr eilig in's Zimmer und sagte, daß eine Abtheilung Reiter auf das Haus zu geritten komme. Wir hatten nicht die geringste Luft, die Bekanntschaft dieser Soldaten zu machen und eilten zur Hofthür hinaus. Born= stedt hielt sich hier im Gespräch mit einer Frau auf; ich rief ihm zu, zu eilen; da er aber noch zögerte und ich in der That die Reiter herankommen sah, so sprang ich sogleich über eine Hecke, glitt mehrere Abhänge hinunter und benutzte das Terrain so gut, daß mich die Verfolger bald aus dem Ge= sicht verlieren mußten.

Mein Plan war nun, so bald als möglich den Wald zu erreichen; der Weg dorthin führte aber über ebenes Feld und man konnte einen Menschen auf demselben auf tausend Schritte weit sehen. Um mich daher so lange als möglich zu decken, folgte ich einem Graben und bog endlich in eine ziemlich tief eingeschnittene, öde Schlucht, die aber leider gar nicht mit Gesträuch bewachsen, daher von oben herab fast mit einem Blick zu übersehen war.

Ich ging bis zum Rande vorsichtig vor, um das zwi= schen der Schlucht und dem Walde liegende Feld zu über= sehen, zog aber sehr eilig den Kopf zurück, als ich in höchst unangenehmer Nähe einen würtembergischen Posten bemerkte, der sehr aufmerksam um sich schaute; an ein Erreichen des Waldes war also vorläufig nicht zu denken.

Da ich mich in Geduld fassen mußte, so beschloß ich, in dieser Schlucht zu warten, legte mich in einer Vertiefung im Sande nieder, schob einen Stein unter meinen Kopf und entschlief, mich meinem Schutzengel empfehlend. Die erste Patrouille, welche am gegenüberliegenden Rande der Schlucht entlang ging, mußte mich sehen, und Gefangenschaft oder Tod war mein Loos.

So mochte ich etwa zwei Stunden geschlafen haben, als ich erwachte. Vorsichtig schlich ich abermals an den Rand der Schlucht, aber der Posten war noch an demselben Fleck. Ich zog mich zurück an das Sumpfwasser im Grunde und wusch meine unerträglich schmerzenden Füße; die Strümpfe waren starr von Blut und ich mußte sie wegwerfen. In meiner Beschäftigung wurde ich durch drei Leute gestört, welche von der Landstraße her vorsichtig die Schlucht herauf kamen, und die ich mit Freuden als zu der Legion gehörig erkannte.

Die armen Leute waren ebenso erfreut, mich anzutreffen, und mit wahrem Heißhunger verschlang ich einige Aepfel, welche sie brüderlich mit mir theilten. Sie sagten mir, daß sie einen Schmied aus Karsau angetroffen, welcher versprochen habe, sie bei einbrechender Dunkelheit abzuholen und in Sicherheit zu bringen; zugleich hätte er ihnen diese Schlucht als Zufluchtsort angewiesen.

Einer dieser Leute war ein Maler, der zweite ein Tischler= geselle und der dritte der Sohn eines damals in Paris leben= den Schriftstellers Spazier, ein artiger, anständiger Junge.

Noch ehe es dunkel wurde erschien der brave Schmied mit einem andern Manne am Rande der Schlucht und rollte uns in dieselbe ein Brot und einen kleinen Krug des in jener Gegend bereiteten Kirschwassers hinunter. Wir zitterten vor Frost und nichts konnte uns willkommener sein. Ich habe in meinem ganzen Leben nicht mit solchem Vergnügen Branntewein getrunken, als damals.

Da ich im Fall der Gefangenschaft mehr zu fürchten hatte, als wenn ich ein bloßer Legionär gewesen wäre, so kamen wir Vier dahin überein, daß ich der Porzellanmaler Müller aus Düsseldorf sein und von allen Du genannt werden sollte.

9*

Mit großer Vorsicht schaffte uns am Abend der Schmied in sein Haus, was nicht ganz leicht, da würtembergische Infanterie im Dorfe einquartirt war; glücklicherweise war die Schmiede bis dahin noch frei von Soldaten.

Mit welcher Gier fielen wir über die Suppe von Brod und Kartoffeln her, welche der ehrliche Mann uns vorsetzte und die wir der Vorsicht wegen im Dunkeln verzehrten! Während des Essens erzählte er uns, daß viele Karsauer in den Wald gegangen wären, um den armen Leuten dort Lebensmittel zu bringen; einige derselben hätten ein Versteck bei andern Dorfbewohnern gefunden.

Bis dahin hatten meine Kräfte ausgereicht; jetzt fiel ich plötzlich um, und als ich am andern Morgen erwachte, war ich höchlich erstaunt darüber, nicht weit vor meinem Gesichte einen Kuhschwanz hin und her wedeln zu sehen. Ich hatte die Nacht in einer Ecke des Kuhstalls geschlafen, und da ich mich durchaus nicht darauf besinnen konnte, wie ich dorthin gekommen sei, so fragte ich meine Leidensgefährten. „Ja, sagte der Schreiner, Du warst tüchtig besoffen und hast allerlei Zeug vom Gefecht und von Reitern geschwatzt und wolltest durchaus in den Wald zu unseren Kameraden". — Sehr möglich, daß der ungewohnte Genuß des starken Kirsch= wassers, welches ich bei fast leerem Magen getrunken, mich überwältigt hatte.

Am Tage versteckten wir uns im Hause so gut es ging, und hatten unser Hauptquartier auf einem Boden auf= geschlagen. Es war äußerst schwierig, den Tischler von der Nothwendigkeit dieses Verbergens zu überzeugen; am Morgen ging er ganz gemüthlich mit seiner Pfeife auf die Straße, auf welcher er wegen eines weißen Rockes ganz besonders auffiel. Auf unsere Vorwürfe antwortete er: „Ich weiß

gar nicht, was Ihr wollt; der Rock ist sehr gut, ich habe ihn
erst in Paris gekauft".

Die Straße führte dicht an unserm Hause vorbei und
man konnte von dem Boden jedes Wort hören, das von
Vorübergehenden gesprochen wurde. Sehr begreiflicher Weise
interessirten uns die Gespräche der Soldaten am meisten
und wir waren daher sehr erfreut, als eine Gruppe derselben grad unter uns stehen blieb. Spazier, der das feinste
Gehör hatte, dollmetschte ihre Reden; sie sprachen von den
Ereignissen des vergangenen Tages und wir erfuhren nebenbei, daß die Soldaten unser Geld, dabei eine Rolle mit
Gold erbeutet hatten; daß wir in unserer Mitte einen Verräther gehabt, der schon von Straßburg aus alle unsere
Pläne, sogar was im Comité vorging, verrathen hatte. —
Unser Rheinübergang war eine Stunde vorher verrathen
worden; wahrscheinlich so spät, weil die Sache bis kurz vor
der Ausführung nicht einmal dem Comité bekannt wurde.
Das Militair hatte uns auf unserm ganzen Marsche begleitet und im Münsterthal hatte man uns wegen der Stärke
unserer Stellung nicht anzugreifen gewagt. Im Walde
zwischen Schopfheim und Zell standen kurz nach unserer
Ankunft in letzterer Stadt Truppen, und auf unserm nächtlichen Marsch waren uns die Würtemberger auf den be-
schwerlichsten Wegen fast beständig zur Seite.

Sonnabend früh sagte uns der Schmied mit sehr be-
sorgter Miene, daß er drei Mann Einquartirung bekommen
werde, und rieth uns, ganz besonders vorsichtig zu sein.
Ich war jedoch dieses Versteckspiels müde und hielt es auch
für gefährlicher, länger verborgen zu bleiben, als den Versuch, vermittelst irgend einer zweckmäßigen Verkleidung die
Schweiz zu erreichen. Als der Meister in den Wald ge-

gangen war, um sich nach dem Schicksal der dort zurück=
gebliebenen Freischärler zu erkundigen, die bisher von den
Landleuten heimlich mit Speise und Trank versorgt worden
waren, veranlaßte ich den Gesellen, mir für meine Kleidungs=
stücke, die ich ihm schenkte, einen alten Arbeitsanzug zu leihen.
Ich legte eine alte Jacke an, zerrissene leinene Beinkleider
und ein Schurzfell, schnitt den Bart mit einer Scheere ab,
so daß er aussah, wie es sich für einen Gesellen am Sonn=
abend gehört, zerriß mein Hemd und beschmutzte es, wie
auch die nackten Arme und das Gesicht mit Ruß. Von nun
an hieß ich „Fritz der Nassauer" und begab mich an die
Arbeit in die Schmiede, wo ich tapfer den Blasebalg zog
und dem Gesellen eine Wagendeichsel beschlagen half. Wür=
tembergische Soldaten kamen in die Schmiede; der eine hatte
seinen Ladestock zerbrochen und ich gab kunstgemäß an, wie
er reparirt werden könne.

Als der Meister nach Hause kam, erstaunte er nicht
wenig über seinen neuen Gesellen, dessen Namen ihm gleich
von der Frau mitgetheilt wurde. Als ich mit Meister,
Meisterin und Gesell bei Tische saß und mit ihnen aus der=
selben Schüssel zu Mittag speiste, kamen die drei Mann
Einquartirung und uns Allen war es nichts weniger als be=
haglich.

Einer der drei Leute war ein Kaufmannssohn aus Stutt=
gart und ein pfiffiger Bursche. Er schien sich sehr für mich
zu interessiren und folgte mir zu des Meisters Unbehagen in
die Schmiede. Um mich aus derselben zu entfernen, gab er
mir den Auftrag, für die Meisterin Holz für die Küche klein
zu machen. Ich schlug auf die Klötze, daß die Spähne da=
von flogen und hatte bald Blasen in den Händen. Der
Soldat folgte und sah mir zu. Aus seinem Gespräch sah

ich, daß er ein braver Junge war. Er erzählte mir, daß
er keine Freude an dem Kampf gegen die Freischärler und
sich deshalb zu der Bagage habe kommandiren lassen; allein
ich ließ mich zu keinem unklugen Vertrauen hinreißen, als
er mich fragte: „Ob ich nicht auch in Frankreich gearbeitet
habe?"

Die Sache fing mir an unheimlich zu werden und ich
fragte den Meister, ob er nichts am Rhein zu thun habe?
— Dieser war auch in großer Sorge; denn der pfiffige
Soldat hatte ihn auf die Seite genommen und gesagt, daß
es mit seinem Gesellen nicht richtig sei; habe er Freischärler
versteckt, dann möge er sie nur heimlich fortschaffen, er wolle
mit seinen Kameraden nach der anderen Seite des Dorfes
spazieren gehn. Das that er auch bald darauf. Ich nahm
Hammer und Zange und anderes Schmiedegeräth und folgte
meinem Meister im Arbeitsanzuge und Schurzfell, indem
ich den schwerfälligen Gang eines Schmiedegesellen bestens
nachahmte. Wir gingen in ein Dörfchen, welches oberhalb
Beugen in der Nähe des Rheins liegt. — Hier setzten wir
uns in ein Wirthshaus, wo wir würtembergische Unteroffi=
ziere und Soldaten, aber auch den Schiffer fanden, der
mich über den Rhein setzen wollte. Ich trank voll Ehrfurcht
ein Glas Bier mit dem Meister und hörte dem Gespräch
der Soldaten zu; allein ich war doch herzlich froh, als wir
glücklich aus der Wirthsstube hinaus und bei dem letzten
Posten vorbei waren.

Endlich kamen wir an die Fähre. Der Schiffer verlor
jedoch den Muth, und wollte, ich solle bis zum Abend war=
ten, da die Soldaten schießen würden, wenn sie irgend Un=
rath merkten. Der brave Schmied, dem ich mich nun zu
erkennen gab, wußte ihn jedoch zu bereden; er versprach jede

Verantwortlichkeit und jede Strafe allein zu tragen, und wir
kamen dahin überein, daß der Schiffer einen ganz kleinen
Nachen nehmen sollte, auf dessen Boden der Schmied und
ich uns legen wollten, so daß es aussah, als fahre der
Schiffer allein. Diese List glückte vollkommen und wir lang=
ten ungefährdet am andern, freien Ufer des Rheins an. Es
war ein eigenes Gefühl, welches ich empfand, als ich an's
Land stieg; der Gedanke, von rohen Soldaten mißhandelt,
dann der Freiheit beraubt und wie ein Dieb aus einem
Gefängniß in das andere geschleppt zu werden, hielt meinen
Geist förmlich eingeschnürt; jetzt, am andern Ufer, gerettet,
war es, als würde plötzlich jede Fessel von mir genommen;
ich fühlte mich so frei, so leicht, ich hätte über die Berge
fliegen mögen. Und gestehe ich es nur, selbst die Prophe=
zeihung meiner Wirthin in Paris war mir ins Gedächtniß
gekommen und hatte meine Unbehaglichkeit vermehrt; jetzt
war auch der letzte Theil derselben erfüllt und in besserer
Weise als es in dem Hause des Schmieds den Anschein
hatte; ich war sicher in großer Gefahr gewesen, gefangen zu
werden und hatte weiter nichts zu fürchten; — Prophezei=
hungen, Orakel und Träume haben jedoch ihre eigene
Sprache, deren Eigenthümlichkeit von jeher Zweideutigkeit
war; die schwere Gefangenschaft, welche der ahnende Geist
meiner Pariser Sybille in den Karten gesehen, drohte noch
in den Wolken zukünftiger Gewitter.

Wir hatten noch einige Zeit bis Rheinfelden
zu gehen, wo ich eine Anzahl unserer Mannschaft finden
würde, wie mir mein Retter sagte. Eine alte am Wege
sitzende Frau, die wir um einen näheren Weg befragten,
betrachtete uns mit großem Mißtrauen, da wir von einer
ungewöhnlichen Richtung herkamen und erklärte uns endlich

beide für verkleidete Zollbeamte, die armen Schmugglern nachspionirten, aber leicht eine gehörige Tracht Prügel bekommen könnten, die sie ihnen von ganzem Herzen gönnen würde.

Als wir nach Rheinfelden kamen, begegneten uns eine Menge Leute von der Legion, von denen mich kein einziger erkannte; als sie aber meine Stimme hörten, war der Jubel groß! Von allen Seiten stürzten die Freischärler herbei und geleiteten mich nach dem Gasthof zum Schiff, wo Herweghs logirten. Beide erkannten mich zuerst nicht in meiner Verkleidung und ohne Bart, und mir ging es mit Herwegh fast ebenso, der gleichfalls seinen Bart auf dem Altar der Angst geopfert hatte. Wir umarmten uns mit nassen Augen; denn Alle hatten mich für todt gehalten. Unsere alte Marketenderin, die ihren Mann und Sohn bei der Kolonne hatte, wollte mich von drei Kugeln durchbohrt auf dem Schlachtfelde als Leiche gesehen haben. Sie untersuchte nämlich genau die Gefallenen, um, was sie etwa bei sich trugen, den Würtembergern zu entreißen. Als sie denselben bei dieser Beschäftigung ihre Hinterfront zukehrte, erhielt sie einen Schuß in den „Spiegel", der ihr noch an demselben Abend unter großen Ceremonien herausgeschnitten wurde, als sie in einer Gesellschaft von Demokraten erschien, unter denen ein Arzt war. Die Operation griff sie so wenig an, daß sie nach derselben mit großem Vergnügen den ihr vorgesetzten Champagner trank, während sie die Abenteuer unserer Legion erzählte. Ich hatte die Frau niemals gesehn, die wahrscheinlich sich stets bei den Nachzüglern aufhielt; allein sie wollte mich ganz besonders ins Herz geschlossen haben; denn als man Zweifel an ihrer Aussage äußerte, da mich einige Leute noch am Ende des Gefechts gesehen hatten, so rief sie ganz entrüstet: „Ich werde doch meinen Corvin kennen, er hatte immer die feinsten schwarzen Hosen an!" Da sie in diesen Hosen aber auch zweihundert Franken entdeckt haben wollte, so zweifelte Frau Herwegh an der Richtigkeit der Aussage und erwiderte: „Nein, das ist der beste Beweis, daß es nicht Corvin war, denn dieser hatte seinen letzten Sou weggegeben", indessen war die Sache doch zweifelhaft, da ich ja auch Geld verheimlicht haben konnte, wie andere unter den Führern.

Herwegh und seine Frau waren auch mit Mühe und Noth entkommen. Als das Gefecht eine üble Wendung nahm, suchten sie sich zu retten, trauten sich aber nicht nach Rheinfelden zu gehen, wohin sie mehrere Leute führen wollten. Da die Reiter ihnen auf den Fersen waren, so mußten sie sich in einem Bauernhause verbergen; die Sache war sehr mißlich, denn es war auf Herwegh ein Preis von 4000 Gulden gesetzt, und die Reiter brannten vor Begierde, diese zu verdienen. Mit Toben durchsuchten sie das Haus und waren wüthend, daß sie Herwegh und „sein verfluchtes Weib" nicht fanden, welche in ihrem guten Versteck eine sehr unangenehme Viertelstunde zubrachten.

Als die erste Gefahr vorüber war, verkleideten sich Herr und Frau Herwegh als Bauer und Bäuerin. Er schnitt seinen Bart ab, was ihn in der That völlig unkenntlich machte, und so gingen Beide auf's Feld an die Arbeit. Frau Herwegh jätete mit großem Eifer Unkraut aus. Endlich gelang es ihnen, in ihrer Verkleidung mit anderen Marktleuten über die Rheinfelder Brücke zu kommen.

General von B......h war so artig, Frau Herwegh ihren Koffer gegen ein „Lösegeld" anbieten zu lassen. Bis dahin hatte ich nie gewußt, daß Soldaten auch Damen als

Feinde betrachten und behandeln. Nach langen Unterhand=
lungen, als sei von der Auslieferung eines Anführers die
Rede, erhielt sie den Koffer gegen Zahlung der mäßigen
Summe von sechszig Franken; allein als sie ihn öffnete,
fand sie, daß die feinsten Pariser Hemden gegen zerrissene
Unteroffiziers= oder Lieutenantshemden und außerdem allerlei
Lumpen für ihre guten Sachen vertauscht waren.

Die Abenteuer der geretteten Flüchtlinge waren zum
Theil sehr merkwürdig und manche komisch. Herr von
Langsdorff, der in Freiburg befehligt hatte, schnitt seinen
Bart ab und entkam, verkleidet als seine Tante. Die Gens=
d'armen, die er auf dem Wege nach Straßburg antraf, waren
außerordentlich artig und der Wachtmeister half ihm sehr
zuvorkommend in den Omnibus, der ihn von Kehl nach
Straßburg bringen sollte. Selbst die Mitfahrenden hielten
ihn für eine Dame und entsetzten sich nicht wenig, als er
auf der Mitte der Brücke, erfreut, entkommen zu sein, mit
männlichem Ton ein Hurrah rief. Anderen ging es übler.
Zwei unserer Leute ertranken im Rhein, als sie sich durch
Schwimmen retten wollten; ein Dritter hatte bereits das
Schweizer Ufer erreicht und glaubte sich in Sicherheit, als
ein Würtemberger hinüberschoß und ihn in das Bein traf.

Bornstedt, von dem ich in Karsau getrennt wurde, war
Anfangs glücklicher als ich. Dadurch, daß ich die Auf=
merksamkeit der Verfolger von ihm ablenkte, gelang es ihm,
zu entkommen und den Wald zu erreichen, wo die Zurück=
gelassenen in großer Besorgniß warteten. Man erzählte mir,
er habe zwei Transporte vermittelst der Fähre über den Rhein
befördert, bei dem dritten Versuche aber das Unglück gehabt,
dem Feinde in die Hände zu fallen.

Halb verhungert und völlig erschöpft irrten die unglück=
lichen Menschen im Walde umher und gewiß würden viele
vor Elend umgekommen sein, wenn die braven Landleute
sie nicht aufgesucht und ihnen Lebensmittel gebracht hätten.
Eine große Anzahl der Flüchtigen wurde von ihnen versteckt
und dann über den Rhein geschafft, auch meine drei Versteck=
genossen kamen bald nach. Jedoch nicht alle Landleute han=
delten so menschlich und uneigennützig; es gab schlechte Men=
schen, welche sich von dem Preis verlocken ließen, der für die
Auslieferung von Flüchtlingen versprochen wurde; für einen
gewöhnlichen Freischärler wurden zwei Kronenthaler und für
Offiziere hundert Gulden und mehr gezahlt, je nach ihrer
Wichtigkeit. Der Wildhüter Albitz — solche verdienstliche
Handlungen müssen der Nachwelt aufbewahrt werden — ver=
rieth den Würtembergern zwei und sechszig Mann. — Der
mehr erwähnte junge Pariser, Alfred de Horter, irrte zwei
Tage und Nächte obdachlos und ohne Nahrung umher; er
war sehr schlimm daran, da er kein Wort deutsch verstand;
er durfte in seinem Aufzuge gar nicht zu fragen wagen, da
man ihn sogleich als einen der Franzosen unserer Legion
erkannt haben würde. Es gelang ihm jedoch über den Rhein
und nach Rheinfelden zu entkommen.

Die Rohheit, welche die würtembergischen Soldaten bei
der Verfolgung bewiesen, grenzt an's Unglaubliche; allein
dieser Vorwurf trifft nicht allein sie; Hessen, Badenser und
Nassauer machten es in jener Zeit ebenso und ein Jahr
später sollten wir davon noch ganz andere Proben erleben.
Nirgends in Deutschland haben die Republikaner Repressalien
gebraucht, obwohl ich sehr gut weiß, daß demokratische Grau=
samkeiten erfunden wurden, um die Soldaten zu erbittern.
Die wenigen Gefangenen, welche den Freischärlern in die
Hände fielen, wurden milde und freundlich behandelt und

meistens wieder entlassen. Wie die Sachen in dieser Be=
ziehung sich im folgenden Jahre gestalteten, werden wir sei=
ner Zeit sehen. — Meine Frau war, wie man sich erinnern wird, am
Tage unseres Abmarsches in Straßburg angekommen; das
tausendzüngige Gerücht verbreitete jede Stunde eine andere
Nachricht von unseren Schicksalen und um Gewißheit zu er=
halten, beschloß sie, sich auf den Weg zu machen und selbst
Erkundigungen einzuziehen. Ehe sie abreiste, kamen noch die
ersten Ausreißer, welche die Niederlage von Dossenbach be=
richteten und Mancher unter ihnen sagte:

Young Harry's spur is cold!

Halb zu Tode geängstigt kam meine arme Frau zu Frau
von Struve, um bei ihr Trost oder gewisse Nachrichten zu
holen. Die kleine, schöne, schwarzäugige Frau stand vor dem
Spiegel und machte sich die Locken. Sie ließ sich darin
nicht stören und sagte ganz gemüthlich: „Ja, Ihr Mann ist
todt". — Diese Nachricht war in Straßburg und in Paris
allgemein verbreitet. Hier und da tauchten jedoch Zweifel auf;
keine zuverlässige Person hatte meine Leiche gesehen und un=
ter den Gefangenen war ich auch nicht genannt. Meine
Frau beschloß daher Hecker aufzusuchen, der in Muttenz
in Basellandschaft war, in der Hoffnung, daß dieser sichere
Nachricht von meinem Schicksal haben würde.

Sehr früh am Morgen kam sie in Muttenz an, wo
Hecker im Gasthof zum goldenen Schlüssel sein Quartier
aufgeschlagen hatte. Er wurde aus dem Bette geholt und
zeigte sich sehr theilnehmend, wußte aber auch nichts über
mein Schicksal; doch rieth er, nach Rheinfelden zu fahren,
von wo meine Frau leicht nach Baden gehen könne, wo ge=
wiß selbst die Feinde ihre Nachforschungen unterstützen wür=
den. Friedrich Doll erbot sich, sie zu begleiten und beide

fuhren nach Rheinfelden ab. Unterwegs begegneten ihnen
viele Freischärler; allein keiner

> der da Antwort gab
> Von Allen, die da kamen.

Endlich in Rheinfelden wurde meine arme Frau, die mich seit
fünf Monaten nicht gesehen hatte, von ihrer Angst erlöst;
als sie in den Gasthof zum Schiff kam und mich lebend und
gesund vor sich sah, fiel sie ohnmächtig in meine Arme.

# Fünftes Capitel.

~~~~~~

Im Gasthofe zu Rheinfelden fand ich eine meiner Ordonnanzen, die meinen Paletot und eine türkische Pfeife gerettet hatte; letztere war ein Geschenk eines in Paris lebenden Neffen Dembinski's und mir werth. Das war, was mir von Allem übrig blieb, das ich nach Baden mit hinübergenommen hatte; meine Geldtasche, in welcher sich kein Geld, aber allerlei Papiere, mein Siegel und andere Kleinigkeiten befanden, hatte meine andere Ordonnanz vorsichtiger Weise im Walde vergraben.

Ich schrieb sogleich an Herrn Flocon nach Paris, um ihm einen zuverlässigen Bericht über unser Schicksal zu geben, welches die Franzosen lebhaft zu interessiren schien, trotz der geringen Hülfe, welche sie uns leisteten. Dr. Eissen, der nachher Präfect des Departements Niederrhein war, sagte mir, daß er unserer Kolonne gefolgt und während des Gefechtes bei Dossenbach ganz in der Nähe, fast Augenzeuge desselben gewesen sei.

Der Gasthof zum Schiff in Rheinfelden liegt nahe der Rheinbrücke und diese Nähe gab den Feinden auf dem badischen Ufer den Gedanken, die in diesem Gasthofe versammelten Anführer — Herwegh und mich — vielleicht aufzuheben und das versprochene Fanggeld zu verdienen. Man traute sich jedoch nicht, Gewaltsamkeiten im Gebiete der Schweiz vorzunehmen und suchte deshalb den Gastwirth durch ein Versprechen von 2000 Gulden zu bewegen, uns zu verrathen. Er gab sich jedoch dazu nicht her, sondern zeigte es uns an, wodurch wir sämmtlich ziemlich beunruhigt wurden.

An einem der folgenden Tage besuchten wir Hecker in Muttenz. Hecker war ein großer, hübscher Mann mit edelm Gesicht; doch sah er nicht mehr den Bildern ähnlich, welche man als sein Portrait auf Pfeiffenköpfe malte. Allerdings trug er oft eine Blouse; aber sein Haar war kurz geschoren und sein Bart hatte keine auffallende Länge. Hecker war blond und hatte helle, kühnblickende blaue Augen; war er in Gesellschaft seiner Freunde und heiter, dann trug sein Gesicht einen sehr angenehmen Ausdruck und flößte Liebe und Vertrauen ein; meist aber sah man in jener Zeit einen höhnenden, fast diabolischen Zug um seinen Mund, besonders wenn er sich über die Schlaffheit des deutschen Volkes und über die Professoren im Frankfurter Parlament ärgerte. — Was ihn stets zornig machte, waren die Besucher aus der Schweiz und auch aus Deutschland, die Sonntag nach Muttenz kamen, nur um ihn zu sehen. Er nannte diesen Tag den Menagerietag und „erklärte" sich selbst und seine ihn umgebenden Freunde mit vielem Humor. Den Bauern, die aus Baden oder Würtemberg hinüber kamen, hielt er oft sehr derbe Reden und sandte sie zu allen Teufeln. „Solch eine deutsche Bauernbestie", pflegte er zu sagen, „rührt sich nicht eher, als bis ihr ein Stück aus dem Hintern ge= schnitten wird". — Fast noch mehr als gegen diese faulen Gleichgültigen eiferte er gegen die unpraktischen Enthusiasten, die ihn mit ihrem hirnverrückten Freiheitsjargon und ihrer überschwenglichen Bewunderung manchmal ganz toll machten.

Er war im Schlüssel von einem förmlichen demokrati= schen Generalstab umgeben, der sich nicht allein bemühte, ihn zu unterhalten, sondern der ihm auch als Leibwache nöthig war, da es nicht an fanatischen Anhängern der Monarchie fehlte, die ihm nach dem Leben oder wenigstens ihn nächt= licherweise aufzuheben trachteten. Der Eigenthümer des Gasthauses war Regierungsrath von Basellandschaft und veranlaßte Maßregeln zum Schutz des geehrten Gastes, die das Gelingen eines Entführungsplans sehr erschwert haben würden. Außerdem war eine durch Baden verzweigte demo= kratische Polizei eingerichtet, welche Hecker mit äußerster Schnelligkeit von Allem unterrichtete, was ihn in irgend einer Weise interessiren konnte.

Eines Tages erschien ein Wagen mit einem Herrn in Muttenz vor dem Schlüssel, der ein Bewunderer Heckers zu sein vorgab und der nicht wenig in Verlegenheit und Angst gerieth, als ihn Hecker als Hauptmann von Abel an= redete, und ihm auf's Haar sagte, welche Absichten ihn nach Muttenz führten. Der Hauptmann war froh, als er un= gefährdet die Grenze gewonnen hatte und zur Warnung für alle späteren Spione zeichnete Dr. Meßmer, der Sohn des Wirthes, den Hauptmann in Lebensgröße und sehr ähnlich auf die Thüre des Abtritts.

Hecker hatte die Gewohnheit, rohe Waldstöcke zierlich zu schnitzen und sie mit grotesken Knöpfen zu versehen; diese Stöcke nannte er „civilisirte Wellenprügel"; einen mit einem Kamelskopfe taufte er Gervinus. Unter seinen Umgebungen waren ihm besonders lieb Theodor Mögling, Schöninger und Friedrich Doll. Mögling war würtembergischer Oekonomie-Rath und Mitglied der Kammer gewesen und erfreute sich eines sehr guten Rufes und großen Einflusses in Würtemberg. Er war fast sechs Fuß groß und ziemlich stark, aber nichts weniger als unbeholfen. Sein mehr rundes als längliches Gesicht trug den Stempel der Bravheit und Herzensgüte und aus seinen nicht eben großen Augen leuchtete Verstand. Sein schlichtes Haar war dunkelbraun; einen Bart trug er damals nicht. Seine phlegmatische Ruhe stach wunderlich gegen die aufgeregte Lebendigkeit anderer Demokraten und selbst gegen den zornigen Eifer Heckers ab, der auf Mögling mit Recht außerordentlich viel hielt und großen Werth auf seine Meinung legte. Im Gefecht bei Kandern hatte Mögling große Kaltblütigkeit und Muth gezeigt und als er dort eine zufällig auf den Kampfplatz gerathene arme Frau mit seinem Körper gegen die feindlichen Kugeln zu schützen suchte, erwarb ihm diese freundliche Handlung von seinen Freunden den Scherznamen: „Die lebendige Barrikade".

Schöninger, der Adjutant Heckers, war ein blonder, sehr angenehmer, ruhiger junger Mann. Von Friedrich Doll habe ich schon früher geredet; er war ein großer Schwätzer und überall wollte er dabei gewesen sein. Ich hielt nicht besonders viel von ihm. Ueber sein Leben und die Art wie er in Paris seinen Unterhalt erwarb, zirkulirten seltsame Gerüchte, die ihn wenig ehrten und gegen welche er sich nur schwach vertheidigen konnte. Friedrich Doll ging

später mit Hecker nach Amerika. Einst fand man ihn nicht
weit von der Wohnung todt, das Jagdgewehr zur Seite.
Ob er durch eigenen Willen oder durch Unvorsichtigkeit endete,
weiß man nicht.

Außerdem war noch **Philipp Reuter** in Muttenz,
der an dem Zuge in der Sigel'schen Kolonne Theil ge=
nommen hatte, deren Kassier er gewesen war. Er spielte
trefflich die Guitarre und sang hübsch, obwohl er im Sprechen
stotterte. Seine Lieder erheiterten den kleinen Kreis und
trieben oft die Wolken von Hecker's Stirn, der sich selbst,
wenn er recht munter wurde, zu einem Liede „von der rothen
Kuh" verleiten ließ, welches ich jedoch nicht zu hören bekam.

Der Weg von Muttenz nach Rheinfelden führt dicht
an dem Ufer des Rheins entlang, und als wir ihn in der
Dämmerung fuhren, kam uns plötzlich der Gedanke, daß es
eine Kleinigkeit sein würde, uns zu überfallen und gefangen
zu nehmen. Ein Kahn voll würtembergischer Soldaten,
deren Bajonette man wenige hundert Schritte entfernt blinken
sah, konnte über den Rhein gesetzt sein und einen Hinterhalt
in dem Ufergebüsch gelegt haben, wenn Spione unsern Aus=
flug verrathen hätten. — Ich untersuchte daher diese Büsche,
die Pistole in der Hand, und als wir fortfuhren, geschah es
nicht anders als mit bereit gehaltenen Waffen.

Herwegh fühlte sich gar nicht behaglich und wir be=
schlossen sämmtlich, nach Straßburg zu gehen; da aber in
Erfahrung gebracht wurde, daß Stadt Basel die Hand zur
Aufhebung Herweghs bieten wollte, obgleich dieser als Bürger
von Basellandschaft Ansprüche auf den Schutz der Schweiz
hatte, so wurde es für rathsam erachtet, das Gebiet der
Stadt zu umgehen. Meine Frau nahm mit dem Gepäck
den kürzeren Weg nach Louisville, wo wir spät am Abend
mit ihr zusammentrafen.

10*

Dieses französische Städtchen liegt Basel sehr nahe; aber in Bezug auf seine politischen Gesinnungen war es von ihm sehr weit entfernt und günstig gegen die Freischaaren gesinnt. Ein Vorfall in einem Wirthshause trug noch dazu bei, diese Gesinnung zu beleben. Vier württembergische Offiziere, die herübergekommen waren, geriethen in Streit mit dem Bruder des Wirths, einem sehr kräftigen Manne, der alle vier mit einem Besenstiele zum Hause hinausprügelte, was ihm großen Beifall von seinen Mitbürgern einbrachte.

Wir nahmen wieder unsere Wohnung im Gasthof zum Rebstock, der als Hauptquartier der Demokraten eine gewisse Berühmtheit erlangte und der Mittelpunkt aller Intriguen wurde, welche die dort zusammentreffenden Spione verschiedener deutscher Vaterländer anknüpften. — Herwegh und ich hatten jedoch nicht die Absicht, dort zu bleiben; wir wollten unsere Frauen einstweilen in Straßburg lassen, nach Paris zurückkehren und hier versuchen, was in Bezug auf unsere Pläne zu bewirken sei. Herwegh besann sich jedoch anders; er beschloß mit seiner Frau allein nach Paris zu gehen, „da er ohne dieselbe kein Glück habe". Der Hauptgrund war wohl der, daß ich für den Augenblick keine Geldmittel hatte und er genöthigt gewesen wäre, mir durchzuhelfen. Er versprach mir täglich zu schreiben, um mich von allem Vorfallenden zu unterrichten, hielt jedoch nicht Wort; ich empfing nur einen Brief von seiner Frau.

Als ich in Straßburg ankam, fand ich dort Sigel. Er war ein bartloser, junger Mann mit ziemlich unbedeutendem Gesicht, dem man auf den ersten Anblick nicht viel zutraute. Ich lernte ihn damals nicht näher kennen, da er nach der Schweiz abreiste, doch machte er mir einige Mittheilungen über das Gefecht bei Freiburg und Günersthal, wovon ich früher geredet habe.

In Straßburg hatten unterdessen Gustav von Struve und Karl Heinzen ihr Wesen getrieben. Das Geschäft des ersteren bei dem Heckerschen Aufstande war gewesen, Alles in Verwirrung zu bringen und das war ihm auch ganz vortrefflich gelungen, denn es gab wohl kaum einen Menschen, der mehr Talent zum Confusionsrath hatte, als Struve. Sein Talent zum Revolutionär war jedoch eben so groß; gut wäre es aber gewesen, wenn man ihn beim Ausbrechen der Revolution eingesperrt hätte, um ihn unschädlich zu machen. Außerdem hatte er die Eigenschaft, sich bei jeder Gelegenheit fangen zu lassen und das Glück, bald wieder befreit zu werden. — Man hatte ihn als Gefangenen, ich glaube nach Seckingen, gebracht, wo er in einem Gefängniß verwahrt wurde. Theodor Mögling wollte den Versuch machen, ihn zu befreien, und da er dies mit Gewalt nicht konnte, so wandte er List an. Er rückte mit einer sehr kleinen Abtheilung in die Nähe von Seckingen und wählte einen sehr pfiffigen Menschen, den er als Abgesandten in die Stadt schickte, nachdem er ihn gehörig instruirt und ihm ein Schreiben an den Bürgermeister mitgegeben hatte, in welchem er in drohender Weise die Freilassung Struves begehrte. Der Bürgermeister gerieth in große Angst, besonders da der Bote ihm glauben zu machen verstand, daß Mögling mit mehreren Tausend Mann und Geschütz in der Nähe stehe, was durch stets bereitwillige Augenzeugen bestätigt wurde. Der Bürgermeister ging bestürzt zu dem Rittmeister, welcher die in der Stadt liegende Schwadron befehligte und fragte ihn, ob derselbe sich getraue, den Ort gegen eine solche mit Geschütz versehene Macht zu vertheidigen, was dieser verneinte. Struve ward daher in Freiheit gesetzt! So erhielt ich diese Geschichte überliefert, deren Wahrheit ich jedoch nicht in allen

Details verbürgen kann; indessen fingen wir einen Brief in Zell auf, der eine Nase für den Rittmeister enthielt.

Es wurden in jener Zeit entsetzlich viel Lügen verbreitet, und wenn ich in meiner Erzählung auch nur das berichte, was ich für wahr halte, so kann ich doch nur für dasjenige bürgen, was ich selbst erlebte, oder von ganz zuverlässigen Augenzeugen selbst erzählen hörte.

Als wir nach den Gefechten bei Kandern und Freiburg in Baden umherzogen, konnte unsere gefährliche Lage den im Elsaß versammelten Demokraten kein Geheimniß sein; ihre Führer sprachen auch viel davon, uns zur Hülfe zu kommen; aber ihre ganze Thätigkeit beschränkte sich darauf, die bei Hüningen im Rhein liegende, Baden gehörende Schuster= insel zu besetzen, wodurch sie unsern Rückzug zu decken meinten! Die Herrn Schusterhelden, — wie sie spott= weise genannt wurden — dachten aber gar nicht daran, uns durch irgend einen Boten von ihrer Anwesenheit und ihren strategischen Plänen in Kenntniß zu setzen! Sie hatten wichtigere Dinge zu thun, — nämlich sich zu zanken und — einen Central=Ausschuß zur Regierung sämmtlicher deutscher Demokraten in Frankreich zu ernennen! —

Die Wahlversammlung bestand aus einigen zwanzig Personen, die sich gegenseitig wählten und das Resultat war ein Ausschuß, an dessen Spitze Struve und Heinzen standen. Hecker und Mögling, die man mit hineinziehen wollte, verbaten sich die Ehre und es entstand zwischen ihnen eine Spannung. Zu Struve und Heinzen hielten sich alle großsprecherischen Ausreißer oder Solche, die bisher noch nicht bewiesen hatten, daß sie nicht so tapfer waren als ihre Worte. Unter ihnen nenne ich nur einen badischen Studenten Namens Blind, einen übrigens recht tüchtigen jungen Mann, der sich einigen lokalen Ruf erworben hatte; Lommel, ein

Biertrinker aus Baiern und Oberst Löwenfels, ausrei-
ßenden Angedenkens. Zu ihnen gesellten sich noch unbekannte
Größen aus mancherlei Ländern und einige Badenser, die in
ihren respectiven Flecken und Dörfern bei dem demokratischen
Tanz die erste Violine gespielt hatten, so lange es beim
Präludiren blieb. Daß weder von Herwegh noch von mir
bei dieser Wahl die Rede war, versteht sich von selbst und
ich fühlte mich deshalb sehr geschmeichelt.

Dieser Central-Ausschuß machte sich in Straßburg so
breit und nahm gegen die dortigen Behörden einen so an-
maßenden Ton an, daß seine Ausweisung nach Chalons die
Folge davon war. Karl Heinzen, der amerikanischer Bürger
war, wußte es jedoch möglich zu machen, in Straßburg zu
bleiben. Er benahm sich hier auf eine so brutale und des-
potische Weise — nichts weniger als eine Seltenheit unter
seiner Klasse von Demokraten — und warf Manchen, der
Unterstützung von ihm begehrte, mit groben Worten die
Treppe hinab, daß man allgemein gegen ihn erbittert war.
Er lebte in Straßburg mit seiner Familie in einer Privat-
wohnung, und geberdete sich als Dictator und verlangte
— darauf kam es ihm besonders an — daß die Kassirer
aller verschiedenen Freischaaren ihm Rechnung ablegen und
vor allen Dingen ihre Kassen überliefern sollten, wozu keiner
derselben Lust hatte.

Da ein sehr großer Theil der in Straßburg anwesenden
Flüchtlinge zu der Legion gehörte, und viele von ihnen während
des Zuges in Baden Zutrauen und Liebe zu mir gewonnen
hatten, so betrachteten mich diese natürlich als ihr Oberhaupt
und Karl Heinzen gab sich viel Mühe, sich mit mir zu
vereinigen; allein ich nahm seine Zuvorkommenheiten sehr
kühl auf. Ich betrachtete mit Recht Hecker als das Oberhaupt der badischen Bewegung, und da ich sowohl sein Talent

als seinen persönlichen Werth, wie seinen großen Einfluß er=
kannte, so schloß ich mich mit Aufrichtigkeit und Freude ihm
an und betrachtete seine Feinde als die meinigen.

Um die Differenzen wo möglich zu schlichten, schickte
Hecker, dem ich darüber schrieb, Mögling nach Straßburg,
wo eine Generalversammlung sämmtlicher Flüchtlinge berufen
wurde. Heinzen fand sich mit seinen Anhängern ebenfalls
ein und antwortete auf die mancherlei gegen ihn gerichteten
Anklagen auf eine Weise, die eben nicht geeignet war Achtung
zu erwecken. Er hatte zur Unterstützung unserer Sache einen
bedeutenden Wechsel aus New York erhalten, und als man
ihn darüber befragte, und verlangte, daß er dies Geld zur
Unterstützung der bedürftigen Flüchtlinge anwenden solle,
antwortete er: „daß er das Geld nach seinem Gefallen ge=
brauchen werde, daß man es ihm gesandt und er persönlich
in Amerika Rechenschaft von dem Gebrauch abzulegen habe.“
Da dies allerdings der Fall war, so nahm ich Heinzens
Partie; man müsse eingestehen, sagte ich, er sei in seinem
Recht und es sei nur zu bedauern, daß die Amerikaner ihr
Vertrauen so deplacirt hätten.

Es ward nun beschlossen, statt des „Central=Ausschusses“,
der in Chalons zu nahe dem Centrum Frankreichs saß, um
irgend eine Wirksamkeit in Deutschland äußern zu können, —
ein Unterstützungs=Comité zu wählen, welches aus drei
Mitgliedern bestehen sollte. Die Wahl fiel anders aus, als
Heinzen erwartete; ich ward zum Präsidenten und außer mir
ein Freund Heckers[1], Dr. Hammer, und als Repräsentant
der Arbeiter ein Setzerfactor aus Mannheim Namens Weber
gewählt. Nach diesem hatte Heinzen die meisten Stimmen.
Daß er nicht in den Ausschuß kam empörte ihn und seine
Anhänger.

Karl Heinzen war ein unbedeutender Beamter in der preußischen Rheinprovinz gewesen und hatte ein ganz gutes Buch gegen die Bureaukratie geschrieben, wegen dessen er in Anklagezustand versetzt wurde. Da er Festungsstrafe (ein halbes Jahr) zu erwarten hatte, so war es begreiflich, daß er als Freiheitsliebhaber davon lief. Es muß dies etwa 1842 oder 43 gewesen sein und politische Märtyrer waren damals noch selten. Die gesammte Presse nahm sich Heinzens an und überall wurde für ihn gesammelt; selbst arme Hand=werker und Dienstmädchen trugen ihr Scherflein bei, damit der Vertheidiger der Volksrechte nicht Noth leide.

Als die Zahl der politischen Märtyrer sich mehrte, wurde Heinzen sehr unzufrieden, denn in jedem sah er einen ihn in seinem gerechten Erwerb beeinträchtigenden Con=currenten. Diese Unzufriedenheit stieg so, daß er endlich nach Amerika ging, wo er die politische Märtyrerrolle mit glän=zendem und klingendem Erfolge fort spielte.

Als die Revolution in Frankreich 1848 ausbrach und die Kunde davon und von den Bewegungen in Deutschland nach Amerika gelangte, brach Heinzen auf, um nun die Be=lohnung für sein ihm sehr gut bekommendes Märtyrerthum in Empfang zu nehmen. Da er jedoch in amerikanischen Humbug eingeweiht worden war, so schrieb er vorher an verschiedene deutsche Journale, und mit Erstaunen las man in mehreren derselben zugleich eine Notiz folgenden Inhalts: „Unserer wackerer Landsmann, der berühmte Karl Heinzen wird nächstens sich einschiffen, um seine in Deutschland für die Freiheit kämpfenden Landsleute zu unterstützen." Eine ganz gewöhnliche Notiz meldete die Ankunft des berühmten Heinzen in England, eine andere in Deutschland u. s. w. Alle diese ihn mit lobhudelnden Beiwörtern bezeichnenden No=tizen in den Journalen waren von seiner eigenen Hand,

wie mir der Factor der Druckerei sagte, welche die Mann=
heimer Abendzeitung druckte.

Da Heinzen nicht gleich eine Stelle als Präsident
irgend einer Republik bereit fand, so wartete er die Berufung
zu einer solchen einstweilen in der Schweiz ab, während unvor=
sichtige Narren wie ich die Republik mit den Waffen in der
Hand für ihn erkämpfen sollten.

Heinzens Ehrgeiz fand sich bitter dadurch gekränkt,
daß nicht nur Heckers Namen den seinigen verdunkelte,
sondern daß sogar der meinige in Straßburg mehr Geltung
hatte. Das konnte er natürlich nicht ertragen; er gewann
Blind und einige andere!, besonders Badenser von der oben
bezeichneten Klasse, für seine Ansichten und es bildete sich im
Gasthof „zum rothen Männel" ein Gegencomité.

Ich hatte mein Quartier im Rebstock und besorgte
die Geschäfte des Ausschusses allein, da Dr. Hammer bald
nach Amerika abreiste und Weber in einer Druckerei Be=
schäftigung gefunden hatte, überhaupt auch weiter nichts als
ein großsprecherischer Mensch war, der später zeigte, wie wenig
er das in ihn gesetzte Vertrauen verdiente. Als meine Ge=
schäfte immer ausgedehnter wurden, miethete ich ein beson=
deres Geschäftszimmer.

Alle aus Deutschland kommenden Flüchtlinge mußten
sich bei mir melden; ich verhandelte mit den französischen
Behörden, die nur allein meine Autorität anerkannten und
nur allein gegen meine Unterschrift die von der Regierung
bewilligten Unterstützungen — einen halben Franc täglich
für den Mann — auszahlten, Marschrouten ausfertigten
u. s. w. Ferner führte ich Buch und Rechnung über die
aus Deutschland einlaufenden Unterstützungsgelder, sorgte
dafür, daß sie zweckmäßig vertheilt wurden (ich ließ jede
Kleinigkeit quittiren), correspondirte mit den demokratischen

Vereinen und einflußreichen Demokraten Deutschlands, empfing die zahlreichen Besucher aus Baden, Würtemberg, Baiern u. s. w., unterhandelte mit den Soldaten, kurz, war vom Morgen bis zum Abend mit Arbeiten überhäuft, so daß ich kaum einen Augenblick für mich hatte.

Ich bemühte mich, das Loos der Flüchtlinge nach Kräften zu erleichtern und Jeder, der zu mir kam, fand wenigstens Unterstützung an Rath, wenn auch die schwache Kasse nicht immer an Geld solche erlaubte. Ich hatte die Flüchtlinge in verschiedene Gasthäuser einquartirt, deren Wirthe sie auf meinen persönlichen Credit hin aufnahmen, da nicht immer baar bezahlt werden konnte. Ich selbst nahm nichts von den Unterstützungen, ja ich habe einige Kostbar= keiten und selbst meine Kleidungsstücke verkauft, um zu helfen, wenn kein Geld in der Kasse war.

Die Flüchtlinge waren ein sehr unruhiges Corps, und da sie nichts zu thun hatten, so zankten sie sich nach deutscher Weise beständig und ich mußte alle Tage auf die Präfectur, um die angestellten Dummheiten zu entschuldigen oder aus= zugleichen.

Durch meine Thätigkeit erwarb ich mir die Liebe und Dankbarkeit der meisten Flüchtlinge, die mir, um dieselbe zu zeigen, einst ein lange heimlich eingeübtes Ständchen brachten. Auch die Achtung der Straßburger Bürger wurde mir zu Theil, ebenso wie die Anerkennung der französischen Behörden, und der Präfect Dr. Eissen sagte mir, daß man beabsich= tige, mir eine Anstellung von Seiten der Regierung zu geben, kraft welcher sämmtliche deutsche Flüchtlinge in Frankreich unter mir stehen sollten und daß die Regierung alle darauf bezüglichen Angelegenheiten mit mir verhandeln wolle. Sogar die Polen faßten Zutrauen zu mir und eine Deputation von dreihundert in Hagenau lebenden polnischen

Flüchtlingen trug mir das Obercommando auch über sie an; sie stellten sich „für vorkommende Fälle" zu meiner Disposition.

Das Ansehen, welches ich durch meine Thätigkeit erwarb, erregte nicht allein die Besorgniß der badischen Regierung, sondern auch den Neid und den Zorn der Heinzenianer. Blind und andere bemühten sich, mich zu verdächtigen und schrieben Schmähartikel in die Mannheimer Abendzeitung und ähnliche Blätter; die ich nicht einmal las; allein meine zahlreichen Anhänger erließen Erklärungen in der Allgemeinen Zeitung und in andern Journalen.

Die Mitglieder des Comités im rothen Männel lauerten an der Kehler Brücke den aus Baden kommenden Personen auf und wußten ihnen häufig die für das wirkliche Comité bestimmten Gelder abzunehmen. Das wurde ruchbar und man hielt die Unterstützungen zurück, bis man klar darüber werden würde, welches denn eigentlich die rechtmäßig erwählte Behörde sei. Heckers Erklärung hatte darauf natürlich großen Einfluß und ich reiste nach Muttenz, um ihm die Lage der Dinge vorzustellen. Das Resultat dieser Reise war eine von Hecker, Mögling und Schöninger unterzeichnete, in den Journalen erscheinende Erklärung, daß sie mit Karl Heinzen in durchaus keiner Gemeinschaft stünden. Das brach diesem in Straßburg den Hals und er begab sich zum großen Verdruß Heckers nach Birsfelden in Basellandschaft, welches nur eine Stunde von Muttenz entfernt ist.

Die Kabalen gegen mich nahmen damit jedoch kein Ende, sondern wurden vielmehr mit mehr Bosheit als bisher fortgeführt und in sofern nicht ohne Erfolg, als es selbst gelang, meinen Credit bei den Behörden etwas zu schwächen, wozu jedoch ein freimüthiger, von mir erschienener Journalartikel über Lamartine, das seinige beitrug. Diese Intriguen wurden durch Agenten der badischen Regierung genährt und es war dort ein unentwirrbares Durcheinander von Gemein= heit und Schurkerei.

Die Gegner unserer Partei benutzten trefflich den Umstand zu unserm Nachtheil, daß sich so sehr viele Lumpen unter den Demokraten befanden; allein wenn man vernünftig dar= über nachdenkt, wird man das sehr begreiflich und natürlich finden. „Nicht alle Demokraten sind Lumpen; aber alle Lumpen sind Demokraten", sagt ein Schriftsteller jener Zeit sehr richtig. Lumpen, Leute die in keiner Weise etwas zu verlieren haben, können nur hoffen, bei einer Veränderung zu gewinnen; deshalb schließen sie sich eifrig der Bewegung an, um entweder als eifrige Demokraten Geltung zu erlangen und damit Unterstützungsgelder, oder sonst im Trüben zu fischen, indem sie sich der andern Partei verkaufen.

In Straßburg wimmelte es von demokratischen Lumpen jeder Schattirung und ich kann mich nicht enthalten, zum Amüsement des Lesers und auch aus andern Gründen, einige derselben zu porträtiren.

Man wird sich noch des Obersten Rango von Wester= burg erinnern. Dieser hatte den Zug nach Baden nicht mit gemacht, sondern war von seiner ihm übertragenen Sendung nach Straßburg zurückgekehrt, wo er sich den Spitznamen Oberst „Wurstenberger" erworben hatte. Dieser Mann war jedenfalls eine etwas unklare Persönlichkeit. Als ich nach Straßburg zurückkehrte, empfing er mich mit von ihm selbst gedichteten schauerlichen Versen. Es ging ihm mit seinem Knaben schlecht, und da er von mir Hülfe hoffte, so war es verzeihlich, daß er mich durch Schmeicheleien zu gewinnen trachtete; allein bald wurde ihm klar, daß er dadurch nichts bei mir gewann, obwohl ich ihm so viel als möglich Unterstützung zufließen ließ.

Da er ein alter Mann war, der ein militairisches Aeu=
ßere hatte und Viele durch seinen Oberstenrang verblendete,
so zog er begreiflicherweise eine Menge junger Leute an, über
die er Einfluß gewann. Kaum fühlte er denselben, als er
heimlich zu intriguiren begann, obwohl er öffentlich in seinem
Benehmen gegen mich nichts änderte. Er stiftete unter den
Flüchtlingen einen heimlichen Bund, über dessen Zweck ich
nie recht ins Klare kommen konnte, der aber sicher nur den
Vortheil des alten Avanturiers zum Hauptziel hatte. Jeder
Theilnehmer mußte zwar einen Eid leisten, nichts zu ver=
rathen; allein ich bekam doch einige Mittheilungen durch Mit=
glieder dieses Bundes, die höchlich erstaunt darüber waren,
daß ich gar nichts davon wußte, während Oberst „Wur=
stenberger“ klugerweise angedeutet hatte, daß er nur mein
Agent sei.

Ich stellte ihn sogleich deshalb zur Rede, da ich nicht
glauben konnte, daß er etwas Gutes im Schilde führe, indem
er seine Pläne vor mir verbarg. Er machte Ausflüchte,
sagte, daß die Sache bis jetzt noch zu unbedeutend und daß
er die Absicht gehabt habe, mir Rechenschaft abzulegen, wenn
sie zu einer gewissen Vollendung gediehen sei.

Ich ließ ihn nun beobachten und kam auf den Verdacht,
daß er die Flüchtlinge verführen wolle, sich für Italien an=
werben zu lassen. Darin wurde ich noch durch den Umstand
bestärkt, daß sich Werber in Straßburg herumtrieben, wovon
zu jener Zeit ich einen arretiren ließ.

Es schien dem Obersten vor allen Dingen darauf an=
zukommen, zu Geldmitteln zu gelangen, und als er dies durch
eine begonnene talentlose Zeitschrift nicht erreichte, suchte er
minder gerade Wege auf. Diese Gewißheit erlangte ich durch

die Bekanntschaft mit einer polnischen Gräfin Paninska, die sich
in Straßburg aufhielt.

Ich habe mich bei vielen Polen nach dieser Dame er=
kundigt, allein was sie mir sagten, stimmte nicht recht mit den
Erzählungen der Gräfin überein und man schien sehr geneigt,
sie für eine' Abenteuerin, wo nicht für einen russischen Spion
zu halten. Mir erschien diese Dame indessen jedenfalls
sehr interessant. Ich machte im Rebstock ihre Bekanntschaft,
was sie eifrig zu wünschen schien. Sie behandelte mich mit
außerordentlicher Aufmerksamkeit und suchte mich durch
Schmeichelei zu gewinnen; sie titulirte mich nicht anders als
„Herr General." —

Schon vor der persönlichen Bekanntschaft sprach man
mir von ihr als einer verdächtigen Person, die mit großem
Reichthum prahle, aber Dinge von sich erzähle, die damit
in keinem Einklang stünden. Einige polnische Flüchtlinge,
die indessen auch Niemand kannte, wurden von ihr ganz und
gar erhalten. Sie war eine Dame von etwa vierzig Jahren,
die noch einige Ansprüche auf Schönheit machen konnte. Sie
hatte eine stattliche Figur und mußte in ihrer Jugend reizend
gewesen sein; besonders schön waren ihre blauen Augen, die
in eigenthümlichem Glanze strahlten, wenn sie beim Sprechen
in Feuer gerieth.

Ihr Anzug war elegant und doch ärmlich, ja salop,
wie man es hin und wieder selbst bei vornehmen Polinnen
findet. Uebrigens sprach sie deutsch und gab sich für die
Tochter eines b—schen Generals aus und für die Schwägerin
eines angesehenen norddeutschen, begüterten Edelmanns. Sie
kannte übrigens alle Verhältnisse der vornehmen Familien
und der Höfe so genau, daß ich eigentlich keinen Grund
hatte, an der Wahrheit ihrer Aussagen zu zweifeln.

Die Gräfin sprach gegen mich den Wunsch aus, eine größere Summe für unsere Sache zu opfern, wenn dadurch irgend ein reeller Nutzen gestiftet werden könne und sagte mir, daß sie ein bedeutendes Kapital außerhalb der Stadt an einem heimlichen Ort in einem eisernen großen Topfe vergraben habe. Zugleich erzählte sie mir, daß sie dem Obersten Wurstenberger, der sie darum angegangen, bereits Geld gegeben und daß dieser von ihr weitere 2000 Gulden „zur Bildung eines Regiments" verlangt habe. Man kann sich mein Erstaunen denken. Ich sagte ihr offenherzig meine Meinung; sie gab dem Obersten nichts; allein ebenso wenig unterstützte sie „unsere Sache."

Die Schicksale dieser Gräfin sind merkwürdig und ich kann mich nicht enthalten, einige ihrer Erzählungen mitzu= theilen, ohne eine Bürgschaft zu übernehmen; sie werden eine nicht uninteressante Episode bilden.

Graf Poninski, der Gemahl der Gräfin, hatte sich in eine Verschwörung eingelassen und war zur Verweisung nach Si= birien verurtheilt worden, obwohl er eigentlich in preußisch Polen ansäßig war; er schien indessen sich gewöhnlich in Krakau aufgehalten zu haben, wo er ein Haus besaß. Die Gräfin, welche sehr gewichtige Empfehlungen vom preußischen Hofe erhalten haben wollte, beabsichtigte trotz ihrer weit vor= gerückten Schwangerschaft nach Petersburg zu reisen, um von dem Kaiser Nikolaus die Freiheit des Gatten zu ~erbitten. Dieser saß vorläufig in Warschau gefangen und sie suchte von dem dortigen Polizeimeister die Erlaubniß zu erhalten, ihn zu sprechen, wurde aber auf die brutalste Weise ab= gewiesen.

In Petersburg angekommen, gelang es der Gräfin, eine Audienz bei dem Kaiser zu erhalten, welche auf zehn Uhr Morgens festgesetzt wurde. Zur bestimmten Zeit fuhr sie

mit ihrem kleinen Sohn nach dem kaiserlichen Palast. Unter=
weges antwortetete sie auf die Frage des Knaben, daß sie
zu dem russischen Kaiser fahre, der seinen Vater habe ins
Gefängniß setzen lassen.

Sie kam zu früh und mußte im Vorzimmer warten.
Zwei Beamte standen mit der Uhr in der Hand an der
Thür des Audienzzimmers, welche sie genau mit dem Glocken=
schlage öffneten. In demselben Augenblicke trat auch der
Kaiser durch die gegenüberliegende Thür ein.

So muthig die Gräfin auch war, so machte doch der
Gedanke, nun vor dem Mann zu stehen, den sie grimmig
haßte und von dessen Ausspruch das Schicksal ihres geliebten
Gatten und ihr eigenes abhing, einen so mächtigen Eindruck,
daß sie nahe daran war in Ohnmacht zu fallen. Der Kaiser
führte sie sehr artig zum Sopha, entfernte sich alsdann und
schickte zu ihrem Beistande eine Kammerfrau.

Als sich die Gräfin erholt hatte, erschien der Kaiser
wieder; allein ich bedaure, daß ich die interessante Unter=
haltung, welche sie mit demselben führte, vergessen habe.
Dieser fand sich dadurch zu der Bemerkung veranlaßt: „Es
ist gut, daß uns nur die Wände hören.“ — Ihm gefiel der
schöne Knabe der Gräfin; er zog ihn zu sich und verlangte
einen Kuß; aber das Kind riß sich zornig los und rief: „Ich
küsse keinen Russen!“ und flüchtete sich zu seiner erschrockenen
Mutter. Der Kaiser, obwohl er sichtlich unangenehm berührt
war, hob den Knaben auf den Tisch, streichelte ihm die
Wangen und rief: „Nun da kann man nicht zweifeln, daß
das wahres Polenblut ist!“

Die Gräfin erlangte die Begnadigung ihres Mannes,
allein mit der sehr ernsten Versicherung, daß es ihm den
Kopf kosten werde, wenn er sich abermals bei einer Ver=
schwörung betheilige. Als der Kaiser die Gräfin entließ und

diese ihm dankte, sagte Nikolaus: „Nun, diese Begnadigung hat Ihnen nicht viel Mühe, nicht einmal den gewöhnlichen Fußfall gekostet." — „„Ew. Majestät, ich knie nur vor Gott!"" — damit war die Audienz zu Ende.

Die Gräfin erhielt einen Brief an den groben Polizei= meister in Warschau, der einen Verweis für denselben und den Befehl zur Freilassung des Grafen enthielt. Froh und glücklich reisten die beiden Gatten von Warschau ab, nachdem die Geburt eines Kindes ihr Glück erhöht hatte. Sie kamen nach P—, wo damals viele Polen gefangen saßen; die Gräfin sagte, auch Microslawski, was mir jedoch ein Irrthum oder eine Lüge schien, um ihre Erzählung aus= zuschmücken. Allmächtiger Gewalthaber war in dieser Stadt ein von der Hauptstadt mit den ausgedehntesten Vollmachten angekommener höherer Polizeibeamte, den ich D— nennen will; er sollte auch die vorläufigen Untersuchungen leiten.

Die Gräfin war ausgegangen, um Etwas in der Stadt zu besorgen. Auf dem Wege nach ihrem Gasthofe mußte sie bei dem Gefängniß vorüber und erschrak nicht wenig, als sie aus einem Fenster die Stimme ihres Mannes hörte, der ihr mit eilenden Worten erzählte, daß er auf Befehl des allmächtigen D— arretirt sei und daß ihm alle Papiere ab= genommen wären. Dieser Verlust sei entsetzlich, denn sie compromittirten nicht allein ihn, sondern auch viele andere Personen.

So bestürzt die Gräfin auch war, verlor sie doch nicht den Kopf. Sie richtete den Muth ihres Mannes auf und versprach alles Mögliche zu seiner Befreiung und zur Hab= haftwerdung der Papiere anzuwenden. Diese kurze Unter= redung wurde durch die nachsichtige Schildwache möglich, die ein Pole war.

Die Gräfin ging augenblicklich zu D—, der sie mit außerordentlicher Freundlichkeit empfing. Die feisten, rothen Backen des Polizeimenschen glänzten noch rosiger, die kleinen Spitzbubenaugen glitzerten noch feuriger, als er die schöne aufgeregte Frau sah, und er spann alsbald ein feines Po= lizeinetz, in welchem er sie zu fangen gedachte. Er sagte der Gräfin, er bedaure unendlich für den Augenblick so be= schäftigt und stets von seinen Leuten gestört zu sein; allein am Nachmitage wolle er jede Störung entfernen, damit sie Beide eine Stunde ganz allein sein könnten. Zugleich drückte er den Wunsch aus, der schönen Frau zu dienen und ließ in seine Rede einige Wendungen einfließen, welche ihr über die Absicht des für den Nachmittag festgesetzten Rendezvous jeden Zweifel nahmen.

Obgleich die edle Frau über die Unverschämheit dieses Menschen empört war, so besaß sie doch Selbstbeherrschung genug, ihre Verachtung zu verbergen. Sie versprach, sich Nachmittags einzustellen und ein Blick, den sie mit weiblicher Schlauheit ihrem Versprechen hinzufügte, belehrte den glück= lichen Polizisten, daß er verstanden worden sei.

Zur bestimmten Stunde fand sich die Gräfin ein. Herr D— öffnete selbst und verkündete sogleich mit bedeutendem Lächeln, daß er alle seine Leute für einige Stunden entfernt und die allerstrengsten Befehle gegeben habe, nicht gestört zu werden.

Die dicke, gemeine Figur dieses elenden Menschen, den seine Lüsternheit noch widerlicher machte, erfüllte die Gräfin mit einem kaum zu verbergenden Ekel, und derselbe stürzte fast all ihre Verstellungskunst über den Haufen, wenn sie bedachte, mit welchen Hoffnungen dieser Mann sie in sein Kabinet führte; allein es gelang ihr sich zu beherrschen und den Tumult in ihrem Innern hinter der Maske einer lär=

11*

menden Munterkeit zu verbergen. Der Polizeimann war
entzückt und deutete wahrscheinlich die trotz aller Mühe durch=
schimmernde Aufregung mit selbstgefälliger Eitelkeit ganz zu
seinen Gunsten.

„Hier sind wir ganz ungestört“ lispelte der Polizei=
despot. —

— Mein Gott! ich fürchte mich. Wenn Jemand käme,
wenn man uns überraschte! — „Es kömmt Niemand.“ —
Allein wenn es durch irgend einen Zufall dennoch geschähe; —
„Nun, dann halten Sie sich hier ganz stille, — oder noch
besser, Sie verbergen sich in diesem Wandschrank.“ — Dabei
öffnete D— eine Tapetenthür, welche einen Kleiderschrank
verdeckte. — Wo denken Sie hin, rief die Gräfin, sehen Sie
mich nur an; wie sollte ich darin mit meinen Röcken Platz
haben? — „Ei vollkommen!“ rief der Polizeimensch, der wie
ein balzender Auerhahn umhertrippelte, „ich bin fast so dick
wie Sie mit Ihren Röcken und habe Platz darin, sehen
Sie selbst.“ Damit stieg Herr D— in den Schrank. —
Ja wohl, mein Bester, erwiederte die Gräfin, allein die
Thür geht nicht zu. — „O ganz vortrefflich!“ Damit zog
der verliebte D—, dem die schöne Frau den Kopf drehen
machte, die Thür an sich.

Die Gräfin, welcher schon seit dem Augenblicke, als D—
von dem Schranke redete, ein Gedanke gekommen war, der
um so näher lag, als sie ihn in manchem Lustspiele hatte
ausführen sehen, drückte entschlossen die Thüre noch fester und
drehte den Schlüssel herum. Triumphirend rief sie: „Nun
sind Sie mein Gefangener!“

Herr D—, dem in dem engen Gefängnisse nicht wohl
wurde, bat dem vermeintlichen Scherz ein Ende zu machen;
allein endlich ging ihm ein Licht auf und er heulte beinahe
vor Wuth und versuchte die Thür zu sprengen. Die Gräfin

achtete nicht darauf, sondern schloß auch die Thür des Ka=
binets und eilte in das anstoßende Zimmer, wo der Schreib=
tisch des Gefangenen stand. Auf diesem Tische und in dem=
selben fand sie eine Menge Papiere in polnischer Sprache;
auch fielen ihr einige Blankets in die Hände, welche mit dem
Siegel und der Unterschrift D's versehen waren. Schnell
entschlossen ergriff sie die Feder und schrieb auf eins dieser
Papiere: „Der Graf Paninski ist seiner Haft entlassen und
sogleich auf freien Fuß zu setzen."

Ohne auf den jammernden D— zu hören, der allmälig
von Wuthgebrüll zu Bitten und Wimmern übergegangen
war, eilte sie mit dem köstlichen Papier hinaus, alle Thüren
zur Vorsorge hinter sich schließend, und nach dem Gefängniß,
nicht vergessend die polnischen Papiere, deren sie habhaft
werden konnte, mitzunehmen.

Der Beamte im Gefängnisse machte bei Vorzeigung des
Papiers gar keine Schwierigkeiten und entließ den Grafen
augenblicklich. Seine Frau erzählte ihm in aller Eile das
gehabte Abenteuer und händigte ihm die mitgenommenen
Papiere ein; allein es waren nicht die richtigen! Schnell
entschlossen gingen nun Beide in die Wohnung des Polizei=
herrn, der laut brüllte, als er aufs Neue Jemand in seinem
Zimmer hörte. Seine Verzweiflung war grenzenlos, als
man ihn verhöhnte und er dadurch gewahr wurde, welchen
Streich man ihm gespielt hatte.

Der Graf fand die ihm wichtigen Papiere, steckte sie zu
sich und leerte das Tintenfaß über die andern aus, nach=
dem die Gräfin einen Entlassungsschein für andere polnische
Gefangene ausgefertigt hatte. Die Thüren wurden nun
verschlossen und die Schlüssel weggeworfen. Das Wagstück
gelang und die Geretteten waren bald weit von P—. — Wie
Herr D— befreit wurde und was überhaupt an der Geschichte

Wahrheit, was Dichtung ist, mag er gelegentlich selbst er=
zählen, wenn er noch lebt.

Ich will mich damit begnügen, dieses eine der mir von der
Gräfin erzählten Abenteuer mitzutheilen, obwohl einige andere,
die sie sämmtlich wegen ihres Mannes erlebte, nicht weniger
romantisch sind. Der Graf betheiligte sich bei dem Aufstande
in Krakau und verlor dabei das Leben. Das jüngste Kind
ward auf dem Arme eines Bedienten von einer Kugel ge=
tödtet und der älteste Knabe war schon auf der Rückreise
von Petersburg gestorben. Die Gräfin stand nun ganz allein,
und der einzige Gedanke, der sie beseelte, war der, Rache
an den Fürsten zu nehmen, die sie als die Ursache ihres
Unglücks betrachtete. Sie war, wie sie sagte, in Preußen
wegen Majestätsbeleidigung zu zweijähriger Festungsstrafe
verurtheilt, welcher sie sich durch die Flucht entzog und
wodurch sie genöthigt wurde, sich in Frankreich aufzuhalten.
So viel ich weiß wurden aber dergleichen Verbrecher 1848
in Preußen begnadigt und die Geschichte ist keinesfalls recht
klar. Als ich bald nach dieser Zeit Straßburg verlassen
mußte, verlor ich auch die Gräfin aus dem Gesicht und
habe nie wieder etwas von ihr gehört; wenn nicht die Gräfin
Paninska, welche vor Kurzem in London in einem Schwin=
delprozesse eine zweideutige Rolle spielte, meine Straßburger
Bekanntschaft ist.

Ein anderes sehr verdächtiges Individuum, welches zu
dieser Zeit nach Straßburg kam, war ein Dr. Krätzer,
dessen Namen ich schon im ersten Kapitel genannt habe. Er
war im Ministerium der auswärtigen Angelegenheiten unter
Guizot beschäftigt gewesen und betheiligte sich sehr eifrig
an der Bildung der deutschen Legion; ja nach unserer Ab=
reise ward er, schon von Beginn Comitémitglied, Präsident
der fortbestehenden deutschen demokratischen Gesellschaft. Als

Guizot noch am Ruder war, schwärmte Krätzer ebenso für diesen, als er es später für Lamartine that. Grade drei Tage vor Ausbruch der Revolution hatte er eine Arbeit vollendet, die ihn fast zwei Jahre kostete, und wodurch er die Gunst Guizots und Avancement zu erreichen hoffte. Diese Arbeit war in der That interessant und für Diplomaten von großer Wichtigkeit. Es war nämlich eine statistische Uebersicht über alle in Europa erscheinenden einigermaßen wichtigen Journale. Darin war nicht allein die Geschichte ihrer Entstehung, ihres Fortganges, ihrer Tendenz, Abonnentenzahl und Angabe der Gegenden enthalten, in denen sie besonders gelesen wurden, sondern auch Charakteristiken der Redacteure und Correspondeten, so daß beurtheilt werden konnte, wie es von Seiten der französischen Regierung möglich sei, ihnen beizukommen. Dies dem Minister überreichte Manuscript wurde mit großer Anerkennung aufgenommen; ja es gefiel ihm so gut, daß er es mit sich nach England nahm. Auf diese Weise verlor Krätzer den Lohn für seine Mühe. Es mußte ihm indessen doch gelungen sein, auf andere Weise sich der neuen Regierung nützlich zu machen; denn er erhielt nicht allein einen besseren Gehalt, sondern wurde auch nach Straßburg geschickt, um hier, wie er sagte, ein statistisches Büreau einzurichten, wozu diese Stadt sich wegen ihrer Lage ganz besonders eigne.

Dies war augenscheinlich nur ein Vorwand; denn Krätzer hatte weder seine Familie mitgebracht, noch machte er irgend welche Anstalten zur Einrichtung des Büreaus, sondern widmete all seine Zeit den deutschen Flüchtlingen, die er traktirte und mit denen er beständig verkehrte, wodurch er in alle Geheimnisse derselben eingeweiht wurde. Er besuchte selbst Hecker in Muttenz, eingeführt durch Doll; allein Hecker behandelte ihn mit Mißtrauen und wollte ihn nicht wieder sehen, obwohl Krätzer zu diesem Ende sich mehrere Tage in Basel aufhielt, wo ich mit ihm zusammen traf. Mir war Krätzer längst verdächtig erschienen und das um so mehr, als ich Nachricht erhielt, daß er oftmals in aller Stille nach Carlsruhe reise, wozu er sich eines falschen Namens bediene. Auf meine Frage erklärte er diese Reisen dahin, daß sie behufs seines statistischen Büreaus nöthig wären und daß er zu diesem Ende mit dem französischen Gesandten dort verkehre. Dieser und keiner bei der Gesandtschaft habe überdies eine Idee von deutschen Verhältnissen und er müsse in dieser Beziehung dort aushelfen.

Ich ließ mir nichts von meinem Verdacht merken, hütete mich auch, andere Deutsche davon zu unterrichten und beobachtete nur die Vorsicht, daß ich alle wichtigen Geheimnisse für mich behielt. Mein Verdacht wurde ihm durch reinen Zufall bekannt. Ich reiste mit Krätzer von Basel nach Straßburg. Im Waggon trafen wir unterwegs zufällig mit einem Badischen Flüchtling zusammen, dem ich geheime Aufträge nach Baden gegeben hatte und der eben von dort zurückkehrte. Da dieser keine Ahnung von Krätzers verdächtiger Stellung hatte, so fing er an, seinen Bericht zu machen, dem Krätzer mit dem aufmerksamsten Ohr folgte. So lange die Sache unwichtig blieb, sagte ich nichts; als er aber auf gefährliche Dinge kam und Namen nannte, drückte ich seinen Arm und gab ihm mit den Augen einen Wink, daß er schweigen solle.

Beim Aussteigen hielt sich Krätzer an meiner Seite und ich hatte keine Gelegenheit, meinem Agenten eine Erklärung zu geben. Dieser ging höchlich erstaunt hinweg und theilte den Vorfall einem andern Flüchtling mit, der ein guter Freund Krätzers war und diesem die Geschichte brühwarm auftischte.

Umgeben von einigen Anhängern erschien Krätzer, bleich vor Zorn, im Rebstock und stellte mich zur Rede. Ich war sehr verdrießlich über die Ungeschicklichkeit meines Agenten und nicht geneigt zu einer offenen Erklärung, die ich in diesem Falle für nachtheilig hielt. Ich nahm also die Sache leicht und sagte, daß ich ihm keineswegs mißtraue, da er aber französischer Beamter sei, so hätte ich es seiner selbst Willen für gut gehalten, ihn nicht Mittheilungen hören zu lassen, deren Kenntniß ihn vielleicht seiner Regierung gegenüber in Verlegenheit setzen könne. Er schien sich dabei zu beruhigen, allein ich sah sehr wohl, wie sehr ihn das Mißtrauen des dortigen Oberhauptes der Flüchtlinge verdroß, welches na= türlich von meinen Anhängern von nun an getheilt wurde. Die Entdeckung ärgerte ihn um so mehr, als er mich bisher für seinen Düpe gehalten hatte, in welchem Glauben ich ihn bis dahin mit Erfolg bestärkte. Ich ging auch jetzt wieder zu ihm und suchte ihn durch anscheinendes Vertrauen zu ködern; allein er war gescheut genug, meine Absicht zu durch= schauen und von nun an eifrig bemüht, meine Entfernung von Straßburg um jeden Preis zu betreiben. Die zu diesem Zweck angesponnenen Intriguen zu erzählen würde zu weit= läufig sein. Er hetzte meine Feinde noch mehr gegen mich auf, nahm die Behörden gegen mich ein und benutzte die unendlich oft und dringend wiederholten Gesuche der badischen Regierung, mich aus Straßburg zu entfernen. Eines Tages kam vom Minister des Innern, Sénard, eine telegraphische Depesche, durch welche dem „chef de bande Corvin," be= fohlen wurde, innerhalb vierundzwanzig Stunden Straßburg und die Rheindepartements zu verlassen; mit Ausnahme von Paris, Marseille, Lyon und Rouen war mir jedoch der Aufenthalt in jeder andern Stadt Frankreichs gestattet.

Ich ging zum Präfecten Dr. Eissen und erklärte ihm, daß ich nicht gehen werde; ich habe nichts gegen die französischen Gesetze gethan und die Regierung selbst habe ja meine Bemühungen in Bezug auf die deutsche Legion unterstützt; ferner besitze ich Erfindungspatente für Frankreich, die ich bezahlt habe und die ich in Frankreich anwenden müsse, wenn sie nicht erlöschen sollten. Der Präfect drohte, mich nach Deutschland auszuliefern. Ich antwortete ihm lachend, daß ich es darauf ankommen ließe; es würde der Republik Frankreich große Ehre machen, wenn sie einen deutschen, politischen Flüchtling wegen seiner unter Sanction der Regierung ausgeübten revolutionären Thätigkeit ausliefere. Der Präfect gab mir drei Tage Bedenkzeit.

Diese drei Tage benutzten meine Freunde in Straßburg, von Seiten des dortigen republikanischen Clubs einen Protest gegen meine Ausweisung zu bewirken. Ich wohnte der interessanten Sitzung bei, in welcher dieser Gegenstand mit günstigem Erfolge für mich discutirt wurde. Das Resultat war, daß eine Deputation des Clubs zum Präfecten geschickt und mir darauf gestattet wurde, bis auf Weiteres in Straßburg zu bleiben.

Am Abend der Sitzung des republikanischen Clubs fand ein Vorfall statt, welcher ganz Straßburg und besonders die deutschen Flüchtlinge in Aufregung versetzte.

Ich hatte die Nachricht erhalten, daß Dr. Rauschenplatt sich heimlich in Straßburg aufhalte, und vermuthete, es geschehe im Auftrage einer deutschen Regierung. Der Doctor hatte an dem Studentencrawall des Jahres 1833 in Frankfurt a. M. Theil genommen und sich seit jener Zeit in Straßburg als Flüchtling aufgehalten, wo er von allen Einwohnern auf die gastfreundschaftlichste Weise aufgenommen worden war. Diese Aufnahme vergalt er dadurch, daß er

zur Zeit des Heckerschen Aufstandes Straßburg mit Hinter=
laſſung vieler Schulden verließ und nicht allein ſich der Re=
gierungspartei anſchloß, ſondern ſogar thätigen Antheil an
Feindſeligkeiten gegen die Demokraten nahm; in dem Geſecht
bei Kandern leiſtete er Adjutantendienſte.

Die Straßburger waren über dieſes Benehmen empört
und die Exaltirteſten unter ihnen ſchwuren ihm Rache. An
jenem Abend erhielt ich, wahrſcheinlich von einem derſelben,
ein Billet, in welchem mir angegeben wurde, in welchem
Hauſe und in welchem Zimmer deſſelben Dr. Rauſchenblatt
verſteckt ſei. Ich wollte die Flüchtlinge bei dieſer Sache ſo
viel als möglich aus dem Spiel und meine Straßburger
Freunde als handelnde Perſonen auftreten laſſen. Ich traf
zu dem Ende die nöthigen Anordnungen und die Leute be=
griffen vollkommen ihre Rollen. Mein Zweck war, allen
Spionen die Luſt zu verleiden, nach Straßburg zu kommen
und den Doctor gehörig zu ängſtigen. Die Sache ging bei=
nahe weiter als ich beabſichtigte, denn die aufgeregte Volks=
maſſe iſt eine Maſchine, deren Wirkſamkeit ſchwer zu leiten iſt.

Eine Menge Straßburger begaben ſich zu dem Präfecten
und verlangten die Arreſtation des „Verräthers“. Der Präfect
ſagte, er könne dieſe nur unter einem Rechtstitel verfügen,
und da Rauſchenblatt Gläubiger genug hatte, ſo war ein
ſolcher ſchnell gefunden.

Die Nachricht von all dieſen Vorgängen verbreitete ſich
wie ein Lauffeuer durch Straßburg. Das Haus, in welchem
Dr. Rauſchenblatt ſich verborgen hielt, ward alsbald von
einer tobenden Menge umlagert, während einige hitzige Frei=
ſchärler die verſchloſſene Zimmerthüre hüteten. Dieſe Fanatiker
hatten ſich zum Theil mit Meſſern bewaffnet und wenn ihr
Vorſatz, den Verfolgten zu erſtechen, auch größtentheils Reno=
mage ſein mochte, ſo war dem doch nicht zu viel zu trauen.

Einige Straßburger Bürger hatten sich zu demselben Zwecke auf einer dunklen Treppe postirt. Die Menge von unten brüllte unaufhörlich Drohworte und verlangte auf die unzweideutigste Weise den Kopf des „Verräthers". Selbst die zu dessen Schutz herbeieilenden Gensdarmen nahmen, so viel es sich in ihrer Stellung thun ließ, die Partei des Volkes und die heranrückenden Soldaten die bereits aufgepflanzten Bayonnete wieder von den Gewehren, als sie hörten, um welche Sache es sich handle. Wenn Rauschenblatt sich fürchtete, so ist das sehr natürlich und verzeihlich; es war Grund zur Furcht da, selbst für den beherztesten Mann. Ich kam aus der Sitzung des Clubs, als der Tumult am größesten war und erstaunte über den heraufbeschworenen Sturm.

Endlich gelang es den beiden Präfecten die tobende Volksmasse ein wenig zu beschwichtigen und Rauschenblatt durch ein Militärspalier hindurch in einen Wagen und unzerrissen in ein festes Gefängniß zu schaffen, wo man, der Versicherung nach, ihn festhalten wollte. Die Flüchtlinge fürchteten jedoch, daß man ihnen den Gefangenen nach Deutschland entführen und ihrer Rache entziehen möchte und zwölf von ihnen bivouakirten während der Nacht an der Brücke, mit dem Entschluß, den Wagen sammt Inhalt in den Rhein zu werfen. Sie warteten jedoch vergebens und erst in der folgenden Nacht wurde Rauschenblatt unter Gensdarmerieschutz nach Kehl gebracht.

Das badische Ministerium ließ in seinen Bemühungen, mich von Straßburg zu entfernen, nicht ab und den Rebstock durch Spione belagern. Einer derselben war ein junger Mensch Namens Zeiler, aus Ladenburg, der sein Geschäft lange Zeit unentdeckt trieb. Er führte sich bei mir als Demokrat ein und verschaffte sogar einige Unterstützungen, die in Mühlhausen angewiesen wurden; allein ich war sehr vorsichtig. Bei Struve glückte es ihm besser, wie ich später erzählen werde.

In Ettlingen in Baden war eine Volksversammlung angesagt worden, welche mehrere Flüchtlinge, die in Baden wenig gekannt waren, zu besuchen beabsichtigten. Ich wollte diese Gelegenheit benutzen, eine Anzahl Briefe an die demo= kratischen Clubs zu befördern, in welchen ich hauptsächlich darauf hinwies, daß sie ihre Thätigkeit auf das Militär richten möchten, was wichtiger sei als alles Andere. Ich hatte gute Gründe dazu; denn Abgesandte der verschiedenen Truppencorps in Baden waren häufig bei mir in Straßburg, oder es wurden Mädchen mit Briefen an mich abgeschickt. Einer meiner autographirten Briefe kam dem Minister Beck in die Hände, der ihn geschickt benutzte; die Aufhebung der demokratischen Clubs war die Folge.

Die Menge der Leute, die damals in allerlei Aufträgen in den Rebstock zu mir kamen, war wirklich außerordentlich und ich hatte kaum Zeit zum Essen. Auch Abgesandte aus Würtemberg waren nicht selten. Unter andern kamen daher zwei reiche Bauern, von denen sich der eine als der Anführer einer Compagnie präsentirte, die sämmtlich „aus Kerlen wie er selbst" bestünde; es muß dies eine respectable Compagnie gewesen sein, denn ihr Hauptmann maß wenig= stens sechs Fuß. Er fragte mich um Erlaubniß, beim Aus= bruch der Revolution den nichtswürdigen Amtmann auf= hängen zu dürfen und war ziemlich unzufrieden, als ich ihn bis zu einer tüchtigen Tracht Schläge herabhandelte. Leute, die sich bei mir für die Legion anwerben lassen wollten, kamen in Massen, und mit wenig Geld hätte ich bald eine Armee zusammen bringen können.

Unter den Demokraten, die im Rebstock wohnten, oder in demselben ab und zu gingen, fehlte es nicht an Originalen.

Zwei derselben haben mir viel Spaß gemacht. Der eine hieß Hiob Daniel Backfisch und war Zeugschmied aus Eberbach am Neckar; allein zugleich war er ein gar nicht talentloser Dichter, der in seiner Gegend Ruf und Einfluß besaß. Er war noch in den Zwanzigern, mit einem Schiller= gesicht, langen, gelben „Elfenlocken" und blauen Augen. Als Schmied hatte er eine Art Recht, grob zu sein und war es auch, obwohl gegen mich niemals; denn mich liebte und be= wunderte er; selbst mein Aeußeres gefiel ihm und er ärgerte sich, daß ich nicht Herwegh war, weil er behauptete, mein Gesicht passe zu dessen Gedichten. Er richtete sogar ein Sonett an mich.

Er behauptete von sich, daß er schauderhaft feige sei, und da er nie log, so glaubte ich ihm. Er war indessen ein Ultrarepublikaner von der schwärmerischsten Sorte, aber ein kreuzbraver Mensch, der Niemanden Etwas zu Leide gethan haben würde.

Er hatte lange den Wunsch gehegt, Hecker kennen zu lernen, für den er schwärmte, und als ich einst einen wichtigen Brief nach Muttenz zu schicken hatte, veranlaßte er mich, ihn denselben überbringen zu lassen. Ich war daher sehr erstaunt, ihn schon am andern Tage wieder in Straßburg zu sehen und fragte, wie er Hecker gefunden habe. Er war etwas in Verlegenheit; dann sagte er: „Wie ich ihn gefunden habe? Sehr grob habe ich ihn gefunden!" —

Backfisch war auf der ganzen Reise nach Muttenz förmlich im Fieber gewesen und hatte sich tausenderlei ver= schiedene Anreden ausgesonnen, von denen eine immer poeti= scher war als die andere. Als er Hecker meinen Brief überreichte, ließ er eine seiner Dithyramben los und erstarrte zur Salzsäule, als ihn dieser unterbrach: „Ei, Herrgott's Himmel Donnerwetter, sind denn heut alle Professoren, Nar=

ren und Enthufiaften losgelaffen!" und ihm den Rücken
wandte. Deputationen und Bewunderer hatten Hecker an
dem Tage schon faſt zum Rafen gebracht und auf den armen
Poeten ergoß ſich die Wolke. Als Hecker aus meinem Brief
erſah, weß Geiſtes Kind mein Bote war, ließ er ihn zu ſich
bitten; allein Backfiſch hatte ſich ohne Abſchied davon gemacht.
Seitdem behauptete er ſtets, er kenne einen Menſchen, der
noch gröber ſei als er, — Hecker.

Ein anderer Inſaſſe des Rebſtocks war ein Küfermeiſter
aus Mannheim, ein dicker, großer, blühender Mann, der viel
von ſeinen zwei Weibern ſprach und den Heldenthaten, die
er verrichten wolle, wenn es „wieder los gehe." „Wenn es
wieder losgeht, Herr Corvin, dann geben ſie mir eine Kanone
auf den Rücken!" Wegen der Aehnlichkeit — mit Ausnahme
des Alters — nannte ich ihn Ritter Falſtaff, was ihm
ſehr ſchmeichelte, bis ihm Andere ſagten, wer Falſtaff ge=
weſen.

Unterdeſſen war der Juniaufſtand in Paris unterbrückt
worden; die Clubs verloren ihre Macht und es kam eine
neue Depeſche von Paris, durch welche ich nun aus ganz
Frankreich ausgewieſen wurde. Ich erhielt den Befehl um
halb fünf Uhr Nachmittags, mit der Eiſenbahn nach der
Schweiz abzureiſen. Man wollte mir einen Paß geben;
allein ich lehnte ihn ab. Meine Abſicht war, mich gegen
Abend in die dicht vor dem Thor gelegene Rupertsau
zu begeben, wo ich mir bereits eine verſteckte Wohnung als
Alfred Meiſter gemiethet hatte, welches einer der vielen
Namen war, unter denen ich meine geheime Correſpondenz
führte.

Die Uneinigkeit zwiſchen unſern beiden Comités war
auf den höchſten Punkt geſtiegen; an der Spitze meiner
Gegner ſtand der ſchon erwähnte Blind. Meine Anerbietungen

zu einer Vereinigung waren mit Hohn zurückgewiesen worden;
allein als endlich alle Geldzuschüsse ausblieben, kam man
auf friedlichere Gedanken und ein von Mannheim ausgehen=
der Vorschlag zur Einigung fand Gehör. Grade an dem
Tage, an welchem ich Straßburg verlassen sollte, hatte ich
mir mit Blind ein Rendezvous gegeben, um ein neues
Comité aus den beiden bestehenden zusammenzusetzen. Wir
fanden dazu treffliche Elemente, denn es waren in letzter
Zeit einige sehr tüchtige Flüchtlinge aus Deutschland ange=
kommen. Ich nenne unter ihnen nur Janfen, den Präsi=
denten des Arbeitervereins in Cöln und den alten Böning
aus Wiesbaden, die zu meinen eifrigsten Anhängern ge=
hörten und von denen ich später noch zu reden haben werde.
Die neue Organisation der Gesellschaft und die deshalb nö=
thigen Besprechungen nahmen einige Zeit hinweg, und es
war bereits vier Uhr vorbei, als ich im Rebstock ankam.
Hier fand ich im Gastzimmer die Gräfin, mit der ich
mich längere Zeit unterhielt, so daß ich die mir gesetzte
Frist überschritt, ehe ich es gewahr wurde. Gegen fünf Uhr
trat der Kellner ein und sagte mir, daß der Gasthof rings=
um von Gensdarmen und Polizeidienern besetzt sei. So war
es in der That; als man mich nicht hatte abreisen sehn,
rückte man in Masse an, wahrscheinlich um mich gefangen
zu nehmen, sobald ich mich auf der Straße blicken ließe, denn
in das Haus wollte oder durfte man nicht bringen. Man
konnte mich durch die offenen Fenster mit der Gräfin sitzen
sehen; allein man wagte sich nicht in das Haus.

Gegen Abend ging ich in ein Zimmer des ersten Stockes,
aß sehr unbekümmert zu Nacht und machte meine Toilette;
denn ich hatte beschlossen, die mir auflauernden Gensdarmen
anzuführen. Zu diesem Ende verkleidete ich mich als Fuhr=
mann. Schöne, liebe Hände geleiteten mich über eine Hin=

tertreppe, durch die Küche in den Hof, wo ich mir Peitsche und Stalllaterne vom Hausknecht überliefern ließ, der zum Hinterthor hinaus in eine schmale Gasse mir vorangehen sollte. Ich folgte und die aufpassenden Polizisten erkannten in dem tölpelhaften Fuhrmann nicht den „chef de bande Corvin" den sie sich übrigens lange und oft genug angesehen hatten. Vielleicht war ihnen auch nicht übermäßig viel daran gelegen, mich zu fangen, denn ich hatte viele Freunde unter den Straßburgern. Ich kam glücklich in eine andere Straße, von wo mich drei meiner zuverläſſigſten Anhänger in die Rupertsau begleiteten.

Der Polizeipräfect sagte mir, da mir nur der Aufenthalt in Frankreich und nicht der Besuch untersagt sei, so könne ich ja in Kehl wohnen und oftmals nach Straßburg herüberkommen. Er wußte sehr wohl, daß ich in Kehl nicht bleiben durfte und ich verstand sehr gut seine Meinung. Ich ward auch in meinem Quartier nicht beunruhigt und ging selbst heimlich des Abends in den Rebstock. Endlich, etwa zehn Tage später, kam ich wieder officiell dort als Besucher an; allein der Präfect gestattete mir nur einen dreitägigen Aufenthalt, und als dieser abgelaufen war, drückte er den Wunsch aus, dies Mal nicht durch den Schornstein, sondern wie ein gewöhnlicher Mensch abzufahren, damit er gewiſſenhafter Weise meine Abreise berichten könne, der ein Polizeibeamter incognito beiwohnen solle. Ich versprach seinen Wunsch zu erfüllen und Abends begleiteten mich einige dreißig der Flüchtlinge an den Landauer Postwagen, da ich erklärt hatte, ich würde nach Deutschland zurückkehren. Meine Absicht war jedoch, vorläufig nach Weiſſenburg zu reisen, von wo ich heimlich in die Rupertsau zurückzukehren gedachte.

In Weiſſenburg nahm ich mein Quartier im Gaſthof zum goldenen Engel, wo ich in einem kleinen Hinterſtübchen

unter fremdem Namen über zwei Monate äußerst kümmer=
lich lebte, da mir selbst die Mittel fehlten, nach Straßburg
zurückzukehren. Meine einzige Unterhaltung waren einsame
Spaziergänge in die Umgegend, Correspondenz und Lectüre;
ich durchlas fast die Hälfte der Nummern der französischen
Leihbibliothek. Die Menschen in dem kleinen Ort waren
herzensgut, allein der Aufenthalt war entsetzlich für mich,
weil ich nicht fort konnte und gern auf dem Schauplatz der
Bewegung gewesen wäre. Die eingeleiteten Pläne, deren
Reife man abwarten mußte, machten mich noch ungeduldiger.
Es war da Großes im Werk; doch da unsere Pläne durch
unreife Unternehmungen verhindert wurden, so mögen sie in
Vergessenheit begraben bleiben.

Struve war in diese Unternehmungen nicht mit ver=
wickelt; man mißtraute seiner Raschheit; sah er tausend
halbbewaffnete Bauernjungen, dann meinte er eine Armee zu
haben. Ich erfuhr mit Besorgniß, daß er ein Unternehmen
vorbereite, hütete mich jedoch sehr, mich daran zu betheiligen,
was mir wohl auch mißlungen sein würde, da Struve durch
Heinzen gegen mich eingenommen war und Löwenfels sein
besonderes Vertrauen gewonnen hatte.

Eines Tages traf ich auf der Straße Blind und den
lahmen Goldschmuckfabrikanten Müller aus Pforzheim, der
besser unter seinem Spitznamen Borax bekannt ist. Blind
war ebenfals aus Frankreich ausgewiesen.

Die Vorgänge in Wien und Berlin entgingen meiner
Aufmerksamkeit nicht und ich unterhielt mit beiden Städten
Verbindungen. Der Ausbruch neuer Unruhen in Wien schien
mir so gewiß, daß ich einige Vertraute vorausschickte, mit der
Absicht nachzukommen, sobald ich mir die Mittel zur Reise
durch eine literarische Arbeit verschafft haben würde.

Von Frankfurt hatte ich schon lange nichts mehr er=
wartet; nichts als Phrasenmacherei, wie in Berlin: überall
viel Geschrei und wenig Wolle. Dergleichen Aussprüche
wurden damals sehr übel genommen, Jeder, der zum Handeln
zu feige war hoffte, daß die Versammlungen in Berlin und
Frankfurt handeln würden.

In alle Pläne, die wir im Süden machten, schlug
wie ein Blitz aus heiterem Himmel der Putsch in Frankfurt.
Die Vorgänge sind bekannt und ich will mich eines Urtheils
darüber enthalten. Ich ärgerte mich damals genug darüber,
denn diese Jammergeschichte brachte Militär nach Gegenden,
wo wir es zu unsern Plänen nicht brauchen konnten.

Eines Tages wurde durch rheinbairische Freunde einer
der Haupttheilnehmer des Putsches, Esselen, über die fran=
zösische Grenze und zu mir nach Weissenburg gebracht. Er
war ein blonder, junger Mann von etwa zwei und zwanzig
Jahren und mit etwas gekräuseltem Haar und hübschem
Gesicht. Von seinem Charakter kann ich nichts sagen, da
ich ihn nur einen Nachmittag sah. Von ihm erfuhr ich die
Details des Frankfurter Krawalls. Er klagte bitter über
Metternich, den er der Feigheit beschuldigte. Dieser sei
im kritischen Augenblick nach Hanau ausgerissen unter dem
Vorwand, von dort her Hülfe zu holen. Ich kannte Met=
ternich von Mainz her, wo er im Jahre 1832 Secundant
meines Gegners in einem Pistolenduell gewesen war. Später
werden wir Metternich abermals begegnen. Mit einer Em=
pfehlung von mir an Jansen reiste Esselen am andern
Tage nach Straßburg ab. Auch ein Herr von Diepenbrock
wurde durch Pfälzer Freunde über Weissenburg nach Straß=
burg spedirt.

Einige Zeit darauf brach der Struvesche Aufstand aus,
der Struwelpeter, wie ihn der Volkswitz nannte, da der

12*

Regierungsdirector des Seekreises Peter, daran Theil nahm und das Kinderbuch der Struwelpeter damals noch im frischen Andenken war: Dieser Aufstand erschien mir in jenem Zeitpunkt so abgeschmackt, daß ich seine Urheber förmlich als Wahnsinnige betrachtete; doch war mein Urtheil wohl etwas durch den Umstand bestimmt, daß er reifere und besser überlegte Pläne zu Grunde richtete. Auch kannte ich damals manche Dinge nicht, welche mir in Bezug auf diese Angelegenheit später mitgetheilt wurden. Der Struvesche Aufstand war, ob mit Wissen des Ministers Beck weiß ich nicht, wenigstens durch seine Agenten und Spione provozirt worden. Eine solche Handlungsweise würde zwar wenig moralisch, allein ganz politisch gewesen sein; denn damals war die Regierung im Stande, einem Aufstande kräftig zu begegenen, und derselbe gab die erwünschte Veranlassung, Maßregeln zu ergreifen, welche die Ausführung reiferer Pläne, von deren Existenz man unbestimmte Kunde haben mochte, erschwerten, wo nicht unmöglich machten. Möglich ist es jedoch auch, daß untergeordnete Agenten ohne Auftrag provozirende Schritte thaten, nur aus persönlichem Interesse und um Gelegenheit zu haben, der Regierung ihre Wichtigkeit und Brauchbarkeit zu zeigen. Daß Minister Beck Spione gebrauchte — zu tadeln ist er deshalb nicht! — hat er in der Kammer und auch in einem nach der Revolution von ihm erschienenen Buche selbst eingeräumt.

Der schon früher erwähnte Friedrich Zeiler aus Ladenburg ging nach Chalons und drängte sich an Struve, dessen Zutrauen er ebensowohl, wie das anderer Flüchtlinge erwarb. Man vertraute ihm Briefe und Botschaften nach Baden an, die nicht in bessern Händen sein konnten! Man zeigte ihm sogar die Plätze an, wo Waffen verborgen waren und nannte ihm alle Personen, mit denen man in genauerer

Verbindung stand. Die Folge davon war, daß eine Menge
Leute arretirt und über Dinge vernommen wurden, welche
sie von Niemand als von Struve gekannt glaubten. Zeiler
wußte sich natürlich dabei fern zu halten.

Er hatte sich von allen Flüchtlingen von nur einiger
Bedeutung einige Zeilen zu verschaffen gewußt; diese wurden
autographirt und Postbeamten mitgetheilt, welche Auftrag
hatten, Briefe mit ähnlich geschriebenen Adressen zu näherer
Beachtung aufzuhalten.

Außerdem wurden eine Menge Personen in Baden und
Würtemberg veranlaßt, an Struve Briefe zu schreiben, in
welchen sie die übertriebensten Berichte von der günstigen
Stimmung des Volkes für seine Pläne machten, worin sie
sagten, daß Alles auf ihn warte, um sich zu erheben, und
daß Geld, Waffen und Munition für ihn bereit lägen.
Struve, der ohnedies in seinen Hoffnungen stets zu sanguinisch
war, nahm dies Alles für baare Münze und rannte wie toll
in die ihm gestellte, offene Falle.

Das unthätige Leben in Weissenburg machte mich so
ungeduldig, daß ich trotz aller Vernunftgründe versucht war,
mich an dem Aufstand zu betheiligen und zu versuchen,
einige der von uns construirten Maschinen mit ins Spiel
zu bringen; als ich jedoch erfuhr, daß Struve Löwenfels
zum militärischen Anführer gemacht habe, verging mir die
Lust. Mein Mißtrauen wurde vollkommen gerechtfertigt;
Löwenfels benahm sich in dem in Stauffen stattfindenden
Gefecht erbärmlich und feige und hat sich seitdem mit seiner
Schande in irgend ein Mauseloch verkrochen; ich habe seit-
dem nichts von ihm gesehn oder gehört. Struve und
Blind, die nicht so geschickt im Davonlaufen waren, wie
Löwenfels, wurden gefangen.

Die Regierung hätte auch sehr gern Löwenfels und
einen gewissen Neef gehabt. Zu diesem Ende machte Friedrich Zeiler nähere Bekanntschaft mit dem jüngern Blind,
der damals auf der Kriegsschule in Carlsruhe war und sich
den Anschein gab, als verabscheue er die Handlungsweise
seines Bruders. Er verstellte sich auf diese Weise, um Zeiler
Vertrauen einzuflößen und dadurch dessen Pläne und sonstige
Heimlichkeiten kennen zu lernen. Zeiler ließ sich durch Blind
düpiren, dem bei nächster Gelegenheit die Epauletts versprochen wurden.*) Zeiler wurde wegen seines Vertrauens
von seinen Auftraggebern sehr getadelt; allein Blind wußte
sich so aufrichtig zu stellen, daß man endlich an die Ehrlichkeit seiner Verrätherei glaubte. Er benutzte dies, viele Personen, die mit Arrestation oder Haussuchung bedroht waren,
zu warnen. Herr Baumer, damals Gastwirth im Zähringer
Hof in Durlach, (er starb in den Kasematten Rastatt's) erhielt durch eine solche Mittheilung Zeit, gefährliche Briefe
von Struve bei Seite zu bringen, so daß man bei der Haussuchung nichts Verdächtiges fand.

Um Löwenfels und Neef bei Seite zu schaffen, erzählt Blind, hatte Zeiler die Dreistigkeit dem Minister
den Vorschlag zu machen, diese durch Mord aus dem Wege
zu räumen. Beck erschrak vor solcher Dienstfertigkeit und
sagte, daß ihm natürlich daran liege, die beiden Hochverräther
los zu werden, oder in seine Gewalt zu bekommen, doch sei
das Zeilers Sache und er wolle damit nichts zu thun haben;
seinen Lohn solle er für seine Dienste erhalten.

---

*) Ich theile diese Angelegenheit mit, wie ich sie aus dem Munde
des jüngern Blind erfuhr; er gab mir Erlaubniß, davon Gebrauch zu
machen.

Da Beck dem jungen Blind noch immer nicht recht trauen wollte, so drang Zeiler in diesen, etwas Entscheidendes zu thun, um seine Aufrichtigkeit zu beweisen. Blind versprach also, die beiden genannten Personen auf irgend eine Weise in die Hände der badischen Regierung zu liefern und machte auch zu diesem Zweck eine Reise, welche er jedoch dazu be= nutzte, seine Freunde in Straßburg von der Ankunft des Zeiler zu benachrichtigen und ihnen zu empfehlen, sich der Papiere desselben zu bemächtigen, welche interessante Aufschlüsse geben würden.

Die Straßburger Flüchtlinge machten Jagd auf Zeiler und bestätigten ihn, um jagdgerecht zu reden, in einem lie= derlichen Hause. Als Zeiler mehrere ihm bekannte Personen in das Lokal treten sah, floh er mit einer Dirne in ihr Zim= mer; allein die Flüchtlinge zogen die Wirthin in ihr Interesse und veranlaßten sie, mit großer Aengstlichkeit dem Spion zu sagen, daß man ihn ermorden würde, wenn er nicht sogleich seine Brieftasche herausgebe. Der geängstigte Zeiler lieferte aus, was er hatte und war froh mit einer tüchtigen Tracht Prügel nach Baden entkommen zu können.

Unter diesen Papieren fand man außer einem Passe auch ein von dem Minister unterzeichnetes Papier, in welchem alle Amtleute Badens angewiesen wurden, dem Vorzeiger nicht nur alle Hülfe zu leisten, sondern auch kleine Summen bis zu fünfzig Gulden auszuzahlen. Das meiste Interesse erregte aber die Brieftasche, in welcher die Summen aufge= zeichnet waren, die Zeiler nach und nach empfangen hatte und worin neben allerlei Notizen auch die Beweise davon enthalten gewesen sein sollen, daß der Struve'sche Aufstand provozirt wurde.

Dieser Zeiler hatte Struve's Vertrauen in solchem Grade erworben, daß dieser ihn zum Hauptmann machte und ihm

das Commando der Avantgarde anvertraute! Willich
entging mit genauer Noth einer ihm gestellten Falle.

Die bei Zeiler gefundenen Papiere wurden Brentano
eingehändigt, welcher den gefangenen Struve vertheidigen
sollte, um davon vor Gericht Gebrauch zu machen. Bren=
tano that dies auf eine für den Minister so schonende
Weise, daß Struves Freunde damit höchst unzufrieden
waren; doch ist es wohl möglich, daß diese Papiere nicht
die juristische Wichtigkeit hatten, welche ihnen von Laien
beigelegt wurde.

Ich sah nun ein, daß an Ausführung meiner Pläne
in Baden vorläufig nicht zu denken war, und die Dinge in
Wien gestalteten sich in jenem Augenblicke auch nicht ganz
nach meinen Wünschen; ich gab daher dem Verlangen meiner
Frau Gehör, nach Berlin zu kommen, wohin sie schon früh=
zeitig von Straßburg aus gegangen war.

In Berlin lebte Held, der damals dort die bedeutendste
Rolle spielte. Ich hatte mit ihm die zu jener Zeit noch
unvollendete illustrirte Weltgeschichte begonnen und der Ver=
leger drang auf die Fortsetzung. Diese Arbeit verschaffte
mir sogleich eine anständige Einnahme und überdies trug mir
Held die Mitredacteurschaft seiner Zeitschrift „Lokomotive"
an, welche gut rentirte. Die Gefahr, die ich für meine Frei=
heit fürchtete, beseitigte er durch folgende Mittheilungen:
Erstens hatte er in Erfahrung gebracht, daß Preußen wie
Hannover seinen Staatsangehörigen in Bezug auf den Hecker=
schen Aufstand eine stillschweigende Amnestie bewilligt, indem
es zur Vermeidung von eklatanten Prozessen die Gerichtshöfe
angewiesen hatte, für das nur gegen Baden gerichtete Attentat
keinerlei Untersuchung einzuleiten. Zweitens war ich sächsi=
scher Staatsbürger, konnte also in Preußen nicht angeklagt,
sondern nur ausgeliefert oder ausgewiesen werden; Beides

aber war in den „Zeiten der Anarchie", wie man den revo=
lutionären Zustand in Berlin nannte, durchaus nicht zu
befürchten. Held versicherte mich, daß ich, wenn ich mich
nicht gar zu „mausig" mache, sondern ruhig an Weltgeschichte
und Locomotive arbeite, unangefochten in Berlin leben könne,
und die Polizei sich gar nicht um mich bekümmern würde.
Dies bestimmte mich. Ich reiste nach Berlin ab, nicht wenig
in Sorge, in der Pfalz oder sonst unterwegs erkannt und
arretirt zu werden, da ich keinen ordentlichen Paß hatte.
Alles, was ich zu meiner Legitimation bei mir trug, war
ein Schein des Maires von Weissenburg, daß sich Herr
Alfred Meister zwei Monate in der Stadt aufgehalten und
gut betragen habe, wodurch wenigstens bewiesen werden
konnte, daß ich an dem Struve'schen Aufstand keinen Theil
genommen.

In Ludwigshafen angekommen, konnte ich nicht der
Versuchung widerstehen, am Abend Mannheim zu durchstreifen,
welches mit preußischen Truppen angefüllt war, die sich mit
den badischen sehr schlecht vertrugen. Ich war durch Baden
steckbrieflich verfolgt und dieser Besuch Mannheims war sehr
unklug. Die Reise ging ohne Schwierigkeit vorüber; kein
Mensch fragte nach meinem Paß und ich kam am 15. Oct.
in Berlin an, wo ich bei Held abstieg, der mich als Herrn
Wiersbitzki, Officier a. D. anmeldete und in dem die
Behörde nicht den Chef des Generalstabes der deutschen,
republikanischen Legion vermuthen mochte, da meine Familie in
Preußen ziemlich zahlreich vertreten und als sehr monarchisch=
gesinnt bekannt ist.

# Sechstes Capitel.

Ich kam zu einer sehr interessanten Zeit nach Berlin. Die ganze Stadt hatte das demokratische Fieber, und wenn man die volltönenden Reden in den zahlreichen Clubs hörte und ihnen glaubte, gab man für das ganze Königthum keinen Silbergroschen mehr.

Statt der stolzen „Garde", welche man sonst selbstgefällig durch die Straßen spazieren sah, erblickte man Bürgerwehrmänner. Hie und da sah man nur einen Soldaten von einem Linienregimente, der sich fast scheu durch die Menge schlich. Alle Thore, alle öffentliche Gebäude waren von der Bürgerwehr besetzt. — Die Linden waren ganz und gar umgewandelt. Eine Menge der schönsten Wohnungen standen leer und eine elegante Equipage war eine Seltenheit, denn der Hof mit Allem was daran hängt, war verschwunden. Ich vermißte ihn nicht, denn das Leben, welches die Volksherrschaft auf die Straße zauberte, war für mich von dem größesten Interesse, welches noch durch Vergleiche mit dem Pariser Straßenleben gesteigert wurde.

Ueberall bildeten sich Gruppen, in deren Mitte irgend ein beliebter Demokrat stand, welcher den Umstehenden die Grundsätze der Demokratie zu erklären suchte, was oft sehr schwer wurde, da sie sich selbst nicht klar waren und die Lücken mit volltönenden Phrasen ausfüllten, die selten ihre zündende Wirkung verfehlten. Dazwischen schrieen die „fliegenden Buchhändler" ihre Plakate mit den originellen Titeln aus. Damals redete man zum Volk schriftlich, weniger in Journalen als in ungeheuren Plakaten, welche alle Mauern bedeckten und von unzähligen Gamins — eben den fliegenden Buchhändlern — durch die ganze Stadt verkauft wurden.

An die Stelle des Hofes war in Berlin die Nationalversammlung getreten, die bekanntlich im Schauspielhaus ihre Sitzungen hielt, vielleicht um anzudeuten, daß die Regierung die ganze Geschichte als eine Komödie betrachte. Die Stelle der Theater nahmen dagegen die zahlreichen, viel besuchten Clubs ein; kurz, man merkte überall, daß Berlin eine Revolution gehabt hatte.

Unter den Führern der Demokratie in dieser Stadt ragte damals Held als der bedeutendste, einflußreichste und talentvollste hervor. Seine Popularität war zur Zeit meiner Ankunft bereits im Abnehmen; allein sie war noch immer so groß, daß ich durch sie in das äußerste Erstaunen gesetzt wurde.

Während ich in Paris die Februarrevolution und den Aufstand in Baden durchmachte, lebte Held in Magdeburg und Leipzig und ging nach der Revolution in Berlin in diese Stadt, wo er bald durch sein außerordentliches Rednertalent den ersten Platz unter den Demokraten einnahm. Seine Popularität war beispiellos; in seiner Hand lag das Ge= schick des Staates; von ihm hing der Wechsel der Minister ab. Die Geschichte seiner Wirksamkeit läßt sich leicht aus den Journalen der damaligen Zeit herauslesen, besonders aus der Locomotive, die er nun wieder, aber täglich, erscheinen ließ. Fast alle Woche gab er ein oder zwei Plakate heraus und war der Leiter in den Volksversammlungen.

Unzählige Männer schwärmten für ihn; sein Bild hing überall und in allen öffentlichen Localen waren große und kleine Büsten von ihm aufgestellt; er war das Idol der Berliner und besonders der Berlinerinnen, die ihn mit Lorbeern bekränzten und mit Billetdoux überschütteten. Diesen Verführungen konnte er nicht widerstehen; die Frauen nahmen immer mehr und mehr seine Zeit in Anspruch, wodurch er seine öffentliche Thätigkeit vernachlässigte und seinen zahlreichen Neidern und Feinden unter den Demokraten freies Spiel ließ. Seine Sorglosigkeit, sein Leichtsinn und sein Privat= leben gaben ihnen zu viele Anhaltepunkte, als daß es nicht hätte gelingen sollen, ihn von seinem Piedestal herabzureißen.

Natürlich brauchte Held in jener Zeit sehr viel Geld und kam mit seiner Einnahme, so groß sie war, nicht aus; allein es gab kaum einen Menschen, der sorgloser und gleich= gültiger in Geldsachen war, als er: hatte er es, so warf er es mit vollen Händen hinweg; hatte er nichts, so behalf er sich kümmerlich oder borgte, wo er Etwas bekommen konnte. Das hatte man bald weg und es läßt sich wohl denken, daß die andere Partei es an Bestechungsversuchen nicht fehlen ließ. Man bot ihm einstmals zehntausend Thaler, wenn er Berlin verlassen wollte, und dieselbe Summe, wenn er Anhaltepunkte und Beweise zu einer Klage gegen einen hohen, einflußreichen Beamten liefern würde, allein ohne Erfolg.

Das Treiben der Berliner Demokratie erfüllte Held mit Ekel; er sah, daß von dieser Seite nichts Ersprießliches zu hoffen war und plötzlich erschien von ihm ein Plakat „meine Idee," welches seinen Feinden unter den Demokraten sehr willkommen war. Es handelte sich darum, daß der König zu Gunsten des Prinzen von Preußen abdanken, dieser eine von Held entworfene Verfassung annehmen und sich zum deutschen Kaiser machen solle. Diese Angelegenheit brachte ihn in nähere Berührung mit dem Präsidenten des Preußen=Vereins, Herrn von Katte. Man stellte ihm Fallen und seine Popularität nahm ab.

Ich hatte früher viel über Held vermocht, und da sowohl seine Frau als die meinige, die sich damals in Berlin aufhielt, von meiner Anwesenheit den besten Ein=fluß hoffte, so drang man darauf, daß ich nach Berlin kommen solle.

Held's Aeußeres hatte sich nun im Mannesalter sehr zu seinen Gunsten verändert. Er war damals ein großer, kräftig gebauter Mann mit kurzen, ein wenig nach vorn gebeugtem Halse. Das weiche, blonde, ein wenig gelockte Haar trug er nach hinten gekämmt, wodurch seine eigen=thümliche, den scharfen Denker verkündende, Stirn ganz frei wurde. Seine kleinen graublauen Augen, die nur deshalb tief zu liegen scheinen, weil die Stirn gerad über ihnen auf=fallend hervortritt, verrathen nicht gerade den Geist, den er besitzt, sondern vielmehr seine Sinnlichkeit. Der untere Theil des Gesichts wurde vollständig durch einen außeror=dentlich vollen, rothblonden Bart verdeckt, der ihm bis auf die halbe Brust reichte. Stand Held auf der Rednerbühne, so war seine Büste klassisch. Außer der imposanten Redner=

figur beſaß Held auch ein volltönendes, mächtiges Organ
und ſeine Stimme vermochte es, ſich einer großen Volks-
verſammlung ſo vernehmlich zu machen, daß auch dem Fern-
ſtehenden kein Wort ſeiner Reden verloren ging. Er war
der beſte Volksredner, den ich bis jetzt gehört habe. Selten
gebrauchte er die gewöhnlichen demokratiſchen Stichworte und
Redensarten; er verſchmähte ſolche Marktſchreiermittel, Beifall zu erringen, den zu erreichen er auf andere, würdigere
Weiſe gewiß war, ohne danach zu geizen; ja die Aeußerungen
deſſelben machten ihn oft ärgerlich und ungeduldig. Seine
Reden zeichneten ſich durch ihre Klarheit und vor allen Dingen
durch ihre ſcharfe Logik aus, mit welcher er ſeine Feinde
zur Verzweiflung brachte. Dabei war ſeine Sprache ſchwung-
haft und ſelbſt poetiſch und der Witz war in ſeinem Munde
ein Wetterſtrahl. Wollte Held beweiſen, „daß der Mond
aus grünem Käſe gemacht ſei", die Maſſe des Volks ging
mit dieſer beruhigenden Ueberzeugung nach Hauſe.

Durch andere Geſchäfte in Anſpruch genommen, hatte
ich mich um die Berliner Angelegenheiten nicht ſo ſpeciell
bekümmert, um Held's Stellung in jener Stadt ihrem
wahren Werthe nach beurtheilen zu können; wäre dies der
Fall geweſen, ſo würde ich viel früher dort hingegangen
ſein. Obgleich, wie geſagt, ſeine Popularität bereits nach
dem Plakat im Abnehmen war, ſo hatte ich doch gleich am
Tage nach meiner Ankunft Gelegenheit, über die Größe derſelben zu erſtaunen.

Der Regierungspartei lag es damals daran, einerſeits
die Bürgerſchaft mit dem unruhigen Proletariat in Zwie-
ſpalt zu bringen und andererſeits einen Vorwand zu finden,
die Truppen wieder nach Berlin zu ſchaffen. Man ſagte
mir, daß für die Erbauung einer einzigen Barrikade eine
ſehr große Summe geboten worden ſei. Dieſe Bemühungen

hatten Erfolg. Am 16. Oktober Nachmittags rief plötzlich Generalmarsch die Bürger unter die Waffen und es hieß, daß auf dem Köpenicker Felde die Bürgerwehr mit den Arbeitern handgemein geworden, und daß bereits Blut geflossen sei; ferner hieß es, letztere seien in die Stadt gezogen und hätten in verschiedenen Straßen Barrikaden errichtet; ganz Berlin war in der gespanntesten Erwartung.

Held und ich begaben uns sogleich auf den muthmaßlichen Kampfplatz. Sobald wir auf der Straße erschienen, erregte Held die allgemeinste Aufmerksamkeit. Wer vorüberging, blieb stehen, um ihn zu grüßen, oder ihm nachzusehen. „Dort ist Held, Held!" rief und flüsterte es von allen Seiten aus den Fenstern. Männer, Weiber und Kinder kamen aus den Häusern heraus, um ihn zu begrüßen und ihm die Hand zu geben.

Eine große Menge, die bald zu mehr als tausend Personen anwuchs, schloß sich uns an. Als wir an die Roßstraße kamen, an deren Ende eine Barrikade errichtet war, bat ich Held, mit seinem mächtigen Gefolge, welches er nicht los werden konnte, stehen zu bleiben, während ich bis zur Barrikade vorgehen und sehen wollte, was dort eigentlich geschehe. Das war in der That nicht viel. Man hatte einen Leiterwagen umgestürzt, einige Bretter, Balken und Steine unordentlich quer über die Straße geworfen und das nannte man eine Barrikade. Hinter diesem seltsamen Machwerk, welches nicht einmal Schutz gegen eine Büchsenkugel gewährt haben würde, standen fünf bis sechs versoffen aussehende Kerle, von denen nur zwei mit elenden Gewehren bewaffnet waren. Die ringsum versammelten Leute waren so zahm und gleichgültig, daß ich gleich einsah, es sei nicht das Allergeringste zu fürchten. Die ganze Geschichte sah

gemacht aus, doch kam ich damals noch nicht auf die
eigentlichen Urheber.

Held war meiner Ansicht; wir beschlossen jedoch, auf
alle Fälle gefaßt zu sein und retteten uns vor unserm Gefolge in eine Droschke, die uns an den Versammlungsort
der Maschinenbauer bringen mußte, welche als Held's
gefürchtete Leibwache betrachtet wurden. Sie bildeten ein
gut organisirtes und gut bewaffnetes Corps von etwa 3000
Mann. Die Anhänglichkeit, welche sie gegen Held zeigten,
war den auf ihn neidischen, und ihm auch mißtrauenden
andern Führern der Demokratie besonders unangenehm und
sie wendeten alle mögliche Mittel an, dieselbe zu lockern,
was ihnen auch allmälig gelang, indem sie die ehrgeizigen
Vorsteher in ihr Interesse zogen, denen beständig gesagt
wurde, daß sie neben Held eine bloße Figurantenrolle spielten.
Dies war nun allerdings der Fall. Held's Büste stand in
doppelten Exemplaren in dem Lokal des Vereins und ihn
selbst hatte man in öffentlicher Sitzung mit Blumen be-
worfen und mit Lorbeer bekränzt, was Alles keinem der
Vorsteher begegnet war. Zu der Zeit, von der ich rede,
war Held's Einfluß indessen noch immer groß genug und
er konnte über diese nicht unbedeutende bewaffnete Macht
verfügen, fand aber dies Mal keine Veranlassung, davon
Gebrauch zu machen. Der Krawall endete, wie es die
Regierungspartei wünschen konnte; einige Arbeiter wurden
von der anrückenden Bürgerwehr getödtet; man hatte
Barrikaden gehabt und bedauerte nur, daß die Hülfe
des Militärs nicht gebraucht wurde, worauf man hoffte.

Held führte mich in mehrere Clubs ein, und ich ward
Mitglied des Bürgerwehr= und des Social=Vereins. Letzterer
war von Held gestiftet worden, der Präsident desselben
wurde. Dort war stets seine politische Familie um ihn.

verſammelt. Der Saal in der alten Friedrichsſtraße, wo
die Sitzungen des Social-Vereins ſtattfanden, war zum
Erdrücken voll, wenn es bekannt wurde, daß Held ſelbſt
präſidirte. Der Anblick war eigenthümlich. Rings um die
Tribüne hatte ſich ſtets ein Kreis von Mädchen und Frauen
gebildet, und nicht etwa nur fahrende Schönen, oder ſoge-
nannte emancipirte Frauen, ſondern Weiber und Töchter
ehrenfeſter, ordentlicher Handwerksleute, welche trotz alles
Geſchreies an Held's Ehrlichkeit glaubten und ihm gern zu-
hörten, da er ſo klar ſprach, daß ihn die einfachſte Faſſungs-
kraft verſtand, was von den andern Clubrednern nicht ſtets
zu ſagen war.

Das Hauptquartier der Feinde Held's war der deme-
kratiſche Club, welcher in der Leipziger Straße im Schreier'-
ſchen Affentheater ſeine Sitzungen hielt. Die Matadore
in dieſem Club waren Benary, Ottenſoſer, Schöne-
mann, May, Dohm und andere; auch mein davongelau-
fener Batallionsführer war im Comité.

Wenn Held in dieſen Clubs redend auftrat, ſchlug er
faſt beſtändig ſeine Gegner und riß die Zuhörer zu einem
Beifallsſturm hin. Dies verdroß die Vorſteher außerordentlich und es folgten faſt immer tumultuariſche Scenen,
welche Held's Feinden zu der Beſchuldigung den Vorwand
gaben, er gehe damit um, die Clubs zu ſprengen.

Die Erbitterung dieſer vom Neid geſtachelten Leute
war ſo groß, daß ſie drohten, Held zu ermorden; allein ihre
Feigheit war noch größer, ſo daß ſie es niemals wagten,
das Geringſte gegen ihn zu unternehmen, ſelbſt als ich ihn
einſt veranlaßte, mit mir allein in ein Lokal zu gehen, welches
er oftmals beſuchte, und wo ſich eine Menge ſeiner Feinde
an jenem Abend eigends zu feindlichen Unternehmungen
gegen Held ein Rendezvous gegeben hatten.

Vor meiner Ankunft in Berlin hatte die Wahl eines
Generals der Bürgerwehr stattgefunden; sie schwankte zwischen
drei Personen, dem General Aschoff, — der als Major
mein und Held's Bataillonscommandeur gewesen war, einem
Herrn Rümpler und Held. Letzterer hatte die meiste
Aussicht gewählt zu werden, als eine Thorheit ihn um den
Erfolg brachte. Vor Gericht zum Schwur aufgefordert,
verweigerte Held denselben, „weil er nicht an Gott glaube.“
Diese Abgeschmacktheit wurde zweckmäßig ausgebeutet, und
Rümpler gewählt. — In Straußberg bei Berlin,
wo Held einst einen Onkel besuchte, versammelte ein fana=
tischer Anhänger der Monarchie einen Volkshaufen vor dem
Hause, der schrie: „Held heraus! schlagt ihn todt!“ Da=
zwischen brüllte stets der fanatische Anführer: „Schlagt
ihn todt, er hat nicht Gott gelobt! er hat nicht
Gott gelobt!“ — Held fürchtete das Schicksal der be
Witt und war froh, als er mit heiler Haut wieder in
Berlin war.

Wollte ich das ganze Gewebe der in jener Zeit ge=
sponnenen Intriguen enthüllen, so müßte ich ein eigenes
Buch schreiben, und ich will mich deshalb nur auf Einzeln=
heiten beschränken.

Die Truppen, welche General von Wrangel damals
um Berlin zusammenzog, erregten mit Recht unsere Besorgniß
und es schien in der That darauf abgesehen, Berlin durch
eine Blockade zu zwingen. Die Bürgerschaft schien entschlossen,
es auf einen neuen Kampf ankommen zu lassen, und so
mußte man auf Mittel denken, denselben möglich zu machen.
Ich schlug daher im Social=Verein vor, die Bürger Berlins
aufzufordern, sich mit Lebensmitteln so viel als möglich zu
versorgen. Mein Antrag fand Beifall und Held entwarf
ein Plakat mit der Ueberschrift: „Berlin muß sofort ver=

proviantirt werden." Dieses Plakat wurde sehr lächerlich
gemacht. „August Buddelmeier" (Cohnfeld) erließ ein
Gegenplakat: „Berlin verproviantire dir, dein großer Held
hat Hunger," welches indessen mehr scherzhaft, als feindselig
war. Dessenungeachtet fand der Vorschlag bei sehr Vielen
Beifall und wurde von ihnen befolgt.

Ein anderer, weit bedeutenderer, Vorschlag Held's war
der, eine Volksschutzcommission zu bilden. Bei dem
letzten Arbeiterkravall hatte man den Mangel einer aus dem
Volk hervorgegangenen Behörde gefühlt, welche das Volk
bei entstehenden Unruhen leitete, wodurch unnütze Putsche
und Blutvergießen gehindert und Einheit in die Operationen
der demokratischen Streitkräfte gebracht werden konnte. Im
jetzigen Augenblick mag dies Alles abgeschmackt erscheinen;
allein damals hatte man darüber andere Ansichten.

Zu dieser Volksschutzcommission sollte nach · Held's
Vorschlag jeder demokratische Club oder Verein drei Com=
missarien und drei Boten erwählen. Diese zahlreiche und
respektable Versammlung, in welcher die ganze demokratische
Bevölkerung der Hauptstadt vertreten war, sollte sich, sobald
Generalmarsch geschlagen würde, in einem geeigneten Lokale
versammeln und die Leitung der Volksbewegung in die
Hand nehmen. Die Boten sollten sich sogleich in die
ihnen angewiesenen Stadttheile begeben, und dann der Com=
mission getreuen Bericht über das Gesehene erstatten. Hielt
es diese für zweckmäßig, die Bewegung zu unterdrücken, so
sollten sich die mit weißen Schärpen versehenen Commis=
sarien und Boten ohne Waffen an den Ort der Gefahr
begeben und Frieden gebieten; hielt man jedoch den Kampf
für nöthig, so sollten sie bewaffnet und mit rothen Schärpen
erscheinen, um das Volk während des Gefechtes zu leiten.
Zugleich entwarf ich ein Reglement für das Straßengefecht,

13*

woburd Jedem, Handwerksmann oder Kämpfer, der geeig=
netfte Plaß im Voraus angewiesen und Ordnung in die
ganze Bewegung gebracht wurde.

Mehrere bedeutende Vereine gingen sogleich auf diesen
Vorschlag ein, und sowohl Held als ich wurden zu Kom=
missarien gewählt. Die Sache scheiterte jedoch an den Be=
mühungen der Feinde Held's, welche sehr fürchteten, daß
sie selbst zu Kommissarien gewählt und dadurch gezwungen
werden möchten, handelnd aufzutreten, während doch nur
Reden ihr Fach war.

Zu jener Zeit trat der zweite Demokratenkongreß
in Berlin zusammen, der zuerst seine Sitzungen im „Eng=
lischen Hause" in der Mohrenstraße und dann bei Mielenß
unter den Linden hatte. Held war an demselben Deputirter
des demokratischen Bürgerwehrklubs und ich des Social=
Vereins. Die Erbitterung der demokratischen Feinde Held's
in Berlin war nun auf ihrer größten Höhe; sie bemühten
sich, die fremden Abgesandten gegen ihn einzunehmen, um zu
verhindern, daß er irgend einen Einfluß in der Versammlung
gewinne; ja, sie versuchten es, seine Ausstoßung vom Kon=
greß durchzusetzen, was indessen nicht gelang. Als Held,
empört über den Antrag, die Tribüne bestieg, wurde er
durch diese Demokraten ausgelacht und durch von ihnen er=
hobenes Geschrei und sonstigen Lärm am Sprechen verhindert.

Die demokratischen Vereine aus fast ganz Deutschland
hatten ihre Deputirte nach Berlin geschickt und dieser Kon=
greß hatte demnach die Prätension, die demokratische Partei
unseres Vaterlandes zu repräsentiren; allein dagegen muß
ich, im Interesse eben dieser Partei wie des gesunden Men=
schenverstandes, protestiren. Es waren ohne Zweifel viele
unserer ausgezeichnetsten, talentvollsten und geachtetsten De=
mokraten anwesend; allein die Zahl der frechen, talentlosen

Mittelmäßigkeit war überwiegend. Dieser Umstand ist sehr
erklärlich; die Massen hatten noch nicht genugsam die Er-
bärmlichkeit dieser sich breit machenden Mittelmäßigkeit kennen
gelernt, was erst geschehen konnte, wenn diese „helltönenden
Redner" sich handelnd zeigten; bis dahin nahm man Worte
für Thaten; die hohle Phrase herrschte fast überall und Diejenigen, welche den demokratischen Jargon am besten in ihrer
Gewalt hatten, erschienen in überwiegender Mehrzahl auf
dem Kongresse. Je weniger ich von demselben sage, desto
besser ist es.

Aus Baden war Niemand auf dem Kongresse erschienen,
und als die verschiedenen Abgesandten der Versammlung den
Zustand der Partei in den Distrikten, wo sie zu Hause
waren, schilderten, erbot ich mich, dies in Bezug auf Baden
zu thun, wo keiner von den Anwesenden so gut als ich bekannt war. Meine Schilderung war kurz und bündig und
ihre Richtigkeit wurde durch die Folge bewiesen, obwohl damals durch Viele bezweifelt, ja lächerlich gemacht, welche ihre
Feindschaft gegen Held auf mich übertrugen, den sie beständig
mit ihm zusammen sahen, und die mich schon deßhalb haß-
ten, weil sie feige waren und sie mir den erworbenen Ruf
des persönlichen Muths beneideten, „for you may be sure
your true coward hates no man for aything so much
as for his courage." In einem Bericht über den Kongreß
in der mir stets feindlichen Mannheimer Abendzeitung hieß
es: „Baden mußte es sich gefallen lassen, von einem zweideutigen Flüchtling, Corvin, vertreten zu werden." Un-
zweideutigen Ausreißern schenkte man mehr Kredit, wie
dem Herrn A— und dem schon früher genannten Wal-
raff, der ebenfalls vor unserm Uebergang über den Rhein davon gelaufen war, und den ich hier als Deputirten des Arbeitervereins in Köln zu meiner großen Verwunderung antraf!

Zu jener Zeit wurde bekanntlich Wien von Windischgrätz belagert. Ein unzweideutiger Flüchtling Namens Silber-stein befand sich auf dem Kongreß und verfehlte nicht, die Bedrängniß der Partei in dieser Stadt mit den lebhaftesten Farben zu schildern. Der Kongreß faßte den Beschluß, Maßregeln zur Unterstützung derselben zu ergreifen. Man wollte einen Aufruf an das deutsche Volk und eine Petition in Bezug auf diese Angelegenheit an die preußische National-versammlung richten; letztere sollte am andern Tage durch die ganze Masse der Berliner Demokraten übergeben werden. Den Aufruf an das deutsche Volk hatte Arnold Ruge bereits gedruckt bei sich, und dies etwas matte Machwerk wurde sogleich angenommen.

Vor der beabsichtigten Sturmpetition wurde vom Kon-greß eine Volksversammlung unter den Zelten angesetzt, und da das Berliner Volk seine einheimischen Redner bereits zum Ekel angehört hatte, so sollten nun aus den Gästen fünf Sprecher ernannt werden. All diese Verhandlungen erschie-nen mir so komisch, daß ich bei der Wahl dieser Redner meinen Humor nicht länger im Zaum halten konnte; ich rief mit lauter Stimme den Namen eines entschiedenen Narren aus Dresden, dessen rothrepublikanische Hanswurstfigur für mich die ergötzlichste auf dem ganzen Kongresse war. Er besaß eine stattliche Gestalt und volltönende Stimme; statt eines republikanischen Gesinnungen als Aushängeschild dienenden rothen Bändchens im Knopfloch, wie es Manche trugen, war einer seiner Knöpfe roth, der auf dem dunkeln Rock wie ein Blutfleck aussah. Seine Reden waren ein wahrhaft er-götzliches, auf abenteuerliche, groteske Weise zusammengeflicktes Mosaik der gewöhnlichsten und übertriebensten republikanischen Phrasen, deren Wörterbuch er an seinen Fingerspitzen hatte, und wenn er redete, so lachte Jeder im Kongreß, der nur

einen Funken gesunden Menschenverstand besaß. Dergleichen
Waare war jedoch nicht zu häufig, und es wurde dadurch
bewiesen, daß mein rothknöpfiger Hanswurst mit Acclamation
zum Volksredner erwählt wurde! Außer ihm sollten noch
Ruge, Professor Bayerhofer (aus Marburg) Silber=
stein und Braklow aus Altona reden.

Die „Volksversammlung" war meistens nur von Neu=
gierigen besucht und bestand — Weiber, Kinder, Dienst=
mädchen und Verkäufer mit eingerechnet — nicht aus tausend
Personen. Bayerhofer und Braklow sprachen sehr gut;
Silberstein war überwältigend langweilig; allein den Sieg
trugen mein Freund Rothknopf und Arnold Ruge davon.
Ersterer machte auf der Tribüne Lazzis à la Abraham a
Santa Clara, und erntete dafür Gelächter und donnerndes,
ironisches Bravo; Ruge übertraf ihn indessen noch. Dieser
ließ, ich weiß nicht was Alles, feierlich und mit erhobenen
Händen beschwören, und die anwesenden Philister, welche das
Sprichwort: mit den Wölfen muß man heulen, beherzigten,
erhoben ihre Hände aus Furcht vor demokratischen Fäusten.
Es mag das Alles Herrn Ruge ernst und feierlich erschienen
sein; allein ich versichere auf mein Wort, daß wenigstens
neun Zehntel der Anwesenden es als eine sehr ergötzliche
Posse betrachteten und sich demgemäß unter sich darüber aus=
sprachen. Held und ich gingen, die Stimmung der Anwe=
senden studirend, unter der Menge umher und konnten so
am besten diese kennen lernen.

Die Sturmpetition am andern Tage fiel, wie die Ber=
liner sagen, sehr „klöterig" aus. Der Zug bestand aus
höchstens sechshundert Personen, zu denen allerdings auf dem
Gensdarmenmarkt sich noch eine Menge Zuschauer gesellten, wie
das in einer großen Stadt stets der Fall ist. Als die Pe=
tition, welche nichts Geringeres verlangte, als daß preußi-

sche Truppen den Wienern zu Hülfe ziehen sollten, über=
geben war, erschienen noch die Maschinenbauer. Es war
dekretirt worden, daß die Menge, nach Uebergabe der Petition,
sogleich den Platz verlassen solle; allein es ging Ruge, der
die Leitung übernommen und den Sturm heraufbeschworen
hatte, wie dem Göthe'schen Zauberlehrling; der verdammte
Besen wollte nicht wieder Besen werden! Ruge war in
Verzweiflung, denn die Zahl der Neugierigen ward immer
größer und wollte nicht eher den Platz verlassen, als bis die
Nationalversammlung eine Enscheidung im Sinne der Peten=
ten gegeben hatte.

Ruge bestieg einen der Seitenpfeiler der großen Theater=
treppe und ermahnte das Volk, ruhig nach Hause zu gehen;
allein er war nicht Held, der früher die tumultuarischen
Tausende mit einem Wink der Hand nach Hause schicken
konnte. Ruge mußte die Berliner Gassennarren, den „souve=
ränen Lindenmüller" (ein Gassenredner und Präsident
des Lindenklubs, der auf offener Straße seine Sitzungen oder
vielmehr Versammlungen hielt) und den „Vater Karbe"
(einen übergeschnappten alten Konditor) zu Hülfe rufen; allein
das half auch nichts und ich fürchtete fast, daß das Volk sich
zu einem dummen Streich erheben möchte, als ein sanfter,
abkühlender, auflösender Regen meinen Besorgnissen ein Ende
machte. Die Menge verlief sich, froh des Vorwandes, daß
die Petition erst in der Abendsitzung der National=Versamm=
lung vorkommen solle.

Alle Demokraten, welche die Berliner nicht kannten,
sahen mit Freude und großen Erwartungen die aufgeregte
Stimmung des Volkes; sie hofften auf einen zweiten 18.
März. Am Abend sollte es „losgehen."

Der demokratische Kongreß hatte bereits seine letzte
Sitzung gehalten; allein eine Fraktion desselben, die blut=

rotheſte, alleräußerſte Linke deſſelben, beſtehend aus etwa einem Dutzend blutjunger Leute, hatte ſich „in Permanenz“ erklärt und im Café Bavière in der Jägerſtraße ihren Sitz genommen.

Alle Welt war nun auf die Vorgänge des Abends in der National-Verſammlung geſpannt. Ein Billet zu den Tribünen wurde mit drei bis fünf Thalern bezahlt. Ich war ſo glücklich eins zu erhalten. Ich benutzte es zuerſt, hörte wenig Intereſſantes und verließ den Saal, um mein Billet Held zu geben. Das Schauſpiel vor dem Schau= ſpielhauſe war unterhaltender und lebhafter. Hier hatte ſich eine dichtgedrängte Menge verſammelt, und ihre Stimmung war in der That bedenklich heiß, denn ſie wurde auch durch den herabſtrömenden Regen nicht abgekühlt. Die gewöhn= lichen Volksredner beſtiegen die Theatertreppe und forderten laut zur Erhebung auf. Es wurden Fackeln herbeigebracht und man beſetzte die Ausgänge des Theaters damit, um die Mitglieder der Rechten zu erkennen, welche gegen die Petition geredet hatten, und nicht etwa aus Verſehen einen Volks= freund aufzuhängen; denn ſolch’ Schickſal war den „Volksver= räthern“ beſtimmt und man will in den Händen einiger Per= ſonen zu dieſem Ende bereit gehaltene Stricke bemerkt haben.

Ich fuhr mit Held in den Social-Verein, den wir ſo zahlreich als nur möglich beſucht fanden. Die Anweſen= den waren in großer Aufregung, denn ein im Comité ſitzen= der, viel und dreiſt ſchwatzender, Judenjüngling hatte ſich bemüht, den Verein zur Revolution zu begeiſtern, und außer= dem war von dem „in Permanenz ſitzenden Ausſchuß des demokratiſchen Kongreſſes“ ein Zettel eingelaufen, durch welchen der Social=Verein gefragt wurde, ob er geneigt ſei, heute Nacht die Revolution mit all ſeinen Mitteln zu unterstützen? Die Fassung dieses Zettels war jedoch sehr unklar und ließ mancherlei Deutungen zu.

Als Held den Präsidentensitz einnahm, brachte er einige Haltung in die aufgeregte Menge; dann nahm er den Zettel in die Hand und versuchte die Bedeutung desselben zu ent= ziffern; diese schien ihm in der Frage enthalten: „Will der Social= Verein heute Nacht mit den Waffen in der Hand die Revolution machen?" Diese klare und bestimmte Fassung fand Widerspruch und es ward auf Held's Antrag beschlossen, eine Deputation des Vereins an diesen „in Permanenz sitzenden Ausschuß" u. s. w. zu schicken, um denselben erstlich kennen zu lernen und ihn zu fragen, was der Zettel eigent= lich in gutem Deutsch bedeuten solle?

Da sich in der Menge ein Geschrei erhob, daß dadurch viel Zeit verloren gehe, daß man durch solche Verzögerung vielleicht ein zu spätes Eintreffen auf dem Kampfplatze ver= ursache u. s. w., so machte der Präsident den Vorschlag, während der Abwesenheit der Deputation darüber abzustim= men, ob man die Revolution in der Nacht machen wolle oder nicht. Diese Frage ward sogleich mit den lautesten Acclamationen bejaht und Held, der seine Pappenheimer kannte, ward ärgerlich und sagte mit ernster Miene: „Nun gut, ich gebe meine Stimme auch; allein unter der Bedin= gung, daß Diejenigen, welche sich am Kampfe betheiligen wollen, ihre Namen hier aufschreiben. Wer aber von den Aufgeschriebenen auf dem Sammelplatze fehlt, — dem wird, sobald man seiner habhaft wird, der Kopf vor die Füße gelegt; darauf gebe ich Euch mein Wort."

Damit gingen Held, ich und ein Dritter, — wir bil= deten die erwählte Deputation — zur Thür hinaus und fuhren nach der Jägerstraße in das Café Baviére. Als wir hier nach dem „in Permanenz sitzenden Ausschuß des demokratischen

Kongresses" fragten, wies man uns in ein Zimmer, wo wir etwa ein Dutzend junge Leute trafen, welche zu Abend aßen und Bier tranken. Wir hatten große Lust, diesem Ausschuß des Kongresses in's Gesicht zu lachen; allein wir mäßigten unsere Heiterkeit, und Held fragte mit Ernst und Würde nach dem Präsidenten. Als solcher stellte sich der junge Dortu aus Potsdam vor, der ein sehr hübscher, tüchtiger und lieber Junge, allein zu diesem Posten doch wirklich noch etwas zu unreif war. Er ward roth und verlegen, als Held ihn nach der Bedeutung des Zettels fragte, und Ihm sagte, wie derselbe verstanden worden sei. Von so klaren Worten sind diese jungen Demokraten gar keine Freunde; alle Anwesenden waren bestürzt über die Auslegung, stammelten Entschuldigungen und schimpften über die Berliner Demokraten, welche alle Welt über die Stimmung des Berliner Volkes getäuscht hätten. Die jungen Leute schämten sich uns gegenüber ihrer angemaßten Rolle und gestanden unter großer Verlegenheit ein, daß sie sich nicht für fähig hielten, eine Revolution zu leiten, aber sehr gern für die Sache der Freiheit kämpfen möchten.

Das glaubte ich ihnen sehr bereitwillig; denn sobald auf der Straße der gleichmäßige Schritt von marschirenden Truppen hörbar wurde, fuhren alle Köpfe an die Fenster, und als einige Buben muthwilliger Weise gegen dortstehende leere Fässer schlugen, sprangen Alle von den Stühlen in die Höhe, in der Meinung, es seien Schüsse gefallen.

Als wir die in Permanenz biertrinkende Jugend verlassen hatten, gingen wir auf den Gensdarmenmarkt, wo es sehr lebhaft zu werden anfing. Die Maschinenbauer waren gegen Held's ausdrücklichen Willen ausmarschirt und hatten sich hierher begeben. Gerade als wir anlangten, kam es zu einem Conflict mit der Bürgerwehr. Diese rückte unter

Trommelschlag mit gefälltem Bajonnet gegen die Menge
vor, die wie ein Schwarm Sperlinge auseinanderfuhr. Ich
glaube, daß bei dieser Gelegenheit einer der Maschinenbauer
erstochen wurde. Wir erwarteten von Seiten der Bürgerwehr eine Salve; allein glücklicher Weise irrten wir uns.
Zu einem ernstlichen Kampfe kam es nicht, so viel Mühe
sich die Ultras beider Parteien auch gaben, einen solchen
herbeizuführen.

Als wir in den Social-Verein zurückkehrten, hatte sich
die Zahl der Anwesenden bedeutend vermindert. Nur
sieben Personen hatten sich als kampflustig unterschrieben
und unter ihnen waren die meisten Spione. Indem Held
lachend dies glänzende Resultat bekannt machte, verbrannte
er den Zettel.

Die Nacht verging ohne Ruhestörung. Die unge-
schickten Führer der Demokratie hatten der Regierung genützt,
als ob sie von ihr bezahlt worden wären; denn sie erhielt
nun einen Vorwand, die National-Versammlung nach
Brandenburg zu verlegen, um sie vor der Gewalt des
Volkes zu schützen. Eine große Zahl der Deputirten weigerte
sich Folge zu leisten, und General von Wrangel marschirte mit den Garden in Berlin ein.

Alle Welt meinte, dieser Einmarsch werde nicht ohne
Blutvergießen abgehen, denn Niemand konnte sich denken,
daß die gegen 50,000 Mann starke Bürgerwehr Berlin ohne
Schuß preisgeben und die Nationalversammlung mit Gewalt
aufheben lassen würde. General Rümpler war aber ein
loyaler Unterthan und handelte im Einverständniß mit
Wrangel. Dieser wurde von den Berliner Vestalinnen am
Thore empfangen; die Soldaten wurden mit Kränzen und
Blumen überschüttet und rückten ohne Widerstand auf den
Gensdarmenmarkt, den sie von allen Seiten besetzten, und

— 205 —

wo Artillerie aufgefahren wurde, die nach dem Theater ge=
richtet war. Vor demselben stand Bürgerwehr, welche ge=
schworen hatte, daß man nur über ihre Leiche zur National=
Verfammlung gelangen solle. Sah man dies todesmuthige
Häuflein an, so meinte man in der That schon Leichen zu
sehen, denn der größte Theil der armen Kerle war sehr
bleich und vielen
erzitterten unten die Glieder.
Doch ich will nicht übertreiben. Die Bürgerwehr sah
nicht kampflustig aus; das ist die einfache Wahrheit. Einen
kläglichen Anblick gewährte indessen der Bürgergeneral, als
er wie ein beim Nafchen ertappter Schulknabe vor General
Wrangel stand, der hoch zu Roß saß und ganz kühl das
Verlangen stellte, die Bürgerwehr möge sich packen. Der
Bürgergeneral hatte die Kühnheit, zu sagen, daß sie auf
ihrem Posten bleiben werde, und solle sie acht Tage stehen;
worauf Wrangel antwortete: er mit den Truppen werde
vierzehn Tage bleiben. — Das Ende dieser, — wie es hieß,
vorher abgekarteten, Comödie war der Abzug der Bürger=
wehr, die bereitwillige Uebergabe aller von ihr besetzten
Wachen und öffentlichen Gebäude an das Militär, womit
die alte Ordnung wieder hergestellt war.

Um die Zeit, als die Nationalversammlung sich am
andern Tage versammeln sollte, war ich an der Eingangsthür,
wo alsbald der Präsident mit einer Anzahl Mitglieder er=
schien. Die Thür war verschlossen und die im Hause be=
findlichen Soldaten wollten nicht öffnen. Der Präsident
ließ einen Schlosser holen; allein die Herren blieben dennoch
vor der Thür.

Wie die National=Versammlung nun mit den Soldaten
Verstecken spielte, wie sie sich von einem Lokal in's andere
treiben, wie sich der Präsident in seinem Stuhl die Treppe

hinabtragen ließ, da er freiwillig nicht gehen wollte, was da
für große und denkwürdige Worte gesprochen wurden, wie
ganz Berlin für den „passiven Widerstand" begeistert war:
— Alles das mag man in den Journalen jener Zeit nach=
lesen. Wie wenig Muth die Berliner damals zeigten, geht
aus der Thatsache hervor, daß man dem Abgeordneten Ja=
koby von Königsberg einen Fackelzug brachte, weil er, als
Mitglied einer Deputation, dem Könige gesagt hatte: „Es
sei eben das Unglück der Könige, daß sie die Wahrheit nicht
hören wollten." Wäre Friedrich Wilhelm IV. der Sultan
Soliman II. gewesen, so hätte Jakoby allenfalls für seinen Kopf
zittern können; allein was hatte er, der kein Beamter war,
bei einer solchen Aeußerung zu fürchten, für die kein Gesetz
eine Strafe dictirt? Diese Worte machen Jakoby alle Ehre;
allein die Berliner hätten sich schämen sollen, ihre Feigheit
dadurch zu zeigen, daß sie dieselben so sehr hoch anschlugen.

Die meisten Städte Deutschlands kennen den Belagerungs=
zustand aus der Erfahrung; ich brauche über den Berlins
nichts weiter zu sagen; ebenso wenig über die Wankelmüthig=
keit des Volks und die Gemeinheit demokratischer Lumpe.
Unter den letzteren entstand ein solcher Wetteifer im Denun=
ziiren, daß General Wrangel förmlich einen Ekel davor be=
kommen haben soll.

Jeder, der nicht in Berlin ansässig war, wurde aus=
gewiesen; sämmtliche liberale Journale wurden verboten,
unter ihnen auch die Locomotive, und unter den Ausge=
wiesenen war ich; Held war Berliner Bürger. Der General
schien die Literaten durch Hunger zwingen zu wollen; das
Verbot der Locomotive verminderte meine und Held's Ein=
nahme um mehrere hundert Thaler monatlich; ich verlor
auch die von unserer Weltgeschichte, wenn ich Berlin ver=
lassen mußte und war im Augenblick auf Nichts reducirt.

Ich remonstrirte daher bei General Wrangel gegen meine Ausweisung; er überließ die Entscheidung dem damals erst ernannten Polizeipräsidenten von Hinkeldey, und dieser bestand auf meine Ausweisung. Ein Polizeibeamter gab mir den Wink, daß es vorläufig nur darauf ankomme, abgemeldet zu werden. Zu diesem Ende reiste ich, um meinen Hauswirth nicht in Verlegenheit zu setzen, nach Potsdam ab. Hier feierte man die silberne Hochzeit des Königs, und ich fand keinen Platz in irgend einem Hotel. Ich hatte beabsichtigt, einige Tage in dieser Stadt zu bleiben, mir dort eine Aufenthaltskarte zu verschaffen und unter dem Schutze derselben nach Berlin zurückzukehren. Kein Nacht- quartier findend, beschloß ich, es an demselben Abend zu thun, in der Hoffnung, daß man mich unter der Menge der Gratulanten aus Berlin nicht bemerken würde. Als wir in Berlin ankamen, fanden wir, zu meinem Schrecken, den Bahnhof mit Constablern, Gensdarmen und Soldaten be- setzt, die eine dreifache Kette bildeten, durch welche jeder Ankommende passiren mußte. Die Menge derselben war glücklicher Weise groß; dabei war es finster und Regen- wetter. Ich zeigte einem Gensdarmen die Empfehlungskarte eines Tapezierers, sagte „Paßkarte“ und passirte ohne Schwie- rigkeit.

Nun mußte ich mich am Tage in meiner Wohnung ver- borgen halten und ging nur am Abend aus. Der Polizei- commissar des Viertels durchsuchte mehrmals nach mir die Wohnung; allein er fand mich niemals. Es war ein höchst unbehagliches Leben. Ich erfuhr, der Grund meiner Aus- weisung sei hauptsächlich das Gerücht von einem beabsich- tigten, neuen Einfall in Baden, welchen die deutschen Flücht- linge in der Schweiz und Frankreich machen wollten; warum man mich deshalb aus Berlin auswies, sah ich nicht

wohl ein. Durch einen Bekannten, der ein Freund des
Ministers von Manteuffel war, ließ ich bei diesem unter
der Hand anfragen, ob es keine Möglichkeit sei, in der
Stadt zu bleiben, wo ich mich ruhig verhalten und einzig
mit meinen historischen Arbeiten beschäftigen wolle. Der
Minister ließ mich zu sich bestellen. Er empfing mich in
seinem Arbeitszimmer mit großer Artigkeit. Er ist ein
Mann, dessen Aeußeres an Thiers und zugleich an Guizot
erinnert. Ich war über eine Stunde bei ihm und er=
zählte meine Abenteuer mit der deutschen Legion, die ihn
zu unterhalten schienen; dann kamen wir auf Berliner
Zustände und auf das Verbot der Locomotive, dessen Zurück=
nahme ich gern bewirkt hätte. Als ich meine Bitte um
Gestattung des Aufenthaltes vortrug, hieß er mich, ein
Schreiben deshalb an ihn zu richten und bis zur Beant=
wortung desselben in Berlin zu bleiben. Eine Bedingung
stellte er nicht, wohl aber eine Frage, die ich übrigens, wie
er ausdrücklich bemerkte, nicht zu beantworten brauche, wenn
ich nicht wolle.

Er fragte, ob ich mit Arnold Ruge in Verbindung
stände, der eine lange Vorstellung um Bewilligung des
Aufenthaltes eingereicht habe. Ich antwortete, daß ich Ruge
nur von Ansehen kenne, daß er nicht danach aussehe, als
ob er handeln werde, und daher nicht mein Mann sei.
Der Minister schien jedoch anderer Meinung. Herr von Man=
teuffel begleitete mich artig zur Thür und verabschiedete mich
mit den Worten: „Wenn Sie irgend ein Anliegen haben, so
wenden Sie sich nur persönlich an mich." Ich fand mich
dazu nicht veranlaßt und war froh, vorläufig meinen Zweck
erreicht zu haben, denn die Antwort auf mein Gesuch blieb
bis zum Mai 1849 liegen.

Während der Weihnachtszeit richtete Held auf den Vorschlag eines Buchhändlers eine „politische Weihnachts= stube" im Hotel Mylius ein. Dergleichen Weihnachtsstuben, wo allerlei interessante, sich auf lokale Verhältnisse beziehende Ausstellungen gemacht wurden, waren seit vielen Jahren in Berlin gebräuchlich; die Held's war sehr hübsch und die aus= gestellten satyrischen Transparente recht gut, und man wunderte sich über ihre Dreistigkeit, besonders während des Belagerungs= zustandes. Ich schrieb dazu ein Puppenspiel: „Der Zauber= ring der weißen Frau," in welchem General Wrangel und bekannte Berliner Persönlichkeiten, sehr ähnlich nachgebildet, auftraten. Das Stück wurde mehrere Wochen hintereinander alle Abende aufgeführt, und selbst General Wrangel soll es incognito mit angesehen haben.

Im Friedrichstädt'schen Theater brachte man in einem Stück „Eigenthum ist Diebstahl" Held auf die Bühne, und dieser amüsirte sich sehr über den ihn darstellenden Schau= spieler, welcher sein Aeußeres und seine Manieren sehr gut abgelauscht hatte. Dies Stück sollte Held schaden; allein er gewann dadurch im Gegentheil an Popularität.

Ich wohnte mit ihm in einem Hause, und wir arbei= teten eifrig an der Weltgeschichte; aber unsere Geldnoth stieg mit jedem Tage, und endlich wurde Held wegen einer Schuld von nur — elf Thalern, die nicht augenblicklich aufzutreiben waren, in's Schuldgefängniß gebracht. Dies wurde sogleich in Berlin bekannt; und am Abend kam ein bescheiden aussehender junger Mann in unsere Wohnung, der gern einen Beitrag zu liefern wünschte, um Held zu be= freien, den er sehr schätze, obwohl er selbst kein Demokrat sei, und bot fünfzig Thaler an, die er gerade habe. Ich hatte bereits die nöthige kleine Summe herbeigeschafft und dankte dem jungen Manne herzlich für sein gut gemeintes

Auerbieten, der nach vielem Zögern sich als ein Student
Namens Vogel zu erkennen gab.

Man betrachtete Held's Schuldgefangenschaft als eine
abgekartete Farce und die Summen, die er für seinen „Ver=
rath" erhalten haben sollte, gewannen im Munde des Vol=
kes täglich an Nullen. Solche Gerüchte sind doppelt ärger=
lich, wenn man wirklich Noth leidet wegen der Sache, die
man für Geld verrathen haben soll, und ich strebte seit langer
Zeit danach), einen der böswilligen Verläumber in Person
kennen zu lernen, um der Sache auf den Grund zu kommen,
was ich aus mancherlei Ursachen wünschte.

Als die Regierung gesiegt hatte und die alte Ordnung
in Berlin wieder hergestellt war, wollte Jedermann, beson=
ders am Hofe, zu diesem Ende persönliche Opfer gebracht
haben. Ein sehr hochgestellter Mann, Graf ***, sollte in
Gegenwart vieler Personen, darunter der —sche Gesandte,
gesagt haben, daß ihn die Bestechung der Demokraten und
besonders die Held's sehr viel Geld gekostet. Diese Aeuße=
rung wurde mir mitgetheilt und ich drang in Held, mich
zu autorisiren, dem Grafen deshalb zu Leibe zu gehen.
Held willigte ein und ich begab mich in die Wohnung jenes
loyalen Herrn; da es Sr. Excellenz aber gefiel, mich anti=
chambriren zu lassen, so ging ich ohne ihn zu sprechen, nach
Hause und schrieb ein Billet, in welchem ich um eine Unter=
redung unter vier Augen bat, den Grund meines Wunsches
angebend. Zwischen Licht und Dunkel schickte der Graf
seinen Jäger — in Civilkleidung — in meine Wohnung und
ließ mich bitten, ihn am andern Morgen um neun Uhr zu
besuchen, da er später eine Wahlversammlung in seinem
Hause habe.

Ich fand mich ein. Se. Excellenz schien außerordentlich
altrirt, denn er wurde bald blaß und bald roth während der

Unterhaltung. Ich sagte dem Grafen, daß ich weit entfernt davon sei, ihn einer solchen Unwahrheit für fähig zu halten; allein es handle sich um die Ehre eines Menschen und als ein Mann von Ehre könne er gewiß sich nicht weigern, auf bündige Weise mich zu versichern, daß er eine solche Aeuße= rung nicht gemacht habe, nur damit ich im Stande sei, mit gutem Gewissen den Verläumdern entgegenzutreten und mich auf sein Ehrenwort zu beziehen.

Der Graf wollte die Sache sehr kurz abmachen und sagte: „Herr Held muß ja am besten wissen, ob er Geld von mir empfangen hat oder nicht. Hat er keins empfangen, so kann ich es auch nicht behauptet haben". „„Das ist ganz richtig; allein Sie wissen ebensogut, daß Sie ihm nichts ge= zahlt haben und können mir deßhalb ohne allen Anstand Ihr Ehrenwort darauf geben, jene Aeußerung nicht gemacht zu haben, um Lügner zu beschämen und die Ehre eines Mannes herzustellen"".

Der Farbenwechsel des Grafen und seine Ausflüchte amüsirten mich höchlich; ich blieb jedoch fest und wußte ihm endlich mit der allergrößesten und ernstesten Höflichkeit sein Ehrenwort abzuzwingen. — Herr von —, dem ich dies mit= theilte, sagte aber sogleich: „Und ich gebe Ihnen mein Ehrenwort, daß er die Aeußerung doch gemacht hat". — Ich hätte die Sache gern bis auf das Aeußerste getrieben; allein Held kümmerte sich zu wenig darum und so blieb die Angelegenheit auf sich beruhen.

Ich lernte damals in Berlin manche interessante Per= sonen kennen; allein die Namen derselben sind längst ver= gessen und ich will nur zwei von ihnen erwähnen, welche noch heute genannt werden. Eine davon ist Louise Aston, bekannt als Schriftstellerin, Freischärlerin und Vertheidigerin weiblicher Selbstständigkeit. Sie war eine Freundin Held's,

und dieſer machte mich mit ihr bekannt. Sie mochte damals
dreißig Jahre alt ſein, iſt blond und trug ihr Haar in vie=
len kleinen Locken, wie man es ſonſt à la neige nannte,
und was zu ihrem hübſchen, zarten Geſicht ganz allerliebſt
ſtand. Ihre Figur war eher groß als klein zu nennen und
ihre ganze Erſcheinung die einer eleganten Frau. Aus ihren
ſchönen, blauen Augen ſprach viel Geiſt und Gefühl. Der
Ton ihrer Stimme legte ſich ſchmeichelnd an das Ohr, ja
er war rührend, beſonders wenn ſie die Leidende ſpielte, in
welcher Rolle ſie ſich gefiel. Damals litt ſie an der Ein=
bildung, daß ſie am zweiten Weihnachtstage ſterben werde
und intereſſirte ſich ſehr für ihr Portrait, welches die Moden=
zeitung bringen wollte und wohl auch gebracht hat. Sie iſt
eine begabte Dichterin und ihre Verſe ſprechen mich bei Wei=
tem mehr an, als ihre Romane. Das Journal „der Frei=
ſchärler“, (nicht zu verwechſeln mit einem 1848 in Straß=
burg erſcheinenden Sudelblatt,) welches ſie in Berlin heraus=
gab, enthält köſtliche Gedichte. Das Blatt wurde ebenfalls
verboten, denn Louiſe Aſton erzählte zu viel von dem Feld=
zug in Schleswig=Holſtein, den ſie mitgemacht und worin
ſie durch eine Kugel an der Hand verwundet worden war.
Dieſe Narbe zeigte ſie ſchon deßhalb gern, um ihre ſchöne
Hand ſehen zu laſſen. General v. W. war nicht hartherzig
gegen Damen, und hätte Louiſe Aſton ſich ſeinen Bedingungen
gefügt, ſo würde man ſie nicht aus Berlin ausgewieſen haben;
allein ſie wollte ſich nicht im Schloſſe beaufſichtigen laſſen,
wo der General ſein Quartier aufgeſchlagen hatte.

Von Vorurtheilen habe ich bei der ſchönen Frau nichts
entdecken können und beſonders hat man über ihren Mangel
daran in Bezug auf den Umgang beider Geſchlechter Anſtoß
genommen, ſo daß man ihr ſelbſt die Erziehung ihres Kindes
entzogen hat. Louiſe Aſton ſagt: es iſt gemein, ewig

diesen Unterschied zwischen Mann und Frau hervorzuheben und durchaus ungerecht, auf den bloßen geschlechtlichen Unterschied Vorrechte zu begründen. Sie ist der Apostel der „freien Liebe" und behauptet, daß eine Frau, die sich an jeden Mann hingiebt, der sie begehrt, nicht verächtlicher ist, als ein Mann, dem eine Jede recht ist; und wie man einen Mann nicht verdammen könne, der nach dem Besitze eines schönen oder berühmten, oder interessanten Weibes trachte, so könne man ebenso wenig eine Frau verdammen, die sich Männern hingiebt, von denen sie sich Genuß verspricht.

Ihrem Grundsatze gemäß handelte Louise Aston, und wenn irgend welche Berühmtheiten der damaligen Zeit bei ihr nicht glücklich waren, so lag die Schuld davon an ihnen, denn die schöne Frau war besonders neugierig auf die Bekanntschaft berühmter oder dafür geltender Männer. Die Gesellschaft, welche sie sah, war daher die geistreichste, die man irgendwo treffen konnte und selbst Minister fand man dort. Von einem derselben erzählte Louise Aston einem vertrauten Freunde eine Anekdote, über welche sie sich todt lachen wollte.

Der Minister war ein noch ziemlich junger Mann. Er machte der schönen Frau den Hof und sie quälte ihn nicht durch Sprödigkeit. Herr von — gerieth von einem Himmel in den andern und im siebenten angelangt, vergaß er im Taumel der Seligkeit allen Ministerstolz und rief: „Ich bitte Dich, nenne mich Du! nenne mich Du!" — Bald darauf erinnerte er sich jedoch seiner Würde und stammelte zum großen Ergötzen der Dame: „Madame, Sie können mich nun wieder Sie nennen".

In Berlin fing damals „Professor" Bossard an Aufsehen zu machen, der aus der Form des Kopfes und den Gesichtszügen nicht allein den Charakter eines Menschen, sondern auch genau erkennen wollte, wozu derselbe besondere Anlagen und wie weit er dieselben ausgebildet habe. Einige auf ihren Charakter neugierige Damen kamen sehr überrascht von einem Besuche bei Herrn Bossard zurück und bewogen Held und mich gleichfalls hinzugehen. Er wohnte damals in einer kleinen, sehr ärmlichen Wohnung, deren Wände die Beweise davon zeigten, daß er eigentlich ein Maler war. Herr Bossard hatte eine ganz auffallende Aehnlichkeit mit dem bekannten Dichter Moritz Hartmann, den ich in Leipzig kennen gelernt hatte.

Obwohl vorauszusetzen war, daß Bossard Held kannte, so konnte es doch unmöglich in dem Maße der Fall sein als bei mir und ich wurde durch das, was er Held's Schädel und Gesicht entnahm, auf das Aeußerste überrascht. Er sagte ihm: daß er seinen Verstand vermöge seines großen Fleißes weit über seine Anlagen hinaus ausgebildet habe. Dadurch sei er dahin gekommen, ein außerordentlich scharfer und schneller Denker zu werden. Er sei aber bei Weitem mehr Gefühls= als Verstandesmensch und seine Hauptfehler seien Mangel an Selbstvertrauen, Beharrlichkeit und Energie. Die sonstigen Eigenschaften — gute und böse — wurden gleichfalls erwähnt; allein Bossard hatte sich ein ganz anderes Bild von Held gemacht und war sehr erstaunt über die ihm aus dessen Gesicht und Schädel kommenden Offenbarungen, die mich noch mehr wegen ihrer Richtigkeit überraschten, da ich Held durch und durch kannte.

Von mir hatte Bossard damals noch gar nichts gehört und mein Kopf setzte ihn noch mehr in Verwun= derung. Er sagte, ich sei kein so rascher Denker, wie Held, dringe aber eben so tief und scharf ein, wenn mir Zeit ge= lassen würde; dafür habe ich aber das, was Held fehle, im höchsten Maße, nämlich Entschlossenheit, Beharrlichkeit und

Energie. Ich sei der Mann der That und wir Beide ver=
einigt würden Großes leisten können.

Mir gefiel dieser Ausspruch um so mehr, da mich schon
von Jugend auf der Gedanke verfolgt hat, daß aus mir
noch einmal „etwas Rechtes" werden würde. Jedenfalls
schadet ein solcher Gedanke nichts; er bewahrt davor, sich
wegzuwerfen und durch Gemeinheit abzunutzen.

Der Aufenthalt in Berlin wurde nun mit jedem Tage
unangenehmer; die wenigen Freiheiten, die von der Revolution
geblieben waren, wurden so beschnitten, daß kaum der Schatten
davon blieb. Wie man dabei von Seiten der Regierung
verfuhr, zeigt am klarsten folgender Vorfall. Das Recht
der freien Versammlung bestand in Preußen noch unter der
Bedingung der Anzeige an die vorgesetzte Ortsbehörde.
Held berief eine Volksversammlung in Zehlendorf,
welches außerhalb des Rayons des in Belagerungszustand
erklärten Berlins liegt und mit der Potsdamer Eisenbahn
in wenigen Minuten zu erreichen ist. Aristokraten und De=
mokraten erschraken aus verschiedenen Gründen; selbst Jour=
nale unserer Partei wollten die Ankündigung dieser Versamm=
lung nicht aufnehmen.

Tags vorher ging Held nach Zehlendorf, einen Platz
einzurichten und zugleich die gesetzliche Anzeige bei dem Schul=
zen zu machen; dessen Frau erklärte, sie werde die Erlaubniß
nicht geben; das Gesetz verlangte indessen nicht einmal die
Erlaubniß des Schulzen, nur Anzeige an denselben. Alle
unzufriedenen Berliner — und ihrer war eine große Zahl!
fanden sich am andern Tage am Bahnhofe ein; allein „Ge=
neral Wrangel in die Marken", wie die Berliner den zeit=
weiligen Dictator tauften, hatte der Direction verboten, von
Morgens 11 Uhr bis Abends 7 Uhr irgend einen Zug ab=
gehen zu lassen; und das an einem Sonntage! Die Ver=

sammlung war auf 3 Uhr Nachmittags angesagt und durch diesen coup d'état war sie unmöglich gemacht.

Eine große Zahl Eifriger nahm jedoch Wagen und auch Held und ich begaben uns auf diese Weise nach Zehlendorf. Eine Masse Volk ging die zwei Meilen zu Fuß.

Unterwegs trafen wir auf eine Abtheilung Dragoner, welche desselben Weges wandelten und auf der Ebene sahen wir von allen Seiten her Truppen nach dem Mittelpunkt Zehlendorf marschiren. Dort angekommen, erfuhren wir, daß der zur Volksversammlung bestimmte Platz von Truppen umringt sei. Wir begaben uns dorthin und erblickten eine Schwadron der rothen Husaren; das Garde-Jäger-Bataillon lag im Walde im Hinterhalte. Ein Husarenmajor hielt mit einem Trompeter an dem zweiten Meilenstein, der die Grenze des belagerten Bezirks angab. Held fragte den Major, ob er etwa beauftragt sei, die Volksversammlung durch Gewalt der Waffen zu verhindern? — „Die Volksversammlung darf nicht statt finden", antwortete kurz der Husar. Held fragte nach dem Gesetz, welches dieselbe verbiete; allein der Major ließ sich darauf nicht ein, sondern entgegnete: „Ich habe Ordre, das zu thun, was mir der Herr Landrath befehlen wird".

Wir sahen uns nach dem Herrn Landrath um. Dieser hatte Held schon gesucht und kam uns aus dem Dorfe entgegen. Er war ganz außerordentlich höflich, nahm den Hut schon dreißig Schritte vorher ab, und man sah ihm an, daß er in großer Verlegenheit war. Mit Stottern und Stammeln brachte er es endlich heraus, daß die Volks- versammlung auf „höhern Befehl" nicht stattfinden dürfe, da den gesetzlichen Anforderungen nicht entsprochen und die Anzeige nicht vier und zwanzig Stunden vorher bei der Ortspolizei gemacht worden sei. Held, der selbst beim

Schulzen gewesen, war erstaunt über die Dreistigkeit dieser Behauptung; allein mit sehr verbindlichem Lächeln belehrte ihn der Landrath, daß der Schulze nicht die Ortspolizei in Zehlendorf habe, sondern — das Rentamt Mühlhof in Berlin!

Diese überraschende Erklärung rief ein allgemeines Gelächter hervor, denn wer hätte sich einfallen lassen, die Polizei von Zehlendorf in Berlin zu suchen. Dem Herrn Landrath schien unsere gute Laune ein großer Trost; er lachte mit und geberdete sich sehr vergnügt, als Held ihm sagte, daß er nicht daran denken könne, mit einem Haufen unbewaffneter Menschen, sich einer so überwiegenden, bewaffneten Macht zu widersetzen; daß er nur der rohen Gewalt weiche und feierlich gegen diese Verletzung des Versammlungsrechtes protestire.

Auf dem Rückwege trafen wir eine Menge Wagen und Fußgänger, die nach Zehlendorf wollten und es wurde dadurch klar, daß Held's Einfluß noch immer bedeutend genug war.

Die Revolution in Sachsen brach aus. Mir schien die Sache thöricht und hoffnungslos; trotz meiner Lust an Abenteuern fühlte ich mich nicht versucht, an dieser unglücklichen Unternehmung Theil zu nehmen.

Bis dahin hatte ich keine Antwort auf mein Gesuch wegen des Aufenthaltes in Berlin erhalten, mich aber beständig gegen die Polizei zu wehren gehabt, welche fortwährend durch Denunziation ehemaliger Demokraten, die sich lieb Kind machen wollten, angeregt wurde. Endlich kam im Mai die Antwort in dem gemessenen Befehl, Berlin binnen vier und zwanzig Stunden zu verlassen!

Ich nahm diesen Befehl mit dem allervergnügtesten Gesichte von der Welt auf; denn nie ist wohl ein Aus-

weisungs=Dekret mehr a tempo gekommen, als dieses. Kurz
zuvor war nämlich in Baden der Mai=Aufstand ausgebrochen,
und die ersten Resultate desselben versprachen für die Sache
der Freiheit mehr, als alle deutschen Revolutionen zu=
sammengenommen. Ich blickte auf die Karte von Baden
und dem westlichen Deutschland mit dem Auge eines Bräu=
tigams, der das Portrait seiner Geliebten betrachtet. Baden
war meine revolutionäre Braut, und nie hat sich ein Bräu=
tigam mehr nach der Hochzeit gesehnt, als ich nach dem
herrlichen Boden des zum Kampfe für die Freiheit auf=
gestandenen Landes.

Da sich meine gleich zu Anfange beabsichtigte Reise
dorthin noch einige Zeit verzögert hatte, weil ich an Franz
Ravaux geschrieben, und weil noch einige unumgänglich
nothwendige Vorbereitungen dazu zu treffen waren, so hatte
meine Ungeduld den höchsten Grad erreicht, so daß ich vor
Aufregung und Verlangen förmlich das Fieber bekam. End=
lich waren alle Vorbereitungen getroffen; es fehlte nur an
einem Legitimations=Papiere; da kam das Ausweisungs=
Dekret und ich war auch über diese Schwierigkeit hinweg;
denn indem ich das Papier zur Reise nach Paris visiren
ließ, war die Bahn zur Reise über Mainz nach Mannheim
und Rheinbaiern geebnet.

Mir war es wie einem Vogel, welcher den Käfig ver=
läßt. So nahe es mir auch ging, von meinen Lieben scheiden
zu müssen, hätte ich doch laut aufjauchzen mögen, als die
Lokomotive sich in Bewegung setzte und mit mir die eiserne
Bahn entlang nach dem Rheine brauste.

# Siebentes Capitel.

Ich hatte ſolche Eile nach Baden zu kommen, daß ich mich unterweges auch nicht eine Stunde unnütz aufhalten mochte. In Dortmund wohnten meine Eltern, die ich ſeit zwei Jahren nicht geſehen hatte. Es war am Nach= mittag, als ich dieſe Stadt vor mir liegen ſah und alle Ho= noratioren vom Oſt= und Weſthellweg hatten ſich in einem Kaffeegarten an der Eiſenbahn verſammelt. Da ſtand auch meine gute alte Mutter und ſchaute mit wehmüthigen Blicken nach dem Zug, als ahne ihr, daß derſelbe eines ihrer Kinder vorübertrage, die alle weit, weit von ihr nach Oſten zu wohnten. Da ſtand auch mein behäbiger Stiefvater, der

Dichter des Preußenliedes, und dachte an die Austern, die
der Zug bringen könne.

Ade, ade! Vorbei! vorbei! Lieb gut, alt Mütterlein,
ich muß fort an den grünen Rhein, in den Kampf hinein,
für Deutschlands Freiheit, für Deutschlands Einheit! —
Doch war mirs recht weh ums Herz! Am Bahnhof stand
der Berghauptmann A —, dessen Sohn bereits auf dem
Kampfplatze war. — „Wohin?" — „„Nach Baden!"" —
„Gruß an meinen Sohn!" — „„Gruß an meine Eltern!""
— Fort gin's nach Köln.

Nach Köln am Rhein, wie Leute dort sagen, vielleicht
um es von Köln an der Spree, einem Theil Berlins, zu
unterscheiden. Wie froh war ich, daß ich dem letzteren ent=
flohen war und nun dem wahren Köln zueilte. Das Herz
schwoll mir vor Freude. War's mir doch, als höre ich
schon das Rauschen des mächtigen, lieben Stromes, als wehe
mich die stärkende, balsamische Luft an, welche über seine
grünen Wellen dahin streicht.

Nach neun Uhr Abends kam der Zug nach Deutz. Ich
ging in den Gasthof zum Prinzen Karl, der eine Terrasse am
Ufer des Rheines hat und in der Nähe des um $\frac{1}{2}$ 11 Uhr
nach Mainz abgehenden Dampfschiffes liegt.

Am Abend war auf der Terrasse Musik, welche eine
fröhliche Menschenmenge dorthin lockte. Da saßen die lusti=
gen Kölner mit ihren Weibern und Töchtern unter grünen
Zelten, durch deren Laub bunte Lampen schimmerten, und
lauschten behaglich den Tönen, schlürften den goldenen Rhein=
wein und schauten vergnüglich hinaus auf den vorbeibrausen=
den Strom und auf die stolze Colonia Agrippina, deren
Umrisse sich auf dem helleren Himmel abzeichneten und in
welcher Tausende von Lichtern schimmerten, die sich im Rhein
spiegelten. Ach, dieser Maienabend war herrlich! Ich war

förmlich wonnetrunken; ich glaube gar, ich wischte mir eine Thräne aus dem Auge. Mit Behagen setzte ich den grünen Römer voll süß duftenden Rheinweins an meine Lippen und leerte ihn auf das Wohl Deutschlands! Dann lachte ich innerlich über meine Sentimentalität, deren ich mich gar nicht mehr fähig geglaubt hatte und ließ mir mein Beafsteak vortrefflich schmecken.

In solcher Nacht zu schlafen, war nicht möglich. Eine Cigarre nach der anderen rauchend ging ich auf dem Verdeck spazieren und träumte von einer glorreichen Zukunft. In Coblenz mußten wir eine Compagnie preußischer Soldaten, Wagen, Protzkasten und auch mecklenburgische Offiziere an Bord nehmen. Die Soldaten breiteten sich über beide Verdecke aus und die Damen flohen in die Kajüte.

Einer der Schiffleute sagte mir, daß das Regiment, zu welchem die Compagnie gehöre, gut demokratisch sei und daß die Regierung demselben nicht traue. Ich ließ mich daher mit den Soldaten in ein Gespräch ein und war sehr erstaunt über ihre Reden. „Sehen Sie", sagten sie, „unser Einer weiß auch, warum es sich handelt, aber man kann nicht immer, wie man gern möchte. Wir müßten ja zu dumm sein, wenn wir nicht einsähen, daß wir gegen unseren eigenen Vortheil fechten; denn ziehen wir die bunte Jacke aus, dann sind wir ja auch Volk".

Eine zwischen dem Hauptmann und Feldwebel stattfindende Scene gab mir viel zu denken und überraschte mich außerordentlich, denn der Feldwebel gebrauchte Ausdrücke, die in früherer Zeit kein Lieutenant ertragen haben würde, welche aber der Hauptmann geduldig einsteckte und wegging. „Hätte der Kerl nicht das Maul gehalten", sagte der Feldwebel zu den Umstehenden, „ich hätte ihn wahrhaftig binden lassen".

Wir kamen in Mainz an. Liebes „goldiges“ Mainz!
Schauplatz meiner ersten Feldzüge gegen schwarz=, braun=
und blondgelockte, schwarz=, braun=, blau= und grauäugige
Frauen, Jungfrauen und Mamsellen! Wie hatte sich seit
jener Zeit dort Alles verändert! Der ganze Quai hatte
sich umgestaltet; überall erhoben sich neue Festungswerke
und damit waren alte, liebe Erinnerungen zerstört worden.
Auf den Straßen, wo ich sonst so bekannt war, begegnete
mir kein befreundetes Gesicht. Die Mädchen waren noch
so schön wie sonst, aber ach, nach mir guckten sie nicht mehr,
denn ich konnte ihr Vater sein!

Wirth und Wirthin des Gasthofes, in dem ich zu Mittag
aß, schimpften wacker auf die Preußen, die sich mausiger
machten, als jemals, weil alle junge Leute, wohl über tau=
send Mann, nach der Pfalz und nach Baden gezogen
wären. —

Das Dampfschiff nach Mannheim ging nicht, und mit
der Eisenbahn dorthin zu fahren, getraute ich mich nicht,
aus Furcht, in Hessen wegen meiner mangelhaften Legiti=
mation angehalten zu werden. Mit Mühe und Noth fand
ich einen Einspänner, der mich für fünfzehn Gulden nach
Mannheim bringen und einen anständigen Reisegefährten,
der gleichfalls in diese Stadt wollte.

Es war etwa vier Uhr Nachmittags, als ich zum Neu=
thor hinausfuhr. Zu demselben Thor zogen vor vielen Jah=
ren die Mainzer jungen Männer, auf vierspännigen Leiter=
wagen sitzend, zum Hambacher Feste. Alle waren geschmückt
mit schwarz=roth=goldenen Kokarden, die wir Preußen grim=
mig verfolgten. Ich stand damals kampfgerüstet auf der
Citadelle, deren Kanonen auf das Neuthor gerichtet waren,
um die „Liberalen“ mit Kartätschen zu überschütten, wenn
sie „mucksen“ sollten. Wer damals prophezeiht hätte, daß

die preußische Armee, ja Preußens König, einst diese Farben
an ihren Helmen tragen sollten, würde unfehlbar für ver=
rückt erklärt worden sein. Langsam aber sicher war die Idee
von dem dreifarbigen aber einigen Deutschland, von einem
erneuerten deutschen Kaiser in's Volk gedrungen, und wenn
es wahr ist, was in höheren Kreisen in Berlin als That=
sache erzählt wurde, daß kurz nach der Märzrevolution der
König von Preußen sich zum deutschen Kaiser ausrufen lassen
wollte, so würde dies nur von dem richtigen Blick und Ge=
fühl des Königs zeugen. Die Pferde zu dem Ritt durch
die Stadt, hieß es, hätten bereits gesattelt im Hofe gestanden,
als der nun verstorbene Prinz Waldemar zum Könige geeilt
sei und in einer zweistündigen Unterredung denselben bewogen
habe, von seinem Vorhaben abzulassen.

Wir fuhren über Weissenau, Laubenheim, Nierstein, das
gelbe Haus, nach Oppenheim. An der sogenannten „Floh=
hütte" waren wir schon drei= bis vierhundert Schritte vor=
über gefahren, als wir hinter uns den Ruf hörten: „Halt!
halt! schieß!"

Erstaunt sah ich mich um und erblickte einen baierischen
Soldaten und andere Leute, die in großer Hast meinem
Wagen nachrannten, und deren Geberden keinen Zweifel dar=
über ließen, daß der Ruf uns galt. Der Kutscher hielt
und als die Leute ganz außer Athem heran kamen, fragte
der Soldat — ein Posten, der sich in der Kneipe erfrischt
hatte und uns deshalb nicht passiren sah —: „Haben Sie
Schreibens?" Ich zeigte meine Legitimation und der Soldat
entschuldigte sich sehr artig, woraus ich endlich merkte, daß
ich nicht mit einem königlich baierschen, sondern mit einem
Soldaten der Pfälzer aufständischen Truppen zu thun
hatte. Wäre ich etwas harthöriger gewesen, so würde mir

wahrscheinlich als erster Gruß im Lande der Freiheit eine
Kugel nachgeschickt worden sein.

Das Wetter war herrlich und es war eine Freude,
durch diese reiche, von Segen strotzende Gegend zu fahren,
die so ruhig da lag, daß man gar keine Ahnung davon
hatte, man sei in einem revolutionirten Lande. In Oppen=
heim sah es jedoch kriegerisch aus. Die Knaben hatten sich
mit Stangen, hölzernen Säbeln und dergleichen versehen
und spielten „Freischärler". An ihrer Spitze zog die schwarz=
roth=goldene Fahne und einer der Knaben war „der Hecker".
Die Alten sahen dem Spiele wohlgefällig zu.

Abends gegen halb zehn Uhr kam ich in Worms an.
Diese Stadt hatte der Oberst der Aufständischen, Blenker,
mit etwa achthundert Mann der rheinhessischen Legion besetzt.
Der Gastwirth, der mir als er meinen ihm nicht unbekannten
Namen hörte, einen Schoppen ächte Liebfrauenmilch vor=
setzte, führte mich selbst in das Hauptquartier, da ein Passir=
schein von Oberst Blenker durchaus nöthig sei, um nach
Mannheim zu kommen.

Ich fand hier mehrere Herren Bürger, von denen ich
keinen einzigen kannte, aber später besser kennen lernte; unter
ihnen Enno Sander, den ich schon irgendwo, vielleicht auf
dem demokratischen Congresse, gesehen hatte. Der Oberst
war nicht anwesend; er visitirte die Postenkette. Die Frau
Oberst war aber da und der Generalstab machte ihr den
Hof. Eine hübsche, interessante Blondine; ein wenig kammer=
jungferartig, aber mit Charakter in den Zügen. Sie war
an diesem Abend in Frauenkleidern, während sie sonst nach
Männerart, an der Seite ihres Mannes vor der Legion rei=
tend, Hosen und Stiefel und eine braune Blouse mit Leder=
gürtel trug.

Die Anwesenden betrachteten mich halb mitleibig, als ich diese Besetzung von Worms durch ein so schwaches Corps ohne Reserve nicht besonders vernünftig fand. Als ich endlich, nach einigen orientirenden Fragen, sehr bestimmt erklärte, „daß ich mich mit zweitausend Mann die ganze Pfalz bis Germersheim von Freischaaren frei zu fegen getraue", war man sehr empört und meinte, man wolle sich gegen eine Armee von zehntausend Mann in Worms halten. Ich schüttelte den Kopf immer bedenklicher, als ich hörte, daß man, eingezogenen Nachrichten nach, noch in dieser Nacht einen Angriff erwarte, und konnte nicht verhehlen, wie ich unter solchen Umständen ihre Sorglosigkeit und ihre mangelhaften Vertheidigungsanstalten nicht begreifen könne.

Schon im Gasthofe hatte ich vom Wirth erfahren, daß ein Herr Ottenfofer aus Berlin in Worms zugegen und viel um Blenker sei. Man schien ihm nicht recht zu trauen, wie denn überhaupt der Süddeutsche gegen Norddeutsche stets mißtrauisch ist. Ottenfofer war in Berlin Commis, ich glaube in einer Schnittwaarenhandlung, gewesen, und fand sich veranlaßt, nach Schleswig zu gehen und die Berliner, die sich übrigens stets bemühen, „das Glänzende zu schwärzen und das Erhab'ne in den Staub zu ziehen", rühmten Ottenfofers Tapferkeit, die er während eines Gefechtes durch hartnäckige Behauptung eines Grabens gezeigt habe. Ich traf ihn in Berlin als einen derjenigen, die fast beständig auf der Tribüne der Klubs zu sehen waren und auch auf dem demokratischen Kongresse vermehrte er die dort herrschende Verwirrung. Eifersüchtig auf Held, der sich über ihn lustig machte, oder gar keine Notiz von ihm nahm — was ein jüdischer Demokrat noch weniger verzeiht, als ein christlicher — war er natürlich dessen Feind und nebenbei der meinige. Er war damals ein sehr junger Mann und ich glaube, daß

er es herzlich gut und ehrlich mit unserer Sache meinte und
recht viel Talent hatte, wenn auch vielleicht nicht zum General.
Ich sprach mich daher auch in dieser Weise über ihn aus.
Endlich kehrte Blenker von seiner nächtlichen Runde
zurück. Er war ein hübscher Mann von militairischem
Aeußern und gefälligen Manieren und mochte ein Vierziger
sein. Er hatte in einem hessischen Kavallerie=Regiment als
Wachtmeister gedient und war dann Weinhändler geworden.
Ueber sein Feldherrntalent vermag ich nicht zu urtheilen;
allein als Wachtmeister hatte er gelernt sein Corps ziemlich
in Ordnung zu halten und außerdem muß ich rühmen, daß
er für nöthige, materielle Dinge, wie sie zur Ausrüstung eines
solchen Corps gehören, mit Verstand und Umsicht sorgte.
Er trug den Arm in der Binde, denn er war bei einem
Versuch in die Festung Landau einzubringen, durch einen
Balkensplitter verwundet worden. Dieser Angriff auf Landau
ist oft sehr lächerlich gemacht worden; allein ich kann nicht
derselben Ansicht sein. Die Festung war äußerst schwach
besetzt, Bürger und Soldaten waren großentheils demokratisch
gesinnt und die Officiere allein hielten zur Regierung. Sie
gaben sich viel Mühe und versahen sogar selbst Postendienst,
da die treugebliebene Mannschaft nicht ausreichte. Blenker
hatte Verbindungen in der Festung und erhielt die Versiche=
rung, daß ihm beim Anrücken das Thor geöffnet werden
würde. Er hatte demnach guten Grund gegen dasselbe vor=
zurücken und war nicht wenig überrascht, mit Kanonenschüssen
empfangen zu werden, die viel Schaden gethan haben würden,
wenn die Artilleristen nicht absichtlich zu hoch geschossen hätten.
Davon konnte aber Blenker um so weniger etwas merken,
als ein Splitter von einem getroffenen Balken ihn am Arm
verwundete, und es wird ihm Niemand sehr verargen, wenn
er unter diesen Umständen sich eilig mit seinem Corps ent=

fernte, welches gewiß nicht geeignet war, so brevi manu eine vertheidigte Festung zu stürmen.

Blenker empfing mich sehr artig, fertigte dem Bürger Corvin und Reisegefährten den verlangten Passirschein aus und empfing meine Warnungen mit wohlwollender Herablassung. Ich reiste um Mitternacht nach Mannheim ab, nicht ahnend, daß meine Vorhersagung so schnell in Erfüllung gehen sollte.

Morgens gegen drei Uhr überschritt ein Regiment Hessen-Darmstädter nebst etwas Kavallerie und Artillerie den Rhein und rückte gegen Worms vor, ohne bedeutungswerthen Wiberstand zu finden. Die Freischaaren hatten bis nach Mitternacht den Feind erwartet, allein thörichterweise gegen Morgen, wo man stets am meisten auf der Hut sein sollte, die Betten gesucht. Sie erschraken sehr, als sie durch Granaten geweckt wurden und liefen so eilig davon, daß sie zum Theil selbst ihre Tornister im Stich ließen. Einige Schüsse wurden gewechselt, allein das Resultat war der Rückzug des Blenker'schen Corps nach Frankenthal, wohin ihnen die Hessen nicht folgten, welche nur Worms haben wollten. Viele Bürger dieser Stadt wurden arretirt und hatten Ursache, ihr Vertrauen in den Heldenmuth der Legion zu bereuen.

Ottenfofer zeichnete sich bei dieser Gelegenheit durch einen xenophontischen Rückzug aus.

In all the trade of war, no feat
Is nobler than a brave retreat.

Er hatte mit achtzig Mann in der Nacht eine Recognoscirungspatrouille gemacht und war in große Schwulität gerathen, als er sich durch die Hessen von Worms abgeschnitten sah. Er machte daher einen kühnen mieroslawskischen Flankenmarsch in der Richtung nach Amerika zu und langte so in großem Bogen bei den Seinigen an. Dies erzählte mir der preußische Deputirte Reuter, welcher vom

Kirchthurm von Worms herab die ganze Hasenjagd mit ansah.

Es lag mir daran, Sigel, der in Mannheim im Gasthof zum Rheinberg logirte, so bald als möglich zu sprechen; ich fand aber in diesem Gasthofe keinen Platz und mußte in den Pfälzer Hof fahren. Schon sehr früh wurde ich durch Militairmusik geweckt und sah unter meinem Fenster ein Linien-Regiment vorübermarschiren, ein Anblick, der mich mit großer Freude erfüllte. Eine Revolution mit einem wohlorganisirten Heere war ein anderes Ding als die Frei=schaarenwirthschaft von 1848, die man den Schweizern nach=geahmt hatte, ohne zu bedenken, daß dort die Militairver=hältnisse ganz anderer Art sind.

Als ich in den Rheinberg kam, fand ich Sigel nicht mehr anwesend, wohl aber Franz Ravaux, dem ich mich sogleich vorstellte. Er sah sehr leidend aus und schien die Schwindsucht zu haben. Von einem Brief aus Berlin wollte er nichts wissen; allein später erfuhr ich, daß derselbe richtig in seine Hände gekommen war. Man hatte sich in Bezug darauf berathen und die Frage discutirt, ob man mir eine höhere Stellung anvertrauen könne, oder nicht. Das Resultat der Berathung war mir nicht günstig, denn Berliner Demo=kraten, die dabei befragt wurden, sprachen von meiner Ver=bindung mit Held, der als offenbarer Verräther betrachtet wurde, und die badischen Feinde, die ich mir in Straßburg erworben hatte, riefen wie einst Bornstedt und Löwenfels in Paris: „Nur Corvin nicht!“ Für sie war es übrigens Vor=wand genug mich mit Mißtrauen zu brandmarken, daß ich den Muth gehabt, nach Berlin zu gehen und auf dem de=mokratischen Congreß zu reden, trotzdem daß ich in Baden steckbrieflich verfolgt war. Für Denjenigen, der die speciellen Verhältnisse nicht kannte, konnte die Sache allerdings einen zweideutigen Anschein haben, ganz besonders aber für Leute, die mit großer Ungeduld darauf warteten, — Bestechungs= anerbietungen von irgend einer Regierung zu erhalten.

Die vielen elenden Subjekte, die es unter den Demokraten gab, rechtfertigten das Mißtrauen, welches überdies gegen einen Adeligen und ehemaligen Officier noch mehr zu entschuldigen war. Damals empörte es mich jedoch sehr und erst jetzt kann ich ruhiger darüber denken.

Es wäre mir lieb gewesen, wenn man sich offen gegen mich ausgesprochen hätte, allein man ließ mich über das Mißtrauen gänzlich im Unklaren, welches indessen auch bald verschwand und nur von einigen persönlichen Feinden, wie Heinzen, und Anderen festgehalten wurde, welche fürchteten, ich möchte Anspruch auf ihre Stellen machen.

Im Schloß traf ich Sigel, als er eben mit Merch ausfahren wollte. Er erkannte mich nicht wieder; als ich ihm aber meinen Namen nannte, nahm er Anlauf zu einem sauersüßen Lächeln und versprach später in den Rheinberg zu kommen und weitläufiger mit mir zu reden, was er aber unterließ.

Sigel war damals ein Mann von achtundzwanzig Jahren, der wegen seines bartlosen, wenig markirten Gesichtes noch jünger aussah. Dieses Gesicht war nicht eben schön, allein auch nicht grad häßlich zu nennen; es gewann durch Freundlichkeit, die jedoch selten war, und er sah durch den eigenthümlichen Bau seines Auges meistens mürrisch aus. Der Eindruck, den er mir machte, wurde durch eine monotone, heisere Stimme nicht verbessert. Er war über Mittelgröße und gut und kräftig gewachsen, was mehr zu seinem Vor= theile hervorgetreten sein würde, wenn er sich nicht durch die damals in der badischen Armee gebräuchlichen weiten und steifen lederbesetzten Hosen entstellt hätte. Das braune Haar trug er kurz geschnitten. Die Form des Gesichts war rund und der Ausdruck desselben ziemlich unbedeutend. Seine Freunde und die ihn sonst näher kannten, rühmten seinen Charakter als Mensch.

Sigel war der erste badische Officier, der zu Hecker überging. Dadurch und daß es ihm gelang, ein Corps von gegen 5000 Mann zu sammeln, wovon ich im ersten Kapitel redete, erlangte er in Baden große Popularität und Nichtmilitairs betrachteten ihn als ein militairisches Genie. Hecker und seine näheren Freunde, die Sigel genauer kannten, machten sich jedoch über ihn lustig und hielten nichts von seinen militairischen Talenten.

Es war natürlich, daß er bei der Revolution von 1849 eine nicht unbedeutende Stellung gleich von vorn herein einnahm; wäre ich von Weissenburg gleich beim Beginn des Aufstandes nach Baden gekommen, so würde dasselbe mit mir der Fall gewesen sein, trotz aller Feinde.

Als ich nach Mannheim kam hatte Sigel, obwohl nur mit dem Rang eines Majors, der That nach den Oberbefehl über die „Neckararmee," die aus sämmtlichen badischen regulären Truppen bestand, obwohl dem Namen nach ein Oberst (ehemaliger Hauptmann) dieselbe befehligte.

Ich habe keinen Grund, Sigel nicht persönlich zu achten und bin gern bereit, seine vielen, schätzbaren Eigenschaften anzuerkennen; allein es ist meine Ueberzeugung, daß die Stellung, welche ihm mehr aufgedrungen als von ihm eingenommen wurde, über seine Fähigkeiten und Kräfte ging. Es fehlten ihm dazu die allernöthigsten Erfordernisse: Umsicht und Klarheit, Bestimmtheit, Charakterfestigkeit, Organisationstalent, Menschenkenntniß und Beredsamkeit.

Die unbedeutendsten Schwätzer hatten Einfluß auf ihn und Schwindler, talentlose Aufschneider und Betrüger er-

hielten unumschränkte Vollmachten und Geld, während er zu=
verläßige und talentvolle Leute ängstlich mied. — Er mochte
das Bewußtsein seiner Unzulänglichkeit haben; das zeigte sich
in der Unsicherheit, Unentschiedenheit in Allem was er sprach
und that. Er konnte Niemand fest ins Gesicht sehen und
ebensowenig Jemand eine bestimmte Antwort geben. Wer
zu ihm kam, sich einen Rath oder Befehl zu holen, ging
ganz verwirrt von ihm. Seine widersprechenden Befehle oder
unbestimmten Dispositionen richteten oft heillose Confusion
an und es war ihm stets am liebsten, wenn man that was
man wollte. Seine beste Eigenschaft als Soldat war sein
persönlicher Muth; doch hatte er mehr den des Subaltern=
officiers als den des Feldherrn.

Ich blieb zwei Tage in Mannheim, ohne Sigel zu
sprechen, der abgereist war. Was ich sah erbaute mich wenig.
Eitelkeit und Ehrgeiz trieben ihr Spiel und Jeder trachtete
nur danach, sich einen recht guten Platz zu verschaffen, oder
so viel als möglich von den goldenen Aepfeln zusammen=
zulesen, die von dem Staatsbaume herabgeschüttelt worden
waren. Die meisten Demokraten richteten sich zu meinem
Erstaunen ein, als sei die Existenz des von ihnen geträumten
Staates eine ausgemachte Sache und beruhe nicht auf dem
Ausgange eines sehr zweifelhaften, gefährlichen Kampfes.

Wie bereitete man sich auf diesen Kampf vor? Drei
Wochen waren bereits unter unnützen Zänkereien vergangen
und für die Organisation der Landwehr des ersten Aufgebots
war noch so gut als gar nichts geschehen. Sigel hatte
nichts zu seiner Disposition als die Linientruppen, deren
Bataillone keineswegs vollzählig waren, und einige Freicorps
oder Legionen, die als Wehrkörper nichts werth, da ihre
Disziplin ebenso mangelhaft als ihre Gefechtstüchtigkeit zwei=
felhaft waren.

Ueberall sah ich ein sehr großes Feld für meine Thä=
tigkeit, und da die provisorische Regierung, den Mangel sach=
verständiger Officiere fühlend, solche durch die Zeitungen ein=
geladen hatte, so glaubte ich mit aller Bestimmtheit, sehr
schnell eine meiner Fähigkeit einigermaßen angemessene Stellung
zu erhalten. Ich war um so mehr zu dieser Erwartung
berechtigt, als die meisten jüngern und alle höhern Officiere
die Armee verlassen hatten, von welcher dieser Mangel bitter
empfunden wurde. Die selbstgewählten Officiere waren nur
ein sehr unzulängliches Surrogat. Um nun der Quelle, aus
der die Stellen flossen, näher zu sein, beschloß ich nach Carls=
ruhe zu reisen.

Ich kam in dieser Stadt gegen Abend an und stieg in
demselben Gasthofe ab, wo der Landesausschuß und viele
fremde demokratische Notabilitäten logirten. Da ich hörte,
daß Philipp Becker aus Biel in Carlsruhe und Ober=
commandeur der gesammten Volkswehr Badens sei, so beschloß
ich ihn aufzusuchen, in der Hoffnung, dadurch am schnellsten
meinen Zweck zu erreichen, weil er für die Volkswehr eine
Menge von Officieren gebrauchen mußte. Ich kannte zwar
Becker nicht persönlich, allein man erinnert sich vielleicht der
Unterhandlung, die ich mit ihm durch Lommel hatte. Er
wußte mehr von meinen militairischen Fähigkeiten als ein
Anderer und wir hatten einige Briefe gewechselt. Ich ging
also auf das Rathhaus, wo sein Bureau war. Ein Frei=
schärler führte mich in das Vorzimmer desselben; hier fand
ich Dortu aus Potsdam, welcher einer der vielen Adju=
tanten Beckers war. Er erinnerte sich mit einiger Verle=
genheit meiner Person von Berlin her, wo ich ihn in seiner
etwas komischen Glorie als Präsident des „in Permanenz
sitzenden Ausschusses 2c." im Café Bavière gesehen hatte. Ich
ersuchte ihn, mich bei dem Obersten zu melden und war

nicht wenig überrascht, von ihm nach seiner Rückkehr zu hören, Becker habe jetzt keine Zeit und könne mich nicht annehmen.

In meinem Gasthofe fanden sich am Abend eine große Menge interessanter und bekannter Personen ein; denn hier hatten sich die verfolgten Demokraten aus ganz Deutschland Rendezvous gegeben. Hier traf man die Mitglieder der Linken des Frankfurter Parlaments und der preußischen National= versammlung; die Theilnehmer an den Aufständen in Sachsen und Thüringen und die aus der Schweiz und Frankreich zurück= gekehrten Flüchtlinge. Mir gegenüber an den Tisch setzte sich — Karl Heinzen; wir sahen uns kalt an und nahmen keine Notiz von einander. Man hatte „unsern wackern Landsmann" den „berühmten Heinzen" in der Pfalz nicht im Landesaus= schuß aufnehmen wollen und nun kam er nach Carlsruhe, um zu sehen, ob hier die Leute geneigter wären, sich von ihm regieren zu lassen. Als man dazu keine Neigung zeigte, intriguirte er gegen die Regierung; als jedoch die rothe Partei den Kürzern zog, wollte sich Karl Heinzen mit dem Commando einer von ihm zu bildenden Schweizer=Legion begnügen. Diese Legion kam aber auch nicht zu Stande, da sich Niemand fand, der unter Heinzen fechten wollte und er verließ Baden.

Im Pariser Hof logirte auch Philipp Becker, den ich am Abend im Wirthszimmer sah und wo wir uns mit der Wärme von zwei Eiszapfen begrüßten. Er war ein Mann von etwa fünfundvierzig Jahren, ziemlich groß und mit gebräuntem, militairischem Gesichte. Seine Erscheinung flößte Zutrauen ein und war durchaus nicht lächerlich, wie die manches Anderen, den ich dort sah. Er trug einen grünen Uniformsrock mit goldenen Epaulet=Haltern. In der Schweiz stand er an der Spitze des von ihm gebildeten Wehrbundes Hilf dir, welcher seine eigenthümlichen Satzun=

gen und Einrichtungen hatte, um die ich mich aber nie be=
kümmerte, da ich solch demokratischen Firlefanz abgeschmackt
fand. Viele legten aber großen Werth darauf, hatten heim=
liche Zeichen und Stichwörter, trugen heimliche Kennzeichen ꝛc.
Als es schon anfing dunkel zu werden, kam die „Flücht=
lingslegion" die Straße herunter, um vom Exerciren in ihre
Kaserne zu marschiren. Die Legion stellte sich vor dem Hotel
auf und brachte Philipp Becker ein Hoch, der am Fenster
erschien, sich bedankte und versprach, daß die Legion in den
nächsten Tagen Gewehre erhalten sollte, die sie bis dahin
noch nicht hatte.

Ich schlug die Hände vor Verwunderung zusammen
und lachte herzlich, als ich den guten alten Böning in
kriegerischem Schmuck an der Spitze dieses stattlichen Re=
giments als Oberst sah. Bis dahin hatte ich Böning für
einen friedlichen alten Mann gehalten und auch nicht eine
Spur von militairischem Geist in ihm geargwohnt. Er sah
indessen ehrwürdig und stattlich aus, wie ein Held aus den
Zeiten des Mittelalters und war gewiß die malerischste Er=
scheinung in Baden. Böning mochte ein Sechziger sein;
er war groß, kräftig gebaut und ging ein Wenig nach vorn
gebeugt; sein Kopf war ein solcher, wie ihn sich Maler als
Modell wünschen; das Gesicht trug den Ausdruck der Her=
zensgüte, allein zugleich auch der Charakterschwäche; der graue
Bart und die grauen langen Locken unter dem breitrandigen
Freischärlerhut standen ihm besonders gut. Er trug eine
schwarze Blouse mit Ledergürtel; aus dem Brustschlitz ragten
die Griffe eines Paars hübscher Pistolen mit Stahlbeschlag
hervor; dazu trug er hohe Jagdstiefel und einen Schleppsäbel.
Er ritt damals einen sehr schönen, aalglatten Braunen, der
wahrscheinlich aus dem großherzoglichen Stalle requirirt war.
Ich hatte den guten alten Mann herzlich lieb; doch muß ich

der Wahrheit gemäß sagen, daß er durchaus nicht für seine
Stelle paßte. Man hatte ihn zu derselben augenscheinlich
nur seines Aeußern wegen gewählt und eine verzeihliche Ei=
telkeit hatte ihn verführt, dieselbe anzunehmen. Er begrüßte
mich mit großer Herzlichkeit aber einiger Verlegenheit; hätte
ich Anspruch auf seine Stelle gemacht, er würde sogleich vom
Pferde gestiegen sein, denn all seine Leute gehörten zu meiner
Legion, deren Commando ich ja noch gar nicht niedergelegt
hatte; allein ich hoffte bei dem allgemeinen Mangel an fä=
higen Officieren, einen Platz zu finden, auf dem ich von
mehr Nutzen sein konnte und sagte dies auch den Leuten der
Legion, die ihren alten Befehlshaber reclamirten.

Da sich die damaligen Gewalthaber nicht um mich
kümmerten, so mußte ich selbst Schritte thun, endlich ein
Feld für meine Wirksamkeit zu erhalten. Sigel stand bei
der Neckararmee, wie auch der damalige Kriegsminister —
ich glaube Oberst Eichfeld — aber dessen Stellvertreter, ein
Hauptmann Meierhofer, war in Carlsruhe. Ueber diesen
sprach man im Pariser Hof in ebensowenig ehrerbietiger als
anerkennender Weise, ja mit demokratischer Offenheit nannte
man ihn ein Kameel; Andere behaupteten er sei ein Rhi=
noceros, während noch Andere ihn zu einem Esel de=
gradirten.

Neugierig, diese so ausgezeichnete Persönlichkeit kennen
zu lernen, stellte ich mich dem Herrn „Kriegsminister“ Stell=
vertreter vor, und wurde ein Wenig gedemüthigt dadurch,
daß derselbe meinen Namen noch nie gehört hatte, der doch
oft genug in Baden genannt worden war. Ich war daher
gezwungen, meine kurze Biographie zu liefern und äußerte
endlich den Wunsch, im Generalstab eine Stelle zu erhalten.
Er hörte mich geduldig an und antwortete dann — ich ver=
muthe das Kameel sprach aus ihm — ich möchte mich

zum Geniebataillon einzeichnen lassen, welches man zu
bilden in Begriff sei.

Himmel! dachte ich, so viel Genies haben sie hier, daß
sie ein ganzes Bataillon davon bilden wollen! Da konnte
ich mich freilich nicht darüber wundern, daß man mich so
en bagatelle behandelte. Doch Scherz bei Seite! — Ich
machte den Herrn darauf aufmerksam, daß ich nicht zum
Ingenieurcorps, sondern zum Generalstab wolle und
bereit sei, mich jedem Examen zu unterwerfen. Ich wußte
übrigens, daß Niemand vorhanden war, der mich hätte exa-
miniren können. Hauptmannn M. belehrte mich aber, —
ich glaube das Rhinoceros sprach — daß Ingenieurcorps
und Generalstab eins seien, was ich bis dahin nicht gewußt
hatte, und daß ich mich nur beim Geniebataillon einzeichnen
lassen möchte. Mit großer Schüchternheit — über die ich
mich sehr amüsirte — bemerkte ich, daß ich bei dem großen
Mangel an Leuten, die etwas verstünden, einen andern Platz
als mitten in einem Bataillon Genies beanspruchen zu können
glaube. „Nun", antwortete die dritte vierbeinige Person aus
dem Kriegsminister, „man kann Sie doch nicht gleich zum
Chef des Generalstabes machen!" — Ich sagte, daß man
diesen Mißgriff schon früher begangen und daß ich die deutsche
Legion in dieser Eigenschaft geführt hätte. Er habe jetzt
keine Zeit, antworteten alle drei Bestien aus dem Kriegsminister und ich war so klug wie vorher.

Um doch zu wissen, wie es mit dem Bataillon stünde,
begab ich mich in das betreffende Bureau und erfuhr, daß
sich innerhalb acht Tagen schon — zwei Genies hätten einzeichnen lassen! —

Im Pariser Hof traf ich Annecke, den Obersten der
Artillerie aus der Pfalz. Er war nach Carlsruhe geschickt
worden, um mit der badischen provisorischen Regierung wegen

des Ankaufs einiger Geschütze zu unterhandeln, da die Pfalz gar keine, Baden aber einen Ueberfluß daran besaß. Dieser ganze Handel war abgeschmackt, da man erklärt hatte, daß Baden und die Pfalz in militairischer Hinsicht als ein Staat betrachtet werden sollten. Dessenungeachtet kostete es die größeste Anstrengung, die badische Regierung zu bewegen, vier alte Zwölfpfünder für 15000 Gulden an die Pfalz zu verkaufen. Bespannung wollte man nicht abgeben und von Munition nur so viel als in die Protzkasten ging. Besonders wüthend war Annecke über den Kriegsminister = Stellvertreter, den er nun wieder ein Heupferd nannte! Dieser hatte Anneckes Eitelkeit ebenfalls verletzt dadurch, daß er seinen Namen nicht kannte und durch die Frage: „Ob er gedient habe?" —

Annecke war preußischer Artillerielieutnant gewesen und wegen eines Aufsehen und ihm Ehre machenden Prozesses sein Name in den Zeitungen viel genannt worden. Er war ein hübscher Mann, über dessen militairische Fähigkeiten ich jedoch nicht urtheilen kann. Er wollte mich bereden, nach der Pfalz zu kommen, wo man mich mit offenen Armen aufnehmen und wo ich ein weites Feld für meine Thätigkeit finden würde. Ich versprach mir die Sache zu überlegen.

Als ich sehr gelangweilt umherschlenderte, traf ich Julius Fröbel in derselben Beschäftigung. Er hätte gern sich nützlich gemacht, allein man hatte keine Verwendung für ihn. Ich kannte Fröbel von Leipzig her und ich schätzte ihn als einen der tüchtigsten Männer unserer Partei. Wir gingen in den schattigen Schloßgarten und hier erzählte er mir seine Abenteuer in Wien und wie er dort zum Tod durch den Strang verurtheilt und begnadigt worden sei. Nach dieser Begnadigung sei, erzählte er mir, in der Nacht ein Officier zu ihm gekommen, der mit in dem Kriegs-

gericht gesessen, welches ihn verurtheilte. Dieser Officier
schien über den Tod Robert Blum's, oder vielmehr über die
befürchteten Folgen sehr unglücklich und rief im bittenden
Ton: „Oh, kommen Sie wieder nach Frankfurt, dann bitten
Sie für das unglückliche Oesterreich." —

An der Table d'Hote fand ich sehr viele Herren vom
Landesausschuß und neben mir saßen Fröbel und Gögg,
der Finanzminister, ein hübscher junger Mann, dessen Namen
ich aber bis dahin noch nicht hatte nennen hören. Man sprach
von dem gegenwärtigen Zustande und den Maßregeln, die
getroffen worden waren, dem Feinde zu begegnen, und ich
ergriff diese Veranlassung, den Leuten etwas eindringlich
meine Meinung zu sagen.

Zunächst hob ich es als eine grenzenlose Unklugheit
hervor, daß man die Pfalz so gänzlich unberücksichtigt lasse;
treffe man dort nicht Maßregeln, sagte ich, so werde der
Feind, ehe man es sich versehe, mitten im Herzen Badens
sein. Es sei gar nicht zu entschuldigen, daß man sich so
wenig um die Festungen Landau und Germersheim
bemühe. Ersteres habe nur eine schwache, unserer Sache
zum Theil günstige Besatzung und die Bürger, uns noch
günstiger gesinnt, würden dieselbe augenblicklich zur Uebergabe
zwingen, sobald man einige Dutzend Bomben in die Stadt
geschickt habe. Könne man Germersheim nicht bekommen,
so solle man doch wenigstens den diesseits des Rheins lie=
genden Brückenkopf nehmen, der, wie man mir gesagt habe,
noch gar nicht einmal armirt sei.

Die Preußen müßten Thoren sein, wenn sie, anstatt
sich an den Pässen des Odenwaldes die Stirn blutig zu
rennen, nicht ganz gemüthlich bis Germersheim durch die
Pfalz marschirten, unter dem Schutz dieser Festung über den

Rhein gingen, der badischen Armee in Flanke und Rücken
fielen und Carlsruhe einnähmen.

Die Maßregeln, die man bis jetzt im Odenwald ge=
troffen, seien unbedeutend; man müsse so weit als möglich
in denselben vordringen und Darmstadt bedrohen, zugleich
aber die Linie von Mannheim bis Heidelberg und diese
Städte selbst stark besetzt halten. Verführe man so, dann
müsse der Feind entweder einen bei dem hohen Wasser
schwierigen Rheinübergang oder den ebenso gefährlichen über
den Neckar versuchen, worin er durch die Armee im Oden=
wald, welche beständig die Flanke bedrohe, sehr gehindert
werden würde.

Sei man genöthigt, das flache Land preiszugeben, dann
möge man wenigstens darauf bedacht sein, den Schwarzwald,
das Oberland und Rastatt in guten Vertheidigungszustand
zu setzen. Von hier aus könne man Würtemberg revolutio=
niren und die zerstreuten Volkswehren sammeln. Man möge
sich beeilen, diese letzteren im Oberland so schnell als möglich
zu organisiren, damit man bei Unglücksfällen am Neckar
dort wenigstens eine tüchtige Reserve habe.

Man hörte mich an und gab mir Recht, allein damit
war es abgethan; in den nächsten Minuten hatte man Alles
vergessen, um sich um Stellen in der Verwaltung und um
Theorien zu zanken, die man doch erst nach Durchführung
der Revolution ins praktische Leben rufen konnte. Man war
sehr siegesgewiß und erwartete Großes von Sigel und der
Neckararmee; an die Preußen dachte man wohl, aber stets
an 10—20000 Mann, welche sie, wie nach Sachsen, schicken
würden.

Nachmittags kam die Nachricht von einem Gefecht,
welches Sigel gegen die Hessen=Darmstädtische Armee bei
Hemsbach verloren hatte. Da gab es entsetzlich lange

Gesichter! Es kamen auch eine Anzahl flüchtiger Soldaten, meist Dragoner an, die — vom Schlachtfelde bis Carlsruhe per Eisenbahn gelaufen waren. Anstatt diese Ausreißer so= gleich vor ein Kriegsgericht zu stellen, oder sie wenigstens ein= zusperren, ließ man sie in der Stadt umherlaufen und die Geschichte von der grausamen Schlacht erzählen.

Die Hessen hatten eine Volksversammlung an der Grenze gestört und es war beschlossen worden, sie zu züchtigen. Zu diesem Ende überschritt Sigel die Grenze und suchte die hessischen Truppen auf. Er mußte vernünftiger Weise darauf gefaßt sein, sie zu finden und danach seine Vorsichtsmaßregeln treffen; allein er marschirte wie im Traum und stieß ganz unvermuthet auf die vor ihm stehende, feindliche Armee. „Wollen wir einmal ein Bischen?" sagte Sigel zu Mög= ling, der als Lieutenant in seiner Nähe war und ging an der Spitze der Dragoner vor, ohne Plan oder Vernunft. Unvermuthet wurden sie durch Kartätschen begrüßt, von denen eine Sigels Helm durchbohrte, ohne sonst zu schaden. Die Dragoner kehrten sogleich höchlich überrascht um und über= rannten in wilder Flucht die Infanterie, welche solcher Auf= forderung zum Ausreißen kaum bedurfte, da die Kartätschen in die Regimentsmusik gefahren waren und in derselben Ent= setzen verbreitet hatten. Mögling machte noch einmal einen Angriff mit den Dragonern, allein vergebens. Das Leib= regiment hielt sich schlecht, wüthend über die selbsterwählten feigen Officiere, die ihren Gehalt noch gern länger beziehen wollten. Die Badenser liefen bis Weinheim, ja selbst bis Heidelberg und wären die Hessen gefolgt, so würden jene eine große Niederlage erlitten haben; allein diese — hielten sich für geschlagen und retirirten gleichfalls! Mögling erzählte mir später die ganze „Schweinerei," wie er es nannte.

An und für sich war dies Gefecht von gar keiner Be=
deutung; allein es war äußerst wichtig wegen des moralischen
Eindruckes, den es machte und der Fehler, die es hervorrief.
Sigel, deſſen Unfähigkeit die Schuld allein beizumeſſen iſt,
ſchob dieſelbe auf die Dragoner, welche die Kanonen nicht
genommen hätten, von deren Kartätſchen ſie auf etwa hundert
Schritt Entfernung überraſcht worden waren, und Struve be=
ging die Unklugheit, ein Bülletin in Carlsruhe an die Straßen=
ecken ſchlagen zu laſſen, in welchem die Dragoner als Feiglinge
vor ganz Deutſchland an den Schandpfahl geſtellt wurden.
Das war ebenſo ungerecht als unvorſichtig und ich zuckte
förmlich zuſammen, als ich das Blatt las, denn dadurch,
das wurde mir ſogleich klar, machte man ſich das Dragoner=
Regiment zu Feinden und öffnete der Verrätherei Thür
und Thor.

Am andern Vormittag erhielt ich zu meiner Verwun=
derung eine Vorladung, ſogleich vor dem Sicherheits=
Ausſchuß zu erſcheinen. Ein mir gänzlich unbekanntes
Individuum hatte mich als Verräther, Spion und wer weiß
was noch denuncirt. Ich ließ Philipp Reuter holen, den
ich unten im Rathhauſe bemerkt hatte, und man entſchuldigte
ſich bei mir.

Nach dem Gefecht bei Hemsbach verbreitete ſich auch
die Nachricht, daß eine Anzahl höherer Officiere der Armee
durchgegangen ſeien und unter ihnen der Kriegsminiſter,
Oberſt Eichfeld. Handelten dieſe Herren auch nicht ehrlich,
ſo handelten ſie doch klug; an dieſer erſten Frucht von
Sigels Feldherrnthum ließ ſich die ganze Erndte erkennen!

Sigel kam indeſſen nach Carlsruhe, um die Stelle des
ausgeriſſenen Kriegminiſters einzunehmen, von deſſen eigent=
lichen Funktionen er auch nicht einmal eine blaſſe Idee hatte.
— Als ein ſehr hübſches Pröbchen von der zu jener Zeit

üblichen Art und Weise im Geschäftsverfahren führe ich nur
an, daß der Kriegsminister=Stellvertreter M., als er in
den Pariſer Hof zu Tiſche kam, noch nichts davon wußte,
daß er ſeit dem vorigen Tage unnütz und Sigel zum
Kriegsminiſter ernannt ſei. Er ward blaß vor Aerger, ſagte
aber kein Wort. Als ich gegen Jemand meine Verwun=
derung darüber äußerte, erhielt ich zur Antwort: „Ach,
was ſoll man mit der Volleul' viel Umſtände machen!"
— In dem Mann ſchien eine ganze Menagerie vermuthet
zu werden, denn ſpäter hörte ich ihn Fuchs und Verräther
ſchelten!

Ich ging zu Sigel, um zu erfahren, ob er eine Stelle
für mich habe. Ich fand ihn mittheilender als das Erſtemal
und wir ſprachen über die gegenwärtige Lage der Dinge.
Ich verhehlte ihm meine Beſorgniſſe nicht und drang auf
die Beſchützung der Pfalz und wenigſtens auf die Wegnahme
des Brückenkopfes von Germersheim, damit der Feind uns
nicht in die Flanke komme und überflügle. „Was thut
das? ſagte Sigel, wenn der Feind uns in der Flanke
iſt, dann ſind wir ihm auch in der Flanke!" —
Als ich nach der Stärke der Armee fragte, geſtand er ganz
naiv, daß er dieſelbe nicht kenne. Ich ſprach mich unum=
wunden über dieſe ſorgloſe, liederliche Wirthſchaft aus und
ſtellte dem Kriegsminiſter vor, wie wichtig es ſei, vorerſt
ſeine Streitkräfte kennen zu lernen, dieſe zu organiſiren und
zu brauchbaren Wehrkörpern zu machen. Er gab mir Recht,
und als ich meine Bereitwilligkeit ausſprach, nach dieſer
Richtung hin thätig zu ſein, fing er an eine Vollmacht zu
dictiren, kraft welcher ich zum Oberinſpecteur der Armee oder
etwas dem Aehnlichen, ernannt werden ſollte, — als Karl
Heinzen durch ſein Hereintreten ihn unterbrach, ihm etwas
ins Ohr ſagte und mit ihm in ein Nebenzimmer ging, in

welchem sich der ältere Schlöffel und ein preußischer Deputirter befanden.

Von meiner Vollmacht war weiter nicht die
Rede. Heinzen hatte Sigel beschworen, mir, einem so verdächtigen Menschen, keine wichtige Stellung zu geben und
mich in einer Weise geschildert (ich erfuhr es später durch
den preußischen Deputirten), daß Schlöffel mich in seltsam
hochfahrender Art behandelte, welche ich nicht zu dulden entschlossen war. Ich schrieb daher an Sigel und beklagte mich
bitter über das gegen mich beobachtete Verfahren und die
unerklärlichen Kränkungen, die mir von allen Seiten zugefügt
würden, von Personen, welche nicht offen gegen mich aufzutreten wagten.

Als ich am andern Tage in das Kriegsministerium kam,
um Sigel zu sprechen, fand ich diesen so beschäftigt, daß
ich nicht ankommen konnte. An anständige Formen gewöhnt,
hatte ich mich anmelden lassen; allein das war ein Fehler;
Jeder lief ohne Umstände in des Kriegsminister Zimmer und
an mich kam nicht die Reihe. Ich benutzte die Muße, die
ich durch dieses Antichambriren erhielt, meine Betrachtungen
zu machen. Dies Treiben im Kriegsministerium war betrübend für den Demokraten und ergötzlich für den Spötter.
Von einer Geschäftsordnung war gar nicht die Rede; hatte
man ein Anliegen, so konnte man tagelang umherlaufen, ehe
man die nöthige Behörde ausfindig machte. An einen regelmäßigen Empfang war nicht zu denken; das Zimmer des
Ministers glich einem Taubenschlage und so Viele auch hineingingen, Keiner ging befriedigt oder abgefertigt hinaus, denn
trat ein Anderer ins Zimmer, so brach Sigel das Gespräch
ab und wandte sich an den Neuangekommenen.

Eine mir höchst komisch erscheinende Figur spielte Gustav
v. Struve. Er war, wenn ich nicht irre, Präsident des

Militairausſchuſſes! Struve, Präſident eines Militair=
Ausſchuſſes! Außer Muth, den ich ihm nicht abſprechen
will, hatte Struve auch gar nichts in ſich, was ihn
zu irgend einem militairiſchen Poſten befähigte, und dennoch
war er grade am meiſten darauf verſeſſen, Soldat zu ſpielen.
Schon ſein Aeußeres war ſo unmilitairiſch als möglich und
das iſt nicht ganz unwichtig. Er ſah immer zerknittert und
ungewaſchen aus und ich konnte nicht umhin, ihn mit einer
Elſter zu vergleichen, die in einer Küche gehalten wird und
deren Federn ſtets zerknittert und beſchmutzt ſind. Die drei=
farbige, wie ein Strick zuſammengedrehte Schärpe, welche er
über der Bruſt trug, war beinahe unter dem Arm zuſammen=
geknüpft und die Schwänze der Schleife baumelten zwiſchen
den Schulterblättern. Ich konnte mich nicht des Lachens
erwehren, als ich ihn einige Soldaten abfertigen ſah, denen
er Papiere übergab. Die Soldaten waren ganz verblüfft über
die Art und Weiſe, wie man mit ihnen im Kriegsminiſte=
rium umging und ſahen ſich erſtaunt an. Man bat ſie, ſich
zu ſetzen und die Gefälligkeit zu haben zu warten und er=
ſchöpfte ſich in Entſchuldigungen, daß man ſie warten laſſe.

Struve, der mich ſehr wohl erkannte, würdigte mich
keines Blickes und Sigel, der einige Mal durch das Zimmer
gehen mußte, that ſehr eilig und vermied es mich zu ſehen;
kurz ich ſchien bei den Machthabern in vollſtändiger Ungnade
und hatte keine Ausſicht, mein Glück zu machen.

Von all den Leuten, die ich dort ſah, machte der alte
Schlöffel den angenehmſten Eindruck auf mich; er verſtand
zu repräſentiren, und benahm ſich ſehr ruhig und angemeſſen.
Er ſuchte mich auf; Sigel hatte ihm meinen Brief über=
geben. Er war Oberkriegs=Commiſſär und ſprach mit mir
über militairiſche Angelegenheiten. Er machte mir Ausſicht
auf ein größeres Commando bei der Neckararmee und ſagte,

daß dort sein Sohn sei. Der Junge sei sehr brav, aber noch unerfahren und es werde ihn freuen, denselben unter der Leitung eines älteren Mannes zu sehen. Ehe wir jedoch zu einem Resultate kamen wurde Schlöffel abgerufen und ich sah ihn in Carlsruhe nicht wieder; von einer Anstellung für mich war weiter nicht die Rede.

Am Nachmittag traf ich Mögling in Uniform, der in derselben sehr gut aussah. Er war zum Hauptmann ernannt worden und kaufte sich eben die Epaulets. Am Nachmittage reiste er in Geschäften nach Würtemberg, wie es hieß, dort einige Regimenter zu empfangen, die mit den Badensern ge= meinschaftliche Sache machen wollten. Ich sah ihn während der ganzen Revolution nicht wieder, da wir zufällig stets an verschiedenen Orten thätig waren.

Als ich am andern Morgen ausging, erhielt ich die Nachricht, daß Fickler, der Mitglied des Landesausschusses war, in Stuttgart arretirt und auf den Asperg gebracht worden sei. Ich ging sogleich zu Sigel und brachte ihm diese wichtige Neuigkeit, die anfänglich große Bestürzung er= regte; allein der bei Sigel anwesende Struve wußte, sanguinisch wie er war, der Sache sogleich eine vortheilhafte Seite abzugewinnen; ja er betrachtete diese Verhaftung Ficklers als ein Glück, da sie ganz sicher das würtember= gische Volk zum Aufstande bringen werde!

Auf diese Erhebung hatte man schon lange gewartet und so sicher darauf gerechnet, daß man förmlich den Muth verlor, als die Schwaben noch immer sich nicht rühren woll= ten. Ein starkes Truppencorps nach Würtemberg zu schicken, um das Volk dort bei den ersten Schritten zu unterstützen, fiel aber Niemand ein; wenigstens unterließ man es.

Als ich abermals einige Stunden auf dem Kriegsmini= sterium zugebracht hatte, ohne Sigel sprechen zu können und ihn eine Hintertreppe hinabgehen sah, eilte ich ihm nach und holte ihn vor der Thür ein. Ich fragte ihn nun, ob er mir endlich eine bestimmte Antwort geben wolle oder nicht? Ich sei auf die Aufforderung der Regierung von Berlin hierher gereist und habe weder Zeit noch Geld genug, hier unbeschäftigt umherzulungern. Nach einigen verlegenen Worten sagte Sigel: „Nehmen Sie doch ein Bataillon, ich habe auch eins nehmen müssen." — „Nun gut," antwortete ich, „so geben Sie mir eins." — „Ja, ich habe keins!" — „Nun dann hol Sie" — und damit ließ ich ihn stehen.

Am Nachmittag wollte ich nach Mannheim zurückkehren, um von hier in die Pfalz zu reisen und zu sehen, ob man dort ebenso sich gebahre wie in Carlsruhe. Während meiner Ab= wesenheit dort, bemerkte ich vor der Front eines Volkswehr= regiments einen hübschen, blutjungen Mann in ungarischer Tracht. Ich hörte, daß es Türr sei, der sich für einen ehe= maligen österreichischen Officier ausgegeben und den man ohne Weiteres — zum Obersten gemacht habe. Er war übrigens nicht Officier, sondern Oberwachtmeister gewesen; andere sag= ten Tambourmajor, was jedoch eine Unwahrheit ist.

Die erbärmliche Wirthschaft, die ich in Carlsruhe sah, flößte nicht allein mir, sondern auch andern dort länger an= wesenden Personen nichts weniger als Zutrauen an das Ge= lingen der Revolution ein, und als ich ging um mich Fröbel zu empfehlen, dessen Frau angekommen war, fand ich eine Dame aus Mannheim bei ihr, die ich in Straßburg hatte kennen lernen und die eine eifrige Demokratin war. Sie sagte zu mir beim Abschied. „Nun, adieu, auf Wieder= sehen in Straßburg."

Ich wollte nicht abreisen, ohne Struve einen Besuch zu machen. Wenn wir uns auch früher, durch Heinzens Hetzereien, gewißermaßen feindlich gegenübergestanden hatten;

wenn ich auch Manches in seinem Betragen lächerlich fand, so erkannte ich doch seine großen Fähigkeiten vollkommen an und schätzte die Aufrichtigkeit seiner Gesinnung und vor allen Dingen seine Redlichkeit und Uneigennützigkeit. Gustav von Struve und seine Amalie empfingen mich sehr kühl. Ich sagte ihm: es scheine mir jetzt nicht an der Zeit alter Zwistigkeiten zu gedenken und zweckmäßig, gemeinsam zur Erreichung des vorgesteckten Zieles zu arbeiten, deshalb käme ich zu ihm, um zu zeigen, daß ich meinerseits keinen Groll mehr hege. und bäte ihn, den seinigen ebenfalls zu vergessen.

Struve wiederholte ungefähr meine Phrase; wir gaben uns die Hand; allein er schien mir keinesweges aufrichtig. Seine Frau, ein sehr schönes Weib mit brillanten, schwarzen Augen, schwieg hartnäckig; kaum daß sich eine Frage nach meiner Frau von ihren Lippen rang. Ich konnte sie nicht ohne Lächeln ansehen, der mancherlei Anecdoten gedenkend, die man sich von ihr, in Bezug auf ihre Werbungen von Officieren für die Revolution erzählte.

Als ich, in Mannheim angekommen, eben auf dem Weg zum Bahnhof in Ludwigshafen war, begegnete ich Jansen aus Cöln, den ich seit Straßburg nicht wieder gesehen und von dem ich wußte, daß er sich zu Willich begeben, welcher in Besançon ein tüchtiges Corps von Flüchtlingen gebildet hatte. Willichs communistische Thorheiten hatten Jansen angeekelt und er war mit achtzig Mann, die ihm folgten, zuerst nach Carlsruhe und dann nach Mannheim gegangen. Er sprach sehr gut von Willichs Charakter und militärischen Fähigkeiten, machte sich aber über seine Narrheiten lustig. Dieser halte, sagte er, sich für eine Art von Christus und habe seinen Johannes in einem blassen Schneidergesellen, dem er ganz besondere Gaben zuschreibe. Er habe es nicht

länger aushalten können und sei dem Narrenhause entflohen.
Willich sollte nun vor Landau stehen und diese Festung
blockirt halten.

Jansen rieth mir sehr ab, nach der Pfalz zu gehen,
wo die Verwirrung noch weit größer sei, als in Baden; er
bat mich in Mannheim zu bleiben und mit ihm zu
Trützschler zu gehen, der mich sicher nicht fortlassen werde.
Dieser, Civilcommissionär von Mannheim und zugleich Re=
gierungs=Director des Unterrheinkreises, war ein Mann von
etwa dreiunddreißig Jahren, mit feinem, hübschen, offenen Ge=
sicht, blauen Augen, und blondem, schlichtem Haar. Er
war von mittlerer Größe und schlanker Gestalt. An sei=
nem Dialect erkannte man, daß er ein Sachse sei. Er
empfing mich mit großer Offenheit und Liebenswürdigkeit
und bat mich dringend, in Mannheim zu bleiben, da alle
Geschäfte auf ihm lasteten und er sogar die Militär=Angele=
genheiten besorgen müsse, indem kein Mensch da sei, der das
Geringste davon verstünde.

Trützschler gefiel mir außerordentlich und immer
mehr, je länger ich sein Thun und Treiben beobachtet. Er
war ein entschiedener Republikaner und machte alle demokra=
tischen Narrenspossen mit; allein er that es mit dem Anstande
eines wohlerzogenen, an feine Gesellschaft gewöhnten Mannes
und hielt lange Haare, schmutzige Wäsche und Hände durch=
aus nicht für Erfordernisse eines Demokraten. — Vom
frühen Morgen bis tief in die Nacht hinein war er thätig,
und wo er schaffte, wurde auch Etwas abgemacht, Etwas
vor sich gebracht. Es war nicht diese Carlsruher zappelnde,
nichts fördernde Geschäftigkeit, sondern eine rührige, beson=
nene, sachkundige Thätigkeit. Es ist kaum zu glauben, was
Trützschler Alles allein und anscheinend mit der größten
Leichtigkeit besorgte! Obwohl ich ihn meistens gelassen und sehr

ruhig fand, so konnte er doch sehr entschieden und derb auftreten, was er denn auch bei manchen Gelegenheiten that. Er war von allen in Baden anwesenden Demokraten offenbar der tüchtigste.

Im Umgange gewann er noch mehr und man lernte in ihm nicht nur den gewandten und fähigen Geschäftsmann, sondern auch den liebenswürdigen, tüchtigen Menschen schätzen und lieben.

Bei Tische forderte er mich auf, mit ihm eine Batterie für vier Geschütze auf der Neckarspitze zu besichtigen, die schon gegen tausend Gulden an Arbeitslohn koste, ihm aber gar nicht gefallen wolle. Die Arbeit, sagte er, habe ein Ingenieur geleitet, den man aus dem Hauptquartier Heidelberg mit der unumschränkten Vollmacht abgesandt habe, die Linie von Heidelberg bis Mannheim durch Befestigungen zu ver= stärken.

Ich fand ein seltsames Ding von einer Schanze vor und der junge Ingenieur schämte sich nicht wenig vor mir. Auf meine Angaben wurden einige Aenderungen gemacht; allein es blieb immer ein verpfuschtes Ding.

Durch Trützschlers Vermittelung ward ich zum Obersten der Mannheimer Volkswehr ernannt. Diese be= stand damals aus einem Bataillon von fünf Compagnieen, dem mich Trützschler als seinen Befehlshaber im Auftrage der Regierung vorstellte.

Ich formirte sogleich die Compagnieen nach den darüber bestehenden Bestimmungen, ließ Officiere wählen und die Leute einexerciren, womit man indessen schon einige Zeit unter der Leitung eines Oberfeldwebels angefangen hatte. — Es war ein schwieriges Ding, Disciplin in dieses Bataillon zu bringen, da die erwählten Officiere durchaus keinen Begriff von der Nothwendigkeit derselben hatten. Sie waren an das

Clubwesen gewöhnt und wollten mit mir discutiren, wo sie
zu gehorchen hatten, und ich war genöthigt, gleich von vorn=
herein mit sehr großer Strenge dazwischen zu fahren, um
ihnen diesen demokratischen Firlefanz aus dem Kopfe zu
treiben. Ein Umstand, welcher sehr nachtheilig auf die
Disciplin wirkte war, daß die Leute weder ordentlich, noch
gleichmäßig equipirt waren und daß die Officiere nicht Uni=
formen trugen, sondern in Blousen, Civilröcken u. s. w. vor
der Front erscheinen mußten. Die Hervorhebung dieses
Mangels wird manchem Civilisten abgeschmackt erscheinen;
allein Militärs werden die Wichtigkeit desselben einsehen.
Der Regierungs = Director Trützschler mochte in blauer
Blouse mit dreifarbiger Schärpe erscheinen, ohne sich an An=
sehen zu vergeben; allein ein Major oder Hauptmann
in der Blouse findet bei seinen Leuten nicht den nöthigen
Respect.

Kaum hatte ich das Bataillon einige Tage, als ein
junger Mann bei mir erschien, der sich als Major von
Rochlitz und Adjutant Sigels ankündigte. Er brachte
mir den Auftrag, so viele Bataillone als möglich, in
Mannheim zu bilden und dazu Leute vom ersten Aufgebot
zu nehmen, ohne Rücksicht auf die Bezirke und Ortschaften,
wo sie zu Hause wären. Zugleich brachte er mir abermals
einen neuen Organisationsplan — den dritten in drei Tagen —
und den Befehl, das nach demselben eingetheilte Bataillon zur
Avantgarde der Neckararmee, Abends sechs Uhr desselben Tages
abmarschiren zu lassen. In aller Eile traf ich die nöthigen
Vorbereitungen und übergab das Bataillon einem ehemaligen
preußischen Premierlieutenant Herrn von Bernigau. Als
das Bataillon sich sammelte, wurde es durch einen ungе=
heuern Platzregen bis auf die Haut durchnäßt, fuhr so mit
der Eisenbahn nach Heidelberg und mußte hier die Nacht ohne

Feuer auf der Straße kampiren, weil man gar nicht daran gedacht hatte, daß es so pünktlich eintreffen werde. Die armen Leute mußten meistens in's Feld rücken ohne genügende Kleidung, mit einem Paar Schuhe, ohne Tornister und selbst ohne Patrontaschen, während auf den Kammern der Linien= regimenter altes, aber noch immer brauchbares Material in Masse aufgestapelt war.

Es that mir eigentlich leid, von dem Bataillon Abschied zu nehmen, welches aus recht braven Leuten bestand, aus denen ich bald ein tüchtiges Corps gemacht haben würde; allein Trützsch= ler wünschte sehr meine Anwesenheit in dem bisher vernachlässig= ten Mannheim, wo ich bald einen Angriff erwartete. Hier war allerdings Mancherlei zu thun. Die Geschäfte im Büreau der Volkswehr überließ ich jedoch meistens meinem Adjutanten Lindemann, den ich auf Trützschlers Empfehlung genommen hatte. Lindemann war ein Sachse und hatte einst ein liberales Blatt — ich glaube „die Sonne" — in Chemnitz redigirt. Er galt für einen Vollblutdemokraten und war ein angeneh= mer, verständiger Mann, den ich im Büreau besser brauchen konnte als im Felde, schon weil er mit der Feder bei Weitem besser als mit seinem Pferde umzugehen verstand. Meine Hauptaufmerksamkeit war auf die Vertheidigungs= und Sicher= heitsmaßregeln gegen einen Angriff von Seiten des Feindes gerichtet, der uns bereits sehr nahe war. Mecklenburgische Dragoner hatten einen Besuch in Sandhofen gemacht, welches kaum eine Stunde von Mannheim liegt und in Birnheim, hieß es, stünden feindliche Truppen. Dessen= ungeachtet hatte man in Mannheim in großer Sorglosigkeit gelebt und gar nicht daran gedacht, sich gegen einen Ueber= fall nur im Mindesten zu sichern. Erst spät besetzte man das bei Mannheim liegende Dorf Käferthal; allein die ganze Strecke von diesem Ort bis zum Rhein lag offen da,

kaum daß man die Kettenbrücke über den Neckar durch einen
Posten sicherte, der ohne Schwierigkeit aufzuheben gewesen
wäre.

Sobald ich in Mannheim eine militärische Function
übernahm, ließ ich mir es angelegen sein, diesen Fehler zu
verbessern, worin mir Trützschler durch seine Vollmachten
kräftig Beistand leistete; denn ich erhielt nicht allein das
Commando über die Vorposten, sondern auch den Auftrag,
den von Heidelberg geschickten Ingenieur in seinen Arbeiten
zu controlliren, oder vielmehr dieselben anzugeben, da man
ihn, der übrigens ein ganz braver, junger Mann war, durch
ein Abberufen nicht kränken wollte.

Ich stellte nun alle Abend Feldwachen und Posten von
Linienmilitär und Volkswehr aus, wobei ich beide Truppen=
gattungen stets gleichmäßig vertheilte, damit die letztere von
der ersteren den Felddienst lerne, was sich als sehr zweckmäßig
erwies. Diese Sicherheitsmaßregel genügte mir jedoch nicht;
da ich mit Bestimmtheit von dieser Seite her einen Angriff
auf Mannheim erwartrte, so war ich darauf bedacht, einige
Punkte durch Geschütze zu verstärken und zu diesem Ende
auf der Strecke vom Waldhof bis zur Giulinischen Schwefel=
säurefabrik drei Batterieen errichten zu lassen. Die eine
wurde nicht weit vom Waldhof selbst, die andere auf dem
Exercierplatz in der Nähe des Brunnenhäuschens erbaut und
zu der dritten auf dem rechten Flügel beschloß ich die Fabrik
selbst zu benutzen. Cavallerie= und Infanterie=Feldwachen
sollten diese Batterieen decken. Besonders wichtig erschien
mir die in der Fabrik. Hier konnte man einige Geschütze
sehr vortheilhaft postiren und in der Nähe boten im Fall
eines Gefechtes die dort herum liegenden Bierkeller und der
mit einer starken Mauer umgebene Kirchhof gute Punkte zur
Vertheidigung. Letzterer sollte einer Hülfsbrücke gleichsam

als Brückenkopf dienen und eine andere Brücke unterhalb der Kettenbrücke von Flößen hergestellt werden, die stark genug war, Infanterie und selbst Cavallerie zu tragen.

Ehe noch meine Anstalten vollends ausgeführt waren, übernahm Oberstlieutenant Mercy den Oberbefehl über den linken Flügel der Neckararmee und ward zugleich Stadt- und Garnisonscommandant von Mannheim. So hatte sich bis dahin Lieutenant Haas — ein Gefreiter, der bei dem Soldatenaufstand in Rastatt eine gewisse Rolle spielte — aus eigener Machtvollkommenheit genannt, ohne daß ihn Jemand respectirte; er ward nun auf die Functionen eines Platz- majors beschränkt. Die Vertheidigungsmaßregeln waren jetzt Mercy's Sache und dieser begnügte sich damit, vor der Neckarbrücke, an der Stadtseite, eine leichte Verschanzung, die mit einigen Geschützen besetzt ward, und eine Floßbrücke un- terhalb der Kettenbrücke bauen zu lassen. Die Befestigung des andern Ufers und namentlich der Giulinischen Fabrik gab er auf Klagen des Besitzers auf, der viele tausend Ctr. Schwefel und andere brennbare Stoffe in derselben zu haben behauptete. Das war allerdings nicht angenehm; allein ich hatte die Geschütze so postirt, daß sie durch dicke Mauern von der eigentlichen Fabrik getrennt waren und im Fall einer Feuersbrunst sogleich zurückgezogen werden konnten. Der vorrückende Feind würde sich ganz gewiß in der Fabrik festgesetzt haben, wenn wir es nicht thaten und dann mußten wir die Gebäude in Brand schießen. Der Besitzer war also im Fall eines Gefechtes, bei dem der Feind so weit vordrang, auf alle Fälle schlimm daran; doch das sind un- vermeidliche Folgen des Krieges.

Mercy war vor der Revolution Oberlieutenant und Adjutant des dritten badischen Regiments gewesen. Als bei dem Soldatenaufstande in Rastatt die Arrestanten befreit werden sollten, stand er den Soldaten mit dem Säbel in der Hand gegenüber und wurde der Gegenstand ihres besonderen Hasses, den er sich schon durch seine Strenge als Abjutant zugezogen hatte. Die Soldaten drohten ihn umzubringen und er war genöthigt, sich bei einem Bekannten zu verstecken, bis es ihm gelang, in Civilkleidern zu entkommen. Als die Revolution an Umfang gewann, schloß er sich derselben an und erschien plötzlich in Carlsruhe als „Kriegs= minister=Stellvertreter", welche Stelle er jedoch nicht lange einnahm.

„Im Lande der Blinden ist der Einäugige König." Merch galt für einen talentvollen Soldaten, das beweisen die Stellen, die ihm anvertraut wurden. Er war schwach, eitel und unentschieden und als Regiments=Abjutant in einer Garnison eben an seinem Platze. Um die Sache, für welche wir kämpften, schien er sich nicht viel zu kümmern, da er sich wohl nie den Kopf darüber zerbrochen hatte; er nahm einmal daran Theil und hoffte ihren Sieg, damit er eine hohe Stelle mit gutem Gehalt bekam, wodurch seine Wünsche befriedigt waren. Er war von mittler Größe; hatte dunkles Haar, ein angenehmes Gesicht, welches rothe Pusteln etwas entstellten, und war im Umgange ein ganz leiblicher Mensch.

Aus seinem zaghaften, unentschiedenen Auftreten sah man deutlich, daß er das Zutrauen zum Gelingen der Revolution verloren hatte und so wenig wie möglich thun wollte, um die Last seiner Sünden gegen die großherzogliche Regierung nicht zu schwer zu machen. Dies waren die Gedanken, welche seine Handlungsweise in mir erzeugten; allein möglich ist es auch, daß diese Unentschlossenheit und Unentschiedenheit in seinem Charakter lagen. Besonders vorsichtig und rücksichtsvoll verfuhr er mit den Mannheimern, bei denen etwas mehr Strenge und Energie sehr am Platze gewejen wäre. Mercy trat außerordentlich leise auf und wußte stets Trützschlers und meine Maßregeln, die übrigens nichts weniger als hart waren, bis zur Unwirksamkeit zu mildern.

Zu meinem Dienst hatte ich Pferde nöthig. Trützschler ließ drei aus dem Stall der Großherzogin Sephanie requiriren; sie wurden von einem Thierarzte abgeschätzt — das eine mit achthundert Gulden, und mit einer Anweisung auf die Kasse bezahlt. Mercy bohrte beständig an mir, diese Pferde zurückzugeben und ich war herzlich gern dazu bereit, da sie für meine Zwecke wenig taugten, wenn ich nur andere gehabt hätte. Das theuerste gab ich indessen gleich zurück, da es ein Wagenpferd war; eins überließ ich meinem Adjutanten zum Gebrauch und das dritte, welches die angenehme Gewohnheit hatte sich zu bäumen und gelegentlich zu überschlagen, behielt ich bis ich Mannheim verließ, wo ich es ebenfalls in den Stall der Großherzogin zurücksandte.

Um diese Pferde wurde ich im Hauptquartier beneidet, und eines Tages kam ein Officier mit einem Papier, welches mir befahl, diese Pferde dem Vorzeiger zu übergeben. Das Papier war unterzeichnet: „Friedrich Doll, Oberbefehlshaber der Volkswehr in Baden." Ich lachte laut, als ich diese Unterschrift las. Man hatte mir, dem Obersten eines Regiments-Volkswehr, kein Wort von Dolls Ernennung zu diesem wichtigen Posten gemeldet, die eine ganz colossale Dummheit war; denn kein Mensch eignete sich dazu wohl weniger als grade Doll, der nie Soldat gewesen war und auch nicht einmal einen Schatten von militärischen Kenntnissen oder persönlichen Erfordernissen besaß. Doch diese Sache mag dahin gestellt bleiben; ich bin außer durch das in Rede stehende Papier nie eine Spur seiner Thätigkeit gewahr geworden. Da er keinenfalls ein Recht auf die mir

von Trützschler überwiesenen Pferde hatte, so erlaubte ich mir,
ihm einen Gruß zu senden, den ich nicht gut schreiben kann
und über den sich der Bote entsetzte und fragte, ob ich das
wirklich Doll sagen lasse? Ich antwortete: „Ja ich,
Corvin, lasse das dem Hansnarren Doll sagen."
Da das Volkswehr=Büreau im Schlosse war, so bezog
ich eine an dasselbe stoßende Wohnung.

Ich widmete nun der Organisation der Volkswehr meine
ganze Aufmerksamkeit, hatte dabei aber mit vielen Schwierigkeiten zu kämpfen. Hatte ich endlich mit Mühe und Noth
das erste Aufgebot aus den umliegenden Ortschaften eingezogen,
so liefen die Leute bei der nächsten Gelegenheit nach Hause.
Trützschler machte mir die größeste Strenge zur Pflicht,
besonders gegen nachlässige Bürgermeister, welche solche
Desertionen unter der Hand begünstigten. Einer derselben
war der Bürgermeister von Neckarau. An diesen schrieb
ich sehr derb: „Wenn Sie die Deserteurs nicht zu finden
wissen, so werde ich mit einer Schwadron Dragoner hin
kommen und sie suchen. Finde ich noch welche, dann werde
ich Sie bei den Ohren nach Mannheim bringen lassen.
Darauf nehmen Sie das Ehrenwort des Bürgers Corvin."
— Dieser Brief wurde sorgfältig aufbewahrt und später
produzirt, wovon ich weiterhin reden werde.

Es war in der That keine Freude für die Leute, ihre
nöthige Feldarbeit im Stiche zu lassen und unbeschäftigt umherzulungern, wobei sie den Mangel an Geld noch härter
empfanden. Man hatte ihnen noch keinen Kreuzer Sold gezahlt und sie baten lange vergebens darum. Ich ging daher
in das Hauptquartier nach Heidelberg und mit großer Mühe
gelangte ich durch die Vermittelung Tiedemanns zu Sigel,
von ihm eine Anweisung auf die vierwöchentliche Löhnung
von mehr als tausend Mann zu verlangen. Mit Mühe und

Noth erhielt ich vierhundert Gulden, doch wurden andere achthundert Gulden einige Tage darauf an Bernigau geschickt.

Major Tiedemann sah ich hier zum erften Mal; er war Chef des Generalstabes der Neckararmee und sehr geschäftig in seinem Büreau. Er behandelte mich mit großer Artigkeit, fragte mich viel über militärische Dinge und ich nahm einen vortheilhaften Eindruck von ihm mit.

Das Treiben in diesem, im Gafthof zum Prinzen Carl befindlichen Hauptquartier war seltfam und bunt genug. Die Stadt war damals mit Truppen angefüllt; es war in der Nähe von Weinheim zu kleinen Gefechten mit den Hessen gekommen und Alles war in großer Bewegung.

Germain Metternich, in blauer Bloufe und hohen Stiefeln nebft mächtigem Schleppfäbel, lief aus einem Zimmer ins andere. Man wunderte sich darüber, ihn fortwährend im Hauptquartier, anstatt auf seinem Poften zu sehen; man sagte mir, er befehlige die Avantgarde, die keineswegs im Prinzen Carl mit ihm hinter dem Schoppen saß. Er galt übrigens seit dem Hambacher Feft für einen der erften Demofraten und war auch wirklich überall dabei gewesen. Er galt für einen Helden; Andere nannten ihn einen Hafenfuß. Letzteres thaten Effelen und ein Mann aus der Gegend von Neckargemünd, welcher anwesend war, als die Hanauer Turner, die sich in Hirschhorn gegen die Baiern vertheidigten und sich verschoffen hatten, um Hülfe zu ihm schickten, die er aus Feigheit nicht leiften wollte. Ich hatte keine Luft die alte Bekanntschaft zu erneuern und sah ihn während der ganzen Revolution nicht wieder.

Auch Schlöffel fand ich in Heidelberg wieder. Ich ersuchte ihn, und Trützschler that dasselbe, nicht zu leiden,

daß Sigel so viel junge Leute mit „unumschränkten" Voll=
machten nach Mannheim schicke, wo es nächstens zu einem
ernstlichen Kampfe kommen werde und wo man Männer
brauche. Außer dem Wiener Studenten, den man als In=
genieur mit so großen Vollmachten und Aufträgen dorthin
sandte, ernannte Sigel auch einen Heidelberger Studenten,
Namens Stöck, zum Hauptmann und Befehlshaber der
Artillerie in Mannheim. Dieser noch sehr junge Mann trug
die Uniform eines eidgenössischen Lieutenants und war eifrig
mit dem Exercitium beschäftigt, hatte aber doch zu wenig
practische Kenntnisse, um die ihm übertragene Stelle genügend
auszufüllen.

Schlöffel hörte mich an und sagte endlich: „Mein
Gott, Sie können sich ja doch nicht halten und es kömmt
auch nicht darauf an, da Mannheim gar kein mili=
tärisch wichtiger Punkt ist." Damit ging er, mich
starr vor Erstaunen stehen lassend. Schlöffel war kein
Soldat und ich lege ihm daher diese Aeußerung nicht zur
Last; er sprach sich nur aus, was Sigel oder andere Mili=
tärbefehlshaber darüber dachten und deren Feldherrntalent
läßt sich aus diesem einzigen Umstand beurtheilen. Neckar
und Rhein bildeten die größten, der feindlichen, nach Baden
bestimmten Armee entgegenstehenden Hindernisse; überließ
man ihnen Mannheim, so hatten sie beide hinweggeräumt;
diese Stadt war damals der militärisch wichtigste Punkt
im ganzen Lande!

Mein erstes Bataillon hatte sich unterdessen bei Laden=
burg recht brav gehalten und eine Anzahl mecklenburgischer
Dragoner und Infanteristen gefangen genommen. Ich ver=
fehlte nicht, dies Bataillon, welches meinen Namen trug, we=
gen seines Benehmens zu loben. Major Bernigau, den die

Leute nicht leiden mochten, hatte das Fieber bekommen und
war in Heidelberg zurückgeblieben; mein Freund Jansen,
der bisher sein Abjutant gewesen war, übernahm das Com=
mando.  Ich hatte in Mannheim nur zwei Compagnieen des
zweiten Bataillons, die noch der Obhut des Instructors an=
vertraut waren und als Rekruten galten.

# Achtes Capitel.

～～～～～～～

**D**ie badische provisorische Regierung stand schon seit einiger Zeit mit dem bekannten Polen Mieroslawski wegen Uebernahme des Commandos der Armee in Unterhandlungen, die mit der Annahme dieses Postens als General und der Zahlung einer Summe — ich glaube zwanzigtausend Gulden — endete. Eines Nachmittages forderte mich Mercy auf, mit ihm nach Käferthal zu reiten, um den eben dort angekommenen General zu begrüßen. Ich ergriff freudig diese Gelegenheit, Mieroslawski kennen zu lernen, obwohl ich

mit der Maßregel seiner Berufung keineswegs einverstanden
war. Die Wahl eines mit unsern Verhältnissen gänzlich un=
bekannten Polen zu unserm Obergeneral schien mir ein ent=
schiedener Mißgriff und um so mehr, als Mieroslawski
auch nicht ein Wort Deutsch verstand und unsere Officiere
nur sehr mangelhaft Französisch redeten, seltene Ausnahmen
abgerechnet. All diese Uebelstände würde ich übersehen haben,
wenn sie durch andere Eigenschaften des polnischen Anführers
genügend aufgewogen worden wären. Allerdings hatte er
anfänglich gegen die Preußen einigen Erfolg gehabt; allein
seitdem war er überall geschlagen und gefangen worden.
Sein letzter Feldzug in Sicilien war ebenso unglücklich wie
alle andern gewesen und ich huldigte der Ansicht des Cardinals
Richelieu, daß Glück fast noch mehr werth sei als Ge=
schick. Mieroslawski schien mir keins von Beiden in
genügendem Maße zu haben, wenn auch Letzteres mehr als
Ersteres. Jedenfalls traute ich ihm aber mehr Erfahrung und
Feldherrntalent zu als irgend einem der in Baden anwesen=
den Deutschen, welche geneigt waren, ihm den Rang streitig
zu machen, und deshalb begrüßte ich seine Ankunft mit
Freude, nun wenigstens energisches Handeln hoffend.

Wir ritten scharf und von oben bis unten mit Koth
bespritzt, langten wir in Käferthal an, wo wir Mieros=
lawski mit Sigel in dem Quartier des Obersten Kapferer
trafen, der mit einigen Compagnieen seines Regiments das
Dorf besetzt hielt. In dem Zimmer waren noch einige an=
dere deutsche und auch polnische Officiere anwesend, welche
letzte der General mitgebracht hatte, der noch Civilkleider trug.

Mieroslawski war ein Mann von etwa dreißig
Jahren von mittler Größe, mit etwas vorgebeugter Haltung.
Sein blondes, etwas gelocktes Haar trug er ziemlich lang,
den Bart jedoch kurz. Sein Gesicht war angenehm, wie

auch der Ton seiner Stimme. Dr. Zurkowski, der als sein Adjutant fungirte und den ich von Straßburg her kannte, stellte mich ihm vor. Er hielt uns eine Rede in französischer Sprache, deren Inhalt ich den Andern deutsch wiederholte, in welcher er sehr bedauerte, unsere Sprache nicht zu verstehen, aber die Hoffnung aussprach, sie bald zu erlernen. Er versprach, Alles was in seinen Kräften stünde, für die Sache der Freiheit zu thun, ermahnte aber, die ge- lockerte Disciplin in der Armee wieder herzustellen. Er wollte, sagte er ferner, die Sache mit einem großen Schlage zum Ende bringen, deshalb alle Streitkräfte zusammenziehen und eine große Schlacht wagen. Schließlich wies er uns an Sigel und stellte uns ihn als Den vor, durch welchen wir alle seine Befehle erhalten sollten, als sein „alterego."

Sigel, der zum Obersten und General=Adjutanten er- nannt war, stotterte auch einige Worte, in denen er das ungefähr wiederholte, was Mieroslawski gesagt hatte. Im Allgemeinen machte Microslawski auf mich einen günstigen Eindruck.

Er hatte in Bezug auf die Wichtigkeit Mannheims andere Ansichten, als ich sie gehört hatte, und verlegte sein Hauptquartier dorthin in das Schloß. Da ich mich lieber suchen lasse, als aufdränge, so kam ich mit ihm nur in flüchtige Berührung und hatte keine Gelegenheit, Mieros- lawski als Mensch kennen zu lernen.

Eines Nachmittages ließ er Generalmarsch schlagen. Sämmtliche Truppen, die in Mannheim lagen, mußten sich auf dem Exercirplatz versammeln; Linienmilitär, Volkswehr und Bügerwehr, sogar meine, von ihrem Instruktor geführ- ten, Rekruten mußten die Parade mitmachen. Der General ließ einige Evolutionen und besonders Angriffe in der Ko- lonne machen, die besser ausfielen, als ich erwartet hatte.

Nach der Revue ritten Mieroslawski, Mercy und ich nach Ludwigshafen, der rheinbaierischen Stadt, welche auf dem andern Ufer des Rheins liegt und durch eine Schiff= brücke mit Mannheim verbunden ist. Hier wurde gemeldet, daß sich preußische Husaren in Frankenthal hätten sehen laffen, welches kaum zwei Stunden entfernt ist. Es war demnach ein Angriff für den folgenden Tag zu erwarten, und Mieroslawski besichtigte die Aufstellung der Geschütze auf dem Mannheimer Rheinufer und ließ sie einige Mal blind abfeuern, um unsere Pferde an den Knall zu gewöhnen. Der General hieß die Aufstellung der Geschütze gut; allein mir schien sie wenig zweckmäßig, schon deßhalb, weil sie ganz frei standen und die Bedienung dem Kleingewehrfeuer vom andern Ufer ausgesetzt war.

Bereits ins Schloß zurückgekehrt, bat mich der General, seinen Bruder, den Obersten Adam Mieroslawski, nach Ludwigshafen zu begleiten, und ihn in den Anstalten, die er dort treffen würde, zu unterstützen. Adam Mieros= lawski war ein hübscher junger Mann, mit langem, dünnem Bart und sehr beweglichem Wesen. Man sagte mir, daß er in der Marine gedient habe. Die Haft, mit welcher er Alles that, hatte nicht meinen Beifall und eben so wenig war dies mit den Anordnungen der Fall, die er zur Ver= theidigung von Ludwigshafen traf. Die Barrikaden waren keineswegs zweckmäßig placirt, und als ich ihn darauf auf= merksam machte, versprach er es zu ändern; allein es blieb beim Alten. Mich bat er, den Bau der Hauptbarrikade zu leiten, wozu ich mir Freiwillige aus Ludwigshafen zusammen= suchte, die ich mit einigen Maas Wein munter erhielt. Man holte vorräthige Eisenbahnschwellen und eine große Menge Baumwollenballen aus dem Hafengebäude, welche als sehr brauchbares Material zum Barrikadenbau verwendet wurden.

Die Barrikade sollte so gebaut werden, daß dadurch die
Passage selbst für Wagen nicht gehemmt würde, und die
Folge davon war, daß sie durch diese Einrichtung nicht nur
weniger Schutz gewährte, sondern auch die Anlage einer Ge=
schützbank hinter ihr unmöglich machte. Es fing an Tag zu
werden, als ich meine Arbeit vollendet hatte und zu Bette
ging.

Ich ward sehr ·bald durch den Generalmarsch geweckt
und stieg zu Pferde. Meine Rekruten fand ich auf dem
Marktplatz und befahl ihnen, hier bis auf weiteren Befehl
zu bleiben. Ich selbst ritt über die Neckarbrücke nach
Käferthal zu, wo ich unsere Truppen mit den Hessen
engagirt fand. Letztere waren bereits zurückgeschlagen worden
und es war eine Pause im Gefecht entstanden, die nur durch
Tirailleurfeuer ausgefüllt wurde. Blutlachen auf dem Wege
zeigten mir, daß einige Leben verloren worden waren, und
der Gedanke, daß hier Deutsche gegen Deutsche kämpften,
verdüsterte mich.

Mercy begegnete mir und rief mir zu: „Pfeifen hören!
pfeifen hören!" Es war das erste Mal, daß er Kugeln
pfeifen hörte. Nicht lange darauf stieß ich auf Mieroslawski,
den General, der heute in Uniform war. Er trug einen
blauen Militärüberrock mit Goldstickerei am Kragen und
sehr große, goldene Generalepaulets; dazu rothe Hosen, einen
Pallasch an einem goldenen Wehrgehänge und ein mit Gold
besetztes Käppi. Er hatte eine Menge Adjutanten; allein im·
Gefecht, wenn er sie brauchte, war selten einer von ihnen zu
finden, so daß er genöthigt war, mir einen Auftrag an den
Oberst Tobian zu geben, welcher das Gefecht leitete.
In demselben Augenblicke hörten wir Kanonendonner von
Ludwigshafen her. Der General gab mir den Be=
fehl, nach Ausrichtung meines Auftrages ihm an den Rhein

nachzukommen. Meine Bestellung war bald gemacht, und gleich darauf erhielt Oberst Tobian, der ein tüchtiger Soldat (Pole) war, einen Schuß in den Mund, an welchem er nach einigen Tagen starb. Am Mannheimer Hafengebäude holte ich den General ein. Oberst Türr, der junge Ungar, von dem ich früher redete — hatte Ludwigshafen mit seinem Regiment Volks= wehr vertheidigen sollen. Er holte sich von Mannheim einen Zwölfpfünder und eine siebenpfündige Haubitze, die aber wegen der Barrikaden gar nicht zu postiren waren, und Hauptmann Stöck, der behauptete, vom General den Be= fehl erhalten zu haben, keine Geschütze nach Ludwigshafen zu senden, zog sich mit denselben eiligst über die Brücke zu= rück. Ihm folgte in großer Unordnung Türr mit seiner Volkswehr und man hatte kaum Zeit, den Durchlaß der Brücke an der Ludwigshafer Seite abzufahren, so nahe waren die Preußen unsern Truppen auf den Fersen. Türr und Stöck beschuldigten sich gegenseitig der Feigheit, wie das in solchen Fällen stets zu geschehen pflegt. Es fehlte nicht viel, so wären die Preußen über die Brücke gekommen, und die Nachricht von der Einnahme von Mannheim durch sie, welche bereits in den Zeitungen stand, wäre eine Wahrheit geworden. Zwischen ihnen und dieser Stadt lagen nur zwölf Ellen Wasser und hätten sie augenblicklich und etwas ener= gisch nachgedrängt, so würden sie Mittel gefunden haben, dieses Hinderniß noch vor unserer Ankunft auf dem Kampf= platze zu überwinden, trotz der aufgestellten Geschütze, deren Bedienung wohlgezieltem Flintenfeuer in der ersten Ueber= raschung schwerlich Stand gehalten haben würde.

Als Mieroslawski und ich von dem Hafengebäude nach dem Europäischen Hofe ritten, zwischen welchen beiden großen Häusern keine andern auf der Chaussee stehen, wurden von

Ludwigshafen her zwei Kartätschenschüsse auf uns gefeuert, deren Kugeln neben und unter unsern Pferden dahin rasselten. Mieroslawski kehrte hinter das Hafengebäude zurück und das Feuer wurde von der Ecke desselben durch die dort aufgestellten zwei Geschütze erwidert, was sogleich Infanteriefeuer und Kartätschenschüsse auf diesen Punkt lenkte.

Ich machte den General auf unsere Gefahr und die mangelhafte Aufstellung der Geschütze aufmerksam und ihm den Vorschlag, dieselbe zu verbessern und durch schnell aufzuwerfende Batterien zu sichern. Er ging darauf ein, übertrug mir in aller Eile die Ausführung und das Kommando auf dieser Seite und ritt sogleich nach Käferthal zurück; er war nicht zehn Minuten am Rhein gewesen.

Ich ließ sogleich Massen von Baumwollenballen aus dem Hafengebäude bringen und unter dem Feuer des Feindes damit in aller Eile nothdürftige Batterien herstellen, die indessen doch einigen Schutz gewährten. Zugleich traf ich Aenderungen in der Aufstellung der Geschütze und unser Feuer erwiderte das der Preußen auf so wirksame Weise, daß diesen die Lust verging, die Brücke zu forciren.

Das Gefecht bei Käferthal war gleichfalls glücklich abgelaufen; die Hessen waren mit Verlust zurückgeschlagen worden und schienen keine Neigung zu haben, den Angriff zu erneuern. Adam Mieroslawski kam zu mir an den Rhein und war ganz enthusiasmirt über meine zweckmäßige und wirksame Vertheidigung. Er trug mir auf — er sprach ebenfalls nur französisch — den Artilleristen den Dank des Generals auszudrücken, der anerkenne, daß sie durch ihre Tapferkeit Mannheim gerettet hätten. Ich entledigte mich dieses Auftrages zu meinem und der Artilleristen Vergnügen. — Mein Adjutant Lindemann war während dieser Be-

schließung nicht bei mir; er war mir bereits im Gefecht bei
Käferthal abhanden gekommen.

Gegen Mittag schwieg das Feuer gänzlich; nur hin und
wieder wurde eine Flintenkugel über den Rhein gewechselt.
Nachdem ich meine Befehle gegeben hatte, ritt ich nach dem
Schloß, welches etwa dreihundert Schritte hinter unseren
Batterien lag, um mein Pferd füttern zu lassen und im
Bureau der Volkswehr nachzusehen. Auf der Treppe be=
gegnete mir General Mieroslawski, der mich in ärgerlichem
Tone fragte: „was ich hier mache, und warum ich nicht bei
meinen Leuten sei?“ Ich sagte ihm den Grund, und daß
ich eigentlich keine Leute hätte, da die Rekruten noch unter
ihrem Instruktor ständen. Er fuhr mich heftig an und
sagte: „Und wenn Sie nur sechs Leute haben, so müssen
Sie dabei sein! Ich werde Kriegsgericht über Sie halten
lassen.“ — Dergleichen verdrießt um so mehr, wenn man
sich bewußt ist, seine Schuldigkeit gethan zu haben, und das
Benehmen des Generals frappirte mich um so mehr, als ich
eben seinen Dank für die „Rettung Mannheims“ durch
seinen Bruder in Empfang genommen hatte. Durch den
Ton fühlte sich auch mein Stolz verletzt; denn innerlich
dünkte ich mich weit mehr zu einer Autorität an diesem Ort
berechtigt, als den fremden, jungen Polen. Er war jedoch
mein General, hatte im Augenblick mancherlei Verdrießliches
im Kopf — die Verwundung Tobians unter Anderm —
und dann war ich auch von der Nothwendigkeit der Subor=
dination zu sehr überzeugt, um irgend eine Entgegnung zu
machen; allein ich gestehe, daß ich innerlich kochte, als der
General in sein Zimmer eilte. Ich hatte noch nicht den
Fuß der Treppe erreicht, als ich von einem ruppig aussehen=
den Polen in Civilkleidung eingeholt wurde, den ich nicht
kannte. Dieser Mensch verlangte meinen Säbel. Ich riß

denselben sammt dem Gurt herab, faßte aber mit der rechten Hand den Griff und rief: „Nehmen Sie ihn!" Der Pole ward verlegen, stammelte begütigende Worte und verließ mich.

Sehr ärgerlich über den Vorfall stieg ich zu Pferde, um durch die Stadt an den Rhein zurückzukehren. An der Schloßwache sagte mir der Offizier, der General habe nach mir verlangt; ich antwortete, daß ich denselben eben ge= sprochen und ritt weiter. Am Pfälzer Hof wurde ich, Schritt reitend, von einem andern Boten eingeholt, der mich augen= blicklich zum General beschied. Ich fand diesen mit seinem Bruder und andern Polen bei Tische. Er schien sehr auf= gebracht und wollte nichts davon wissen, daß er mich habe rufen lassen. Sein Bruder Adam sprach jedoch sehr eifrig mit ihm und er beruhigte sich. Als ich das Zimmer verließ, kam mir der jüngere Mieroslawski nach und bat mich, den Vorfall zu vergessen; er wolle bei seinem Bruder Alles wie= der ins Geleis bringen; ich möge nur wieder an den Rhein zurückkehren und dort anordnen, was ich für gut fände.

Meine auf dem Marktplatz aufgestellten Rekruten hatte der General selbst dort weggeholt und sie bei den Bierkellern aufgestellt, wo sie sehr brav einen Angriff der hessischen Cheveauxlegers zurückgewiesen, welche leichtes Spiel mit ihnen zu haben glaubten.

Ich kehrte an den Rhein zurück und verlegte, um dem Ort der Handlung näher zu sein, meine Wohnung in den Gasthof zum Rheinthal, welcher dem Hafengebäude gegen= über liegt. Ich benutzte die eingetretene Gefechtspause und Dunkelheit dazu, die Geschütze vortheilhafter aufzustellen und die Batterien zu vervollkommnen, denn ich konnte mir wohl denken, daß die Preußen bald wieder reden würden.

Als es ganz dunkel war, kam Adam Mieroslawsky; er wollte die Rheinbrücke abfahren lassen und forderte dazu meine Hülfe. Zu diesem Ende gingen wir Beide an der Spitze einer Pionierabtheilung auf die Brücke vor und gelangten unter dem Schutz dort aufgestellter Baumwollenballen unbemerkt bis an das Ende derselben, nur zwanzig Schritte von dem Eingang nach Ludwigshafen entfernt, davon durch die Wasserlücke getrennt, welche durch Abfahrung des Durchlasses entstanden war. Wir wollten eben unsere Arbeit des Abfahrens beginnen, als wir durch Blitz, Knall und Kugelpfeifen dicht vor uns über die Wachsamkeit der Preußen belehrt wurden. Die Kugeln thaten zwar keinen Schaden; allein die unbewaffnet vorgegangenen Pioniere sprangen wie die Hirsche davon, oder drückten sich hinter die Baumwollenballen. Ein Unterofficier lag glatt an der Erde; ich hielt ihn für todt, entdeckte aber bald, daß er nur feige war und zog ihn am Ohr aus seinem Versteck.

Unter diesen Umständen war an ein Abfahren der Brücke nicht zu denken, und Adam Mieroslawski, der es sehr eilig hatte, gab mir vor seinem Weggehen den Auftrag, allerlei brennbare Materialien herbeizuschaffen und die Brücke in Brand zu stecken. Da er mir nicht das Geringste zu befehlen hatte — ich war ja selbst Oberst — und der Brandauftrag mir vom General aus nicht wiederholt wurde, so hielt ich es nicht für nöthig, ihn auszuführen, vollkommen überzeugt davon, daß die Preußen es nicht wagen würden, unter meinem Kanonenfeuer die mehrere hundert Schritte lange Brücke zu überschreiten. Die Polen waren überhaupt sehr brennlustig; allein ich vergaß nie, daß ich in Deutschland war, und daß ich leider Deutsche mir gegenüber hatte; ich hielt es für meine Pflicht, Schaden so viel, als nur irgend möglich, zu verhüten.

Schon am frühen Morgen begann das Feuer der
Schützen, in welches das der Kanonen bald einfiel. Das
Zollhaus an der Brücke in Ludwigshafen war von den
Preußen besetzt, die von hier aus ein lebhaftes Feuer unterhielten. Dieses Haus erstreckt sich längs des Rheins und
besteht aus zwei etwas vorspringenden Flügeln, die mit dem
zurückstehenden Mittelbau einen kleinen Hof bilden, welcher
nach dem Rhein zu durch eine starke, brusthohe Mauer geschlossen ist, deren Fuß der Rhein bespült. Hinter dieser
Mauer hatten sich preußische Schützen postirt, die sich aus
unsern Kugeln wenig machten. Mieroslawski schickte mir
den Befehl, dieses Haus in Brand zu schießen. Gleich die
erste Granate schlug in das Dach und mehrere andere folgten;
doch zündete keine einzige, da nichts Brennbares in dem
Hause enthalten war. Eine, welche über das Haus hinweg-
flog, zündete in einem Gasthause — ich glaube, im deutschen
Hofe — allein das Feuer wurde bald gelöscht. Ich ließ
nun den kleinen Hof mit Kartätschen und Shreppnells beschießen, wodurch er so ziemlich geräumt wurde; nur drei
wackere Schützen hielten tapfer Stand; allein endlich sah ich
sie auch nicht mehr.

Andere Schützen postirten sich hinter Baumwollenballen
in dem Hofe des Ludwigshafer Hafengebäudes, und wir
gaben uns Mühe, sie zu vertreiben. Zu diesem Ende war
auch eine Granate dort hingeworfen worden; nach einer
halben Stunde sahen wir an dem Ort, wo sie eingefallen
war, die Flammen herausschlagen. Die Bewohner von
Ludwigshafen erzählen jedoch, das Feuer sei durch die Schüsse
der Preußen entstanden, wodurch sich die Baumwollenballen
entzündet hätten. Das ist glaublich, denn uns begegnete in
Mannheim dasselbe und baumwollene Schanzen zeigten sich
als höchst gefährlich.

Unter dem Regen unserer Kugeln war jeder Löschversuch
gefährlich, und die Preußen kümmerten sich am Ende ebenso
wenig, als auf unserer Seite die Polen, darum, ob ein
paar hunderttausend Gulden, die „Ausländern" gehörten, in
Rauch aufgingen; sie handelten wenigstens demgemäß.
Das Feuer, welches in dem wohlgefüllten Hafengebäude
Nahrung genug fand, loderte bald hoch zum Himmel empor.
Die Zerstörung dieses kostbaren Gebäudes, der darin
aufbewahrten Vorräthe von Kaufmannsgütern und der Gedanke, wie viele Menschen dadurch empfindlich getroffen
werden konnten, betrübte mich aufrichtig, und ich sprach mich
demgemäß gegen meine Artilleristen aus, die in ihrem Kunst-
eifer die Sache nicht von dieser Seite betrachtet hatten.

Der Brand von Ludwigshafen bot, besonders bei Nacht,
ein grauenvoll schönes Schauspiel dar, erhöht durch die
Spiegelung im Rhein. Da die Flammen Alles mit Tages-
helle erleuchteten, so dauerte das Feuer die ganze Nacht,
und ich glaube gern, daß ich an diesem Tage für 10,000
Gulden Munition verschossen habe, wie man mir später zum
Vorwurf machte; allein hätte ich ohne dies Feuer Mannheim schützen können, wie ich es that? Das Abbrennen eines
einzigen Hauses würde ja mehr Schaden verursacht haben,
als die ganze Munition werth war.

Die Mannheimer waren beim Beginn der Kanonade
sehr ängstlich geworden, besonders als sie merkten, daß es
den Preußen hauptsächlich darauf ankam, ihre Stadt in
Brand zu schießen, zu welchem Ende sie hauptsächlich mit
glühenden Kugeln und Granaten schossen. Um Schaden
zu verhüten, hatte ich gute Anstalten zum Löschen treffen
lassen und vor jedem Hause und auf jedem Boden mußten
Gefäße, gefüllt mit Wasser, bereit stehen. Es zündete keine
einzige Kugel, und die Bürger beruhigten sich etwas.

Die Preußen hatten in Baden die Leidenschaft, ihre Geschütze durch das Schießen mit glühenden Kugeln zu verderben; zu welchem Zweck das geschah, konnte ich nicht wohl einsehen, denn dieselben zeigten sich als durchaus unnütz. Mir ist nicht ein Fall bekannt geworden, daß eine solche Kugel gezündet hätte, und doch sollte sie — meinen Schulbüchern nach — noch nach zehn Minuten grünes Holz zünden. Eine dieser Kugeln schlug gegen einen dicken Baumast und zerfiel in zwei Stücke; eine andere drang durch die Mauer des europäischen Hofes, fuhr in ein Gastzimmer, schlug gegen die Holzbekleidung der einen Seitenwand, sprang von hier gegen die dem Fenster gegenüberliegende und dann zurück, wo sie in der Nähe ihres Eingangs auf dem Teppich liegen blieb, den sie eben nur versengt hatte. Eine andere, die in ein höher gelegenes Zimmer fuhr, machte ähnliche Sprünge und blieb unschädlich auf den Tannen-Dielen liegen, wo man sie am andern Morgen fand. Durch das Mannheimer Hafengebäude fuhren eine ganze Menge glühender Kugeln, ohne den geringsten Schaden anzurichten.

Ein Granate schlug in ein Haus in der Nähe des Rheinthals und platzte in einem Zimmer, dessen Bewohner nicht wenig erschrocken war. Die Stücke in beiden Händen haltend, stürzte er mit bleichem Gesichte zu mir auf die Straße und rief: „Sehen Sie, das ist in meine Stube geflogen!" — „Lassen Sie sich den Vogel braten," gab ich dem Manne zur Antwort, der seinen Schreck gewiß zeitlebens nicht vergessen wird.

Ein anderer ehrlicher Bürger, der sich hinter das Hafengebäude verlief, sah hier eine sechspfündige Kugel in einer Pfütze liegen. Er dachte, dieselbe zum Andenken mit nach Hause zu nehmen; allein entsetzt ließ er sie fallen und besah seine verbrannten Finger; denn die Kugel war noch sehr heiß, trotzdem, daß sie schon eine ganze Weile im Wasser gelegen hatte.

Am andern Morgen begannen die Preußen ein sehr lebhaftes Feuer, welches gegen den Schloßgarten, hauptsächlich aber gegen die Flanken=Batterie gerichtet war, die ich an der Ecke des Lagerhauses erbaut und mit einem Zwölfpfünder und einer Haubitze besetzt hatte. Es regnete hier Kugeln von allen Sorten; glühende Kugeln, Granaten, Kartätschen und Shreppnells; allein meine braven Artilleristen, die ich durch Beispiel und Zuspruch anfeuerte, kehrten sich wenig daran. Das ganze Gefecht an diesem Vormittag glich einem Fest, und Scherz und Gelächter nahmen kein Ende. Da die Baumwollenballen durch unsere Schüsse Feuer fingen, so mußten wir sie fortwährend mit Wasser begießen, und ein Knabe von etwa dreizehn Jahren lief mit seinem Eimer oben auf der Batterie hin und her, unbekümmert um die Kugeln, die ihn umsausten. Eine Granate fiel dicht vor mir nieder, als ich mit Lieutenant Hauf in der Nähe der Batterie stand, und ich kann nicht in Abrede stellen, daß ich sie mit großem Interesse betrachtete und herzlich froh war, als sie, ohne Schaden zu thun, zerplatzte. Ein Stück traf indessen einen Artilleristen in die Brust, ohne daß er es in seinem Eifer merkte. Er wollte gar nicht einmal nach= sehen, als ich ihn darauf aufmerksam machte. — Zwei ab= prallende Flintenkugeln eines Shreppnells schlugen unschädlich gegen meine Brust. Wir verloren trotz all dem Feuern nicht einen Mann, und nur ein Volkswehrmann, der hinter mir stand, als ich den Feind recognoscirte, erhielt eine für mich bestimmte Büchsenkugel durch die Wade. Altbaierische Beamte, sagte man mir, schossen aus den Häusern von Ludwigshafen mit Standbüchsen auf uns.

Eine preußische Vollkugel war trefflich gezielt; sie schlug durch die Scharte, streifte das Rad des Zwölfpfünders und würde drei Mann mitgenommen haben, wenn die Bedienung die Regelmäßigkeit des Exercirplatzes bewahrt hätte. Dieser Fall und das heftige Feuer machten die Artilleristen für einen Augenblick stutzig und sie traten ein wenig zurück. Ich langte mir jedoch den jungen Lieutenant, der eigentlich die beiden Geschütze befehligen sollte, bisher aber immer an andern Orten gewesen war, und der erhöhte Ton meiner Stimme brachte ihn und die Artilleristen wieder an den richtigen Platz. Das heftige Feuer dauerte indessen ein paar Stunden, und nicht nur Artillerie, sondern auch Infanterie nahmen lebhaft an dem Kampfe Theil. Besonders heftig beschossen die Preußen den kleinen Garten hinter dem Bureau der Cölner Dampfschifffahrt-Gesellschaft, wo sich eine Anzahl unserer Leute hinter der Brustmauer festgesetzt hatten. Wir hatten trotz alle dem Geknatter nur höchstens drei oder vier Todte und nicht mehr Verwundete; allein der Verlust der Preußen soll bedeutend gewesen sein.

Endlich hatten die Preußen sich verschossen. Ich sah ein längliches Ding vor meinen Füßen einschlagen, hob es auf und entdeckte mit Erstaunen, daß es ein etwa zwei Zoll langes Stück einer mit Oelfarbe angestrichenen runden Eisenstange war, die wahrscheinlich zu einem Geländer gehört hatte. Ein Artillerist, Namens Orth, hob ein anderes Stück auf, welches vor ihm niederfiel und zeigte es mir, mit wüthendem Gesicht rufend: „Sehen Sie, Herr Oberst, mit solchem Dreck schießen die Kerle!" Es war ein Stück Eisenerz.

Ich konnte mir wohl denken, daß die Preußen sich bald wieder Munition verschaffen und das Gefecht mit erneuten Kräften fortsetzen würden und traf demgemäß meine Anordnungen. Ich war an Geschützen den Preußen überlegen, denn ich hatte vier Sechspfünder, sechs Zwölfpfünder und zwei Haubitzen, wovon die eine jedoch gleich am ersten Tage für den Augenblick durch Brechen der Lafette unbrauchbar wurde. Auch ein Zwölfpfünder bekam einen Riß und konnte erst später durch einen andern ersetzt werden.

Ich war darauf bedacht, die Stellung der Geschütze während des Gefechts häufig zu wechseln, was ich vortheilhaft fand und ließ auch zwei Geschützbänke hinter dem Rhein= damm am Ludwigsbad eiligst erbauen und mit zwei der Zwölfpfünder besetzen, wodurch ich Ludwigshafen bedeutend näher war, da das Ludwigsbad vor dem Hafen liegt. Auch veranlaßte ich, daß die nichts weniger als kampfluftige Mann= heimer Bürgerwehr ihre sehr guten Büchsen zum Theil an Freiwillige abgeben mußten, welche ich geeignet aufstellte.

Mein Adjutant hatte während des Gefechts im Bureau zu thun, und nach demselben sah ich ihn nur zweimal am Rhein; seine Stelle nahm unterdessen der ehemalige würtem= bergische Artillerielieutenant Hauf ein, den ich schon bei dem Bau der Schanzen nach Käferthal zu verwendet hatte. Er war brav und brauchbar. Hauptmann Stöck war am Neckar beschäftigt und niemals am Rhein, während von jenseits geschossen wurde. Trützschler und Mercy kamen hin und wieder; ich veranlaßte letzteren, von Carlsruhe Munition und von Rastatt zwei Mörser zu verschreiben.

Gegen Abend war das Hafengebäude fast niedergebrannt; im Vordergrunde glimmten noch einige Haufen brennbarer Stoffe und die hin und wieder herausfliegenden Flammen beleuchteten die stattlichen Ruinen, in denen sich einige Thor= bogen scharf abzeichneten. Mit eintretender Dunkelheit be= gannen die Preußen auf's Neue die Stadt mit Granaten und glühenden Kugeln zu beschießen, und die Bürger

geriethen in große Angst, da es augenscheinlich darauf ab=
gesehen war, ihre Häuser zu entzünden.

Die feindlichen Geschütze waren durch die Flammen
und den Rauch im Vordergrunde maskirt und meine Artille=
risten waren in großer Verlegenheit, da sie nicht wußten,
wohin sie ihr Feuer richten sollten; allein es gelang mir, an
verschiedenen kleinen Anzeichen die Stellung der preußischen
Geschütze zu erkennen; ich richtete selbst die Geschütze auf die
geeigneten Punkte und ließ zu gleicher Zeit Feuer geben.
Das Resultat war glänzend. Das Feuer der Preußen ver=
stummte augenblicklich, ihre Geschütze waren demontirt. Zwei
ihrer Lafetten waren zerschossen und gegen die Mündung eines
ihrer Geschütze war eine meiner zwölfpfündigen Kugeln ge=
fahren, hatte das Rohr gesprengt und drei Mann getödtet,
wie mir später erzählt wurde. Die Preußen zogen sich nach
dem Dorfe Mundenheim zurück, um unserm Feuer nicht
ferner ausgesetzt zu sein.

Ich schrieb einen Brief an den versammelten Stadtrath
und theilte demselben mit, daß die Bürger für die Nacht
keine Ursache zur Besorgniß hätten, da ich die feindlichen
Geschütze hätte demontiren lassen.

Ich wußte, daß in Ludwigshafen nur eine schwache
Besatzung und bedeutende Hülfe nicht in der Nähe sei,
schrieb daher an Merch, den Kommandanten, daß ich mit
einem Bataillon über den Rhein gehen und die Stadt wieder=
nehmen wolle; allein er war damit nicht einverstanden.

Die Brücke, die ich hatte erretten wollen, war nun doch
in Brand gerathen; eine der preußischen glühenden Kugeln
war in einen der auf ihr liegenden Baumwollenballen ge=
fahren und hatte gezündet. An ein Löschen war unsererseits
nicht zu denken, da jeder Versuch dazu viel Menschenleben
gekostet haben würde.

Ich war begreiflicherweise sehr müde, und da kein Angriff zu erwarten war, so traf ich die nöthigen Sicherheitsmaß= regeln und legte mich im Rheinthal zu Bette, um einige Stunden zu ruhen. Es ist Grundsatz bei mir, im Kriege zu schlafen, so oft es ohne Schaden geschehen kann; denn man kann nie wissen, wann wieder einmal die Gelegenheit zur Erfrischung der Kräfte geboten werden wird und mit etwas Uebung gelangt man dazu, stets schlafen zu können wenn man will.

Ich mochte kaum zwei Stunden gelegen haben, als ein Mensch in mein unverschlossenes Zimmer stürzte mit dem Ruf: „Die Preußen brechen über Mühlau herein!" und augenblicklich verschwand. Die Sache schien mir zwar außer= ordentlich unwahrscheinlich, allein man hatte von dorther wirklich Kleingewehrfeuer gehört. Ich war also schnell im Sattel. Vor der Thür fand ich Trützschler und Mercy, die beim Glase Wein gewacht hatten. Sie waren ziemlich bestürzt und froh, als sie mich auf dem Platz fanden. Ich sandte gleich zwei Geschütze und ein Bataillon nach der Mühlau ab, um auf alle Fälle die Zugänge zu der Stadt zu schützen, während ich selbst, über das Ludwigsbad reitend, von hier aus die Mühlau erreichen wollte; sie ist ein Gartenfeld, welches durch den Rhein und Neckar gebildet wird.

Am Ludwigsbad traf ich auf eine Patrouille, welche einen durchaus nackten Mann mit einer Mütze auf dem Kopfe von der Mühlau her den Rheindamm entlang brachte. Da der Mensch vor Kälte und Angst schlotterte, so hing ihm einer der Artilleristen seinen Mantel um. Der Mann war, als er an's Ufer schwimmen wollte, triefend aus dem Rhein gezogen worden und ich sehr geneigt, ihn für einen Spion zu halten. Als ich ihn mit der Pistole bedrohte, um durch Angst die Wahrheit von ihm herauszupressen, rief er: „Nix

deutſch, ich Ungar!" Zugleich nahm er aus ſeiner Mütze
einen Zettel, den ich beim Schein einer Laterne las. Auf
ihm ſtanden ungefähr folgende Worte:

„Liebe Brüder! Seit drei Tagen ſitzen wir ohne Nahrung
in einem der Schiffe der Brücke. Wir haben uns bei dem
Rückzuge aus Ludwigshafen verſpätet und konnten nicht mehr
über die Brücke. Rettet uns, ſonſt müſſen wir Hungers
ſterben, oder uns dem Feinde ergeben. Sieben von uns
wollen ſich in einem Nachen den Rhein hinunter treiben
laſſen. Der Kahn wird kenntlich ſein an einer weiß und
rothen Fahne.
                    Lieutenant Bär und 24 Kameraden."

So ungefähr lautete der Inhalt dieſes Zettels, der uns
mit Entſetzen erfüllte; der Ungar, ein guter Schwimmer,
hatte es übernommen, ihn zu überbringen und hätte ſeine
Kühnheit faſt mit dem Tode gebüßt, denn es wurde auf ihn
geſchoſſen. Daſſelbe Schickſal hatte ein Kahn gehabt, der
ſich dem Lande in der Nacht nähern wollte und wir vermu=
theten, daß es der angekündigte geweſen ſei.

Die Nacht war ſo finſter, daß ich in der nach dem
Mühlauer Schlößchen führenden Allee buchſtäblich nicht die
Hand vor den Augen ſehen konnte; allein ich vertraute der
Ortskenntniß meines Pferdes aus dem Stall der Großher=
zogin Stephanie, welches dieſen Weg oft genug gemacht
haben mußte und ritt im vollen Galop. Die an der Mühlau
aufgeſtellte Volkswehr war in großer Beſtürzung; man hatte
geſchoſſen und wußte nicht worauf und war nur eines ein=
zigen Schuſſes gewiß, der den Arm eines Kameraden durch=
bohrt hatte. Ich brachte bald wieder Alles in die gehörige
Ordnung und kehrte nach meinem Quartier zurück, wo ich
Trützſchler, Mercy und den Ungar fand, den man in

aller Eile mit Unterhosen, Schlafrock und Pantoffeln bekleidet und gehörig gefüttert hatte. Oberst Türr, der als Dol= metscher dienen sollte, wurde aus dem Bette geholt und wir erfuhren das Nähere von dem Schicksal der in der Schiffbrücke gefangenen Leute. Diese saßen nun schon so lange ohne Nahrung und waren fast tod vor Hunger und Entsetzen, denn die Kugeln beider Parteien pfiffen um und über sie und trafen nicht selten das Schiff. Zwei der Gefangenen waren bereits todt und die Angst der Lebenden war auf den höchsten Gipfel gestiegen, als die Brücke in Brand gerieth.

Wir berathschlagten sogleich über die Mittel, durch welche die Unglücklichen zu retten sein möchten. Trützschler, durch das kriegerische Leben aufgeregt, sagte, er wünsche schon lange auch etwas Kühnes zu thun; er erbot sich vor der Morgendämmerung über den Rhein zu fahren und die Leute zu retten. Davon rieth ich ihm dringend ab und er gab meinen Gründen auch Gehör; es fanden sich andere Freiwillige und Trützschler übernahm nur die Leitung der Expedition. Alle bis auf sieben Mann wurden gerettet; so erzählte man mir, denn ich hatte andere Geschäfte und war nicht gegenwärtig. Von dem Schicksale der Sieben werde ich weiter unten reden.

Am Morgen besetzte ich das Mühlauer Schlößchen mit einer permanenten, starken Wache und stellte einen Zwölf= pfünder auf der Terrasse auf, um den Versuch zu machen, eine Schleuse in dem gegenüberliegenden Rheindamm zu öffnen, wodurch die Preußen von demselben fern gehalten sein würden. Der Versuch war jedoch ohne Erfolg und ich ließ eine Scharte in den Rheindamm an der Mühlau stechen und den Zwölf= pfünder dort aufstellen. Schüsse wurden hinüber und herüber gewechselt und zerschlugen manchen Spiegel im Schlößchen, welches ein beliebter Vergnügungsort der Mannheimer ist. Ich hatte vor langen Jahren im Saale desselben einen sehr

vergnügten Ball mitgemacht und nun tanzten Freischärler
darin zum Ton einer Guitarre und dazwischen pfiffen die
Kugeln.

Am Abend geriethen unsere Batterien von Watte in
Brand, und da die Leute die Unklugheit begingen, die Baum=
wolle auseinander zu zerren, so trieb der heftig wehende
Wind die gefährlichen Flocken überall umher, die Stadt mit
Zerstörung bedrohend. Die Artilleristen, durch den ange=
strengten Dienst bei Tag und bei Nacht todtmüde gemacht,
hatten die in der Halle des Hafengebäudes für sie gelegte
Streu aufgesucht und ehe sie erwachten, hatte das Feuer
überhand genommen.

Ich ward sogleich aus der Stadt geholt, wo ich mit
Trützschler und Mercy zu thun hatte und eilte auf den
Platz der Gefahr. Die erste Ueberraschung die mir wurde,
war der Anblick der nicht verschlossenen Munitionswagen
dicht neben der brennenden Batterie! Ich machte kein Geschrei
deßhalb, sprang schnell auf das Rad des nächsten und schlug
den Deckel zu; dann ließ ich die Wagen in aller Stille zurück
und außer Gefahr bringen.

Am heftigsten brannte die Batterie am Lagerhaus. Ich
rief sogleich alle disponible Mannschaft zusammen, ließ die
bereit gehaltenen Spritzen herbeiführen und durch Spritzen
und Austreten mit den Füßen bewältigte man hier die
Flammen; allein desto heller loderten sie auf meinem linken
Flügel an der Rheinlust und an der Brücke. Es fand sich
ein großer Braubottich und ein großes Seil. Der Bottich
wurde gefüllt und hundert Leute spannten sich vor denselben
und zogen ihn an den Ort der Gefahr. In einer halben
Stunde war der Brand gelöscht.

Ich hatte mich in der Nacht darüber gewundert, daß
die Preußen unsere Löschanstalten gar nicht durch ihr Feuer

beunruhigten. Der Morgen brachte die Lösung dieses Räthsels in der ungeheuren weiß und blauen Fahne, die auf dem Dache eines der höchsten Häuser wehte und neben der ich durch mein Fernrohr einige blonde Rattenfängergesichter er= kannte. Die gescheuten Preußen hatten den warmen Platz den Baiern eingeräumt, denen die Vertheidigung zukam und denen man von Herzen gern eine doppelte Dosis der schwarzen Pillen gönnte, welche wir so freigiebig vertheilten. Man er= zählte mir, die Preußen hätten bedeutende Verluste erlitten, und die preußischen Hauptleute, auf solchen Widerstand gar nicht gefaßt, hätten ganz erschrecklich die Köpfe hängen lassen. Eine zwölfpfündige Kugel, erzählte man, sei in das Wolf'sche Kaffeehaus gefahren und sie und der ihr folgende Shreppnell soll zwanzig Mann getödtet haben. Gewisses konnte ich dar= über nicht erfahren. Die Preußen hatten, gleich den Russen, immer nur e i n e n officiellen Todten und die Demokraten tödteten sie — mit dem Munde — schockweise.

Die Baiern, welche die Zeugnisse von der Wirksamkeit meiner Artillerie vor Augen hatten, fühlten sich nicht berufen, das Gefecht aufs Neue zu beginnen. Mir war das voll= kommen recht und ich verbot auf das Allerstrengste jeden Schuß. Mir kam es nur darauf an, Mannheim zu halten, und nicht Ludwigshafen zu zerstören. Um den Baiern ganz deutlich meine neutralen Gesinnungen zu zeigen, ritt ich den Rheindamm entlang und sie widerstanden der Versuchung, meine Epaulets durch eine Kugel zu begrüßen.

Ich habe schon an einem frühern Ort meine Ansicht über das Tragen von Uniformen ausgesprochen. Ich bestellte mir sogleich eine solche und hielt dies für doppelt nöthig, da ich reguläre Artillerie unter mir hatte. Obersten=Epaulets waren in Mannheim nicht zu haben (sie unterschieden sich damals in Baden von denen anderer Stabsoffiziere durch

dicke Raupen) und überdies kam mir auf den Rang wenig
an; ich begnügte mich also mit einem Paar Majors-Epaulets,
denen ich zwei Sterne aufsetzen ließ, wodurch damals der
Oberstlieutnantsrang angezeigt wurde. Da der Schneider
gar kein anderes farbiges Tuch bekommen konnte, als scharlachrothes, so nahm er dies zum Kragen und ich erschien
demnach in der Uniform des ersten Regiments und unterschied mich von demselben nur durch ein goldenes Wehrge-
gehänge, welches ich noch von Paris her hatte.

Wegen der noch in dem Brückenschiff sitzenden Leute
wurden Unterhandlungen mit den Baiern angeknüpft, welche
damit endeten, daß sie aus ihrer schauderhaften Lage erlöst
und gefangen genommen wurden.

Die Baiern stellten in Ludwigshafen eine Batterie gegen
Mannheim auf, begannen aber keine Feindseligkeiten. Das
konnte indessen eine Maske sein, um uns sicher zu machen,
und ich beschloß auf meiner Hut zu sein und das um so
mehr, als den Feinden unsere Schwäche wahrscheinlich ebenso
gut bekannt war, als mir. Ich hatte eine Anzahl von Geschützen abgeben müssen, um die an der Kettenbrücke über
den Neckar errichtete Schanze zu armiren, und außerdem war
sämmtliches Militair mit Ausnahme meiner Volkswehrrekruten von Mannheim abmarschirt. Da waren allerdings
noch zwei Compagnien Freiwilliger, Mannheimer Bürger,
die sich zum Dienste in der Stadt unter mein Commando
stellten und denen ich ganz neue, gute Gewehre lieferte; allein
ich ward von ihnen fast nichts gewahr und wußte nicht, ob
sie zuverlässiger waren wie die reguläre Mannheimer Bürgerwehr.

Die Gefahr rückte uns in Mannheim auch von der
Neckarseite immer näher; denn preußische Husaren löschten
bereits auf den Bierkellern ihren Durst, und wenn Preußen

und Baiern vereint die Stadt abermals von zwei Seiten angriffen, dann wußte ich nicht, ob man ihnen blos mit den wenigen Geschützen von der Neckarseite würde widerstehen können. Ich erwartete daher mit Ungeduld die von Carlsruhe verschriebene Munition nebst den Mörsern und drang bei Mercy darauf, daß er von Mieroslawski wenigstens ein Bataillon für Mannheim verlangen solle, dessen Entblößung eine große Thorheit sei.

Als ich Nachmittags an den Bahnhof ritt, wo die Munition angekommen sein sollte, ward mein Pferd unruhig und gerieth mit den Vorderfüßen auf die Stufen der Halle, wo sich das Billetfenster befindet. Hier standen Menschen und wahrscheinlich berührte Jemand, der das Pferd von sich abwehren wollte, die Nase desselben mit einer brennenden Cigarre; denn ehe ich noch durch das geringste Anzeichen gewarnt wurde, warf sich das Pferd hinten über und wir beide wälzten uns im Staube. Betäubt stand ich auf und befühlte mich; zu meiner Verwunderung war kein Knochen gebrochen. Mit dem rechten Epaulet, welches meine Schulter beschützte, hatte ich den Boden berührt, wie auch mit der rechten Knieseite, welche ganz und gar geschunden war. Wäre mir der Säbel in die Quere gekommen, oder wäre ich mit dem Sporn hängen geblieben, so würde ich sicher schwer beschädigt worden sein. Da dies nicht der Fall war, so vergab ich auch dem Pferde, welchem ich als einen unverbesserlichen Ueberschläger eine Kugel durch den Kopf schießen wollte.

Ich band mein Taschentuch um mein Knie und ritt langsam durch die Stadt nach dem Rheine zu. Als ich bei den offenen Fenstern des Casinos oder Museums vorüber kam und einen Blick auf die dort sitzenden Herren warf, wurden dieselben sämmtlich verlegen und wie ein Blitz fuhr mir der Gedanke durch den Kopf: diese Herren brüten Verrath

gegen uns. Wäre ich Commandant von Mannheim gewesen, ich
würde dieser Eingebung unbedenklich gefolgt sein und hätte
diese Herren festnehmen und verhören lassen.
In der Stadt waren übrigens Gerüchte verbreitet, die
uns Alle mit großer Freude erfüllten. Es hieß, Mieros=
lawski habe ein Truppencorps von 2000 Preußen mit 16 Ge=
schützen gefangen genommen; ferner habe er absichtlich 10,000
Preußen bei Philippsburg über den Rhein gelassen, um sie
von der Seite anzugreifen und zu vernichten. Dies betrach=
tete man als eine ganz ausgemachte Sache.
Wir hatten allerdings rheinaufwärts Kanonendonner
gehört und auch von kleinen Gefechten Nachricht erhalten,
allein ich kümmerte mich wenig darum, nur mit Erfüllung
meiner gegenwärtigen Aufgabe beschäftigt. Es ist ein anderer
militairischer Grundsatz bei mir, mich grad nur um das zu
bekümmern, was mich speziell angeht, das auszuführen, was
mir aufgetragen ist. Nur wenn das Jeder thut, kann die
Wirksamkeit der militairischen Maschine eine befriedigende
sein. Ich hatte jetzt dafür zu sorgen, daß die Baiern nicht
über den Rhein kamen; alles Uebrige existirte für mich vor=
läufig nicht. Nichts ist mir mehr zuwider, als das Bekritteln
der Handlungen der Generale durch Subalternoffiziere, welche
von ihrem Standpunkte aus gar nicht im Stande sind, die=
selben zu beurtheilen, und doch ist keine Untugend häufiger
als diese.
Gegen Abend kam Mercy zu mir. Er war stiller
als gewöhnlich und sprach nur in abgerissenen Sätzen durch
einen Mundwinkel, als fürchte er belauscht zu werden. Bald
nachdem er mich verlassen hatte erhielt ich ein Zettelchen von
ihm, in welchem er mich aufforderte, mit ihm die Verthei=
digungsanstalten am Neckar zu inspiciren und nicht im Rhein=
thal, sondern in meiner Wohnung im Schlosse zu schlafen.

— 285 —

Die Vertheidigungsanstalten schienen mir ziemlich un=
genügend. Ein Theil der Kettenbrücke war nachgelassen
worden, so daß man sie bis ins Wasser hinabsenken konnte,
wodurch die Verbindung unterbrochen wurde. Man arbeitete
daran noch sehr eifrig bei Fackellicht. Die steinernen Brücken=
pfeiler waren mit Höhlungen versehen worden, in welche eine
Mine zum Sprengen angelegt war, wenn sich eine dringende
Nothwendigkeit dazu zeigen sollte. Die Communication mit
dem andern Ufer wurde einstweilen noch durch die Floßbrücke
erhalten, die augenblicklich abgefahren werden konnten. Ich
schlief die Nacht im Schlosse, ohne Merch über den Grund
seines Wunsches zu befragen.

Es war in der Nacht nichts vorgefallen. Ich ließ nun
die durch das Feuer fast zerstörten Batterien am Rhein
besser aufbauen, postirte einen aus Rastatt gekommenen
zwölfzölligen Mörser hinter den Rheindamm und einen acht=
zölligen auf der Mühlau. So gerüstet konnten die Baiern
angreifen, wenn sie Lust hatten.

Am Nachmittage fuhr ein großes Schleppschiff von Lud=
wigshafen den Rhein hinab. Der Commandant der Mühlau
befahl dem Schiff sich am andern Ufer zu halten und bei=
zulegen; mir ward Meldung gemacht. Das Schiff war mir
unbequem; es konnte in seinem geräumigen Bauch Truppen
enthalten und bei unserer Schwäche würde eine nächtliche
Landung von einer entschlossenen Compagnie ein Unglück.
gewesen sein.

Ich schickte daher einen Officier als Parlamentair zu
den Baiern, welcher ihrem Befehlshaber sagen sollte, das
Schiff möge passiren, wenn es zuvor von dem Officier un=
tersucht worden sei. Wolle man diese Durchsuchung nicht
gestatten, so müsse es an seiner Stelle liegen bleiben; bei
der ersten verdächtigen Bewegung würde ich es in den

Grund schießen. Der Parlamentair wurde mit verbundenen
Augen nach Ludwigshafen zu dem zweiten Officier geführt,
da der General abwesend war. Dieser Herr sagte: „Wenn
es auf ihn ankäme, würde er den Parlamentär gar nicht
wieder zurücklassen; da aber der General einmal diese Par=
lamentärverhandlungen geduldet habe, so möge es hingehen 2c."
Unser „Ansinnen" der Durchsuchung wurde abgeschlagen,
man versicherte aber auf Ehrenwort, daß das Schiff nur so
weit hinabgefahren sei, um aus der Schußlinie zu kommen.
Ich ließ meine Geschütze auf das Schiff richten, und gab
Befehl zu feuern, wenn es seine Stellung verändern würde.

Am andern Morgen sagte mir Mercy, daß Mieros=
lawski bei Waaghäusel eine Schlacht verloren habe;
wir müßten „machen daß wir fortkämen." Wir sollten am
Nachmittag mit allen Geschützen und der Mannschaft in
aller Stille abziehen und nach Heidelberg marschiren. Ich
möge die Sache geheim halten und nur den betreffenden
Officieren die Befehle geben.

Graf Kawiecki, Major und Adjutant Mieros=
lawki's, hatte die Nachricht von dem Verlust der Schlacht
nach Mannheim gebracht. Ich kannte ihn seit vielen Jahren
von Hanau her, wo ich einige Zeit wohnte und wo er an=
säffig war. Er hatte an der polnischen Revolution Theil
genommen und trug einen Orden; er war, glaub' ich, bei
Dembinski Adjutant gewesen. Er schob den Verlust der
Schlacht auf die Feigheit der Dragoner; ohne diese wäre
ein glänzender Sieg erfochten worden.

Es war so geschehen, wie ich es einst an der Table
d'Hote in Carlsruhe vorhergesagt hatte. Die Vernachläſſigung
der Pfalz trug für Baden ihre bittern Früchte; General
v. Hirschfeld war bei Germersheim über den Rhein

gegangen und sein Erscheinen verwandelte durchaus die gün-
stige Stellung unserer Angelegenheiten. Die Nothwendigkeit der Räumung von Mannheim war
augenscheinlich, nur sah ich nicht recht ein, wie wir nach dem
Oberland kommen wollten, da die Preußen uns im Rücken
manövrirten und von Reichstruppen die Rede war, welche
uns nach dem Osten hin zu überflügeln trachteten. Sehr
ärgerlich gab ich meine Befehle. Acht Tage hatten wir uns
brav geschlagen, hatten das arme Ludwigshafen verbrannt
oder durchlöchert und das Alles für gar nichts, weil Sigel
meinte, „daß wir dem Feinde auch in der Flanke sein würden,
wenn er uns in der Flanke wäre!" Hätte man bei Zeiten
sich des Brückenkopfes bei Germersheim versichert und die
Pfalz besser beachtet, dann würde die Revolution einen andern
Verlauf genommen haben.

Als ich meine Befehle für den Abzug der Truppen, die
am Rhein unter mir standen, gegeben hatte, ließ mir Mercy
sagen, ich möchte um vier Uhr am Bahnhofe sein, um mit
einem Extrazuge in das Hauptquartier Heidelberg zu fahren,
und dort einem Kriegsrathe beizuwohnen. Während meine
Leute mit meinen Sachen den Weg durch die Stadt nahmen,
ritt ich um dieselbe herum nach dem Bahnhofe. Auf meinem
Wege kam ich bei der Dragonerkaserne vorbei und ritt mitten
durch die Reiter, welche eben gesattelt hatten und aufsaßen.
Es waren dieselben, die bei Waaghäusel sich so schmählich
benommen hatten. Ich fragte nach ihrem Commandeur,
Major Thome, dem ich am Abend vorher einen Brief an
Mieroslawski gegeben und der mir über dessen Besorgung
nichts gesagt hatte. Ich bekam den Major jedoch nicht zu
sehen.

Am Bahnhofe traf ich Mercy, Oberst Freund,
einen Polen, Major Kawietzki und zwei andere Officiere,

wie auch Dr. Eisenhardt von Mannheim. Mercy bat mich, mein Pferd in den Stall der Großherzogin zurückzusenden und versprach mir dafür in Heidelberg ein anderes. Ich erfüllte seinen Wunsch und sandte eine Ordonnanz mit dem Pferde hinweg, nur meine Pistolenholftern bei mir behaltend. Der Zug stand bereit und Mercy trieb zur Abfahrt. Wir stiegen in ein Coupé erster Klasse; ich saß in der Ecke zunächst der Thür. Als man mit der Abfahrt zögerte, fragte Mercy ungeduldig, woran es liege, und erhielt zur Antwort, daß man telegraphire, um sicher zu sein, daß kein Hinderniß auf dem Wege. Ich sah jedoch einen Herrn — wahrscheinlich den Bahninspector — mit dem Lokomotivführer reden und dann mit einer Miene in das Gebäude gehen, die meinen Verdacht erregte. Eben wollte ich demselben Worte geben, als eine Anzahl Mannheimer Bürgerwehr von der Eisenbahnwache mit gefälltem Bajonnet vor dem Schlage des Wagens erschien, uns aussteigen hieß und als Gefangene erklärte.

Auf dem Tischchen vor mir lagen meine Pistolen. Eine derselben ergreifen und spannen war natürlich das Nächste was mir unter diesen Umständen einfiel, allein Dr. Eisenhardt und Mercy faßten sogleich meinen Arm und schrieen: „Corvin, machen Sie kein Unglück!" Hätte man mir meinen Willen gelassen, wir würden nicht arretirt worden sein; die Bürger würden meine Pistolen und unsern Säbeln nicht Stand gehalten haben; ich würde mit der Pistole in der Hand den Locomotivführer zum Abfahren gezwungen haben und — er hätte sich gern zwingen lassen.

Wir stiegen also aus und man nahm uns unsere Säbel ab. Wir mußten es geschehen lassen, denn von den bestellten Truppen — Artillerie und etwas Volkswehr — war Niemand auf dem Bahnhof. Man brachte uns in das Tele-

graphenzimmer, welches zwei Glasthüren hatte, die mit Bür=
gerwehr besetzt wurden. Wie es hieß, wollte man nur die
Kreiskasse haben, welche man bei uns oder bei dem nicht an=
wesenden Trütz schler vermuthete. Zu diesem Ende durch=
suchte man das Gepäck und nahm aus Mercy's Koffer
600 Gulden.

Ehe wir uns von unserm Erstaunen erholt hatten,
kamen Dragoner angesprengt und besetzten den Bahnhof.
Sie postirten sich mit gespannten Pistolen vor den Fenstern
und Thüren und ein Officier, der durch das Zimmer ging,
ohne daß wir ihn eines Wortes würdigten, stellte sie auf.
Wir waren alle wüthend, allein das half jetzt wenig. Einige
wohlmeinende Bürger drangen herein und bestürmten Die=
jenigen, die uns arretirt hatten, mit bittern Vorwürfen; aber
diese entschuldigten sich mit den Befehlen, die sie von ihrem
Obersten erhalten haben wollten.

Als ich die Sachlage anfing zu übersehen, regte sich die
Hoffnung auf Befreiung; und die größeste Besorgniß, die
mich quälte war, daß die verrätherischen Dragoner die am
andern Ufer stehenden Preußen und Baiern in die Stadt
lassen möchten, aus deren Händen keine Rettung war. Ich
wußte, daß in der Stadt noch unsere Artillerie und beinahe
zwei Compagnien Volkswehr waren und auf deren Erscheinen
baute ich meine Hoffnungen. Als daher einige meiner Leute
an der offenen Thür erschienen und mit großen Augen ihren
Obersten als Gefangenen erblickten, winkte ich ihnen bedeutsam
zu und sie verschwanden.

Unser kleiner, unglückseliger Haufen bot einen seltsamen
Anblick dar, der für den Charaktermaler sehr interessant war.
Mercy hatte sich auf ein Sopha geworfen und nahm alle
möglichen Positionen an, welche würdige Haltung ausdrücken
sollten. Dabei beklagte er den Verlust seiner 600 Gulden

und hatte die allergrößte Mühe, die Thränen zurückzuhalten, welche seine Augen bis zum Rande füllten. Kawiecki schwadronirte und gestikulirte fortwährend in die blaue Luft hinein: „Ich habe keine Kasse; ich weiß gar nichts von Geld; ich bin nur hierher gekommen, weil man fremde Officiere aufgefordert hat; ich bin ganz unschuldig an der ganzen Geschichte; ich habe kein Geld genommen; ich weiß nichts von Geld; ich verachte Geld; ich habe nie Geld 2c." Die Andern sagten gar nichts und hingen die Mäuler. Ich hatte mich an einen Tisch gelehnt, auf den der Bürger, welcher uns entwaffnete, meine Pistolenholfter gelegt hatte, vielleicht aus Gutmüthigkeit, vielleicht weil er solch ein Möbel und seinen Inhalt nicht kannte und für irgend ein Gepäckstück hielt. Die Nähe so zuverlässiger Freunde war mir sehr tröstlich und mit dem Interesse, welches die ganze Geschichte sehr begreiflicherweise bei mir erregte, verband sich außerdem der Genuß des köstlichsten Humors der Scene.

Was waren die feigen Dragoner nun tapfer gegen uns fünf unbewaffnete Männer! — Das Zimmer füllte sich mit mehr bewaffneten Bürgern, die noch gar nicht recht klar waren über das was sie eigentlich gethan hatten und auf deren Gesichtern sich alle möglichen Bewegungen spiegelten, die meine gute Laune herausforderten. Ich stellte ihnen die Nichtswürdigkeit ihrer Handlungsweise vor und wie sie dadurch ihre Stadt vor ganz Deutschland mit Schande brandmarkten, indem sie uns unsern erbittersten Feinden auslieferten, die jeden Augenblick in die Stadt rücken könnten. Ich rief ihnen ihren Undank ins Gedächtniß, den sie gegen mich begingen, der ich Tag und Nacht gewacht hätte für ihre Sicherheit; ohne mich würden ihre Häuser durch die preußischen glühenden Kugeln und Granaten in Aschenhaufen verwandelt worden sein. Ich sprach in bittern, eindringlichen Worten;

die Bürger wurden sehr unruhig, ja einigen liefen die Thränen die Backen herunter. Mercy rief mir auf Französisch zu: „Um Gotteswillen, Corvin, schweigen Sie doch, Sie machen die Leute nur immer böser." Die Schlaffheit, die Mercy in solchen entscheidenden Augenblicken bewies, brachte mich gegen ihn auf und ich kehrte mich wenig an seine Reden. Ich fing nun an zu drohen und sagte den Bürgern: ob sie denn glaubten, daß meine Artilleristen und Volkswehren, die in ihrem Rücken wären, mich so ruhig gefangen nehmen lassen oder sich nicht an ihnen rächen würden? „Gebt Acht," rief ich, „in einer Viertelstunde werden Euch Kartätschen im Rücken kitzeln." Die Herren wurden sehr unruhig und die Dragoner machten allerlei verdächtige Bewegungen mit ihren Pistolen, so daß ich Mercy zu mir an eine Stelle zog, wo wir von ihren verrätherischen Kugeln wenigstens nicht sogleich erreicht werden konnten.

Meine sehr ins Ungewisse hinein gemachten Prophezeihungen sollten schneller in Erfüllung gehen, als ich hoffen konnte. Es entstand vor der Thür eine Bewegung und durch dieselbe, die Bürgerwehrphilister rechts und links schiebend, erschien mit blankem Säbel in der Hand mein braver Lieutenant Hauf und rief, mitten in der Stube stehen bleibend: „Was geht hier vor? — Ich bin hier mit zweihundert Mann Volkswehr, befehlen Sie — sich an mich wendend — was soll ich thun?" —

Die Scene war zum Malen! Hauf, ein hübscher junger Mann, in Uniform, mit kohlschwarzem Haar und Bart und fast kastanienbraun gebranntem Gesicht, den Säbel in der Hand in der Mitte des Zimmers; die lachenden Gesichter einiger Zuschauer, die verlegenen der Bürgerwehrmänner und Dragoner! — es war ein Bild, welches ich nie vergessen werde.

19*

„Ach," sagte ich lachend, „unsere Aktien scheinen wieder zu steigen!" Ich nahm sogleich meine Pistolen in die Hand und ein sehr dienstwilliger Bürgerwehrmann schnallte mir selbst den Säbel um. Ich ging sogleich vor die Thür, wo ich auf dem Wege vor dem Bahnhof eine Schwadron höchst verlegen aussehender Dragoner aufmarschirt fand. Ich ließ den Eingang zum Bahnhof schließen und meine Volkswehren so aufstellen, daß sie jeden Augenblick die blauen Sünder von den Pferden schießen konnten.

Meine Ordonnanz, Herrmann, ein Badenser aus Villingen, war auf meinen Wink sogleich in die Stadt zurück und auf das Rathhaus geeilt, wo er in den Sitzungsjaal drang und den Vätern der Stadt mit Entrüstung mittheilte, daß ich arretirt sei. Er erfuhr mit Erstaunen, daß es mit Wissen und Willen des Rathes geschehen sei und einer der Herrn sagte zu Herrmann: „Ah ha, da ist ja auch eine der uns abgenommenen Büchsen, Sie können sie uns gleich hier lassen." Herrmann spannte jedoch dieselbe und zog sich unbelästigt auf die Straße zurück, wo er Lieutenant Hauf antraf, der sogleich meine Volkswehrrekruten sammelte und mit ihnen so rechtzeitig zur Hülfe herbeieilte.

Ich hatte große Lust, die Dragoner absitzen zu lassen und als Gefangene mitzunehmen; allein der unentschlossene Mercy, der doch eigentlich Commandant war und von mir als solcher immer noch respectirt wurde, trieb zur Abreise. Ich wollte jedoch nicht ohne Trützschler fort, über dessen Schicksal ich besorgt war, allein Mercy sagte mir mit aller Bestimmtheit, daß er bereits seit einer Stunde in einem Wagen fortgefahren sei und wahrscheinlich die Kreiskasse bei sich habe. „Nun vorwärts denn," rief ich, „woran liegt es?" — Ich begegnete nur verlegenen Gesichtern und

endlich ſtammelte Mercy, daß eine Abtheilung Dragoner
die Locomotive feſthalte!

Da Mercy nicht zum Handeln geſchickt und Gefahr
im Verzuge war, denn die Preußen konnten jeden Augenblick
eintreffen, ſo beſchloß ich zu handeln. Meine geſpannten
Piſtolen in der Hand, hinter mir Herrmann und der
junge Lenz von Wiesbaden mit geſpannten Büchſen,
ſchritt ich auf die zwanzig Dragoner zu, welche die Locomo=
tive bewachten. „Dort ſtehen zweihundert Mann Volkswehr,“
rief ich ihnen zu, „wenn Ihr nicht augenblicklich macht, daß
Ihr fortkommt, ſo laſſe ich Euch ſämmtlich von den Pferden
ſchießen. Ihr ſollt freien Abzug haben, reitet dort zu Euren
Kameraden.“ Der Unteroffizier war der erſte, der verlegen
ſein Pferd ſeitwärts lenkte und die andern Dragoner folgten
ihm mit ſehr niedergeſchlagener, ängſtlicher Miene.

Als wir wieder einſtiegen, ſchrieen die Volkswehrmänner:
„Wir wollen mit!“ — „Verſteht ſich von ſelbſt,“ rief ich und
ſie ſtiegen jubelnd in die Waggons. Fort ging es!

Was die zurückbleibenden Dragoner und Bürgerwehr
noch mehr perplex machte war, daß ich die telegraphiſche
Meldung von aufſtändiſchen Truppen in der Nähe der Ei=
ſenbahn geſchickt zur Verbreitung des Gerüchts benutzte, daß
der General Mieroslawski mit der ganzen Armee kaum
eine Stunde entfernt ſei und gleich in Mannheim einrücken
werde.

In der Nähe der erſten Station traf ich auf Leute meines
erſten Bataillons, die nach Mannheim zurückkehrten und auch
ihren Commandeur Janſen zu Pferde. Ich rief ihm zu,
ſogleich Kehrt zu machen und uns mit ſeinen Leuten nach
Heidelberg nachzukommen.

Mercy hatte mich, ich hoffe unwiſſentlich, in Bezug
auf Trützſchlers Abreiſe getäuſcht. Er wurde in Mann=

heim gefangen genommen. Dasselbe Schicksal hatte mein
Adjutant Lindemann und Hauptmann Stöck, dem man
im Gedränge ganz gemüthlich seinen Säbel abgeschnitten
hatte. Der Artillerie-Hauptmann, dem ich den Befehl zum
Abmarsch gegeben, hatte diesen Stöck, dessen ich selbst nicht
habhaft werden konnte, da er am Neckar beschäftigt war, gar
nichts mitgetheilt, und derselbe wußte nicht eher was er von
all der Bewegung unter den Bürgern denken sollte, bis diese
ihn gefangen nahmen und die Geschütze abspannten. Diese
ganze sogenannte Contrerevolution war keine Heldenthat, denn
meine Artilleristen konnten es den Bürgern, mit denen sie
so lange in Freundschaft gelebt, nicht an den Gesichtern an=
sehen, daß sie sich plötzlich in Feinde verwandelt hatten. Die
Soldaten arretirte man jedoch nicht und die meisten derselben
stießen später wieder zu uns. Noch an demselben Abend
wurde Mannheim den Preußen übergeben.

Als wir in Heidelberg anlangten, fanden wir es
gänzlich von Truppen entblößt; das Hauptquartier, hieß es,
sei nach Neckargemünd verlegt und dort sollten wir uns
Alle sammeln. Heidelberg wurde also ohne einen Schuß zu
thun aufgegeben.

Weder Hauf noch ich hatten ein Pferd und Mercy
konnte sein Versprechen nicht halten. Nun war guter Rath
theuer; ohne Pferde konnten wir nicht fort. Ich hatte jedoch
noch eine Vollmacht in der Tasche, nach welcher ich ermächtigt
war, siebenzig Pferde zu requiriren und mit Anweisungen auf
die Kriegskasse zu bezahlen Diese Vollmacht beschloß ich zu
benutzen.

Hauf war in seinen Bemühungen glücklicher als ich.
Er hatte den in Heidelberg liegenden, bei Waaghäusel
verwundeten Mögling besucht und dieser ihm sein
Pferd, einen schönen und tüchtigen Rappen, abgetreten.

Endlich — es war schon zehn Uhr vorbei — brachte mich Jemand auf den Gedanken, zum Universitätsstallmeister zu gehen, dem ich einen alten Rappen mit schäbigem Kopf und beständig wackelnder Unterlippe für vierundzwanzig Louisd'or und das Versprechen abkaufte, das Pferd möglicherweise zurückzuschicken, wenn meine Anweisung an die Kriegskasse nicht mehr bezahlt werden sollte. Mitten in der Nacht stiegen Hauf und ich zu Pferde und ritten den Truppen nach, nach Neckargemünd.

# Neuntes Capitel.

Möglings Schlachtroß war kein Pferd für meinen
guten, wenig sattelfesten Hauf; wir tauschten also auf
offener Chaussee und er bestieg den ehrwürdigen heidelberger
Schulrappen mit wackelnder Unterlippe. In Neckargemünd
war es finster wie in einem Mönchskopfe und in dieser Dunkel=
heit krabbelten Wagen, Infanterie und Cavallerie durchein=
ander. Das Hauptquartier war nicht mehr im Ort, son=
dern, wie es hieß, nach Sinsheim verlegt worden. Im
Pfälzer Hof, den Oberst Becker mit seinem Stab und was
daran herumbummelte, eingenommen hatte, fand ich für
Geld und gute Worte ein Zimmer und Bett, indem ich,

meiner Gewohnheit gemäß, einige Stunden ruhen wollte, während auch die Pferde sich erholten.

Aus dem tiefsten Schlaf wurde ich durch den Schein eines Lichtes geweckt und sah mit Erstaunen zwei oder drei hübsche Mädchen vor mir stehen, die mir sagten, daß schon Alles fort und mein Pferd auch bereits gesattelt sei. Ich hatte keine Luft, mich von den Preußen im Bette überraschen zu lassen und fort gings nach Sinsheim. Hauf war mir schon vor Neckargemünd abhanden gekommen; mangelhafte Reitkunst wird in solchen Verhältnissen eine wahre Calamität.

Der Weg nach Sinsheim war mit Nachzüglern unserer Armee bedeckt; die Ordnung in derselben schien mir bereits unwiederherstellbar gelockert. In Sinsheim angekommen, erfuhr ich, daß hier am frühen Morgen ein kleines Gefecht stattgefunden hatte; man brachte einen hessischen, blutjungen Chevauxleger als Gefangenen ein, der heulte „daß ihn der Bock stieß", denn er meinte, die Demokraten würden ihn viertheilen. Eine Stunde darauf sah ich ihn lachend zwischen maroden Freischärlern auf einem Wagen sitzen und mit ihnen rauchen und trinken.

In Sinsheim machte ich eine sehr unangenehme Entdeckung; ich hatte meine Tasche vergessen, welche nebst etwas Wäsche und andern Kleinigkeiten meine Brieftasche und auch eine Rolle mit Guldenstücken enthielt. Der Verlust war mir sehr fatal, auch des Geldes wegen, da ich nur wenige Thaler in der Börse gehabt, und diese noch mit einem Obersten, einem Polen, getheilt hatte, der nicht einmal Geld genug zu einem Schnaps besaß und daher höchst unglücklich war. Ich schickte sogleich einen sicheren Boten nach Neckargemünd zurück; allein als ich demselben nach einigen Stunden entgegengehen wollte, traf ich ihn mit trübseliger Miene in seinem

Einspänner, der von Marodeurs angefüllt war; die Leute
hatten ihn zum Umkehren gezwungen und gesagt, Neckar=
gemünd sei bereits von den Preußen besetzt. Die Tasche
nebst Inhalt wurde indessen meiner Frau später überschickt
und ich sage dem Uebersender meinen besten Dank.

Das Hauptquartier, welches der Armee voran flog wie
die Wolke den wandernden Israeliten, war übrigens nicht
mehr in Sinsheim, sondern sollte sich nun in Eppingen
befinden, und dahin ging also unsere Reise, oder vielmehr
Retirade, die als Mieroslawskischer „Flankenmarsch" einen
gewissen Ruf bekommen hat.

Eine Menge höherer Offiziere trafen in Sinsheim zu=
sammen: Becker, Böning, Mercy, Kawiecki, Freund,
u. s. w., nebst mehr zahlreichem als brauchbarem Generalstab
und einem Ueberfluß nicht sattelfester Adjutanten.

Es war schon ziemlich spät am Morgen, als die Truppen
sich in Bewegung setzten; Mercy, Kawiecki und ich blieben
bei der Avantgarde, die mit großer Vorsicht durch den Wald
nach Waldangelloch marschirte, da man jeden Augenblick
auf den Feind treffen konnte. Kawiecki und ich thaten ge=
meinen Reiterdienst; wir ritten mit gespanntem Pistol hun=
dert Schritt vor der Spitze zum Entsetzen eines polnischen
Hauptmanns, der solches Handeln für verdammliche Toll=
kühnheit erklärte und hinter jedem Busch einen Pickelhäubrich
witterte.

Die Hitze in dem Tannenwald, den wir durchritten,
war drückend und Roß und Reiter fühlten sich matt. Kano=
nendonner, der von rechts herüber schallte, brachte uns Kunde
von einem Gefecht, welches in der Nähe von Bruchsal statt
haben mußte; es wurde von dem Anführer der pfälzischen
Truppen, General Sznaida, bei Ubstadt gegen die Preußen
geschlagen. Dieser ferne Kanonendonner gab uns wenigstens

ziemliche Gewißheit, daß unserem Marsch sich keine Hinder=
nisse in den Weg setzen würden, und wir Stabsofficiere ritten
den Truppen nach Waldangelloch voraus, um dort
Menschen und Pferden eine kleine Rast zu gönnen.

Als ich vor dem Gasthofe ankam, fand ich eine belebte,
eigenthümliche Kriegsscene. Mercy und Kawiecki, die
vor mir angekommen waren, hielten inmitten eines Kreises
von Dorfbewohnern, welche mit Spannung den Verhand=
lungen lauschten, die zwischen den beiden Offizieren und einem
bleichen, pfiffig aussehenden Manne stattfanden, den man
als „Spion" vor die Füße ihrer Pferde geschleppt hatte.
Der Kerl, der schwerlich ein gutes Gewissen hatte, wurde
des Verständnisses mit den Preußen beschuldigt und Kawiecki
setzte ihn und die Zuhörer in nicht geringe Angst dadurch,
daß er ein Pistol zog und Miene machte, den Spion todt
zu schießen, womit es ihm jedoch keineswegs Ernst war.

Als wir uns unter die kühle Einfahrt setzten, fiel Ka=
wiecki, der den Anstrengungen nicht gewachsen war, in Ohn=
macht; die guten Wirthsleute brachten ihn sogleich ins Bett
und allerlei Cordiale herbei, wie sie reisende Apotheker auf
dem Lande zu verkaufen pflegen. Kawiecki wollte noth=
wendig sterben und Mercy, der eine Butterseele hatte,
glaubte es und war ausnehmend gerührt. Als ich mir in
das Zimmer des Kranken ein Frühstück mit Eiern und
Schinken bestellte, entsetzte er sich und noch mehr, als ich
ihm lachend erwiderte: „Der spricht nie ein wahres Wort und
darum stirbt er auch nicht". Kawiecki, dem ich den Puls
fühlte, lächelte wehmüthig, ergriff meine Hand und sagte
mir: „ich möchte seine Frau und seine Kinder grüßen", die
ich kannte, was ich versprach und mein Frühstück fortsetzte.

Die Ohnmacht war bei Kawiecki's zartem Körper durch
die Anstrengungen der vorhergehenden Tage und die Hitze des

Mittags sehr erklärlich, denn selbst mein Körper von Gummi elasticum fühlte sich angegriffen, so daß ich heimlich fast ein halbes Fläschchen irgend einer stärkenden Tinktur der Wirthin leerte, was auch seine Wirkung nicht verfehlte. Es wurde beschlossen, daß Kawiecki und Mercy in einem Wagen den unterdessen vorausmarschirten Truppen nach Eppingen folgen sollten. Ein Dorfdoctor setzte sich zu ihnen und ich mit einem Adjutanten und dem preußen= sehenden polnischen Hauptmann folgten. Wir waren etwas weit zurückgeblieben, als der letztere meinem Pferde in den Zügel fiel und auf einen Punkt vor uns auf der sich hinab= senkenden und windenden Straße zeigte, wo er preußische Cavalleristen bemerkt haben wollte. „Das werden wir gleich erfahren!" rief ich, zog mein Pistol und sprengte im Galop die Straße entlang, zum Entsetzen des Capitäns, der zurück= blieb und telegraphische Angstzeichen machte. Es war dies der einzige Hasenfuß, den ich unter den Polen getroffen hatte und ich konnte ihn schon nicht leiden, weil er dem Grafen Kawiecki die Hände küßte. Der Mann mußte in seiner Heimath Bediente gewesen sein. Die „preußischen Cavalle= risten" waren nichts als Mercy's und Kawiecki's Pferde, welche die Burschen einen näheren, auf die Hauptstraße führenden Weg geritten hatten.

In Eppingen trafen wir das Hauptquartier abermals nicht; dies schien Flügel zu haben; jetzt sollte es sich wieder in Bretten befinden. Um mein einzig Pferd zu schonen, welches ich schon ein wenig wund gedrückt erhalten hatte, stieg ich neben Mercy und Kawiecki in den Wagen und wir fuhren mit Extrapostpferden nach Bretten. Es war be= reits Abend als wir dort ankamen. Da am Thor ein gro= ßer Zusammenfluß von Fuhrwerken aller Art war, so bog der Postillion seitwärts in einen Hohlweg, der zu einem an=

deren Thore führte; allein wir kamen aus der Bratpfanne
ins Feuer. Dieser Hohlweg war mit Geschütz, Munitions=
wagen, Fouragewagen und wer weiß was Alles dermaßen
verstopft, daß man weder vorwärts noch rückwärts konnte.
Einige Bauern, des langen Wartens müde, hatten aus=
gespannt und ihre Wagen mitten im Wege stehen lassen.
Nachdem ich unter Wagen und Pferden hindurch einen Weg
tracirt hatte, nöthigte ich meine beiden Invaliden zum Aus=
steigen und leitete sie in die Stadt. Auf dem Weg zur
Post, wo das Hauptquartier endlich wirklich sein sollte, be=
gegneten wir dem Befehlshaber des 4ten Regiments, Oberst
Thomé, der die Posten revidiren wollte, unter denen, wegen
ausgegebener doppelter Parole und Feldgeschrei große Ver=
wirrung herrschte. Hätten die Preußen in der Nacht Bretten
angegriffen, das Durcheinander wäre unbeschreiblich gewesen!

In der Post war das Hauptquartier wirklich und die
Confusion natürlich größer als irgend wo. Wir — acht
der höchsten Offiziere der Insurgentenarmee — fanden end=
lich noch eine Streu und ich schlief vortrefflich, meinen Sattel
als Kopfkissen benutzend. Um Mieroslawski hatte ich
mich nicht bekümmert; allein man hatte ihm wahrscheinlich
von unserem Endabenteuer in Mannheim und meinem An=
theil an der Entwickelung erzählt; denn als ich am Morgen
auf die Straße trat, rief er mich aus dem Fenster zu sich
herauf und schien durch besondere Freundlichkeit sein früheres
barsches Benehmen gut machen zu wollen.

Während ich bei ihm war, ließ sich eine Deputation der
Hanauer Turner melden. Sie trugen ihm die Bitte
um Entlassung vor; sie hatten das Kriegspielen satt und
wollten nach Hause. Der General ließ ihnen durch mich
zureden, zu bleiben; ob sie es thaten, weiß ich nicht. Sie
hatten an dem Gefecht bei Waaghäusel Theil genommen und

sollten einen gut vertheidigten Wald nehmen; allein das ging nicht sogleich, sie zeigten zuerst dem Feind den Rücken und Mieroslawski rief: „Ah, voilà les beaux tourneurs de Hanau qui tournent le dos à l'ennemi!" Später sollen sie sich brav geschlagen haben, obwohl Augenzeugen ihren Führer der Feigheit beschuldigen. — Gegen acht Uhr fuhr das Hauptquartier und Alles, was dazu gehörte, ab und unter vollem Regen kamen wir gegen Mittag nach Durlach.

Nachmittags trafen hier einige Tausend Mann pfälzi= scher Truppen ein, die bei Ubstadt davon gelaufen waren, trotzdem daß sie es eigentlich gar nicht nöthig gehabt hätten, denn sie waren gegen die Preußen im Vortheil und hatten sich recht brav geschlagen; allein es erhob sich „Verraths= geschrei", welches einen panischen Schrecken hervorrief.

Bei den Pfälzer Truppen war Anneke, von seiner Frau begleitet, die einen wunderschönen Braunen ritt, der eine Haut wie Atlas hatte und einem preußischen Uhlanen= rittmeister abgenommen worden war. Anneke sprach da= von seinen Abschied nehmen zu wollen und erzählte mir, daß man General Snayda, des Verraths beschuldigt, ge= fangen genommen, mißhandelt und verwundet habe. Da mir das Nähere über diese Angelegenheit nicht bekannt ist, so enthalte ich mich der Erzählung der mancherlei Versionen, die in Bezug auf diese Verrätherei existirten.

Eines Abends hatte ich den General Snayda in Mann= heim getroffen; er reiste in das Hauptquartier nach Heidel= berg. Er war ein kleiner, mit großem Appetit essender, dicker schon alter Mann, der eine Art Uniform mit schwarz=roth= goldenen Schnüren trug. Er klagte mir seine Noth, die er mit der Unordnung in der Pfalz habe, und welche ihn nöthige, sich über seine Kräfte anzustrengen. Er müsse fast

den ganzen Tag zu Pferde sitzen und seine Beine seien so
geschwollen, daß er kaum gehen könne.

Am Morgen traf ich einen preußischen Deputirten, den
ich früher in Carlsruhe kennen gelernt hatte, und der, glaub'
ich, eine Stelle als Kriegscommissair bekleidete, wozu alle
mögliche Menschen für fähig gehalten wurden, die keine Idee
von den Bedürfnissen einer Armee hatten. Ich ging mit
ihm zu Oberst Becker, der Commandeur einer Division
war. Dieser sprach davon, daß aus Versehen eine Batterie
nach Carlsruhe abmarschirt sei, die er brauche, und der
Deputirte, der dorthin wollte, erbot sich, den Befehl zur
Rückkehr derselben mitzunehmen. Becker gab ihm nicht
allein diesen, sondern noch einen andern schriftlichen Befehl
an den Oberst Blenker*), den er in Carlsruhe finden würde
und durch welchen derselbe angewiesen wurde, mit seinem
Corps nach Knielingen und Mühlburg zu marschiren,
um Carlsruhe von dieser Seite so lange zu decken, bis das
dortige Zeughaus geleert sein würde.

Der Deputirte hatte Platz in seinem Wagen und nahm
mich und den wiedergefundenen Hauf mit. Dieser brachte
die Geschütze nach Durlach zurück und ich übernahm es,
Becker den Befehl einzuhändigen. Ich fand den kühnen
Obersten nebst Ottensoser mitten unter seinen Getreuen
auf dem Markte und entledigte mich meines Auftrages, der
keine Freude zu erregen schien.

Im Gasthof zum goldenen Krug fand ich Merch, der
zum Commandanten von Carlsruhe ernannt, aber in großer
Verlegenheit war, da ihm Mieroslawski allerlei ver=

---

*) Im Augenblick „General Blenker" in Nordamerika. Sigel ist
dort nur Oberst und Börnstein, fortlaufenden Andenkens, ist Oberst
in St. Louis.

fängliche Aufträge gegeben hatte, die er nicht unentschlossene=
ren Händen hätte anvertrauen können. Einer dieser Auf=
träge war, die Carlruher Bürgerwehr zu entwaffnen, und
ein anderer, den er mir schriftlich zeigte, wenn man Carls=
ruhe räumen müsse, das Schloß in Brand zu stecken und
jeden Löschversuch mit den Waffen abzuwehren!

Mercy hatte weder Lust das Eine noch das Andere
zu thun. Gögg — der eine Art von Dictator spielte —
stürzte in den Saal und rief, daß er die Entwaffnung der
Bürgerwehr um keinen Preis leiden und sich lieber an die
Spitze derselben stellen würde, um jeden Versuch dazu ab=
zuwehren. Dem schlaffen Mercy gegenüber war solche
Energie jedoch nicht nöthig.

Ich fuhr mit meinem Kriegscommissär nach Ettlingen,
wo wir auch Mieroslawski finden sollten; allein er war
bereits wieder voraus — das heißt nach rückwärts — geeilt,
und wir trafen nur sein »alter ego«, Generaladjutant
Sigel, der mich durch einen mit Bleistift geschriebenen Zet=
tel beauftragte, alle debandirten Truppen, die ich auf dem
Wege finden würde, zu sammeln und nach Durlach zu
schicken, wo man ein Gefecht erwartete. Ich suchte diesem
Auftrage zu genügen und hielt ganze Schaaren von flüch=
tigen Volkswehrmännern auf, welche ohne alle Ordnung, in
vollständiger Auflösung, Rastatt zueilten. Ich ließ sie in
Ettlingen sammeln und schickte sie nach Durlach; allein
die meisten, ohne auf ihre Führer zu hören, machten nur
einen Bogen um Ettlingen herum und liefen was sie konn=
ten der schützenden Festung entgegen.

In Ettlingen traf ich auch Willich mit seinem
Corps. Ich freute mich, ihn endlich wieder zu sehn, was
seit unsern Kadettenjahren nicht der Fall gewesen war. Seine
Persönlichkeit machte auf mich einen sehr angenehmen Ein=

druck; allein als ich ihn in einem Bierhause mitten unter seinen räubermäßig aussehenden communistischen Aposteln fand, die mit Hohnlächeln auf meine Uniform sahen, fiel es mir nicht im Traume ein, daß er sich für einen modernen Christus halte, der stets wie dieser das Brod brach und einen Johannes hatte. Es war dies ein blasser Schneidergesell, in welchem Willich besondere Offenbarung entdeckte, und den er vollends um seine zwei Loth Verstand brachte. So erzählte mir wenigstens Jansen. Der Petrus dieser Apostelbande sah aus, als sei er nicht nur bereit, alle Ohren der Welt abzuhauen, sondern auch alle Beutel abzuschneiden. Trotz ihres räubermäßigen Aeußeren waren diese Leute jedoch vortreffliche Menschen, an denen nichts Schlechtes oder Gemeines war. Willich wurde von seinen Leuten schwärmerisch verehrt, und wenn ihn auch seine Feinde — und manche seiner Freunde ebenfalls — einen Narren nannten, so kamen doch alle dahin überein, daß er ein sehr ehrenwerther sei.

Wir sprachen uns nur wenige Augenblicke und als er mich nach Blenker fragte und ich ihm von dem demselben überbrachten Befehl sagte, beschloß er, mit seinem sehr tüchtigen Corps diesem nach Knielingen zu folgen.

Der Kriegscommissär war bereits von Ettlingen abgefahren, aber so artig gewesen, mir einen anderen Wagen zuzuweisen, welchen einige Herren vom Generalstab in Heidelberg requirirt und bis Ettlingen mitgenommen hatten. Ich wollte nun über Carlsruhe nach Durlach zurückkehren, wo ich meine Effekten und mein Pferd gelassen hatte. Ehe ich jedoch die Hälfte des Weges nach Carlsruhe zurückgelegt hatte, kamen mir bereits die aus Carlsruhe ausmarschirenden Truppen entgegen, durch welche ich die Nachricht erhielt, daß die Preußen bei Gottesaue ständen und demnächst in

Carlsruhe einrücken würden. Auch Becker sei nach einem
kurzen Gefecht genöthigt worden, sich von Durlach zurück=
zuziehen und befinde sich auf dem Marsche nach Ettlingen.

Unter diesen Umständen konnte ich freilich auch nichts
Anderes thun, als umwenden, und ebenfalls wieder nach
Ettlingen gehen, wo es nun aller Wahrscheinlichkeit nach zu
einem Treffen kommen mußte. Ich ließ also an einem
Gasthofe halten, um hier meine von Durlach kommenden
Leute mit meinem Pferde und Gepäck und das Weitere ab=
zuwarten.

In der Nähe des Gasthofes stand ein Häuflein Frei=
schärler, deren Führer nicht aus noch ein wußte; es waren
Zuzügler von Heilbronn, welche über die Retirade der
Armee und deren aufgelösten Zustand sehr bedenkliche Ge=
sichter machten. Um Rath gefragt, was zu thun sei, meinte
ich, es würde das Beste sein, wenn sie ohne Trommelschlag
ganz ruhig wieder nach Hause gingen. Ich hoffe, daß sie
diesem vernünftigen Rathe folgten.

Meine Leute mit Pferd und Gepäck kamen; allein das
„Weitere“ blieb aus. Zu meinem Erstaunen sah ich ein
Truppencorps nach dem andern vorüberziehen und bei allen
zeigte sich ein großer Fanatismus für Rastatt! — Zu
meiner Verwunderung sah ich auch Oberst Blenker nebst
Gemahlin hoch zu Roß an der Spitze ihrer Schaar heran=
kommen, die ich bei Knielingen oder Mühlberg im Kampf
mit den Preußen wähnte. Herr Ottensofer hatte sich
aber gegen eine solche gefährliche Zumuthung gestemmt und
gemeint: „Wie könne man einem Befehl Folge leisten, den
„„ein Corvin““ bringe!“ Diese Ansicht stimmte mit
Blenkers Neigungen überein und so entschied man sich für
die sichere Retirade nach Rastatt.

Da es mir nicht einfallen konnte, Ettlingen allein be=
haupten zu wollen, so folgte ich den Truppen und hatte die
Freude, weiße und gelbrothe Fahnen in der Stadt präpari=
ren zu sehen, wodurch man sich den schwarzweißen Vaterlands=
rettern empfehlen wollte.

Ich kam gegen fünf Uhr Nachmittags in Rastatt an.
In diesem sichern Hafen hatte sich Alles, zwar ziemlich bunt
durcheinander, aber doch gesund zusammengefunden. Der
Bürgermeister war eben im Begriff aus der Haut zu fahren,
als ich in sein Bureau trat, welches gedrängt voll von Leuten
war, die sämmtlich einquartirt sein wollten. Drei Schreiber
und der Bürgermeister schrieben unaufhörlich; allein sie
waren so bedrängt, daß sie kaum die Arme dazu frei hatten.
Ich erwarb mir dadurch ihren Dank, daß ich die gesammte
bunte Gesellschaft zur Thüre hinaus jagte, einen Doppel=
posten vor dieselbe beorderte und die Leute nur einzeln ein=
ließ; allein ein gutes Quartier erwarb ich mir damit doch
nicht; es war keins vorhanden; schnellfüßigere Herren hatten
sie in Beschlag genommen. Endlich erhielt ich ein Billet:
„Ein Oberst nebst Adjutant, zwei Ordonnanzen, zwei Be=
dienten, ein Kutscher und vier Pferde im Gasthof zur Blume".
Wir alle zusammen — Pferde ausgenommen — erhielten
dort ein Zimmer, in welchem weder ein Stuhl noch ein
Tisch, noch überhaupt Etwas zu finden war. So ging es
mir das erste und einzige Mal, daß ich mich während dieser
Revolution einquartieren ließ.

Nachdem ich gesehen, daß meine Leute wenigstens zu
essen bekamen, räumte ich das Feld und suchte für Geld
ein Unterkommen in einem Gasthofe; allein ich fand Alles
besetzt. Rathlos ging ich in den Straßen umher, und als
ich eine freundliche ältere Dame mit ihrer Tochter an einem
Fenster erblickte, fragte ich, ob sie einen sehr bescheidenen

und gedemüthigten Obersten ins Quartier nehmen wollte?
— Ich ward freundlichst acceptirt und war geborgen. Meine
physiognomischen Studien haben mir stets gute Früchte
getragen.

Als ich am andern Morgen ausging, begegneten mir
Bauern, welche einen ganzen Zug Pferde brachten, die von
der Regierung angekauft waren. Unter denselben bemerkte
ich einen schönen Falben, den ich sogleich fest hielt und für
mich zu nehmen beschloß. Die Pferde mußten dem Artillerie=
major Heilig abgeliefert werden, der mir den Falben ohne
Umstände überließ, als ich ihm meine Vollmachten zeigte.

In Rastatt traf ich Mercy und Kawiecki, die ich
aber später nicht wieder sah, und den Kriegskommissär De=
brunner, einen Constanzer, den ich in Muttenz kennen ge=
lernt hatte. Er war ein näherer Freund Sigels, wunderte
sich, mich so ohne eigentliche Beschäftigung zu sehen, und
versprach, Sigel daran zu erinnern, damit ich ein höheres
Commando erhalte. Er klagte mir seine Verlegenheit, da
er bis zum anderen Tage zwanzig Pferde bedürfe, die er
nirgends auftreiben könne, obwohl man sie gern bezahlen
wolle und zu diesem Ende einem Herrn Comlossy aus
Rastatt bereits einige Tausend Gulden gegeben habe. Ich
versprach, ihm die Pferde zu verschaffen, bestellte sogleich
meinen Wagen, ließ noch zwei Pferde Extrapost davor span=
nen und fuhr mit meinen beiden Ordonnanzen Herrmann
und Lenz und einem pferdeverständigen Dragoner nach
Gernsbach.

Auf dem Wege dorthin fand ich die Posten an der
Murg stark besetzt. In Rothenfels, dem Centrum der
von dem General beschlossenen Aufstellung befehligte Mercy
das erste und zweite Regiment; den linken Flügel, der sich
an Rastatt lehnte, befehligte Oberst Oborski; den Mittel=

punkt des rechten Flügels bildete das Städtchen Gerns=
bach; hier sollte, wie ich am Abend erfuhr, Oberst Blenker
commandiren. Es hieß, diese Linie wolle Mieroslawski
auf das Aeußerste vertheidigen, um hinter derselben die sehr
zerfahrene Armee auf's Neue zu sammeln und dann wieder
die Offensive ergreifen.

Das klang und war auch ganz vernünftig. Hier ist
der schmalste Theil Badens und hier tritt das Gebirge am
nächsten an den Rhein. Die zwischen diesem und den Bergen
liegende Ebene wird aber durch die Festung Rastatt ver=
theidigt, so daß es schwierig ist hindurchzukommen. Würtem=
berg, an welches sich der rechte Flügel lehnte, verhielt sich
neutral und es wurde als ziemlich ausgemacht angenommen,
daß die schwarzweißen Reichstruppen diese Neutralität respek=
tiren würden; überdies war das Terrain hier einer Ver=
theidigung sehr günstig. Von jenseits des Rheins hatte man
gar nichts zu fürchten, da hier bereits Frankreich war.

Die Wichtigkeit Gernsbachs leuchtete mir sogleich ein
und ich war deshalb sehr erstaunt, den Ort bei meiner An=
kunft so schwach besetzt zu finden; der erste Angriff war nach
meiner Meinung hier zu erwarten und ich recognoszirte sorg=
fältig das Terrain, um bei meiner Rückkehr nach Rastatt
auf die Vernachlässigung dieses wichtigen Punktes aufmerksam
zu machen. Man hatte dieselbe jedoch nicht übersehen. Als
ich beim Abendessen saß, rückte mit großem Trommelspektakel
Oberst Blenker mit seinen Myrmidonen ein. Er, seine
Frau und Herr Ottenfoser, der den Adjutanten spielte,
logirten in dem Gasthof, in welchem ich abgestiegen war.
Alle Drei studirten eifrig die Karte, und als ich mir einige
Fragen und Bemerkungen erlaubte, wurde ich sehr kühl be=
handelt. Man hatte es mir übel genommen, daß meine

in Worms gemachte Prophezeihung so schnell und buchstäblich eingetroffen war.

. Am andern Morgen ließ ich den Bürgermeister kommen
und sämmtliche Pferde, die es in Gernsbach gab, auf den
Marktplatz bringen. Es wurde eine Commission ernannt,
welche die Pferde taxirte und ich kaufte auf diese Weise sechs
bis acht, welche ich mit Anweisungen auf die Kriegskasse bezahlte, die ich vom Bürgermeister mit untersiegeln ließ.

In Gernsbach war der junge Dortu Civilkommissair
oder Commandeur der Volkswehr gewesen, aber von diesem Posten entfernt worden. Ueber den Grund konnte ich
nicht klar werden, aber die Bürger waren sehr aufgebracht
gegen ihn.

Lenz ging mit den gekauften Pferden nach Rastatt ab
und ich fuhr weiter nach Baden-Baden. Der reizende
Badeort war wie ausgestorben, obwohl es Ende Juni war.
Im Gasthof zum badischen Hof, in welchem ich abstieg, befand sich ein einziger Fremder! Da mir Camlossy, der
gleichfalls Pferden nachstellte, bereits zuvorgekommen war, so
fuhr ich nach Haueneberstein, wo ich eine Menge brauch-
barer und selbst schöner Pferde, und Bauern fand, die sehr
willig waren, sie an die Regierung zu verkaufen. Ja die
Leute waren ordentlich böse, daß ich, nachdem ich meine
Zwanzig vollgemacht hatte, weiter keine mehr annehmen
wollte. Ueber Favorite kehrte ich nach Rastatt zurück, wo
ich am Nachmittag — ich glaube es war Mittwoch der 27.
Juni — eintraf.

Ich fand die Stadt in großer Aufregung. Schon in
den Festungswerken kam mir eine erhitzte Menge entgegen.
Ich ließ halten und fragte einen sehr eifrigen Bekannten,
was im Werke sei? Er erzählte mir in großer Eile, aber
mit einer Art von fieberhafter Heimlichkeit, die mir erst später

auffiel, daß man einen Spion erschießen wolle. Ich fand
das ganz in der Ordnung und fuhr weiter, ohne mich ferner
um die Sache zu kümmern; denn ich dachte natürlich, daß
die Hinrichtung in Folge eines Kriegsgerichtsurtheils statt=
finden solle. Erst als es zu spät war, erfuhr ich den Zu=
sammenhang der Sache und war sehr beunruhigt durch den
Namen des Menschen, den die aufgeregten Soldaten auf
eigene Faust erschossen hatten. Der Mann hieß nämlich
Alexander Weil. Ich kannte drei dieses Namens: einen
Buchdrucker in Frankfurt, der einst für mich gedruckt hatte,
dann den berühmten Orientalisten und Uebersetzer der Tausend
und Eine Nacht und endlich den in Paris wohnenden
Schriftsteller. Es war indessen doch ein vierter! Seltsame
Liebhaberei der Familie Weil an dem Namen Alexander!
Der Erschossene war ein jüdischer Sprachlehrer aus Carls=
ruhe, der eine Botschaft von der französischen Gesandtschaft
an den Präfecten nach Straßburg bringen wollte und in Kehl
arretirt und nach Rastatt geliefert wurde. Er muß nicht so
unschuldig gewesen sein, als man ihn später hinstellte; we=
nigstens behaupteten Personen, die in dem Kriegsgericht sitzen
sollten, welches auf den folgenden Tag anberaumt war, daß
er ein Spion gewesen sei. Auch mit einer andern verdäch=
tigen Person verfuhr man an diesem Tage ebenso summarisch.
Solche Gewaltacte sind zwar, vom rein menschlichen Stand=
punkte aus betrachtet, sehr betrübend; allein Revolutionen
und Contrerevolutionen sind es nicht minder und wer sich
damit einläßt, darf sich von subjectiver Sentimentalität nicht
anfechten lassen; „wo Holz gehackt wird, fallen Spähne,"
sagt ein altes, deutsches Sprüchwort.

Ich war unzufrieden, denn ich hatte nichts zu thun
und fühlte einigen Groll gegen die Leute, von denen es ab=
hing, mir etwas zu thun zu geben. Das war thöricht; das

Gefühl meiner Tüchtigkeit, reger als sonst durch die überall hervortretende Unfähigkeit der sich breit machenden Mittel= mäßigkeit, und ein wenig Eitelkeit erzeugten diese tadelnswerthe Empfindlichkeit. Wer gelten will, muß sich geltend machen; Talent wird oben bleiben, Mittelmäßigkeit im Thatengewühl zu Grunde gehen. Anstatt mich zu bemühen, wollte ich ge= sucht sein; das war wie gesagt thöricht.

Die ganze Art und Weise wie die Revolution geführt worden war, mißfiel mir; sie konnte nicht wohl anders sein bei der Verschiedenartigkeit der mitwirkenden Kräfte. Der Pole, der an der Spitze der Armee stand, kannte die Ver= hältnisse nicht und konnte sie auch nicht kennen lernen, da er kein Deutsch verstand; auch fehlte ihm wohl das Herz für die Sache. Sigel hätte viel thun' können; allein er war der Stellung, die sich ihm eigentlich durch die Umstände mehr aufgedrungen hatte, nicht gewachsen; er war zu jung, zu un= erfahren, zu wenig umsichtig und zu wenig Menschenkenner; er verstand es nicht einmal die richtigen Werkzeuge zu wählen und hohle Schwätzer genossen hauptsächlich sein Vertrauen, während er tüchtige Leute beeiferfüchtelte oder ihnen mißtraute.

Die meiste Verwirrung brachten aber in diese ganze Revolution Leute wie Struve, Heinzen und deren Anhänger, Fanatiker und Schwärmer, die nie auf den Zeitpunkt Rücksicht nehmen, sondern starrköpfig zu jeder Zeit ausführen wollen, was nicht an der Zeit ist. Manche chemische Operationen lassen sich nur bei einem bestimmten Wärmegrad vornehmen; unter demselben sind sie nach physikalischen Gesetzen unausführ= bar. Was im Frühjahr 1848 möglich, war es nicht mehr im Sommer 1849; wenn auch der Revolutionsthermometer in den Köpfen einzelner Schwärmer nach und nach im selbst= entzündeten Feuer bis über den Siedepunkt gestiegen war, so war doch der der Masse, auf die es ankam, bedeutend ge=

fallen. Die Republikschwärmerei im Sommer 1849 war, gelinde gesprochen, unpraktisch; man hätte sich damit begnügen müssen, die deutsche Verfassung zu vertheidigen, wie man ja auch vorgab, wonach man aber nicht handelte; dafür würde man vielleicht noch Sympathie genug im Volke gefunden, dafür würde der Wärmegrad der Volksmasse vielleicht noch ausgereicht haben.

Als ich von Carlsruhe nach Mannheim zurückgekehrt war, hatte ich bereits die Hoffnung auf ein Gelingen des Revolutionszweckes aufgegeben; die augenblickliche, durch die Ausweisung aus Berlin bewirkte Unsicherheit meiner Ver= hältnisse und die Ueberredung Trützschlers, der mir ge= fiel, auch Lust an dem bewegten Kriegsleben, in dem ich mich selbst zu erproben hoffte, bewogen mich dessenungeachtet in Baden zu bleiben.

Ich faßte nun den Entschluß, am andern Tage Rastatt zu verlassen und mich nach Freiburg zu begeben, wo ich der dorthin übersiedelten provisorischen Regierung meine Meinung sagen und von der erhaltenen Antwort es abhängig machen wollte, ob ich bliebe oder meinen Abschied forderte. Das Anerbieten einer Stellung, auf der ich meine Thätigkeit entwickeln konnte, würde mich zu bleiben bewogen haben; denn wenn ich auch an den Erfolg der Revolution nicht mehr glaubte, so war es mir Gewinn genug, durch Thaten meine Thatenfähigkeit zu zeigen; weniger aus Eitelkeit oder aus Ehrgeiz, als aus practischen in die Zukunft hinausreichenden Gründen. Selbst eine verunglückte Revolution trägt der un= terliegenden Partei nützliche Früchte; sie macht eine Menge impotenter Phrasenmacher unmöglich und lehrt die Männer der That kennen, was schon ein bedeutender Gewinn ist.

Es war ein wunderliches Gefühl für mich, mitten in dem kriegerischen Gewirre so unthätig sein zu müssen; dieser Zu=

stand kam mir so fabelhaft vor, daß ich ganz consternirt darüber war. Am Nachmittage ritt ich über den Feder= bach hinaus und fand hier unsere Truppen damit beschäf= tigt, Hütten im Walde und sehr leichte Verschanzungen auf= zuwerfen. Von rechts herüber hörte man Schießen; es mußte von einem Vorpostengefecht an der Murglinie herrühren, wo auch Willich und Mercy in der That einige Vortheile errangen und die Preußen aus dem Dorfe Freiolsheim hinausschlugen. Eine Schilderung der dort statthabenden Gefechte und Kriegsoperationen mag man in andern Werken jener Zeit nachlesen; ich könnte ihnen nur nachschreiben, denn ich war nicht Augenzeuge, und die Berichte solcher, die mir damals mitgetheilt wurden, lauteten zu widersprechend, als daß darauf zu fußen gewesen wäre.

Trotz des eigentlich entmuthigenden Zustandes unserer Armee waren die noch disponibeln Truppen keineswegs nie= dergeschlagen, sondern im Gegentheil recht kampflustig; über= haupt benahmen sich die Soldaten und — wenn man die Umstände berücksichtigt — selbst die ungeübten Volkswehren und Freischäler sehr gut. Hätte es nicht so sehr an guten Officieren gefehlt, den an Stärke so überlegenen Preußen würde es noch schwieriger geworden sein, die Murglinie zu durchbrechen, wie es am folgenden Tage geschah. Ich bin überzeugt, daß unsere Truppen, so verächtlich man auch später von ihnen redete, sich an diesen Tagen die Achtung der ihnen gegenüberstehenden Feinde erwarben. Das „Demo= kratengesindel" und die Freischaaren schlugen sich hier gegen Truppen, welche sich die besten der Welt glaubten, mit aner= kennenswerthem Muthe. Die Erfahrung wurde wenigstens durch die hie und da glänzenden Erfolge gemacht, daß es nur einiger Uebung bedarf und eben nicht zu großen Talentes,

um gegen die langjährige Erfahrung kriegsgeübter Generale
das Feld zu behaupten. Der Peter= und Paulstag versprach ein denkwürdiger zu
werden und wurde es auch. Die Preußen griffen die Ver=
schanzungen an der Federbach an und es entspann sich ein
lebhaftes und hartnäckiges Gefecht, welches mit Unterbre=
chungen den ganzen Tag hindurch währte und besonders im
Rastatter Niederwald und im Hirschgrund, der sich
nach dem Dorfe Rauenthal hin erstreckt, hartnäckig war.
Man focht indessen auf der ganzen Linie von Steinmauern,
welches unsern äußersten linken Flügelpunkt bildete, bis nach
Gernsbach. Am Nachmittage waren auf den Wällen des Forts B.
eine Menge von Menschen versammelt, welche mit dem reg=
sten Interesse dem Gang des Gefechtes folgten, welches leider
durch die dazwischen liegenden Waldungen dem Auge zum
größten Theil verborgen wurde und sich meistens nur durch
Schall und Rauch der Geschütze erkennen ließ.

Ich folgte den Bewegungen mit der gespanntesten Auf=
merksamkeit und freute mich, wie brav unsere Leute aushiel=
ten. Um so schmerzlicher überraschte es mich, als ich gegen
fünf oder sechs Uhr Abends bemerkte, wie die Preußen
Terrain gewannen und vordrangen. Dieser Nachtheil unserer
Truppen schien mir die Schuld des Generals, der wahr=
scheinlich die ganze Stellung nicht so gut übersehen konnte
als wir von den hohen Wällen; auch schienen mir die Truppen von dem langen Kampf ermüdet und ich hielt es für
die höchste Zeit die Reserve vorrücken zu lassen, wenn man
nicht die Preußen auf dem Glacis sehen wollte. Eben im
Begriff, mein Pferd zu holen, um den General aufzusuchen,
und ihm meine Ansicht mitzutheilen, traf ich auf dem Wall
einen seiner höhern Adjutanten mit Tiedemann. Ich

machte den ersteren sogleich auf den Stand der Dinge auf=
merksam und gab ihm die Mittel an, augenblicklich denselben
zu unsern Gunsten zu verändern dadurch, daß man einige
Bataillone in die Linie nach der Federbach und ebenso nach
Rauenthal zu als Verstärkung einrücken ließe. Der Adju=
tant und auch Tiedemann begriffen mich sogleich und in die
in der Festung zurückgebliebenen Truppen kam Bewegung,
ja eine Art geistiger Erhebung, die ich nicht geradezu Be=
geisterung nennen kann. Die Sicherheit mit der ich vom
Erfolge sprach, mochte dazu beitragen.

Die Bataillone des dritten Regiments und der Frei=
burger Volkswehr traten unter das Gewehr. Sigel hielt
nicht weit von mir auf dem Wall, als plötzlich Camlossy
an ihn heransprengte und rief: „Sigel, Dein Bataillon
will von Dir selbst gegen den Feind geführt sein!" Sigel
folgte dem Ruf. Die Bataillone rückten in die Linie ein,
wie ich es angegeben hatte; es geschah mit Muth und Energie;
die Schanzen an der Federbach wurden zweimal genommen
und verloren, blieben aber, als es dunkel wurde, in den
Händen des Majors von Weltzien, der sie zuletzt durch
einen Bayonnetangriff nahm. Das dritte Regiment unter
Oberst von Biedenfeld hatte sich sehr brav geschlagen;
allein einen neuen Versuch, während der Nacht die Schanzen
abermals zu nehmen, wollte der Oberst nicht machen, so
gern es auch der General gesehen hätte.

Die Volkswehr schlug sich nicht weniger brav. Das
25 preußische Infanterie=Regiment wurde mit großem Ver=
lust (den heute noch ein Denkmal an der Eisenbahn bezeichnet)
zurückgeschlagen und die Volkswehr drang wieder bis zum
Dorfe Rauenthal vor, welches die Nacht über von ihr
besetzt blieb.

Man glaubte einen vollständigen Sieg erfochten zu
haben und jubelte; allein Steinmauern war sehr schnell
von Friedrich Doll verlassen worden, der nach Rastatt
schickte und für zweitausend Mann Lebensmittel begehrte;
Mercy und Oborski, die sich übrigens an diesem Tage
sehr gut gehalten hatten, waren bis Kuppenheim zurück=
drängt worden.

Der mißlichste Verlust war aber der von Gernsbach,
welches Blenker nur sehr schlecht vertheidigte. Den Rauch
dieses in Brand geschossenen Ortes sah man von Rastatt
aus, errieth jedoch nicht die wahre Ursache.

Am Abend traf ich im Gasthof den Commandeur eines
Bataillons des ersten Regiments, Major Lang, einen ehe=
maligen Feldwebel. Er war aus dem Gefecht davongelaufen
und erzählte mir in aller Eile, daß Gernsbach genommen
sei. Ich bekam einen großen Schreck; denn der Verlust
dieses Ortes war von der allerhöchsten Wichtigkeit; nun
konnte man unsere Armee auch im Rücken angreifen und
ihr Untergang schien gewiß. In aller Eile ging ich in das
Hauptquartier, in der Voraussetzung, daß man die Nachricht
noch nicht wisse. Ich traf einen der Adjutanten Mieros=
lawski's und rief ihm zu: „Wissen Sie es denn schon?
Gernsbach ist genommen!" — Ich war nicht wenig erstaunt
über die Antwort: „Alte Geschichte! Was ist denn daran
gelegen?"

Ich wollte am andern Morgen von Rastatt abreisen
und hatte meinen Leuten zu diesem Ende die nöthigen Befehle
gegeben. Am Nachmittage war ich den beiden jungen Herren
vom „Generalstab" begegnet, die meinen Kutscher aus Hei=
delberg mitgenommen, also eigentlich Prioritätsrechte an dem
Wagen hatten; ich machte mir aber um so weniger ein Ge=
wissen daraus, jede Kenntniß von dem Schicksal des Fuhr=

werkes zu verläugnen, als der Kutscher, der sich wohl bei mir befand, mich sehr gebeten hatte, ihn nicht wieder den Herren auszuliefern, die ihn gewaltsam entführt hatten. Ich sagte jedoch diesem Kutscher, daß er, um Weitläufigkeiten und unangenehmes Zusammentreffen zu vermeiden, sich mit seinen Pferden in einen obscuren Gasthof begeben und dort bis zur Zeit der Abfahrt bleiben möge.

Gegen zehn Uhr legte ich mich zu Bette. Es mochte ungefähr Mitternacht sein, als meine brave Wirthin an meine Thür klopfte und meldete, daß ein Herr da sei, der mich zu sprechen wünsche. Es war der mir bis dahin noch unbekannte Kriegscassier Bäsel, der mir sagte, daß ich so= gleich ins Hauptquartier zu Sigel kommen solle. Was man von mir wolle, konnte er mir nicht sagen; allein ich stand sogleich auf und befahl zu satteln. In freudiger Eile kleidete und waffnete ich mich und rief dazwischen: „Endlich! endlich!" — Was konnte man von mir so spät in der Nacht wollen? — Man erinnerte sich jetzt in der Noth meiner; sicher sollte ich mit einigen tausend Mann aufbrechen und Gernsbach wieder nehmen!

Als ich durch meine Zimmerthür trat, sagte meine Wirthin: „Ach Herr Oberst, es ist mir so angst um Sie; das ganze Haus ist mit Soldaten besetzt." — So war es in der That und die Maßregel überraschte mich nicht wenig. Vor der Thür fand ich einen Mann von der Rastatter Bür= gerwehr, welcher die starke Infanteriepatrouille zu führen schien. Auf meine Frage, was diese ganze Prozedur bedeute, antwortete mir dieser Mensch, daß ich das schon im Haupt= quartier erfahren würde. Bäsel wußte nichts von dem Zusammenhang der Sache; man hatte ihn in der Nähe meines Quartiers angehalten und seiner silbernen Epaulets wegen wahrscheinlich für mich genommen; allein man zwang ihn mit ins Hauptquartier zu kommen, obgleich man sich von dem Irrthum überzeugt hatte. Man hatte ihn gepreßt mich zu wecken, da man wahrscheinlich fürchtete ich möchte in böser Laune erwachen.

Als wir im Gasthof zur Post ankamen war ich außer= ordentlich neugierig zu erfahren, weßhalb man mich mitten in der Nacht mit bewaffneter Macht aus dem Bette holte, während eine einfache Bestellung durch eine Ordonnanz genügt haben würde, mich ins Hauptquartier zu citiren.

Als ich mit dem närrischen Bürgerwehrmann in das Zimmer trat, sprang Sigel vom Bette auf und war so verschlafen, daß er kaum stehen konnte; kein Wunder, er hatte den Tag über genug gethan und erlebt. An einem Tische saßen mehrere Officiere, unter denen ich auch Major Lang bemerkte.

Sigel fragte nun den Bürgerwehrmann was er wolle? und bat mich um Entschuldigung wenn er sich setze. Der abgeschmackte Spieß fing nun eine lange Fraubasenge= schichte an, deren Humor ich unter allen andern Umständen mit vollen Zügen genossen haben würde, von der ich in mei= ner ärgerlichen Stimmung aber nur die Abgeschmacktheit ge= wahr wurde. Er erzählte, wie er im Lamm seinen Schoppen getrunken und gehört, daß ein Kutscher hier heimlich seine Pferde eingestellt habe, der am andern Morgen fort wolle. Er habe mit dem Kutscher gesprochen; der sei in Verlegen= heit gerathen und er habe gleich gemerkt, daß die Sache nicht richtig sei; so viel habe er herausgebracht, daß der Kutscher morgen früh mit „einem von die Großen" auf Baden fahren solle. Holla, habe er gedacht, das ist Einer der sich durchmachen will! Er habe es nun ganz pfiffig an= gefangen, sei Abends wieder ins Lamm gegangen und zurück in die Blum' und habe endlich den Namen von dem Kutscher seinem Herrn erfahren u. s. w. Mit einem Wort, der Mann hatte gemeint, ich wolle mit wer weiß was für einer Kasse durchgehen und anstatt davon Anzeige zu machen, hatte er es vorgezogen, sich sogleich Mannschaften zu holen und mich brevi manu arretiren zu lassen.

Sigel waren zwischen der langen Erzählung mehrmals die Augen zugefallen; als der Spieß fertig war fuhr er in die Höhe und rief: „Was ist? was ist? — Ah so — ja lieber Mann, Sie haben ganz Recht; ich danke Ihnen, es ist schon gut, Sie können gehen. — Ja Corvin, wenn Sie nicht im Dienste sind, so müssen Sie die Pferde hergeben" — dabei schlief er wieder ein.

Nun riß mir die Geduld; anstatt über die ganze lächerliche Geschichte zu lachen wurde ich ärgerlich, hafte meinen Säbel ab, warf ihn auf den Tisch und rief: „Nein, bei solcher elenden Wirthschaft mag der Teufel es länger aushalten, ich danke!"

Nun wachte Sigel vollständig auf und machte große Augen. „Was ist? — was wollen Sie denn? — ach, ich bin auch neulich arretirt worden, was ist da weiter dabei?"

Mit dem Arretirtwerden hatte es wirklich seine Richtigkeit. Einige Tage vorher, — ich weiß nicht wo — waren er und Mieroslawski wirklich vom Oberst Thomé festgenommen worden. Sie wurden indessen wieder frei und wollten nun ihrerseits Thomé arretiren, was aber die Soldaten nicht litten. — Höchst ärgerlich über diese lüderliche Wirthschaft ging ich nach Hause, bestellte aber meine Pferde ab, da ich erst im Laufe des folgenden Tages abreisen wollte. —

An solchen Kleinigkeiten hängt oft das Schicksal eines Menschen; dieser Spießbürger, der es wahrscheinlich sehr ehrlich meinte, hat es sich schwerlich jemals träumen lassen,

daß sein Schwabenstreich meinem ganzen Leben eine andere
Wendung geben würde — und ich dachte ebensowenig daran.
Am andern Morgen traf ich auf dem Schloßthurm
Major Tiedemann, der zum Obersten und Gouverneur
von Rastatt ernannt worden war; bei ihm war der neue
Kriegsminister Werner, ein Freund Heckers, den ich in
Straßburg hatte kennen lernen. Durch ein Fernglas recog=
noscirten wir die Umgegend und orientirten uns vermittelst
eines Plans, den Tiedemann vor sich hatte.

Ich benutze diese Gelegenheit, den Leser mit dem Ter=
rain bekannt zu machen, so weit sich dies durch eine Be=
schreibung thun läßt, ohne zu weitläufig zu werden, was nur
verwirrt, anstatt aufzuklären.

Der Fluß Murg fließt von Osten nach Westen und
ergießt sich unterhalb Rastatt in den Rhein. Die Stadt ist
in einem Knie gebaut, welches die Murg bildet, und liegt
auf dem rechten Ufer des Flußes. Auf dieser Seite ist die
Stadt geschützt durch das Fort B., welches durch Festungs=
werke mit den Murgufern verbunden ist, die der obere und
der untere Anschluß heißen. In letzterem liegt das Rhein=
thor, im ersterem das Carlsruher Thor. Auf dem lin=
ken Murgufer erstrecken sich, durch bastionirte Festungswerke
untereinander verbunden, die Forts A. (Leopoldsfeste) und
Fort C.; letzteres nach Westen, ersteres nach Osten zu liegend.

Das Schloß liegt auf einer Anhöhe hinter Fort B.
Orientiren wir uns vom Thurm desselben in der Umgegend
und wenden das Gesicht nach Fort B., der nach Carls=
ruhe führenden Chaussee zu und betrachten die Murg als
Sehne eines Kreises, in dessen ungefährem Mittelpunkt wir
stehen.

Links von uns an dem äußersten Ende der Murg, wo
sie in den Rhein fließt, liegt auf dem rechten Ufer das be=

deutende Dorf Steinmauern; weiter rechts hinter dem davor liegenden Rastatter Niederwald liegt Oetig= heim. Grad vor uns führt durch den Hirschgrund ge= nannten Wald, die Carlsruher Chaussee; links von demselben und zwischen dem Niederwald erstreckt sich ein leichtbewaldeter, fast abgeholzter Höhenrücken, welcher der Retherberg heißt. Zwischen diesem und der Murg in Kanonenschußweite von einer zu Fort B. gehörigen Lünette liegt ein Gebüsch die Ziegelhütte. Rechts von der Carlsruher Straße und vor dem Carlsruher Thor liegt der Bahnhof. Rechts vor Fort B. macht die Eisenbahn ein Knie; sie läuft beinahe parallel mit der Chaussee und durchschneidet das Dorf Mug= gensturm. Vom Bahnhof aus landaufwärts läuft der Eisenbahndamm in ziemlich gleicher Richtung mit der Murg, welche er jedoch, sich südlich wendend, zwischen Niederbühl und Kuppenheim durchschneidet.

Das Feld vor dem Bahnhofe und auch unmittelbar vor den Festungswerken ist von Wald gesäubert; jedoch tritt derselbe überall auf Kanonenschußweite an die Fe= stung heran, besteht der Eisenbahn gegenüber jedoch nur aus Unterholz.

Rechts von Muggensturm erhebt sich das Terrain; auf dem Höhenrücken treffen verschiedene Chausseen zusammen. Hier liegen die Dörfer Malsch und weiterhin Rauenthal, letzteres verdeckt durch einen zum Theil hochstämmigen Wald, von dem sich ein Streifen bis an den Eisenbahndamm zieht, Front gegen den Bahnhof machend.

Der Federbach, der in dem erwähnten rechts von Muggensturm liegenden Höhen entspringt, fließt durch dieses Dorf nach Oetigheim; seine Ufer sind sumpfig; sonst ist er ohne Bedeutung; die Eisenbahn geht über ihn hinweg und unterhalb derselben ist er ebenfalls durch eine steinerne Brücke für Fuhrwerk paſſirbar.

Rechts von Rauentahl, ziemlich weit ab, am Ende des Bogens und am andern Ufer der Murg liegt Kuppenheim.

Machen wir nun Kehrt und orientiren uns auf dem linken Murgufer, wobei wir nicht vergeſſen dürfen, daß was jetzt rechts ist in der Nachbarschaft von dem liegt, was vorhin links war.

Das erste Dorf links, zwischen der Festung und Kuppenheim, gleichfalls an der Murg, oder vielmehr an dem dicht neben und mit derselben parallellaufenden Gewerbkanal, ist Niederbühl, so nahe der Festung, daß man von der einen Lünette die ersten Häuser mit Flintenschüſſen erreichen kann. Zwischen dem Dorf und Kuppenheim überschreitet die sich wendende Eisenbahn die Murg. Hinter dem Dorf erstreckt sich nach dem Rhein zu ein tief liegender, ziemlich feuchter Wald, der von dem Landgraben und Bächen durchschnitten ist. Ueber Niederbühl hinaus, mehr nach dem Rhein zu, liegt das Dörfchen Förch und dicht dabei im Walde das Lustschloß Favorite. Noch weiter hin an einer Chauſſee das große Dorf Haueneberstein. Rechts davon, näher dem Rhein liegt Sandweier. Von hier bildet der Rhein den Bogen, der Steinmauern gegenüber endet. Am Ufer dieses Fluſſes liegen die Dörfer Ottersdorf und Blittersdorf, beide durch den Rastatter Oberwald verdeckt, der auf Schußweite an Fort C. herantritt.

Dicht an der Murg, doch ebenso nahe an Rastatt wie auf der entgegengeſetzten Seite Niederbühl und in demſelben Verhältniß zu Steinmauern, wie dieses Dorf zu Kuppenheim, liegt das Dorf Rheinau, deſſen Hauptſtraße

21*

senkrecht zur Murg steht. Durch dieses Dorf geht der Weg
nach Blittersdorf. Durch den Oberwald fließt, in glei=
cher Richtung mit der Murg, der Mühlbach.

Von dieser Seite führen drei Thore in die Festung:
das Ottersdorfer=, Kehler= und Niederbühler=
thor. —

Die Festung war damals keineswegs vollendet, es fehl=
ten noch die bedeutenden Außenwerke bei Ottersdorf und
Rheinau, wie auch an dem Eisenbahnhofe; von den
drei Forts war nur Fort C. ganz ausgebaut, in dem Haupt=
graben von Fort B. standen sogar noch die Baugerüste.
Durch die Belagerung hat man manche Uebelstände erkannt
und demgemäß Veränderungen getroffen, die ich aber nicht
näher bezeichnen kann.

Als ich mit dem Kriegsminister vom Thurme hinab=
stieg, konnte ich mich eines Lächelns nicht erwehren und auch
Werner war in Verlegenheit. Der Advokat mochte wohl
fühlen, daß er als Kriegsminister eine etwas komische
Rolle spielte; indessen war es ein sehr tüchtiger, energischer
Mann, wenn auch als Justizminister besser an seinem Platz.
Die hervorragende Stellung, welche der Soldat während der
Revolutionskämpfe naturgemäß einnimmt, verführt viele tha=
tendurstige Leute nach Posten zu streben, welche weniger
fähige, aber sachkundige Männer weit besser versehen wür=
den; die Kriegswissenschaft will in jetziger Zeit ebenso studirt
sein, wie das Jus, und von einem General oder Kriegsmi=
nister werden nebenbei noch ganz andere Eigenschaften ver=
langt, die sich hinter dem Actentische nicht erwerben lassen.

Philipp Reuter, der zum Proviantmeister der Festung
ernannt war, hatte mich zum Mittagessen eingeladen; gleich
nach Tische wollte ich die Festung verlassen. Um etwas
Nützliches zu thun, ließ ich mir eine Vollmacht ausstellen,

überall Proviant zu requiriren, um damit Rastatt zu ver=
sorgen. In der Festung sollte eine genügende Besatzung
zurückbleiben, um sie etwa acht bis vierzehn Tage lang zu ver=
theidigen. Innerhalb dieser Frist hatte Sigel versprochen,
sie zu entsetzen und sein Ehrenwort darauf gegeben, zu diesem
Ende alle seine Kräfte anzustrengen. Ich war mit meinen
Gedanken schon auf der Reise und kümmerte mich wenig
um Rastatt, da ich nicht die geringste Lust hatte darin zu
bleiben; ich empfand einen vollkommenen Ekel an der ganzen
Geschichte.

Bei Tisch trank ich in meinem Unmuth einige Gläser
Wein mehr, als gewöhnlich und ward ziemlich aufgeregt.
Anstatt sogleich abzureisen, schlug ich daher Lieutenant Hauf
vor, mit mir einen Spazierritt zu machen, und zu sehen,
was meine Freunde, die Feinde, trieben.

Hauf war bereit; da aber sein Pferd gedrückt war und
geschont werden mußte, so bat er mich, ihm meinen kleinen
Fuchs zu leihen, den ich Tags vorher acquirirt hatte. Ich
schlug es ihm anfangs ab, da das Thier wild und noch
wenig geritten war; allein er quälte mich so lange, daß ich,
obwohl widerstrebend, nachgab.

Es war der 30. Juni. Mieroslawski wurde es in
Rastatt nicht wohl; die Wegnahme von Germersheim
ließ ihn fürchten, vom Oberland abgeschnitten zu werden,
und er verließ am Vormittag die Festung. Das Haupt=
quartier wurde nach Oos verlegt. Kuppenheim war
noch von unsern Truppen besetzt; wurde es lange genug
vertheidigt, so konnte Mieroslawski noch auf einen einiger=
maßen geordneten Rückzug hoffen. Das erkannten die Preußen
sehr wohl und griffen den Ort und die Verschanzungen an
der Murgbrücke mit bedeutender Uebermacht an. Kuppen=
heim wurde von ihnen in Brand geschossen und genommen;

die Vertheidiger suchten sich so gut zu retten, wie sie konnten; ein Theil verband sich mit der Armee, ein Theil, der von den Preußen abgeschnitten wurde, kehrte nach Rastatt zurück. Ich ritt mit Hauf zum Niederbühlerthor hinaus die Eisenbahn entlang. Wir trafen hier zwei „Generalstabsoffiziere," die mit der Karte in der Hand spazieren ritten; sie suchten die Preußen. Ich mußte lachen, denn diese marschirten groß und breit auf der vor uns liegenden Chaussee. Die Generalstäbler bekamen keinen geringen Schreck, als ich ihnen die feindliche Colonne zeigte, welche Halt gemacht hatte, und an deren Spitze sich Cavallerie befand. Ich gab dem einen der Generalstabsoffiziere den Auftrag, eine halbe Batterie herbeizuholen, die ich in Niederbühl gesehen hatte, wie auch eine Infanteriebedeckung aus den zahlreichen Versprengten zu sammeln; ich wollte ihn auf der Eisenbahn erwarten.

Der Generalstäbler kam nicht zurück und ich entschloß mich, selbst nach Niederbühl zu reiten; denn Hauf war mit seinem kleinen Fuchs uneinig geworden und im Niederbühler Walde verschwunden. Ich sammelte sogleich gegen fünfzig Mann Volkswehr, welche ich als Bedeckung zu den Geschützen benutzen wollte, die ich noch im Dorfe unter Befehl eines Lieutenants fand. Ich forderte diesen auf, mir zu folgen, um die Preußen zu beschießen und von dem Vordringen gegen Niederbühl abzuhalten; unterdessen könnte dies unter den Kanonen der Festung liegende Dorf besser besetzt werden. Der Lieutenant weigerte sich, mir zu folgen; die Bedeckung war ihm zu schwach; allein sie war vollkommen hinreichend, da der Feind eine stärkere Reserve im Walde vermuthen mußte; der Lieutenant hatte keinen Muth und ich keine Mittel, ihn zu zwingen, da ich ihm eigentlich gar nichts zu befehlen hatte.

Höchst verdrießlich kehrte ich an die Eisenbahn zurück, gefolgt von den braven Volkswehrmännern, die ich am Wald= rande postirte und welche alsbald in ein Gefecht mit den Seitenpatrouillen der Preußen geriethen. Als ich in die Nähe des Waldes kam, sah ich zu meinem Erstaunen Hauf aus demselben zu Fuß mir entgegen hinken. „Was ist Ihnen denn passirt?" fragte ich. „„Der Fuchs hat mich abgeworfen"", war die Antwort. „Aber wo ist denn der Fuchs?" „„Das weiß der Himmel, er ist fort= gelaufen!"" — Ich war nicht wenig ärgerlich, und als mir Hauf die Richtung anzeigte, die das Pferd genommen, be= schloß ich, wenigstens den Versuch zu machen, es wieder zu erlangen. Hauf sah ganz eigenthümlich verstört aus und so blieb er die folgenden Tage; ich schrieb das seiner Verlegenheit und Scham über seine Ungeschicklichkeit zu und dachte nicht weiter daran.

Mein Pferd weidete ganz gemüthlich auf einer Wiese, allein leider den Preußen gefährlich nahe, welche durch meine Stabsofficierepaulets längst angelockt waren. Ich wurde verfolgt und wäre beinahe gefangen worden; ein Pistolen= schuß gebot dem Nächsten der Verfolger Halt; ich setzte über einen Graben (wobei ich mein anderes Pistol wahrscheinlich aus der Holfter verlor) und verschwand im Walde. Mein Pferd war verloren und mit ihm Sattel und Zeug, die ich erst Tags zuvor gekauft hatte.

Die wenigen Leute, die ich in den Wald postirt hatte, hielten die Preußen von weiterem Vorrücken ab, obwohl nur einzelne Schüsse knallten. Als ich die Lisière des Waldes entlang ritt, machte ich die Entdeckung, daß mein Falber keine zweckmäßige Farbe hatte, denn sie stach gegen das dunkle Grün gar zu verführerisch ab und zog mir eine Menge Kugeln zu, die meistens vor und neben mir in den

Sand schlugen, mich aber doch bewogen, hinter den grünen
Coulissen zu verschwinden; wenn ich allein bin, schäme ich
mich gar nicht, indianische Kriegsregeln zu befolgen.

Lange konnten die Preußen über die Schwäche der Ver=
theidigung nicht getäuscht werden; ich sprengte also nach der
Stadt zurück, um Verstärkung zu holen. Als ich an das
Thor kam, fand ich Oberstlieutenant Frey, den Comman=
deur der Rastatter Bürgerwehr und Stadtcommandanten;
er sagte mir, daß der Gouverneur, Oberst Tiedemann,
befohlen habe, die Thore zu schließen und Niemand ohne
Passirschein hinauszulassen; ich sagte ihm, um was es sich
handle, und er hatte nichts gegen das Herauspassiren von
Truppen einzuwenden.

In vollem Eifer sprengte ich auf den Markt und fand
hier eine der vielen „Legionen"; es war die deutsch=polnische.
Vor derselben hielt ein junger Officier; ich sagte ihm, daß
ich eine Truppe brauche, um Niederbühl zu vertheidigen. Er
antwortete mir, daß ich diese nicht bekommen könne, da Nie=
mand mehr zum Thore hinaus gelassen werden solle.

„Aber zum Kuckuk, Herr, die Preußen nehmen Nieder=
bühl, wenn ich sie nicht hindere!" — Der Officier zuckte die
Achseln. „Rufen Sie mir den Commandeur dieser deutsch=
polnischen Schweinerei!"

„„Ich befehlige die deutsch=polnische Legion!"" sagte der
junge Officier, mit dem ich geredet.

„Nun, Herr, so —" und ich rief ihm den Gruß zu, den
Götz von Berlichingen an den kaiserlichen Hauptmann be=
stellte; damit ritt ich davon, den jungen Major wüthend
zurücklassend.

Als ich wieder nach Niederbühl kam, fand ich sämmt=
liche Freischärler, mit Ausnahme von fünf bis sechs braven
Burschen, in der Schenke! Es war bereits Abend und ich

hatte nicht Lust, mich länger um Dinge zu bekümmern, die mich eigentlich nichts angingen. Ich ritt zurück in die Stadt und fand Oberst Tiedemann auf dem Markte. Ich er= suchte ihn um einen Paßirschein, den er mir mit Bleistift schrieb; der Weg über Ottersdorf, sagte er, sei noch frei. Ich aß zu Abend, bestellte auf zehn Uhr meine Pferde und dachte die Nacht in Baden zu bleiben.

Da wir auf unserem Wege preußischen Cavallerie= patrouillen begegnen konnten, so richtete ich mich darauf ein. Mein Bursche, meine beiden Ordonnanzen und ein Schreiber aus dem Volkswehrbureau in Mannheim waren mit Büchsen bewaffnet und sämmtlich beritten; ich zog es vor, zu fahren.

Als ich an das Ottersdorfer Thor kam, stieß ich auf eine Schwierigkeit, die ich am allerwenigsten erwartet hatte. Die Wache vom 3. Regiment umringte meinen Wagen und wollte mich nicht zum Thore hinauslassen. Man sprach von Durchgehen, Geldmitschleppen, Spioniren u. s. w. und der Wachtcommandant wollte meinen Paßirschein nicht an= erkennen, weil er nur mit Bleistift geschrieben und nicht untersiegelt war. Er war in seinem Recht und die Soldaten hatten gleichfalls Grund, mißtrauisch zu sein; der frühere Gouverneur von Rastatt, Hauptmann Greiner, hatte sich auch bei Nacht und Nebel mit einem selbstgeschriebenen Paß= sirschein davon gemacht.

Mir blieb nichts übrig, als Herrmann zurückzu= schicken, um von Tiedemann einen ordnungsmäßigen Paßir= schein zu verlangen, und als er nach mehr als einer Stunde damit zurückkehrte, mich auch einige Soldaten erkannten, hätte ich die Festung verlassen dürfen, wenn ich es gewagt hätte; allein man brachte mir die Nachricht, daß auch Otters= dorf bereits von den Preußen besetzt sei, was mehr als wahrscheinlich, da ich selbst sie schon so weit vorgerückt ge=

sehen hatte. Unter diesen Umständen mit so geringer Bedeckung zu reisen, schien mir Thorheit; ich beschloß, den Tag
abzuwarten und den Umständen gemäß zu handeln; ich kehrte
also in die Stadt zurück.

Im Gasthofe zum Kreuz erfuhr ich, daß am andern
Morgen Elfenhans mit noch einigen andern Herren ebenfalls die Festung verlassen wollten und ich dachte, mich ihnen
anzuschließen.

Der nächste Tag brachte uns aber die Nachricht, daß
die Festung vollkommen cernirt und kein Ausweg mehr vorhanden sei. Jene Herren entschlossen sich demnach zum Bleiben und ich folgte ihrem Beispiel. Ich machte mir wenig
Kummer deßhalb und im Grunde war es mir halb und
halb erwünscht, eine Belagerung mitzumachen; wer weiß, ob
ich in meinem Leben wieder eine Gelegenheit dazu fand.

# Zehntes Capitel.

Als ich am andern Vormittag in das auf dem Schlosse gelegene Gouvernementsbüreau kam, sah ich auf einem dort so eben gefertigten Geschäftstableau, daß ich nicht allein zum Chef des Generalstabes, sondern auch zu dem der meisten Dienst=Departements ernannt war. Durch diese An= ordnung, von der ich vorher gar keine Ahnung hatte, war mir eigentlich Alles aufgebürdet, was in einer belagerten Festung zu thun ist, mit Ausnahme des Kassen= und Pro= viantwesens.

Da ich nicht die Absicht hatte bei dem Kampfe um Rastatt ein müßiger Zuschauer zu bleiben, so war es mir angenehm, mich mit dem bedeutendsten Posten in der Festung betraut zu sehen, auf dem ich Spielraum hatte, alle meine Kräfte zu entwickeln. Freilich quälte mich die Sorge, ob meine militärischen Kenntnisse ausreichen würden; allein andererseits beruhigte mich die Ueberzeugung, daß leider kein Officier in der Festung war, der mich in dieser Hinsicht übertraf.

Obgleich ich als Befehlshaber eines Regiments Oberst war, und Tiedemann mir auch durchaus diesen Titel aufdringen wollte, so bestand ich darauf, nur Oberstlieutenant heißen zu wollen; es schien mir für das Ansehen des Gouverneurs im Interesse des Allgemeinen zweckmäßiger, wenn ich einen geringern Grad begleitete als dieser, da mir ohnedies mein Amt dafür schon zu viel Einfluß und Ansehn gab, besonders wenn er seine mehr repräsentative Stellung nicht mit der gehörigen Würde warzunehmen wußte. Damals war es mir jedoch unbekannt, daß noch andere Obersten in der Festung anwesend waren.

In einem bereits Tags vorher erlassenen „Platz=Befehl" waren die andern militärischen Posten besetzt worden. Platz=major war Major Frei, Befehlshaber der Rastatter Bürgerwehr; Platzadjutant Lieutenant Frank; Platzauditeur Bürger Grether; Platzarzt Stabsarzt Dr. Welker; Platzcassier Kriegskommissar Bäsel; ihm beigegeben Kriegs=cassier Schleicher (und später Major Fach, der in diesem Befehl dem Commandanten der Artillerie beigegeben war); Commandant der Artillerie und sämmtlichen Artilleriematerials Major Heilig; Platzproviantmeister Kriegscom=missar Reiter. — Zum Ingenieur vom Platz ernannte Tiedemann später ganz ohne mein Wissen einen Mann Namens Peters, dessen Person und Wirksamkeit mir seltsamer Weise während der ganzen Belagerung ein Geheimniß geblieben ist. Tiedemann hatte fünf Adjutanten und Ordonnanzofficiere, an deren Spitze Major Heinsius stand.

Zum Commandanten des Forts A. wurde der ehemalige Befehlshaber des Mannheimer Arbeiterbataillons, Major

Jacobi, auf meine besondere Empfehlung ernannt. Er
war ein sehr tüchtiger Mensch, der nicht unbedeutendes Ta=
lent, einen richtigen militärischen Blick, viel Ordnungssinn
und Energie besaß, weßhalb ich sehr viel auf ihn hielt, ob=
wohl Manche ihn geringschätzten, da er, ursprünglich Tischler=
gesell, vor der Revolution nur gemeiner Artillerist gewe=
sen war.

Fort B. befehligte Major Krauth, ein Rheinbaier
oder Schweizer, tüchtiger Ingenieur und besonders bewandert
im Berg= und Minenwesen; aber nicht sonderlicher Soldat,
wie sich später zeigte.

Fort C. erhielt ein alter Schweizer Kriegsknecht, Major
Ulrich, eine etwas barocke Erscheinung. Das schon alte,
ernsthafte Männchen, war ein eingefleischter Exercirmeister,
der überall hin Karten und Papiere mit sich schleppte. Alle
seine Gedanken drehten sich um einen Punkt: wie „der˙
Klumpen“ (im Preußischen: „Knäul“) am vortheilhaftesten zu
bilden sei.

Es wimmelte in der Festung von Majors und Haupt=
leuten ohne Commando, denn jeder Befehlshaber der Volks=
wehrmannschaft einer kleinen Stadt oder eines Dorfes legte
sich diesen Titel bei; in der überall herrschenden Verwirrung
ging das sehr gut. Ich hatte darunter viel zu leiden,
denn all diese Leute wurden als zum Generalstab gehörig
aufgeführt. Es waren so viele derselben vorhanden, daß
ich sie bei der Parole in zwei Gliedern antreten lassen
konnte.

Als revolutionäre Seltsamkeit erwähne ich einen unter
ihnen befindlichen preußischen Windbeutel, den ich als Major
U. kennen lernte. Ich hatte den jungen Mann schon in
Mannheim gesehen und mir über die preußische, von ihm
getragene Officiersuniform (grün mit schwarzem Kragen

und schwarzen Epaulets) den Kopf zerbrochen. Er hatte
sich durch allerlei Schwindeleien in Verdacht gebracht und
war lange Zeit eingesteckt gewesen; nichts destoweniger ge=
wann er doch wieder S i g e l s Zutrauen, der ihn zum Major
ernannte. Ich erfuhr später, daß er Lieutenant bei einer
Bürgerschützengesellschaft gewesen und seines Zeichens ein
Barbier sei. Da er nicht einmal orthographisch schreiben
konnte und ich ihn gern aus dem Wege haben wollte, so
gab ich ihm die höchste Stellung in der Festung; ich placirte
ihn auf den Schloßthurm, von wo aus er beständig den
Feind durch ein Fernrohr beobachten und mir — höchst un=
orthographisch — rapportiren mußte.

Mit diesem Generalstab sah es traurig aus; es waren
recht angenehme und gebildete Leute darunter; allein auch
nicht ein einziger, der mir bei meinen so vielseitigen Be=
schäftigungen das Allergeringste nützen konnte. Ich vertheilte
sie freilich in die verschiedenen Büreaus und gab ihnen allerlei
Aufträge, deren sie aber keinen auszuführen im Stande waren,
so daß ich Alles selbst besorgen mußte; mit dem guten Willen
war es leider nicht gethan, wo possitive Kenntnisse gefordert
wurden. Das ganze Soldatenhandwerk ist keine Hexerei,
wenn man sonst das Zeug dazu hat; allein es will gelernt
sein wie jedes andere; nicht Jeder der eine Flinte laden und
abschießen kann ist ein Soldat und nicht jeder Doctor der
Philosophie ein Generalstabsofficier.

Einer dieser Officiere war Lieutenant H a i n, früher
preußischer Postbeamter, ein exaltirter Demokrat von der
schwadronirenden Sorte, aber nicht ohne Talent zum Revo=
lutioniren. Da er mit den Verhältnissen in Rastatt und be=
sonders mit den Umtrieben der reaktionären Partei Bekannt=
schaft verrieth, auch Lust und Liebe zu der Sache zeigte und
militärisch Null war, so ernannte ich ihn zum Chef der

Polizei und übertrug ihm besonders die Ueberwachung verdächtiger Bürger, damit diese an einer uns schädlichen Verbindung mit dem Feinde verhindert würden. Hain sprach sehr blutdürstig und mag damit manchen Philister erschreckt haben; gegen mich war er immer sehr zahm. — Er sagte mir, daß er seinen Abschied genommen, weil man ihm zugemuthet habe, Briefe auf der Post zu erbrechen. Er wußte sich in Gesellschaft zu benehmen und war nicht ungebildet. Ich werde später noch auf ihn zurückkommen und auch noch andere meiner Officiere näher kennen lehren.

Werner hatte Rastatt verlassen und Enno Sander als seinen Stellvertreter zurückgelassen. Dieser war ein wohlhabender Mann aus dem Dessauischen und Abgeordneter des dortigen Landtages, zugleich Doctor der Philosophie, also als Kriegsminister-Stellvertreter ganz an seinem Platz! Er war ein gebildeter, liebenswürdiger, etwas eitler Mann, der sich immer wunderte, daß Andere ihn nicht für so wichtig hielten als er sich selbst. Er hatte gehofft, als Stellvertreter der Regierung gewissermaßen die erste Person in der Festung zu sein und ärgerte sich innerlich, daß Tiedemann sich so gar nicht um sein Ansehn kümmerte und ihn sogar aus dem Kriegsrath wies, an welchem er, als ob es sich von selbst verstünde, Theil nehmen wollte. Er war kein großes Licht; allein ein braver Mann mit gesundem Menschenverstande und kein phrasenmachender Demokrat, wovon wir solchen Ueberfluß hatten. Ich habe oft die geringschätzige Art gerügt, mit der Tiedemann Sander behandelte und manche kleine Gelegenheit benutzt, die verletzte Eitelkeit des letzteren zu versöhnen. Ich hatte ihn in Worms bei Blenker gesehen; damals trug er eine blaue Blouse; als Kriegsminister-Stellvertreter hielt er diese nicht mehr für anständig. Er war bei den friedliebenderen Bürgern und Bürgerinnen

beliebt. Von Tiedemann hatte er eine sehr kurzgefaßte
Meinung; er nannte ihn einen Esel, doch niemals ins
Gesicht. *)

Ebenfalls zum Kriegsministerium als vortragender Rath
gehörte Ernst Elsenhans. Er war ein Würtemberger,
der früher Theologie studirt, dies Fach aber aufgegeben
hatte, weil es sich mit seiner religiösen Ueberzeugung nicht
vertrug. An der Revolution nahm er den regsten Antheil
und wirkte im Jahre 1848 in Baden als Schriftsteller. In
Folge eines Preßvergehens wurde er zur Festungsstrafe verurtheilt, die er in Kislau verbüßte, als ihn die Revolution
von 1849 befreite. Er war ein junger, gut gewachsener
Mann mit breiter Brust und schönem, bleichen Gesicht, dem
die hohe Stirn und das ganz kurz geschorene blonde Haar
einen bedeutenden Ausdruck gab, welcher nur durch das
„Irrlichteliren“ des Blickes in Frage gestellt wurde; in dem
Auge leuchtete mehr als Begeisterung, — Fanatismus —
Wahnsinn! Er schien in der That in einem fortwährenden
Fieber.

Gewöhnlich trug er die geschmackvolle Uniform des
Kriegsministeriums, jedoch stets offen, um sein feines Hemd,
welches noch mit Jabot und gefalteten Manschetten versehen
war, blicken zu lassen. Er schien sich seiner interessanten
Erscheinung bewußt und gefiel gewiß den Damen.

Die Besatzung der Festung bestand aus ungefähr sechs-
tausend Mann und war aus folgenden Truppentheilen zu-
sammengesetzt: Etwa achtzig Mann des Leibregiments

*) Neulich las ich in der Zeitschrift „Europa“, daß ein Herr
Sander aus Anhalt-Dessau Geschützmeister des Königs Theo-
doros von Ethiopien sei! — Sander mußte später auswandern.
Sollte dieser Geschützmeister Enno sein?

unter Major Götze; ein Bataillon des ersten Regiments unter Major Lang; zwei Compagnieen des zweiten Regiments unter Major Mahler; das dritte Regiment unter Oberst Freiherr von Biedenfeld; die unter ihm stehenden Bataillonscommandeurs waren die Majors Weik, Biesele und Leiner.

An Freischaaren waren in der Festung: Die Flücht=lingslegion unter Oberst Böning und Major Lefebre; die deutsch=polnische Legion unter Major Szertuki; die deutsch=ungarische Legion unter Oberst Knoll; fer=ner die Volkswehr von Freiburg, Durlach, Bruchsal, Rothenfels u. s. w. unter Major Neuhaus.

Die Reiterei bestand aus etwa achtzig meist dienstun=fähigen Dragonern unter Lieutenant Harter und einer Anzahl baierscher Cheveauxlegers, die als Ordonnanzen verwendet wurden.

Außer der zahlreichen Festungsartillerie, die eine bedeu=tende Rolle spielte, waren noch einige Batterien Feldgeschütz vorhanden, die von Hauptmann Backhoff und einem an=dern Hauptmann befehligt wurde, den ich nie mit einem andern Namen als „Retirirmichel" kennen lernte. Außerdem waren noch einige pfälzische Geschütze in der Festung. Die gesammte Artillerie stand unter Major Heilig. Die pfälzi=schen und rheinhessischen Pioniere befehligte Major Krauth.

Die Umrisse der hervorragendsten Persönlichkeiten unter den genannten Officieren will ich gleichfalls skizziren, damit sie nicht störend auftreten, wenn ich sie handelnd einführe.

Major Götze war ein hübscher junger Mann mit Litzen am Kragen; sonst weiß ich von ihm nichts. Major Lang war vor der Revolution Ober=Feldwebel im ersten Regi=ment. Wer ihn zum Major und Bataillonscommandeur gemacht hatte konnte mir Niemand sagen; die Leute seines

Bataillons behaupteten, es habe ihn Niemand gewählt, son=
dern er sei eines Tages mit Majorsepaulets vor der Front
erschienen. Er war ein durchaus unbedeutender Mensch,
dessen sonstigen Charakter ich mit einem einzigen Worte be=
zeichnen könnte, welches ich aber den Leser auszusprechen
überlasse, wenn er diesen Biedermann näher kennen gelernt
haben wird.

Major Mahler war vor der Revolution Lieutenant
und stand beim Ausbruch derselben in Freiburg. Er war
der erste Officier dieser Stadt, der zur Partei des Volkes
übertrat, dazu gewonnen durch die schwarzen Augen der Frau
von Struve. Mahler war ein junger, anständiger Officier,
der recht brav und ordentlich seine Schuldigkeit that, wenn
er auch das Vergnügen liebte. Ich mochte ihn wohl leiden,
wenn ich auch seinem noch nicht ausgebildeten Charakter
nicht unbedingt vertraut haben würde; es war wenigstens
kein Falsch in ihm.

Oberst von Biedenfeld war ein mittelgroßer, eher
kleiner, untersetzter Mann und bot in seiner äußern Er=
scheinung einen militärischen Typus, wie man ihn unter den
Stabsofficieren der preußischen Armee sehr häufig fand, der
aber nun anfängt selten zu werden. Seine Brust, mit
mehreren Orden geschmückt, zeigte an, daß er den französi=
schen Krieg mitgemacht hatte. Seine Erziehung, der in
vielfach bewegter Zeit wohl nicht viel Aufmerksamkeit ge=
schenkt werden konnte, mochte vernachlässigt sein und wissen=
schaftliche Bildung war bei ihm ebensowenig zu finden, wie
bei den meisten Majors aus seiner Zeit. Er hatte jedoch
gesunden Verstand und selbst einigen Mutterwitz, der oft
etwas derb und polternd zum Vorschein kam. Er war ein
braver, ehrlicher, achtungswerther Mann und guter Soldat,
der ein Bataillon oder Regiment ganz gut führen konnte;

allein darüber hinaus mußte man keine Ansprüche machen. Er liebte ein gut Glas Wein, seine Pfeife und nicht zu ge= wählte Gesellschaft, in welcher er allgemein geachtet und ge= liebt wurde.

Da er sehr gradaus war, so hatte er in seinem dienst= lichen Verhältniß durch freisinnige Reden manchen Anstoß ge= geben, so daß er schon bald nach dem Kriege genöthigt wurde, sich vom activen Dienst als Major zurückzuziehen. Er lebte in dem nicht weit von Rastatt gelegenen Städtchen Bühl und war unter den Bürgern der Festung seit vielen Jahren bekannt und beliebt. Wider Willen in seinen besten Jahren zur Unthätigkeit verurtheilt, während seine Kamera= den eine Sprosse der militärischen Leiter nach der andern er= stiegen, konnte seine Neigung zu der Regierung nicht eben groß sein, was sich in manchen Aeußerungen kund geben mochte.

Beim Ausbruch der Revolution übernahm er das Com= mando des dritten Regiments — man sagte dazu gezwungen, was wohl nur eine beschönigende Redensart, — als Oberst, behielt aber trotzdem seine gewöhnliche Majorsuniform. Während des Feldzuges zeigte er sich überall sehr brav und die Führung seines Regiments machte der Armee und ihm Ehre.

Bei Wiesenthal bestand er am 20. Juni ein für die Preußen nachtheiliges Gefecht, in welchem der preußische Prinz Friedich Karl leicht verwundet wurde. Bieden= feld selbst erhielt von einem Rittmeister einen Hieb, der jedoch nur sein Epaulet traf, dessen Halbmond davon fast durchschnitten wurde. Der Rittmeister fiel, durchbohrt von Kugeln, deren eine durch die Klinge seines Damascenersäbels ging, welcher ein Geschenk des verwundeten preußischen Prinzen war.

22*

Biedenfeld war es, der den General Sznaida ar=
retirte. Bei dem Gefecht am Federbach hatte er sein Regi=
ment sehr brav geführt und es war ein Unrecht der Com=
mandirenden, daß sie den Obersten, der in Rastatt so bekannt
und beliebt war, nicht zum Gouverneur dieser Festung machten,
sondern ihm Tiedemann vorsetzten, den Biedenfeld
geradezu für einen Narren hielt. Diese Zurücksetzung mochte
wohl eine Ursache darin finden, daß der alte, aus vornehmer
Familie stammende Militär, trotz seiner volksfreundlichen Ge=
sinnungen demokratische Narrenspossen nicht mitmachen wollte
und überall einen großen Ekel gegen die schwadronirenden
jungen Leute zeigte, die sich herausnahmen, ihn zu behan=
deln, als stünde er mit ihnen auf ganz gleichem Fuße. Alte
Gewohnheiten und Ansichten lassen sich nicht gleich ablegen
und wenn man auch im Herzen ein Demokrat ist — ehr=
licher als manche der Phrasenmacher, deren Väter das Glück
haben Zwiebelhuber, Müller oder Schultze zu heißen — so
braucht man doch nicht grad demokratische Manieren, schmutzige
Wäsche und schwarze Nägel zu lieben.

Den Freiherrn von Biedenfeld verdroß es, daß man
ihn allgemein Bielefeld nannte und oft sagte er: „Bie=
lefeld heißt ein Jud' in Baden, gegen den ich gar nichts
habe; aber ich heiße Biedenfeld und bin aus einer alt=
adeligen Familie." — Ein ärgerlicher Dorn war ihm beson=
ders ein junger, sehr vorlauter Mensch, Namens Schad,
der früher Kellner in Carlsruhe gewesen war und als solcher
wohl oft hinter des Obersten Stuhl gestanden hatte, nun
aber Lieutenant und Adjutant des Majors Mahler war
und im Phrasenmachen Erstaunliches leistete. Dieser junge
Mensch behandelte Biedenfeld mit einer Vertraulichkeit, die
den alten Soldaten verdroß und oft sehr derbe Zurechtweisungen
zur Folge hatte.

Ich kam vortrefflich mit dem tüchtigen, braven Manne aus. Dem Alter und der Erfahrung bezeuge ich stets Ehrerbietung, selbst wenn ich sie in rauher Schale finde und so ließ ich auch stets in meinem Benehmen gegen Biedenfeld Achtung durchblicken, obwohl ich meiner Stellung und meinem Range nichts vergab. Dadurch gewann ich mir seine gute Meinung und es freute mich sehr, als man mir wiedererzählte, wie er von mir urtheilte: „Corvin ist ein sehr tüchtiger Mann, der was los hat; keiner von Euern naseweisen Schreiern; ein anständiger Mann; man sieht's gleich, aus guter Familie, er ist mir der liebste von Allen."

Seine drei Bataillonscommandeurs waren vor der Revolution Lieutenants in dem Regiment, welches sie nicht verlassen wollten. Ihre Gesinnungen waren brav und bemokratisch, wenn sie auch mit Biedenfeld einen Ekel an manchen demokratischen Aeußerlichkeiten hatten, deren unangenehmes Kundgeben so manchen Wohlmeinenden oder Schwankenden unserer Sache entfremdete. Es gehört schon ein tieferes Durchdrungensein und eine objective Auffassungsweise dazu, sich ohne besondern Zorn über solche Aeußerlichkeiten hinwegzusetzen, da dieselben uns in den kleinen Eitelkeiten verletzten, welche gleichsam zu den empfindlichsten Geistesnerven gehören.

Lieutenant Harter von den Dragonern war Lieutenant vor der Revolution, blieb bei seinen Leuten, wollte aber keinen höhern Rang annehmen und verhielt sich durchaus passiv.

Major Heilig, der Commandeur der Artillerie, war der größte Mann im Armeecorps. Vor der Revolution war er Oberwachtmeister gewesen und galt viel bei den Leuten, da er aus ihnen hervorgegangen und dabei ein sehr tüchtiger Artillerist war. Obwohl er seine Manieren beibehielt, so

benahm er sich doch, auch mir gegenüber, stets anständig und
folgsamer als irgend ein Anderer, wenn man zu befehlen
verstand und verstand was man befahl.

Der alte Böning befehligte die Flüchtlingslegion. Ich
habe von ihm schon früher geredet. Er war aus Wiesba=
den, Uhrmacher und dann Kaffeewirth.. Am griechischen Be=
freiungskriege hatte er Theil genommen. Den Heckeraufstand
im Frühjahr 1848 machte er nicht mit, sondern kam, wie
ich erzählte, erst in Straßburg als Flüchtling aus Wiesbaden
an. An dem Struveschen Aufstand im Herbst 1848 nahm
er Theil. Er war ein guter, sanfter, alter Mann, dessen
mittelalterliche Heldengestalt sein Unglück war. Die Legion
konnte er nicht führen; ihr eigentlicher Commandeur war
Major Lefebre; ein recht tüchtiger junger Mann.

Um nicht durch diese Skizzenreihe zu ermüden, will ich
die minder wichtigen Persönlichkeiten gelegentlich schildern
und nun mit dem Bilde unseres Gouverneurs schließen. —
G. N. Tiedemann war der Sohn des bekannten
Professors dieses Namens in Heidelberg. Er diente in der
badischen Armee und war Lieutenant bei den Dragonern.
Da bei einer Duellangelegenheit seine Ansichten über Ehre
mit den im Officiercorps herrschenden nicht übereinstimmten
und sein Benehmen vom Standpunkt dieser Officiersehre
aus nicht für ehrenhaft gehalten wurde, so sah er sich ge=
nöthigt, den Abschied zu nehmen. Er trat in der Folge in
griechische Dienste und wurde Lieutenant à la suite. Dort
verheirathete er sich mit einer Griechin, die ihm einen Sohn,
Namens Demetrius gebar. Als die Fremden aus dem grie=
chischen Dienst ausscheiden mußten verlor auch Tiedemann
seine Stelle und Existenzmittel, was unangenehme Verhält=
nisse mit seinen Schwiegereltern und sonstigen Anverwandten
seiner Frau zur Folge hatte, da er überdies ein Hitzkopf war.

Im Jahre 1849 kehrte er nach Deutschland zurück, seine
Familie in der Heimath lassend, und kam gerade in seinem
Vaterlande an, als die Revolution in Baden ausbrach. Sein
Bruder und Hecker waren Schwäger; das bot Anknüpfungs=
punkte mit den Leitern der Bewegung und er fand bald
eine Stellung in der Insurgentenarmee. Wir fanden ihn
als Major des Generalstabes bei der Neckararmee in Hei=
delberg. Er war ehrgeizig und strebte nach hohen Stellen,
zu deren Ausfüllung er sich das Talent zutraute und gerieth
dadurch in mancherlei Ungelegenheiten mit Mögling, Bie=
denfeld u. s. w., die ihn für einen Narren oder wenigstens
für einen närrischen Kerl erklärten.

Er war ein hübscher, großer und schlanker Mann von
etwa vierzig Jahren, den man indessen seines grauen Kopfes
wegen für bedeutend älter hielt, so daß ich ihn stets den
alten Tiedemann nannte, obwohl ich in der That nur vier
Jahre jünger war als er. Er hatte ein edel geschnittenes
Profil, einen trotzigen, aber wegen der ein klein wenig vor=
stehenden Unterlippe etwas dummen Mund und seine ganze
Haltung war die eines alten Soldaten. Begnügte sich Tie=
demann damit, bloß vor den Truppen zu erscheinen, so
war der Eindruck, den er machte, ein sehr günstiger; sein
schönes, militärisches Aeußere erweckte ein günstiges Vorur=
theil; sobald er aber anfing zu reden, war dieser Eindruck
verwischt. Und er redete so gern, da er sich einbildete gut
zu reden! Für Denjenigen, der nur oberflächlich zuhörte,
klang was er sagte ziemlich vernünftig, denn er hatte ein
hübsches Organ und bestimmte Stichworte, die er stets wie=
derholte. Den Soldaten hatte er wohl hundert Mal gesagt,
daß der Hauptmann der Vater und der Feldwebel die Mutter
der Compagnie sei! — Hörte man genau hin, so erstaunte
man über die Leere und die Gedankenverwirrung in seiner

Rede. Je wichtiger die Veranlassung, desto kolossaler der
Unsinn, den er zu Markte brachte. Am unausstehlichsten und
ungeschicktesten geberdete er sich, wenn er sich bei den Solda=
ten populär machen wollte, die ihn dann erstaunt ansahen
oder geradezu ins Gesicht lachten.

In seinem ganzen Wesen erkannte man den Officier
von altem Schrot und Korn, wie er so oft in den Fliegenden
Blättern lächerlich gemacht worden ist. Er kannte den Dienst
und handhabte ihn strenge, aber nach seiner kleinlichen Weise,
wie er ihn verstand.

Die Menge Schnurrpfeifereien und Narrenspossen, welche
in frühern Zeiten dem Militärwesen anhingen, und die man
in allen vernünftigen Armeen längst abgeschafft hat, erschienen
ihm stets als die Hauptsache und zwar so sehr, daß er dar=
über die wirkliche Hauptsache nicht nur als Nebensache be=
handelte, sondern gar häufig gänzlich vergaß. Machte ihn
Jemand auf das Thörichte seines Dienstbetriebes aufmerksam,
dann sagte er: „Ich bin ein alter Soldat und weiß was
Dienst ist.“

Thätig war Tiedeman leider nur zu sehr. Er ar=
beitete vom Morgen bis zum Abend, allein er that dennoch
nichts; er erstickte förmlich im Detail und vernachläßigte
dadurch die wichtigsten Dinge. Alles wollte er selbst sehen,
jede Anweisung auf einige Groschen oder ein paar Hosen selbst
unterschreiben; er war versessen auf jedes Papier und ganze
Stöße häuften sich an, ohne Erledigung zu finden.

Mit der Abfassung der Platzbefehle verging fast der
ganze Vormittag. Tiedemann schriftstellerte gern und
bildete sich ein gut zu schreiben; da er aber nach hohem
Beispiel die Participialconstructionen mehr als die Logik liebte,
so konnte er nicht eine Seite verständlich schreiben. Hätten
die Adjutanten sich nicht die Freiheit genommen gar zu un=

verſtändliche Befehle etwas umzuformen, die Garniſon würde
noch mehr närriſche Dinge, als ſchon der Fall war, von ihrem
Gouverneur zu hören bekommen haben.

Tiedemann hielt außerordentlich darauf, ſeine Auto=
rität zu zeigen; allein er führte dies nur in Kleinigkeiten
durch und ſchadete durch ſeine Pedanterie dem Ganzen. Er
verlangte, daß alle Commandeurs ihre Rapports Morgens
um acht Uhr ihm perſönlich übergaben und bei der Pa=
role ſollten ſie wieder anweſend ſein! Bei einer ſo weitläufigen
Feſtung wie Raſtatt, war das ſo unpractiſch, wie nur irgend
etwas ſein konnte, denn Fortcommandanten und andere Be=
fehlshaber mußten ihre Poſten oft ſtundenlang Subalternen
übergeben, was oft die ernſthafteſten Unordnungen zur Folge
hatte; Tiedemann beſtand aber eigenſinnig darauf, daß
der Friedensdienſt auch während einer Belagerung befolgt
würde! Wurde ſeine Autorität wirklich angegriffen — wie
das in Folge ſeiner Heftigkeit und oft unmotivirten Grob=
heit häufig geſchah — und wäre es ſeines Anſehens wegen
am Platze geweſen, ſie um jeden Preis zu behaupten, dann
gab er, wie man zu ſagen pflegte, klein bei, blamirte ſich
und machte ſich ſelbſt verächtlich. Sein Ausweg war dann
ſtets, daß er damit drohte, ſeine Stelle niederzulegen, welche
Drohung er aber niemals ausführte, ſo oft man ihn auch
beim Wort nahm. Er glaubte, es ſei nicht Ernſt, denn er
war von ſeiner Unentbehrlichkeit überzeugt.

So ſehr er auch darauf ſah, daß Andere ſich an Dienſt=
formen hielten, ſo diſpenſirte er ſich zum Nachtheil des
Dienſtes doch ſelbſt davon, wo es ihm beliebte. In der
Dienſtordnung für den Chef des Generalſtabes war vor=
geſchrieben, daß alle an den Gouverneur gerichteten Rapports
und Dienſtſchreiben zunächſt an jenen kommen ſollten, der
darüber Bericht erſtatten müßte; allein er nahm dieſe Rap=

ports u. f. w. meistens selbst in Empfang, vergrub sie oft
unter seinen Papieren, ohne sie zu erledigen, oder mir etwas
davon zu sagen, was ein großer Uebelstand war und mir
mein Amt sehr erschwerte. Eben so sollten nach der Dienst=
ordnung alle Erlasse des Gouverneurs von dem Chef des
Generalstabes contrasignirt sein; allein Tiebemann kehrte
sich nie daran, und wenn ich die Schreiben nicht selbst auf=
gesetzt hatte, so erfuhr ich oft nicht einmal etwas davon. —
Obgleich ich fast beständig mit ihm zusammen war und er
mir fünf, sechs Ordonnanzen nachschickte, wenn ich irgendwo
zu thun hatte, und wir alle Dinge mündlich abmachen konn=
ten, so verlangte er doch nicht allein von mir jeden Morgen
einen eigenhändigen Bericht, sondern auch, daß ich ihn per=
sönlich übergab.

Bei der Parole erschien Tiebemann in seinem Glanz
und mit der ängstlichsten Accuratesse wurden dabei alle ge=
bräuchlichen Narrenspossen durchgemacht. Besonders streng
sah er darauf, daß Parole und Feldgeschrei, wenn sie im
Kreise der Stabsofficiere leise herumgesagt wurden, stets mit
der Hand an der Kopfbedeckung begrüßt werden mußten.
Vergaß es Jemand, so vergaß er doch niemals die Er=
innerung: „Unter Honneur, meine Herren!" was endlich
für Tiebemann sprichwörtlich wurde. Daß aber die
Bürger und Frauen der Stadt sich dicht an den Parolekreis
drängten und horchten, — das verwehrte er nicht!

Vor Allem war aber an Tiebemann zu tadeln, sein
Mangel an wirklicher Energie, denn scheinbare besaß
er und mochte manchen oberflächlichen Beobachter damit täu=
schen; wer aber nur zwei Tage um ihn war, mußte seine
Schwäche erkennen. Er erließ augenblicklich den allerstreng=
sten Befehl, Dieses oder Jenes zu thun, fragte aber nie
danach, ob es geschehen sei und erhielt er die Ueberzeugung

davon, daß sein Befehl nicht ausgeführt war, so war es auch gut.

Dabei war er auffahrend und grob, meistens sehr am unrechten Ort, und die in der Hitze gesprochenen Worte fachten oft einen Brand an, den er nicht zu löschen verstand. In militärwissenschaftlicher Hinsicht war Tiebemann nicht unwissend; allein er verstand seine Theorien nicht praktisch anzuwenden; ja er begnügte sich mit den Theorien, diese schienen ihm der wirkliche Endzweck. Hatte er die Sache schwarz auf weiß, dann war er vollkommen zufrieden.

Von Mieroslawski hielt er eben so wenig wie von Sigel und nannte sie Ignoranten, Dummköpfe; er habe, sagte er mir, die provisorische Regierung auf die begangenen Fehler aufmerksam gemacht und das Obercommando der Armee für sich begehrt! Persönlicher Ehrgeiz — Selbst-überschätzung — Mittelmäßigkeit, — die Dreieinheit der Fehler, die in unserer Partei sich so breit machte.

Er gefiel sich darin, die alten, klassischen Helden in der Einfachheit nachzuahmen. So hatte er gar keine eigentliche Wohnung, sondern schlief in Kleidern auf einer Matratze, die er in eine Ecke des Gouvernementsbureaus legen ließ. Er trug einen Commiß-Dragonermantel und eben solches Casquet. Obwohl er schöne Pferde haben konnte, begnügte er sich doch mit einer räudigen Mähre, die in keiner Schwadron hätte stehen dürfen. Geld hatte er nie und wollte kaum einen kleinen Theil seines Gehalts annehmen. Diese Genügsamkeit war übrigens nur eine Art von Coquetterie und nicht Geiz; er verschenkte, was er hatte und bot einem Kranken, der Unterstützung von ihm wollte, seinen eigenen Mantel, hatte aber gern, wenn man dergleichen bemerkte und that es so, daß man es bemerken mußte.

Von seiner Stellung als Gouverneur von Rastatt hatte
er eine sehr hohe Meinung und der Gedanke, daß einst die
Geschichte seinen Namen nennen werde, schien mir auf alle
seine Handlungen Einfluß zu haben, wenn er nämlich mit
Ueberlegung handelte. Schriften, welche er klugerweise hätte
vernichten sollen, hob er sorgfältig auf, weil er sich nicht
entschließen konnte, „historische Dokumente" zu ver=
nichten. Solche Pietät ist für die neugierige Nachwelt sehr
angenehm, bereitet aber den Zeit= und Parteigenossen oft
großes Ungemach, wie es auch hier der Fall war. Doch
davon später.

Die Mängel, die ich an Tiedemann wahrheitsgetreu
rügen muß, machten ihn für seine Stellung wenig fähig,
und aus dieser Ungeeigentheit erklären sich manche Zustände
und Dinge in der belagerten Festung, die sich bei einem
tüchtigen Gouverneur würdiger gestaltet haben würden, wenn
auch das Endresultat — das war unvermeidlich —
dasselbe geblieben wäre.

Als Mensch war Tiedemann in jeder Hinsicht achtungs=
werth und seine Absichten und Gesinnungen waren ehren=
hafte. Er konnte in Gesellschaft ganz angenehm sein, obwohl
seine Art und Weise mich nicht ansprach; hatte er aber ein
Glas Wein im Kopf, dann wurde er hochfahrend und
zänkisch.

Was seinen Muth anbetrifft, so glaube ich, daß er zu
denjenigen Menschen gehörte, denen es endlich durch feste
Willenskraft gelungen ist, ihre natürliche Disposition zur
Furcht zu bekämpfen, die aber ihrer Sache noch nicht ganz
gewiß sind und stets innerlich fürchten, ihr Schwanken scharf=
blickenden, glücklicher disponirten Personen zu verrathen. Er
entzog sich nie der Gefahr; im Gegentheil, er suchte stets
die allergefährlichsten Punkte auf. Man sah, es lag ihm

daran, den Vorwurf zu entkräften, der sein Ausscheiden aus
dem badischen Officiercorps veranlaßte. Das Bewußtsein,
eine Art von Beweis führen zu müssen, die Voraussetzung,
sich besonders beobachtet zu wissen, mochte ihn zum Nieder=
schlagen des Blickes zwingen, wenn man ihm bei solchen ge=
fährlichen Situationen ins Auge blickte.

Da es nicht in meiner Macht stand, Tiedemann zu
ändern, so beschloß ich, den Mann zu nehmen, wie ich ihn
fand und mit Allem, worüber ich verfügen konnte, beizustehen.
Er merkte es bald, und ich erwarb mir sein vollkommenes
Zutrauen, wenn wir uns auch immer etwas fremd gegen=
über standen. Er schämte sich oft vor mir, und fürchtete
nichts so sehr, als ein spöttisches Zucken meines Mundes.
Deshalb verbarg er mir oft Kleinigkeiten und besonders
Kleinlichkeiten; allein in ernstlicher Noth nahm er stets seine
Zuflucht zu mir, da er wußte, daß er sich unbedingt auf
mich verlassen konnte.

Meine erste Sorge war es, die Truppen gehörig unter=
zubringen. Um die mir zur Verfügung stehenden Localitäten
kennen zu lernen, revidirte ich mit dem Kaserneninspektor die
verschiedenen Kasernen, von denen mehrere schon seit längerer
Zeit leer standen und nur von einer Armee verzweifelnder
Flöhe bewohnt wurden. Als ich in eine der österreichischen
treten wollte, machte mich der rücksichtsvolle Inspektor auf
das Tollkühne dieses Unternehmens aufmerksam. Ich war
kaum zwei Minuten in einem der Zimmer gewesen und doch
entdeckte ich, in den Hof zurückgeschlagen, daß meine Bein=
kleider bis über das Knie so dicht mit feindlichen braunen
Husaren besetzt waren, daß ich sie mit den Händen ab=
streichen mußte und davon sprang, als wäre ich bei diesen
Husaren in die Lehre gegangen.

Kriegskaffier Bäfel und Major Fach baten mich artig
um meine Zimmer im Kreuz, in welche fie die Kaffe auf=
fchlagen wollten, die bisher im Schloß geftanden hatte. Das
Lokal, welches fie inne gehabt hatten, ftand nun leer; es
gehörte zur ehemaligen Wohnung des Gouverneurs, General
von Cloßmann, und ich befchloß in den beiden Zimmern
mein Quartier zu nehmen. Sie fahen wie ein Schweine=
ftall aus. Bäfel, der überall nach verborgenen Schätzen
und Kaffen forfchte, und auch wirklich in einem verfchloffenen
Kamine 10,000 Gulden fand, die ein gewiffenhafter Beamter
dort verfteckte, hatte eine vermauerte Thür aufbrechen und
Ziegelfteine und Kalk im Zimmer liegen laffen.

Diefe Zimmer waren von einer Tochter des Generals
bewohnt gewefen; fie hatte nebft ihrem Vater fo eilig vor
den empörten Soldaten fliehen müffen, daß alle ihre Sachen
zurückgeblieben waren. Die Kommoden und Schränke waren
angefüllt mit weiblichen Kleidungsftücken und anderen Dingen,
wie fie ein junges Mädchen hat, und die ich forgfältig bei
Seite ftellen ließ. In einem Haushaltungsfchranke fand ich
jedoch Thee, gemahlenen Kaffee und allerlei genießbare Sachen,
die ich im Namen des deutfchen Reichs, ohne alle Gewiffens=
biffe mit Befchlag belegte, wie fonftige Dinge, die ich für
meine Junggefellenwirthfchaft brauchen konnte.

Mein Jofeph, der freiwillig in meinen Dienft getreten
und ein anftelliger Menfch war, hatte unter meiner Leitung
jene zwei Zimmer bald in einen menfchlichen Aufenthalt
verwandelt. Ich kann nichts Unfchönes um mich dulden,
mich wenigftens nicht behaglich fühlen, wenn ich es um mich
fehe, und beftrebe mich, jedem Zimmer, wenn ich in dem=
felben auch nur einen Tag bleibe, eine Anordnung zu geben,
die mit meinem Gefühl harmonirt. Vermittelft vorgefunde=
ner Tifchdecken, weißer Gardinen, die zur Herftellung eines

Toilettisches benutzt wurden, einiger einst prachtvoller Rococco=
möbeln, die der Castellan herbeischaffte, darunter ein goldener
Armsessel mit sehr schöner verblichener heraldischer Stickerei,
die vielleicht eine Fürstin gemacht, einer rothseidenen Stepp=
decke auf meinem Bett, die vielleicht lockere Hofgeschichten er=
zählen konnte, stellte ich eine ganz comfortable Wohnung her,
die meinen Kameraden orientalisch üppig schien, so daß sie
mir den Scherznamen: der Pascha von Janina gaben.

Früher habe ich flüchtig die Lage der Festung beschrieben;
auf eine Detaillirung kann ich mich auch jetzt nicht einlassen,
da sie ohne Plan unverständlich wäre. Die drei Forts waren
drei Festungen für sich und dasselbe kann man eigentlich
von jeder der Bastionen der Anschlüsse sagen. Außer einigen
Lünetten waren bis dahin noch keine Außenwerke vorhanden;
die zur Grabenvertheidigung waren sparsam, da die ganze
Escarpe casemattirt ist. Hin und wieder waren jedoch auf
der sehr breiten Berme crenelirte Mauern und Reduits an=
gebracht, welche vor den Cavalieren lagen. Die Festung
nahm schon damals einen bedeutenden Flächenraum ein und
die Besatzung von 6000 Mann war durchaus unzureichend.
Die noch nicht rasirten Wälder und die nahe an die Festung
herantretenden Dörfer Niederbühl und Rheinau in Verbin=
dung mit dem höchst störenden Eisenbahndamm und dem
Mangel von Außenwerken, machten mich daher sehr besorgt
vor einem gewaltsamen Angriff, der indessen trotz Allem un=
geheure Mittel und viel Zeit in Anspruch genommen haben
würde.

Der Geist der Besatzung war, was den Muth an=
betrifft, wie man ihn nur wünschen konnte und die Ergebungs=
philister unter den Bürgern, die es wagten, bei den Solda=
ten wegen der Uebergabe zu „sondiren", kamen oft übel an;
die Artilleristen antworteten ihnen: „Versuchts nur, die Stadt

zu übergeben, dann wenden wir die Geschütze gegen Euch!" — Bessern Erfolg hatten ihre Sondirungen bei den Officieren des 3ten Regiments, welche mit ihnen seit Jahren bekannt waren; sie versprachen ihnen, daß die Festung nach acht Tagen übergeben werden solle, wenn Sigel sein Versprechen, sie zu entsetzen, nicht halte.

Montag den 2. Juli am Vormittag brachte ein preußischer Officier ein „an die Besatzung von Rastatt" gerichtetes Schreiben; es lautete: „Die Festung Rastatt ist von meinem Armeecorps umschlossen; zwei andere Armeecorps verfolgen die Freischaaren, welche in Flucht und Auflösung sind. Hoffnung auf Entsatz ist nicht zu erwarten. Ich fordere die Besatzung auf, die Festung zu übergeben, und als Zeichen der Unterwerfung die diesseitigen Gefangenen sogleich in Freiheit zu setzen. Vier und zwanzig Stunden sind zur Bedenkzeit gegeben.

Corpsquartier Kuppenheim, den 2. Juli 1849.
(gez.) K. Gr. v. d. Gröben,
Generallieutenant und kommand. General
des 2. Corps der Rheinarmee".

Eine gleichzeitige Proklamation lautete:

„Bewohner Rastatt's!

Eine zahlreiche Armee hält Eure Mauern fest umschlossen, bereit, den Angriff zu beginnen. Die Ereignisse der letzten Tage müssen Euch belehren, daß Entsatz unmöglich, Widerstand fruchtlos ist, und über Eure Stadt nur alle die traurigen Folgen einer Belagerung bringen würde. Noch liegt es in Eurer Hand, sie Euch zu ersparen, wenn Ihr die Thore öffnet und die diesseitigen Gefangenen, welche sich in Rastatt befinden, sofort in Freiheit setzt. Ich gebe Euch eine Bedenkzeit von vier und zwanzig Stunden. Laßt Ihr sie ungenützt verstreichen, so beginnt der Angriff, und von Unterhandlungen kann nicht mehr die Rede sein.

(Unterschriften wie oben.)"

Es fiel Tiedemann natürlich gar nicht ein, diese Proklamation den Bürgern bekannt zu machen; allein die Ankunft eines Parlamentairs konnte nicht geheim bleiben und fanatische Ergebungsphilister drangen in das Schloß, der Bürgermeister Sallinger an der Spitze. Die dringenden Reden dieser Leute, die in ihrer Angst die Worte eben nicht abmaßen, machten den Gouverneur sehr wild, so daß er wüthend gegen den Bürgermeister den Säbel zog und ihm über das Maul zu hauen drohte, wenn er es nicht halte.

Die Antwort, welche dem preußischen General gesandt wurde, lautete:

„Das Gouvernement der Reichsfestung Rastatt an den kommandirenden General des 2. Corps der Rheinarmee, Grafen v. d. Gröben, Generallieutenant 2c., im K. D. Kuppenheim.

In Erwiederung Ihres Geehrten vom heutigen Datum, die Uebergabe der Festung Rastatt betreffend, habe ich die Ehre, Ihnen anzuzeigen, daß ich, den Befehlen meiner Re=gierung gehorsam, bedauere, Ihrem Ansinnen nicht ent=sprechen zu können; ich würde es für einen Akt der ent=würdigendsten Feigheit halten, eine so wohl versehene Feste zu übergeben. Ich fordere Sie nur im Namen der Huma=nität auf, die mit weißen Fahnen versehenen Hospitäler zu achten, sowie die Gefangenen menschlich zu behandeln; ich erwarte dies um so mehr, als die gefangenen Preußen, Ver=

wundete und Gesunde, mit derselben Sorgfalt, wie unsere
Leute, behandelt werden.

Rastatt, 2. Juli 1849.

Der Oberst und Gouverneur der Festung

(gez.) G. N. Tiedemann".

Ich muß gestehen, wir Alle lachten über diese Auf=
forderung, in der nicht einmal Bedingungen angedeutet waren,
obwohl am Ende der Proklamation an die Bewohner Rastatts
wenigstens „Unterhandlungen" in Aussicht gestellt waren.

Gleich am ersten Tage hatte ich bei Tiedemann dar=
auf gedrungen, Ausfälle nach Niederbühl und Rheinau zu
machen, um in diesen Dörfern zu fouragiren, ehe uns die
Preußen zuvorkämen. Er gab mir vollkommen Recht, ver=
sprach auch meinem Rath sogleich nachzukommen, zögerte
aber trotzdem, weil ihn allerlei kleinliche Dinge beschäftigten,
die er füglich untergeordneten Personen hätte überlassen
können.

Die Tuch= und sonstigen Vorräthe waren aus Ett=
lingen, der Armeeschneiderresidenz, nach Rastatt geschafft
worden, und es war natürlich, daß die Volkswehren und
Freischaaren den Wunsch hatten, sich aus denselben wenigstens
nothdürftig zu equipiren. Die armen Leute hatten meistens
zerrissene Schuhe und nur eine Blouse über dem Hemd, die
nur wenig wärmt und doch waren die Nächte naß und kalt.
Die vollständig equipirten Soldaten hatten jedoch die närrische
Ansicht, daß diese Vorräthe ihnen gehörten und betrachte=
ten jeden Rock, jeden Mantel, den ein Volkswehrmann er=
hielt, als einen an ihnen begangenen Raub, in welcher Mei=
nung sie von gierigen Officieren bestärkt wurden, die zur
Besserung ihrer Finanzen gleichfalls auf diese Vorräthe spe=
kulirten. Anstatt nun die Leute einerseits vernünftig über

diese irrige Ansicht zu belehren, andererseits energisch allen
Uebergriffen entgegen zu treten, schwankte Tiedemann hin
und her, hielt sich damit auf, jede Anweisung auf ein Paar
Hosen selbst zu prüfen und eigenhändig zu unterschreiben; ja
war schwach genug, diese vermeinten Ansprüche der Soldaten
gewissermaßen anzuerkennen, anstatt ihnen gleich von vornherein entschieden entgegen zu treten. Das ermuthigte natürlich die Soldaten und es kam vor, daß sie den Volkswehrmännern gewaltsam die gelieferten Kleidungsstücke vom Leibe
rissen, was zwischen den beiden Theilen der Besatzung „böses
Blut" verursachte.

Dazu kam noch, daß Tiedemann allerlei besondere
Zwistigkeiten mit Oberst von Biedenfeld und den Officieren des dritten Regiments hatte, die sich zum Theil von
dem Aerger darüber herschrieben, daß Biedenfeld nicht Gouverneur war, andererseits davon, daß Tiedemann den Re-
gimentsarzt Dr. Kreuzer als einen Spion bezeichnete und
ihn durchaus arretiren lassen wollte, wogegen ihn seine Officiere in Schutz nahmen.

Theils um den mancherlei Unordnungen zu steuern,
theils um die Wühlereien der Ergebungsphilister zu er-
schweren, hatte ich Einrichtungen getroffen, die Soldaten
und Freischaaren, welche bisher zum Theil bei den Bürgern
einquartirt waren, in den Kasernen und Kasematten unter-
zubringen, wohin sie auch gehörten. Zugleich wurden Ver-
ordnungen gegeben, den Folgen einer Beschießung vorzubeugen.
Diese Maßregeln brachten die Philister zur Verzweiflung
und sie lagen den Officieren des 3. Regiments beständig in
den Ohren. Die mancherlei kleinen Anfreizungen machten
diese nur zu geneigt zum Hören und es bildete sich im
Schooße des 3. Regiments eine Art von Verschwörung gegen
Tiedemann, an der manche Bürger Theil nahmen.

Da ich ganz fremd in der Stadt war und mein schwie=
riges Amt mir auf den Wällen hinlänglich zu thun gab, so
hatte ich noch nicht Zeit gehabt, in den zwei Tagen diese
gefährliche Stimmung kennen zu lernen, die mir indessen am
3. Juli Nachmittags plötzlich auf sehr überraschende Weise
zur Anschauung kommen sollte.

Auf einer Wache hatte Tiedemann Anordnungen ge=
funden, welche den gegebenen widersprachen und auf nähere
Untersuchung ergab sich, daß dieselben von den Officieren ·
des 3. Regiments ausgingen. In seiner Hitze hatte er die=
selben „Schufte, Hundsfötter und Verräther" genannt, was
bei einer Zusammenkunft, welche dieselben im Museums=
garten hatten, mit großer Entrüstung besprochen wurde. Von
dieser geheimnißvollen Zusammenkunft hatte mir Tiedemann
am Morgen allerdings Etwas gesagt, und ich hatte mich
mißbilligend darüber ausgesprochen, ohne jedoch eine Ahnung
von den Dingen zu haben, welche dort verhandelt wurden.
Ich hatte das dritte Regiment so brav kämpfen sehen, daß
es mir nicht entfernt einfiel, seine Officiere könnten etwas
Böses, oder gar Verrätherisches im Sinne haben.

Als ich am Nachmittag in Geschäften in das Gouverne=
mentsbureau kam, vor dessen Thür ich mit einigem Erstaunen
einen Doppelposten bemerkte, fand ich den Gouverneur allein;
er war ganz verstört und sagte mir: „Corvin, ich bin arre=
tirt!" — Ich glaubte, er sei närrisch geworden und konnte
mich nicht enthalten, laut zu lachen. Mit einiger Beschä=
mung erzählte er mir den Zusammenhang. Die Majors
Biesele und Weik waren mit einigen Soldaten vom
dritten Regiment zu ihm gekommen und hatten ihn mit Vor=
würfen bestürmt: Er habe die Offiziere des 3. Regiments
Hundsfötter geheißen; er wolle die Kautionsgelder des Re=
giments an sich reißen; es habe ihn Niemand zum Gouver=

neur gemacht; er müsse gewählt werden, wie die anderen Officiere und sie setzten ihn einstweilen ab, bis ein Kriegsgericht über sein Betragen geurtheilt haben würde. Er sei arretirt und dürfe das von ihren Leuten bewachte Zimmer nicht ' verlassen, bis eine Deputation der Officiere vom 3. Regiment bei ihm gewesen sei und Weiteres verfügt habe."

Da ich nun sah, daß dieser kecke Schritt durchaus nicht unterstützt war, so kam er mir abgeschmackt vor und es schien mir nicht schwierig, durch energisches Auftreten, in Verbindung mit vernünftigen Vorstellungen die ganze Gefahr abzuwenden. Ich hielt es zu diesem Ende nicht einmal für nöthig, nur einen einzigen Mann in Bewegung zu setzen. Zunächst forderte ich Tiedemann auf, seiner unanständigen Gefangenschaft ein Ende zu machen und mir auf mein Zimmer zu folgen. Er entschloß sich. Ich sah die verlegenen Posten beim Austritt durch die Thür scharf an — und sie präsentirten das Gewehr. Erst als ich vorüber war — ich that das absichtlich — wandte ich mich um und sagte im Tone des Befehlshabers: „Wenn Jemand nach dem Gou=verneur fragt, so sagt, er solle warten, der Oberst sei beim Chef des Generalstabes". Tiedemann hatte ganz und gar den Kopf verloren. Anstatt irgend einen Entschluß zu fassen, schimpfte er auf Biedenfeld und die Officiere seines Regiments, und als eine Deputation derselben angekündigt wurde, wußte er noch nicht, was er thun sollte. Ich sah ein, daß ich für ihn handeln mußte, und ging mit ihm hinunter.

Major Biesele war der Sprecher. Die Herren waren mir gegenüber etwas verlegen und schienen ganz vernünftig, als ich sie auf das Gefährliche und Thörichte ihrer Hand=lungsweise aufmerksam machte. Etwas kleinlaut und be=schämt empfahlen sie sich. Mit ein klein wenig Menschen=

verstand und savoir faire hätte sich der Gouverneur diese
Officiere von vornherein zu Freunden machen können; denn
wenn auch ihre Handlungsweise durchaus tadelnswerth war,
so hatte sie doch Tiedemann durch seine Taktlosigkeiten und
unüberlegte Hitze hervorgerufen. Sie sollte bald darauf ein
noch gefährlicheres Feuer anschüren, welches nahe daran war,
uns Alle zu verzehren.

Obwohl für den Augenblick die Sache beigelegt und
die Gefahr entfernt schien, so wußte ich doch, nachdem ich
etwas mehr in die Natur der Streitigkeiten eingedrungen
war, daß etwas Entscheidendes geschehen mußte, dieselben
ein für alle Mal zu beseitigen und die so nöthige Eintracht
in der bunt zusammengewürfelten Garnison herzustellen. Zu
diesem Ende hatte ich für den anderen Nachmittag eine Ver=
sammlung sämmtlicher Officiere, die nicht im Dienst waren,
in Vorschlag gebracht; in ihr sollten sich, so hoffte ich, die
Dissonanzen lösen. Der Deputation der Officiere vom drit=
ten Regiment hatte ich diese Absicht mitgetheilt und sie
waren erfreut darüber.

Tiedemann war sehr aufgebracht, als er am anderen
Vormittag von einer abermaligen Zusammenkunft hörte,
welche die Officiere des 3. Regiments mit denen der Bürger=
wehr im Museumsgarten gehabt hatten und wo allerlei
Beschlüsse gefaßt sein sollten, welche sich auf die Uebergabe
und auf seine Absetzung bezogen. Da ich jedoch sehr wohl
wußte, daß zwischen Berathen, Beschließen und Ausführen
noch viel Zwischenstufen sind, besonders wenn es sich um
Dinge handelt, denen man nicht mit festem Auge ins Gesicht
sehen kann, so legte ich all dem Geschwätz nicht viel Gewicht
bei und vertraute auf die überzeugende Kraft meiner Rede,
denn ich kannte das Publikum, mit dem ich zu thun hatte,
wenigstens seinem Geiste nach.

Da zu fürchten war, daß die andere Partei Maß=
regeln vorbereiten würde, ihre Meinung nöthigenfalls durch
Gewalt zu unterstützen, so traf ich auch für alle Eventuali=
täten meine Einrichtungen. Zunächst ließ ich, was von den
Beschlüssen der Versammlung verlautete, unter den anderen
Truppentheilen in allgemeiner Weise verbreiten und hatte
die Freude, zu sehen, daß dieselben Entrüstung hervorriefen,
nicht nur unter den Freischaaren, sondern auch unter den
anderen Linientruppen, von denen sich die Festungskanonire
besonders derb aussprachen. Für alle Fälle wurde die in
der Nähe des Schlosses, im Fort B, gelegene Flüchtlings=
legion, die brav und zuverlässig war und die mich von Straß=
burg her meist persönlich näher kannte, in Bereitschaft ge=
halten. Man konnte sie auf einen Wink aus dem Fenster
des Saales haben; ihre Officiere sollten jedoch an der Ver=
sammlung Theil nehmen.

Obwohl ich sehr bereit war, Alles in Güte auszuglei=
chen, und um der Eintracht willen, wie man zu sagen pflegt,
fünf grade sein zu lassen, so schien mir doch ein zu ge=
schmeidiges Nachgeben äußerst gefährlich und von den trau=
rigsten Folgen; ich beschloß daher, zuerst abzuwarten, in
welcher Weise die entgegengesetzte Partei ihre Beschwerden
vorbringen würde, und demgemäß zu handeln; geschah es
auf vernünftige und mäßige Weise, so war mein Mittleramt
ein leichtes; trat sie aber unverschämt auf, dann mußte ich
Strenge zeigen, die auf mächtigen Rückhalt schließen ließ,
um die Gegner einzuschüchtern, ehe ich versöhnende Worte
sprach.

Der große Saal des Schlosses, in welchem Prinz Eugen
und Marschall Villars der Welt den Frieden wiedergaben,
war für diese für uns sehr wichtige Versammlung bestimmt
worden. Vor einem der großen Kamine hatte man einen

Tisch aufgestellt, an welchem der Präsidirende sitzen sollte; rechts und links davon standen Sessel für die höheren Officiere.

Um drei Uhr füllte sich der Saal mit sehr aufgeregten Officieren in Uniformen und in Blousen. Ich beobachtete sorgfältig die Stimmung und bemerkte sehr wohl, daß die Officiere des dritten Regiments und die der Bürgerwehr sich nahe dem Ausgange der großen Thür zusammenstellten.

Tiedemann kam frühzeitig; allein Biedenfeld ließ so lange auf sich warten, daß beschlossen wurde, die Berathungen ohne ihn zu eröffnen. Theils um Enno Sander als Kriegsminister-Stellvertreter ein Kompliment zu machen, theils weil er parlamentarische Formen kannte, schlug ich ihn zum Präsidenten vor und der Gouverneur stimmte bei; er wurde dazu erwählt und Elsenhans fungirte als Protokollant.

Nachdem als Zweck der Versammlung angegeben worden war: die mancherlei stattgefundenen Mißverständnisse zu lösen und die gegenseitigen Klagen zu untersuchen, erhielt Major Weik das Wort. In kecker Rede wiederholte er, was er mir am Tage vorher gesagt hatte; er griff Tiedemanns Berechtigung zu seinem Posten an, verlangte seine Absetzung, da er sich so unehrerbietig über die Officiere des 3. Regiments ausgesprochen hätte; machte es ihm zum Vorwurf, daß er die badischen Officiere gegen die Freischaarenführer zurücksetze und dergleichen mehr.

Seine Rede rief einen großen Tumult hervor, den Sander nicht beschwichtigen konnte, der aber lautloser Stille Platz machte, als ich das Wort verlangte. Mich direkt gegen den vorigen Redner und gegen die zur Meuterei geneigten Officiere wendend, rief ich: „Allerdings sei gestern Jemand zu verhaften gewesen; allerdings sei eine Unter-

suchung einzuleiten; allein nicht gegen den Gouverneur, son=
dern gegen den Sprecher und Diejenigen, welche in einer
belagerten Festung hinter dem Rücken des Gouverneurs eine
heimliche Versammlung gehalten, darin die Verhaftung des=
selben beschlossen und auch ausgeführt hätten". Ich trug
auf die augenblickliche Verhaftung dieser Meuterer an.

Die Wirkung meiner Rede war so, wie ich sie gehofft
hatte, das fühlte ich aus dem Tumult sogleich heraus, der
nach derselben entstand.

Ich hatte im Sinn aller Gutgesinnten gesprochen und
sie ließen es an Acclamationen nicht fehlen, während die
Gegner verlegene Blicke wechselten und sich von dieser über=
raschenden Wendung nicht erholen konnten. Ich sah, sie
waren geschlagen und hatten ihr Spiel verloren. Ich hielt
es nun für angemessen, zu schweigen und die Sache sich
weiter entwickeln zu lassen. Es war ein kostbares Durch=
einander, in dem der vielen Säbel wegen Mancher blaß
wurde, und Sander suchte lange vergebens sich hörbar zu
machen. Endlich gelang das dadurch, daß Tiedemann sich
zum Reden anschickte. Er hatte Weik sehr oft unterbrochen
und dafür die Demüthigung erlebt, zur Ordnung gewiesen
zu werden. Ich freute mich, daß er redete, denn ich wußte
im Voraus, daß eine andere Stimmung eintreten würde, er
mochte sagen was er wollte. Er sprach denn auch ausge=
zeichnet langweilig, konfuse und abgeschmackt; es thut mir
leid, daß ich es sagen muß. Als er endlich schloß, erklärte
er sich wieder bereit abzudanken und legte den abgeschnallten
Säbel auf den Tisch des Präsidenten, nahm ihn aber wieder
auf einen ernsten Blick von mir.

Biedenfeld fehlte noch immer; wir brauchten ihn
und Major Biesele ward veranlaßt, ihn zu holen; er kam,
als ich eben das Wort ergriffen hatte, den Versuch zu

machen, ob es nicht der Gewalt meiner Rede gelingen möchte, der Versammlung eine durchaus entgegengesetzte Stimmung zu geben, welches Experiment ich hin und wieder hatte gelingen sehen. Die Worte, die ich redete, habe ich lange vergessen, denn ich sprach aus dem Stegereif, und das in sehr undeutlichen stenographischen oder ähnlichen Zeichen geschriebene Protokoll setzte später Viele in Verlegenheit, — als der arme Elsenhans nicht mehr den Schlüssel dazu geben konnte.

Ich schlug alle Saiten an, von denen ich wußte, daß sie im Innern meiner Zuhörer wiederklangen, ja ich verschmähte sogar nicht hin und wieder die mir als so wirksam bekannten Phrasen; ich erwähnte einen Brief meiner Frau, in dem sie mir schrieb, ich solle mich lieber erschießen, als den Preußen ergeben und knüpfte daran flammende Worte. Ich wurde öfter durch Beifall unterbrochen; die Wangen der Zuhörer färbten sich, die Augen blitzten und die Waffen rasselten! Nun sprach ich von dem hohen Ziel, das wir verfolgten, auch von Ruhm und der Ehre unserer Partei, von der Nothwendigkeit der Eintracht, von der brüderlichen Liebe, die uns bei unserm Werk vereinigen müsse und von der Kleinlichkeit unserer Streitigkeiten.

Ich sprach aus dem Innersten meines Herzens; allein ich verlor dabei nicht den Kopf und beobachtete die Wirkung meiner Rede, um sogleich das Wirksamste folgen zu lassen. Als ich mit dem nöthigen Knalleffekt schloß, entstand ein Durcheinander noch ärger wie früher; allein im entgegengesetzten Sinn; ich feierte den glänzendsten Triumph, wie ihn vielleicht tausend Mal bessere Reden nur selten erleben. Man drückte sich die Hände, man umarmte sich; in jeder Brust hatten die Gefühle der Liebe und Kameradschaft die Oberhand, die Gegner standen verwirrt, gerührt und waren versöhnt, als man ihnen die Hände zur Versöhnung reichte. Tiedemann und Biedenfeld umarmten und küßten sich; Ersterer bot wieder seinen Säbel an und rief: „Bruder, sei Du Gouverneur:" allein Letzterer lehnte ihn ab und sagte, daß er ein alter Soldat sei, der sein Regiment führen könne, aber von Schreibereien nichts verstehe und sich nie damit abgegeben habe. — Es blieb Alles beim Alten; Tiedemann Gouverneur und Biedenfeld Commandeur seines Regiments; Anderes beanspruchte er gar nicht, wenn man es ihm auch von manchen Seiten aufdrängen wollte; allein statt kampfglühend mit geschwungenen Säbeln auf die Straße zu stürzen, wie Manche hofften, Viele fürchteten, sah man die feindlich getrennten Officiere Arm in Arm aus dem Schlosse schreiten.

Um nun diesen Geist der Einigkeit und Kamerabschaft= lichkeit unter den Officieren zu erhalten verabredeten wir uns, an den Abenden im Lokal des Museums zusammenzukommen, womit wir noch an demselben Tage den Anfang machten. Es hatte aber damit keinen rechten Bestand, denn das Lokal war nicht gehörig erleuchtet und nicht freundlich; auch wurde unsere Absicht durch die Ereignisse der nächsten Tage ver= eitelt. Die Officiere kamen gruppenweise in den verschiedenen Gasthöfen zusammen; die des dritten Regiments im „rothen Ochsen," nahe an Fort A., wohin Biedenfeld vom Markte hinzog.

Ich persönlich hatte durch die stürmische Versammlung große Vortheile gewonnen; man achtete, liebte, fürchtete mich und selbst die Officiere des 3. Regiments näherten sich mir freundschaftlich, da sie sahen, daß ich ihr Benehmen ihnen nicht nachtrug. Tiedemann, der freilich mehr persönlichen Grund zum Zorn auf sie hatte, konnte leider nicht vergessen. Was ich dem Gouverneur vorhergesagt hatte, geschah;

noch spät an diesem Abend — es regnete in Strömen — wurde die Festung alarmirt, da die Preußen in das Dorf Rheinau gedrungen waren, um dort aufgehäufte Vorräthe und besonders das Vieh hinwegzuholen. Wir kamen zu spät, sie daran zu verhindern.

Am folgenden Tage, am 5. Juli, erhielten wir in der Festung einen eigenthümlichen Besuch. Der preußische General von Schack hatte den Einfall, den Bürgermeister von Oetigheim und andere aus der Umgegend in Einspännern in die Festung zu schicken, um die Rastatter Bürger zur Vernunft und Unterwerfung zu bringen. Sie sahen mit Bedauern, daß die Bürger über Stadt und Festung keine Gewalt hatten und so mußten die einspännigen Parlamentaire unter großem Gelächter der Soldaten wieder abziehen.

Am andern Tage wurden zugepropfte Flaschen aus der Murg gefischt; sie kamen vom preußischen Lager und enthielten folgende:

„Bekanntmachung.

Die Insurgenten sind von Freiburg abgezogen. Die noch bei denselben befindlich gewesenen beiden badischen Cavallerie-Regimenter nebst der reitenden Batterie und einem Theil der Infanterie sind in Freiburg zurückgeblieben und haben ihre Unterwerfung Sr. Königlichen Hoheit dem Prinzen von Preußen nach Offenburg melden lassen, demzufolge die Besetzung von Freiburg angeordnet ist und Morgen, den 6. d. M., erfolgen wird.

Kuppenheim, den 5. Juli 1849.

(gez.) K. Gr. v. d. Gröben,
General-Lieutenant u. kommand. General
des 2. Corps der Rheinarmee."

Wir glaubten natürlich kein Wort von dem Inhalt dieses Papieres und der Festungsbote machte sich darüber lustig. Es war dies eine Zeitung, welche von Elsenhaus während der Belagerung herausgegeben wurde und uns in unsern Bestrebungen unterstützte.

Unsere Armee war, mit Abzug der Besatzung von Rastatt, noch so zahlreich wie früher und außerdem stand im Seekreis noch eine neue Armee von Volkswehren, für deren Bewaffnung und Heranziehung die Führer des Heeres sicher Sorge getragen haben würden; so dachten wir und erwarteten sehr guten Muthes das Vorrücken unserer Freunde und den Entsatz. Daß die Preußen, in Ermangelung von Belagerungsgeschütz, uns mit Papier angriffen, konnten wir ihnen nicht verdenken; Papier ist wohlfeiler als Pulver und Eisen und welch' ein Triumph, wenn der Versuch uns einzuschüchtern gelungen wäre! Allerdings fiel es mir auf, daß wir keine Nachricht von unserer Armee erhielten; allein die Festung mochte so enge cernirt sein, daß sich Niemand hindurch schleichen konnte. In dieser Meinung wurde ich noch dadurch bestärkt, daß keiner von den Leuten zurückkehrte, die ich auf Kundschaft ausgesandt hatte. Ich beschloß noch einen Versuch zu machen, als mir zu diesem Ende ein Mann vorgeschlagen wurde, der lange in Rastatt gestanden hatte, alle Schleichwege kannte und mir erzählte, daß er sich oftmals in der Nacht aus der Festung geschlichen habe, um benachbarte Orte zu besuchen. Dieser Mann hieß Vitus Franz und schien ein sehr gewandter Bursche. Ich versah ihn mit Geld und gab ihm einen äußerst dünnen Papierstreifen mit, auf welchem einige Worte an Sigel geschrieben waren. Außerdem erhielt er von mir einen Passirschein, der ihm das Thor öffnen sollte.

Das Unglück wollte, daß Tiedemann diesen Menschen vor seinem Abgange noch sprechen wollte. Als ich denselben zu ihm brachte, war er wieder in seiner närrischen Laune, denn die Officiere des 3. Regiments hatten ihn abermals geärgert. Soldaten hatten Volkswehrmännern nicht allein gelieferte Mäntel vom Leibe gerissen, sondern waren auch in die Schneiderwerkstätte gedrungen und hatten Tuch in Beschlag genommen, welches für jene verarbeitet werden sollte. Als der Gouverneur dem Obersten von Biedenfeld davon Mittheilung machte, hatte dieser wahrscheinlich ein wenig zu tief ins Glas gesehen und sagte, „daß die Kleider und das Tuch den Soldaten gehöre und nicht den Freischärlern und daß die Soldaten auf seinen Befehl gehandelt hätten." — Auch wollte Tiedemann dem Dr. Kreuzer wieder zu Leibe, der allerdings die Soldaten für die Uebergabe aufgewiegelt zu haben scheint, wie wenigstens zu seinen Gunsten später geltend gemacht wurde.

Tiedemann gab dem Kundschafter den Auftrag, nach Frankreich hinüber zu gehen und dort Schiffe zu bestellen; „er sei des Mißtrauens gegen die Fremden milde; er werde sich zum Opfer bringen, sich an die Spitze derselben stellen und nach dem Rhein durchschlagen, dann sei man sie los." Ich antwortete, daß von Durchschlagen noch nicht die Rede sein könne und die Bestellung von Schiffen daher unnütz; es sei unsere Pflicht Rastatt zu halten und das Vertrauen zu rechtfertigen, welches unsere Kameraden draußen in uns setzten; zunächst handle es sich darum, von Diesen Nachricht zu erhalten. Nun begann Tiedemann, wie er zu thun pflegte, ohne Sinn und Verstand und ohne Rücksicht auf die Gegenwart des gemeinen Soldaten, auf die Officiere des 3. Regiments zu räsonniren und sagte in seiner polternden Weise „daß sie sammt ihrem Doctor und Biedenfeld erschossen zu werden verdienten." Mit Mühe

beruhigte ich ihn und entließ den Kundschafter, der mit of=
fenem Munde das Alles mit angehört hatte. —
Die Ungebuld unserer Leute, sich mit den Preußen zu
schlagen, war außerordentlich groß und man fing an, all=
gemein darüber unzufrieden zu werden, daß kein Ausfall
gemacht wurde und man in den faft auf dem Glacis gelegenen
Dörfern den Feind fouragiren ließ. Der glückliche Streifzug
der Preußen nach Rheinau am gestrigen Tage hatte diese Unzu=
friedenheit zur hellen Flamme angefacht und ohne Befehl
waren am Morgen Freischaaren und selbst einzelne Soldaten
in jenes Dorf gerückt, um dort eine Nachlese zu halten. Es
entspann sich alsbald ein lebhaftes Tirailleurgefecht, welches
einige Artilleristen veranlaßte, in die Stadt zu eilen und den
Gouverneur um Erlaubniß zu bitten, den Freischaaren mit
zwei Geschützen zur Hülfe kommen zu dürfen. Tiedemann
hatte geantwortet: „sie könnten machen was sie wollten, er
sei nicht mehr Gouverneur," und die Artilleristen brachten
zwei Geschütze nach Rheinau. Das Gefecht wurde lebhafter,
denn die hinter der Brücke vor Blittersdorf aufgestellten
Geschütze der Preußen antworteten und Verstärkungen kamen
von letzterem Orte und Oetigheim.
Ich hatte an jenem Nachmittage auf der Niederbühl
zunächst gelegenen Lünette zu thun und inspicirte Fort A.,
als ich durch eine meiner Ordonnanzen die ernsthafte Wen=
dung des in Rheinau ohne Befehl begonnenen Gefechtes und
zugleich eine andere Nachricht erfuhr, die mich in gestreckter
Carriere in das Schloß zurücktrieb.
Jener Vitus Franz hatte die Festung nicht verlassen,
sondern war in derselben festgehalten worden. Als er von
mir abgefertigt war, kam er ganz entsetzt auf die Straße
und begegnete dem Obersten von Biedenfeld, den er
verehrte und liebte. Er glaubte, daß es Tiedemann mit

dem Erschießen der Officiere des 3. Regiments Ernst sei
und erzählte nun in seiner Angst was er gehört hatte. Die
Nachricht, natürlich vergrößert und entstellt, verbreitete sich
weiter, Böswillige hetzten und das ganze dritte Regiment
war in größter Aufregung.

Tiedemann wußte bereits von der Sache, er hatte
zu Biedenfeld geschickt und ihn fragen lassen, ob er ihm
sein Regiment zu einem Ausfall geben wolle! Dieser hatte
antworten lassen: „Nicht einen Mann; er und seine Officiere
wollten sich nicht abschlachten lassen; er zöge um fünf Uhr
mit seinem Regiment nach Fort A. und dann werde man
ja sehen, was passire." — „„Was wollen Sie denn nun
thun?"" fragte ich Tiedemann; allein er war völlig rathlos.
Ich sagte ihm also, daß ich versuchen würde, auf irgend eine
Weise, das aufs Neue drohende Unheil abzuwenden. Ich
stieg zu Pferde und verließ den Schloßhof, höchst ärgerlich
über den Gouverneur, der uns Alle durch seine hitzigen
Worte in Gefahr brachte und weder Witz noch Energie genug
hatte dieselbe abzuwenden oder ihr entgegen zu treten.

Der Gedanke an einen Kampf zwischen unsern Truppen
war trostlos, er mußte uns augenblicklich dem Feinde in die
Hände geben; allein wie ihn abwenden in dieser kurzen Zeit?
Es war vier Uhr und um fünf wollte Biedenfeld Fort
A. besetzen. Auf dem Marktplatz hielt ich; mir kam ein
guter Gedanke. Mein Name war in diese Mordgerüchte
gemischt worden, weil ich den Passirschein für Vitus Franz
unterschrieben hatte; dies gab Veranlassung zunächst zu einer
persönlichen Rechtfertigung, an welche sich Weiteres knüpfen
ließ, wenn man mir gestattete, zum 3. Regiment zu reden.
Ich stieg vom Pferde, gab meinen Säbel meinem verwun=
deten Bedienten und ging zu Biedenfeld, der noch am
Markte wohnte. Ich traf ihn allein; er war überrascht,

dann erfreut über meinen Schritt. Ich erklärte ihm den Zusammenhang der Sache; er hatte gewiß nicht ernstlich an eine Mordabsicht geglaubt, allein fand für gut, sich so zu stellen und wollte sich nicht davon abbringen lassen, sein Regiment nach Fort A. zu führen, im Uebrigen war er weit ruhiger und vernünftiger als ich ihn zu finden gefürchtet hatte. Es schien mir jedoch, als halte er es für das einzige Mittel alle die gefährlichen Zänkereien zu beendigen, wenn er sich dem Drängen seiner Freunde füge und das Gouvernement übernehme. „Hat der Kerl (B. Franz) gelogen, dann muß er erschossen werden,“ sagte Biedenfeld, „ist aber richtig was er sagt, so muß Tiedemann daran glauben, oder ich will nicht Biedenfeld heißen.“ Endlich gelang es mir, ihm das Versprechen abzugewinnen, nichts Gewaltsames zu unternehmen und die Sache in meine Hand zu legen.

Als wir so weit waren, trat der Bürgermeister Sallinger in's Zimmer. Er erzählte, daß er so eben in einer Geschäftsangelegenheit bei Tiedemann gewesen sei und dieser ihm gesagt habe, er sei nicht mehr Gouverneur, er möge zu Oberst Biedenfeld gehen. Denselben Bescheid erhielt der Adjutant Schad, der eine auf die Vorfälle in Rheinau bezügliche Meldung machte.

Der Bürgermeister drang in den Obersten, nicht länger zu zögern und im Interesse des allgemeinen Besten das Gouvernement zu übernehmen; allein Biedenfeld lehnte diese Würde ab, da er solchem Posten nicht gewachsen sei und von der Vertheidigung einer Festung nicht das Geringste verstehe. Uebrigens wollte er wetten, es sei Tiedemann wieder nicht Ernst mit dem Abdanken. Die bestimmten Versicherungen des Bürgermeisters und des Adjutanten Schad ließen mich jedoch dies Mal daran glauben; jedenfalls

war ich der Meinung, man müsse dem unwürdigen Spiel
ein für alle Mal ein Ende machen und Tiedemann beim
Worte nehmen, um so mehr, da wir in der That als Gou=
verneur sehr wenig an ihm verloren. Ich verband daher
meine Bitten mit denen des Bürgermeisters; Biedenfeld
weigerte sich noch immer und wollte — zu Sallinger's
Mißbehagen, mich zur Annahme des Gouvernements be=
wegen; allein ich bewies ihm, daß er als langjähriger Be=
kannter der Bürger weit besser an diesem Platze sei, und
endlich ließ er sich bewegen anzunehmen, jedoch unter der
ausdrücklichen Bedingung, daß ich Alles anordne und ver=
füge; er wolle sich um nichts als um sein Regiment küm=
mern, sich ganz auf mich verlassen und in Bezug auf Ver=
theidigung ꝛc. thun und unterschreiben was ich für gut hielte;
ich werde aber sehen, schloß er, daß es Tiedemann mit seinem
Abdanken nicht Ernst sei.

Während wir noch beisammen waren ertönten vom nahe
gelegenen Schlosse her zwei Kanonenschüsse — die Alarm=
zeichen. Ich glaubte Tiedemann habe den Entschluß gefaßt,
Biedenfeld und das 3. Regiment zum Gehorsam zu
zwingen, noch ehe dasselbe nach Fort A. marschirt sei und
bereitete mich auf einen Sturm vor, der alle meine Kräfte
und Fähigkeiten in Anspruch nehmen konnte. Ich irrte mich
aber. Auf dem Marktplatze traf ich Tiedemann mit
seinen Adjutanten und dem Stabe, ganz als Gouverneur
agirend. Ich ritt zu ihm heran und äußerte mein Erstaunen
darüber, da er seine Abdankung erklärt habe. Er antwortete
mir darauf nicht, sondern begnügte sich damit zu sagen, daß
er den willkürlichen Ausfall nach Rheinau unterstützen wolle,
wozu er meine Mitwirkung forderte.

Ich war wirklich in Verlegenheit, wie ich mich benehmen
sollte, denn von dem ersten Ausfall mochte ich mich aus

tausend Gründen um so weniger ausschließen, als ich fort=
während dazu gerathen hatte. Tiedemann's kindisches
Betragen empörte mich, und dachte ich daran, was ich eben
mit Biedenfeld besprochen, so wußte ich gar nicht, wen
ich nun als Gouverneur betrachten sollte.

Ich forderte Tiedemann auf, selbst mit Biedenfeld
zu sprechen, den wir an der Spitze seines Regiments auf
der Straße antrafen. Tiedemann verlangte von ihm ein
Bataillon zu dem beabsichtigten Ausfall. „Ich führe mein
Regiment nach Fort A." antwortete Biedenfeld. — „„Also
Du willst mir kein Bataillon geben?"" — „Nein!" war
die kurze Antwort und damit wandte sich Biedenfeld zu
mir, gab mir die Hand zum Abschied und sagte: „Sehen
Sie, Corvin, hab' ich's nicht gesagt? Jetzt ist er wieder
Gouverneur." — „Halten Sie nur Ihr Versprechen," ant=
wortete ich, „morgen denke ich Alles auszugleichen."

# Elftes Capitel.

Es war ein glücklicher Gedanke von Tiedemann, den eigenmächtigen Ausfall nach Rheinau zu unterstützen; er machte sich dadurch, wiewohl auf Kosten der Mannszucht, bei den Soldaten populär und seine ganze Stellung ward nach demselben eine andere.

Außer den Freischaaren, die bereits in Rheinau waren, beorderte ich eine Compagnie des ersten und zwei Compagnien des zweiten Regiments nebst sechs Geschützen zu diesem Ausfall.

Noch ehe die Verstärkung anlangte, hatten die Freischaaren die Preußen aus Rheinau vertrieben, die mit Infanterie und zwei Geschützen tief in dieses Dorf eingedrungen waren; sie zogen sich bis hinter die verschanzte Mühlbachbrücke zurück, wo sie durch unsere Tirailleurs festgehalten wurden, die sich in eine Waldecke zwischen den Straßen nach Blittersdorf und Ottersdorf eingenistet hatten.

Mit zwei Geschützen unter Hauptmann Backhof rückte Tiedemann bis an das Ende des Dorfes vor und es begann ein sehr lebhaftes Artilleriegefecht in naher Entfernung, so daß die Kartätschen mitsprechen konnten. Die Preußen verschossen sechszig Kugeln, dreizehn Kartätschen und sechs Shrepnel = Schüsse und wir blieben ihnen nichts schuldig. Tiedemann hielt in der Nähe der beiden Geschütze und dachte gar nicht daran, eine Disposition zu treffen. Ich bat ihn sich nicht unnütz der Gefahr auszusetzen und die Anordnungen für das Gefecht zu machen; allein er rührte sich nicht vom Fleck und bat mich, die Truppen zu placiren und das Gefecht zu leiten.

Da es einzig und allein unser Zweck war, die Vorräthe aus Rheinau in die Festung zu schaffen und keineswegs Terrain zu gewinnen, welches wir bei der Schwäche der Besatzung doch nicht würden haben behaupten können, so traf ich in diesem Sinne meine Anordnungen. Während Tiedemann den Ausgang des Dorfes behauptete, wurde seine linke Flanke durch die erwähnten Freischaaren im Walde gedeckt, die ich verstärkte. An der Murgbrücke stand die Reserve und vor ihr zwei Geschütze, welche verhindern sollten, daß Verstärkungen von Steinmauern her geschickt würden. Meine Tirailleurs dehnten sich von der Murg bis zum Retherberg und der am Fuße liegenden Ziegelhütte aus; ihre Aufgabe war es, ein Vordringen von Oetigheim her abzuhalten. Als ich bemerkte, daß sich preußische Tirailleurs vor meinem rechten Flügel auf einer abgeholzten Waldfläche hinter aufgestelltem Klafterholz festsetzten, ließ ich die beiden Geschütze von der Murgbrücke auf der Landstraße vorrücken und mit Vollkugeln gegen das Klafterholz feuern, wodurch die Schützen vertrieben wurden. Das Gefecht auf dem rechten Flügel war von geringer Bedeutung; das auf dem linken hätte durch Wegnahme der Schanze an der Brücke interessanter werden können, wenn der Hauptmann, welcher die Batterie von vier Zwölfpfündern befehligte, seine Schuldigkeit gethan und sich seitwärts auf das Feld gestellt hätte, von wo aus er die Schanze flankiren konnte. Wie dieser Hauptmann hieß weiß ich nicht; man nannte ihn von da an nur „den Retirirmichel;" er hatte die triftigsten Gründe von der Welt die gewünschte Stellung nicht einzunehmen; der Boden war für seine schweren Geschütze zu locker und er fürchtete stecken zu bleiben. Wo er hin sollte, war es auch gar zu garstig, und die Kartätschen rasselten hageldicht über und neben uns und tödteten und verstümmelten manchen braven Kameraden, obwohl unser Verlust doch nur sehr unbedeutend war.

Der Feind wurde an allen Punkten so in Schach gehalten, daß Rheinau ohne alle Störung — einzelne Kartätsch- und Kanonenschüsse abgerechnet — ausgeräumt werden konnte. Dies geschah mit großem Eifer und vielem Humor, besonders von Seiten der Dragoner- und Officierburschen, die froh waren Ueberfluß an Heu zu finden, welches in der Festung anfing sehr rar zu werden. Eine Menge vierspänniger Wagen wurde mit dem, was man fand, beladen. Besonders reich war die Beute an Wein. Während hier ein Wagen mit Verwundeten fuhr, die natürlich keine heiteren Gesichter machen konnten — unter ihnen ein Schreiber vom Proviantamt, der als Amateur mit ausfiel und dem eine Kartätschenkugel den Arm über der Hand zerschmetterte, — jagte dort ein anderer mit einer sehr lustigen, phantastisch aufgeputzten Ladung. Das Centrum bildete ein großes Weinfaß, auf dem ein dicker Trompeter als Bachus ritt; rechts und links daneben standen andere gleichuniformirte Götter in halbseligem Zustande und schwangen jubelnd die großen hölzernen Kannen. Der übrige Raum des Wagens war mit

der buntesten Gesellschaft gefüllt. Einige Soldaten mit
Bauernhüten oder Weiberhauben auf dem Kopf bliesen auf
Trichtern und andern Hausgeräthschaften, während Einer ein
schon ziemlich großes Schwein unter dem Arm trug und an
dem Schwanz wie an einer Drehorgel drehte, wobei das
Thier entsetzlich schrie. Ein Anderer hatte eine Katze gerettet,
die indessen gar nicht dankbar schien, sondern sich jämmerlich
sträubte und Töne der Angst erschallen ließ; Andere hatten
lebende Gänse oder Hühner erobert, die in den Lärm mit
einstimmten.

Während Paßkugeln und Kartätschen in die Häuser
schlugen, wurden diese sehr sorgfältig ausgeräumt, wobei es
auch nicht an komischen Scenen fehlte. Besonders thätig
beim Einpacken und hauptsächlich lüstern nach Federvieh
waren die Dragoner, welche mit Säbel und Pistolen den
unglücklichen Enten, Gänsen und Hühnern nachjagten. Die
nicht beschäftigten Artilleristen des Retirirmichels hatten dagegen in den Kellern Posto gefaßt und soffen ebenso tapfer,
als ihre Kameraden am Ausgange des Dorfes sich schlugen.

Die meisten Einwohner hatten längst ihre Wohnungen
verlassen und sich größtentheils nach Rastatt geflüchtet. Einige
kamen trotz aller Gefahr herbei, um ihren Hausrath zu
retten, wobei ihnen die Soldaten behülflich waren. Was
aber eßbar für Menschen oder Thiere war, sollte an das
Proviantamt abgeliefert und den Eigenthümern bezahlt werden.
Manche unbezahlte Gans mag sich indessen in einen Dra-
gonermagen verflogen haben. Das Vieh war zwar schon am
Tage vorher von den Preußen weggetrieben worden, allein
einige Stücke fielen uns dessenungeachtet in die Hände.

Als das Gefecht in seinem ruhigen Fortgange war, ritt
ich durch das Dorf, um zu verhindern, daß zu grobe Unordnungen vorkämen, welche wegen der Menge des aufgefun-

denen Weins besonders zu befürchten waren und auch nicht
ganz ausblieben. Als das Dorf ausgeräumt war, fing es
an finster zu werden, und da eine Fortsetzung des Gefechts
gar keinen Zweck hatte, so veranlaßte ich Tiedemann, den
Rückzug in die Festung zu befehlen. Es war schwer die
Leute aus den Häusern zu entfernen; manche sollen auch
wirklich betrunken in den Kellern liegen geblieben und später
von den Preußen erstochen worden sein. Es war Nacht, als
wir mit Musik und Trommelschlag in die Stadt kamen.

Das hübsche und glückliche Gefecht hatte Alle angenehm
angeregt und es wurde an verschiedenen Orten noch bis spät
in die Nacht gejubelt. Auch ich war sehr froh, daß dieser
Tag ein so erfreuliches Ende genommen hatte und schloß
mich einer Gesellschaft im Kreuz an, wo einige Flaschen
Champagner die Heiterkeit nicht verringerten. Ich pries mein
Gelüst nach Gesellschaft an diesem Abend, da es mir Gele-
legenheit verschaffte, vielleicht ein Verbrechen zu verhüten,
einen Lynchmord. Artilleristen und andere Soldaten verfolgten einen Mainzer — ich glaube er hieß Huth — dem
man die Auflösung einer „Legion" zur Last legte und als
„Verräther" behandeln wollte, bis in den Gastsaal. Ich
trat ihnen jedoch ernst entgegen und sie gehorchten, wie stets,
wenn man zu befehlen versteht.

Der Muth, den Tiedemann bei dem Ausfall gezeigt
hatte, gewann ihm die gute Meinung vieler Soldaten, die
Augenzeugen davon gewesen waren, oder sich davon hatten
erzählen lassen, und dies, im Verein mit den nächsten Vorgängen, brachte die alten Zwistigkeiten zu Ende.

Nach den Anstrengungen und Aufregungen des vorhergehenden Tages — der Champagner am Abend mochte auch
dazu beitragen — schlief ich so fest, daß das Losbrennen der
beiden grad unter meinem Fenster stehenden Zwölfpfünder

mich nicht einmal weckte. Herrmann, meine Ordonnanz, hatte durch Klopfen an der Thür mich nicht wach bekommen können und glaubte ich sei tod. In großer Angst stieg er durch das Fenster meines Vorzimmers auf den Balkon und von diesem in mein Fenster. Er mußte mich lange rütteln, ehe ich erwachte. „Die Preußen beschießen die Stadt!" rief er und ich war schnell ermuntert.

Ich trat sogleich an das Fenster; die Sterne standen noch am Himmel; man fühlte den herandämmernden Morgen; es war halb drei Uhr. Als ich zu Pferde stieg, traf ich Tiedemann, der schon auf dem Schloßthurm gewesen war.

Nicht weit vom Markte brannte ein Haus; es war der Gasthof zum Waldhorn und die Artilleristen sagten mir, daß die Flammen schon vor dem ersten Schuß der Preußen herausgeschlagen wären. Mir schien die Sache verdächtig und nicht unwahrscheinlich, daß der Eigenthümer das Haus selbst angesteckt habe, worin ich noch mehr dadurch bestärkt wurde, daß man ihn als Reactionär bezeichnete, der mit dem Feinde in Verbindung stünde, weshalb ich ihn durch meinen Polizei-Lieutenant hatte beobachten lassen. Das Haus brannte und Niemand hatte Lust zum Löschen, denn es regnete Eisen. Ich traf auf dem Markte eine Anzahl Pompiers, welche mich verlegen anblinzelten, sich aber doch von mir bewegen ließen, ihre Schuldigkeit zu thun.

Ich ritt durch die Stadt, wo große Bestürzung herrschte. Die Preußen schossen mit Granaten und glühenden Kugeln vorzugsweise auf die Häuser der Bürger, welche Liebhaberei sie schon in Mannheim zeigten. Was sie außer grausamem Vergnügen noch sonst damit bezweckten, vermag ich nicht wohl einzusehen! —

Der sehr störende Eisenbahndamm erlaubte es den Preußen, ihre Geschütze unter dem Schutze der Dunkelheit nahe an die Stadt zu bringen. Sie verschossen 75 zwölfpfündige Kugeln, darunter 48 glühende, und 155 Granaten, von denen viele zu kurze Zünder hatten und hoch in der Luft zerplatzten, was sich bei dem anbrechenden Tage sehr hübsch ausnahm. Man sah in der Luft plötzlich ein lichtes, rosig schimmerndes Rauchwölkchen, als Sterbeseufzer einer unnütz verschossenen Granate zum Himmel steigen.

Nachdem ich in der Stadt die nöthigen Anordnungen getroffen hatte, beritt ich die Wälle und traf mit Tiedemann in Fort B. zusammen. Unsere Kanoniere betrieben jubelnd ihr Geschäft und schossen ganz vortrefflich. Einige Haubitzen des Feindes wurden demontirt und ihre Zwölfpfünder-Batterie verlor einige Pferde und Leute und die Preußen hielten es für gerathen, gegen fünf Uhr ihr Feuer einzustellen. Wir hatten keinen Mann verloren; allein einige Bürger kamen zu Schaden. Einem Schreiner wurde der Fuß, seiner Frau der Arm durch eine Granate zerschmettert; beide starben an ihren Wunden; ein anderer Bürger ward beim Löschen des brennenden Hauses getödtet.

Diese Beschießung hatte denn auch kein weiteres Resultat, als den Muth der Besatzung mehr anzuregen. Die Ergebungsphilister, die um Uebergabe wimmerten, wurden mit Spott und Hohn in ihre Kellerlöcher zurückgejagt.

Da zu erwarten war, daß diese Beschießung nur ein Vorspiel gewesen, so ließ ich in der Stadt und auf den Wällen die nöthigen Anordnungen treffen und schlug im Kriegsrath vor, sogleich beim Beginn einen von unsern Wällen kräftig unterstützten Ausfall zu thun, wozu Tiedemann auch geneigt war.

Während der Nacht wurden Bewegungen des Feindes bemerkt, wogegen unsere wachsamen Artilleristen feuerten, den gänzlichen Mangel an Leuchtkugeln in der Festung sehr beklagend. Leider kannte Niemand den Satz derselben und so konnten auch keine angefertigt werden. Man war überhaupt bei der Verproviantirung der Festung sehr leichtsinnig zu Werke gegangen; es fehlte sogar an ganz nöthigen Dingen, zum Beispiel an Zündhütchen. Der Kriegskommissär Debrunner wollte vor der Einschließung einen Vorrath davon in Straßburg einkaufen; allein er kam nicht zurück und es war ein Glück, daß wir geschickte Leute in der Festung hatten, unter deren Leitung schnell eine kleine Fabrik errichtet wurde, welche dem Mangel abhalf.

Sonntag Morgen vor Tagesanbruch begannen die Preußen abermals ihr Feuer; allein diesmal in etwas ernstlicherer Weise, denn es kamen doch wenigstens 24pfündige Kugeln und Bomben. Hinter den sehr störenden Eisenbahndamm, wo gestern die Zwölfpfünder postirt waren, standen heute zwei badische Vierundzwanzigpfünder und zwei zwölfzöllige und ein achtzölliger Mörser. Am Rande des Waldes, auf der Straße die nach Kehl führt, standen sechs badische Zwölfpfünder. Reservegeschütze standen hinter Rheinau.

Die Rastatter Feuerwehr zeigte sich brav; es gerieth kein Haus in Brand. Mit den Artilleristen war ich sehr zufrieden. Gleich beim Beginn der Beschießung richtete sich das Feuer aus den Lünetten von Fort A. so wirksam gegen die Batterie auf der Kehlerstraße, daß ein Protzkasten in die Luft flog und anderer Schaden angerichtet wurde, der die Preußen veranlaßte, sich mit Hinterlassung der Geschütze zuzurückzuziehen.

Tiedemann und ich hatten uns in die Festung getheilt; er beaufsichtigte die Festungswerke auf dem linken Murgufer

(Fort A. und Fort C.), während ich auf dem rechten Ufer blieb und mich hauptsächlich in Fort B. aufhielt.

Tiedemann wollte den gestern vorgeschlagenen Ausfall machen; allein Biedenfeld zeigte sich abermals widerspänstig und wollte keinen Mann seines Regiments dazu hergeben. Von den andern Truppen konnte man nichts entbehren und so unterblieb der Ausfall, bei dem man die zurückgelassene zwölfpfündige Batterie erbeutet haben würde, die bald darauf von den Preußen in Sicherheit gebracht wurde. Sie hatte im Ganzen nur 34 Schuß gethan.

Ich hatte die Mörser und Vierundzwanzigpfünder vor mir und konnte ihnen wegen des schützenden Eisenbahndammes wenig anhaben. Ich ärgerte mich über unsere eisernen Haubitzkanonen, mit denen unsere Artilleristen wenig anzufangen wußten. Die Preußen schossen wieder mit glühenden Kugeln, und ich kann meine schon in Mannheim gemachte Bemerkung über ihre Wirkungslosigkeit nur bestätigen. Die beiden Vierundzwanzigpfünder schickten etwa hundert Kugeln in die Stadt und ihre Wirkung setzte mich in Erstaunen; sie thaten mehr Schaden wie die Bomben, doch war derselbe im Ganzen äußerst geringfügig. Das Feuer dauerte bis sechs Uhr, hörte dann eine Stunde lang fast ganz auf und wurde von sieben bis zehn Uhr fortgesetzt. Die Zahl der geworfenen Bomben kann ich nicht angeben, doch können es, nach einer ungefähren Berechnung, — alle fünf Minuten eine Bombe aus jedem der drei Mörser während sechs und einer halben Stunde — nicht viel weniger als 270 gewesen sein. Nur ein Dragoner verlor das Leben; von Verwundeten erfuhr ich gar nichts.

Diesmal platzten die Bomben nicht in der Luft. Drei oder vier schlugen in's Schloß, während ich schon in dasselbe zurückgekehrt war; eine mir gerade gegenüber in den Flügel,

eine hinter meiner Wohnung in die Montirungskammer und
eine vor meinem Fenster in den Hof. Eine zwölfzöllige
Bombe wiegt leer 175 Pfund, gefüllt etwa 185. Ein
solches Ding schlägt durch alle Räume des Hauses bis in
den Keller hinunter und macht viel Störung, wo es platzt.
Eine glühende vierundzwanzigpfündige Kugel, die durch Mauer
und Schrank ungestüm in die Stube kommt, ist auch kein
willkommener Gast. Ein Kaufmann, der eine solche Visite
erhielt, sprang durch das Fenster. Ich hätte es nie für
möglich gehalten, daß in so großem Bogen geschossene Voll=
kugeln solche Gewalt haben könnten.

Wenn man den Wall entlang ritt, vernahm man ein
merkwürdiges Concert. Weit interessanter als das Gebrüll
der eigenen Geschütze war uns Allen das Sausen der gegen
die Festung herankommenden Bomben und Vollkugeln, worauf
wir mit verzeihlicher Neugier horchten. Die Bomben hört
man schon sehr weit, und ich bildete mir ein, sie auch am
Tage sehen zu können. Die vierundzwanzigpfündigen Kugeln
fuhren oft dicht über unsere Köpfe; eine schlug über mir
gegen ein festes Thor, durch welches ich eben reiten wollte,
und fiel meinem Pferde vor die Füße, welches einen gewal=
tigen Sprung machte.

Ich hatte mir früher immer eingebildet, es gehöre viel
Muth dazu, bei einem solchen Bombardement sich ganz unbe=
fangen in freier Luft zu bewegen; allein man wird es sehr
bald gewohnt, und überhaupt bemerkte ich bei dieser Gele=
genheit unter uns nur wenig Hasenfüße. Als ich in Fort B.
hineinritt, sah ich den sehr verlegenen „Retirirmichel" an
einem mit großer Umsicht gewählten sichern Platz; auf meine
Frage stammelte er eine Antwort, allein ich weiß noch heute
nicht, was er dort suchte, wenn nicht Sicherheit vor den
bösen in der Luft umherfliegenden eisernen Singvögeln. Ich

bemitleide Feige mehr, als ich sie verachte; dem armen Retirirmichel war es gewiß zu Muth, als ob er seekrank sei.

Interessant war es mir, daß ich, als ich die Stücke der Bomben betrachtete, sie als die erkannte, welche ich in Mannheim hatte füllen lassen. Die Preußen hatten in der That den zwölf= und den achtzölligen Mörser, die ich dort Ludwigshafen gegenüber aufgestellt hatte, nach Rastatt herauf= bringen lassen. Ich bedauerte damals immer, daß ich die Wirkung dieser Mörser nicht sehen würde; nun war mein Wunsch erfüllt. Auch die Zwölfpfünder, welche uns be= schossen, waren wahrscheinlich meine alten Freunde von Lud= wigshafen, wenigstens hatten die Preußen meines Wissens kein Geschütz von diesem Kaliber im Felde.

Es war übrigens gar nicht fromm von den frommen Preußen, daß sie den Sonntag auf solche Weise feierten und noch weniger, daß sie, was sie schon am gestrigen Tage gethan hatten, hauptsächlich auf die Kirchen zielten. Zwei Bomben fielen dicht vor der Kirchenthür auf das Pflaster und eine davon mitten unter die geängstigten Leute, welche in die Kirche eilten, ohne indessen Schaden anzurichten.

Die Mörser und Vierundzwanzigpfünder waren in ihrer gegen unsere Kugeln gesicherten Stellung stehen geblieben, und wir mußten erwarten, daß sie uns am andern Morgen abermals begrüßen würden; ich schlug daher Tiedemann vor, gegen zwei Uhr in der Nacht einen Ausfall zu machen, um sie wegzunehmen. Er antwortete unbestimmt, und ich verließ ihn höchst ärgerlich. Meine Geduld war wirklich am Ende; es war mit diesem querköpfigen Menschen nichts anzufangen und seine Sonderbarkeiten erschwerten mir mein schweres Amt in einer Weise, daß ich entschlossen war, den ersten besten Vorwand zu ergreifen, mein Verhältniß zu dem

Gouverneur und meine dienstlichen Befugnisse zu regeln. Diese Veranlassung fand sich noch im Laufe des Tages. Mein Gehalt als Oberstlieutenant belief sich auf 185 Gulden monatlich, und außerdem sollte ich für den Tag 3 Gulden 30 Kreuzer Kriegszulage erhalten. Ich verzichtete jedoch mit sämmtlichen Stabsofficieren auf letztere und erklärte, während der Belagerung nur vier Gulden täglich an Gehalt nehmen zu wollen. Ich hatte im Ganzen, seit meiner Anstellung in Mannheim, nur 150 Gulden überhaupt erhalten, während die anderen Officiere nicht nur ihren ganzen Gehalt, sondern auch die Feldzulage empfingen. Da ich mich vollständig equipirt hatte, so ging mein Geld auf die Neige, und ich verlangte daher von Tiedemann eine Anweisung auf meine Rückstände. Er suchte aber fortwährend Ausflüchte, und ich erhielt nichts. Major Heinsius und andere Officiere waren in derselben Lage, und um so billige Forderungen als möglich zu stellen, wollten wir wenigstens unsern Gehalt von Beginn der Belagerung haben und endlich nach vielen Quängeleien stellte Tiedemann die Anweisung aus. Aber der Kassier Bäsel verweigerte die Zahlung und berief sich auf einen Befehl des Gouverneurs, den Gehalt nur gegen Vorzeigung des Patentes von der provisorischen Regierung auszuzahlen. Nun hatten in der ganzen Armee vielleicht nur acht bis zehn Officiere Anstellungsdecrete, denn wirkliche Patente waren gar nicht ausgegeben worden, und ich hatte nicht einmal ein solches. Müde dieser Schererei wegen einiger armseliger Gulden, die ich jedoch zum Unterhalt für mich und meine Leute brauchte, beschloß ich, denselben ein Ende zu machen und mich überhaupt mit Tiedemann auf einen bestimmten Fuß zu setzen. Ich schrieb also an diesen: „ich hätte bisher in dem Wahn gestanden, Officier der provisorischen Regierung zu sein. Herr Bäsel, der meine

von dem Gouverneur unterschriebene Anweisung zurückgewiesen, habe mich zugleich darüber belehrt, daß nach dessen
Ansichten nur Diejenigen als Officiere betrachtet werden
könnten, welche Patente vorzuweisen hätten. Da ich nun
ein solches nicht besäße und keinen Rang usurpiren wolle, so
möge er mich von nun an weder als Chef des Generalstabes, noch überhaupt als Officier betrachten."

Es war vor vier Uhr, als ich diesen Brief zu Tiedemann schickte; er sandte ihn mir erbrochen mit der münd-
lichen Antwort zurück, daß er dies Schreiben kurz vor einem
Ausfall nicht annehmen könne. Er hatte also, wie ich erst
durch diese Antwort erfuhr, für den Nachmittag den Ausfall
beschlossen, den ich auf den andern Morgen festgesetzt, und
wozu ich noch keine Disposition gemacht hatte.. Ich war
doch sicher in der Festung der erste, der von seinem Vorhaben Etwas erfahren mußte und diese neue Beleidigung
bestärkte mich noch mehr in dem gefaßten Vorsatz, dem närrischen Querkopf zu zeigen, daß ich, wenn es darauf ankäme,
noch weit eigensinniger sein könne, als er.

Nach einer Weile schickte Tiedemann einen Adjutanten
und ließ mich bitten, zu Pferde zu steigen, da er eben mit
den Truppen ausmarschiren wolle. Ich ließ ihm viel Vergnügen wünschen und sagen, er habe meinen Entschluß bereits
schriftlich vernommen.

Major Heinsius, Tiedemann's erster Adjutant, war
bei mir, als ich diese Antwort gab.

Er war früher preußischer Officier gewesen, dann in
russische Dienste getreten und endlich bei der Fremdenlegion
in Algier gewesen; so sagte man mir wenigstens; wie er
nach Baden und nach Rastatt gerieth, weiß ich nicht. Er
war ein sehr verständiger Mann, und ich ging gern mit ihm
um, wenn mir seine affectirte Derbheit auch nicht immer

behagen wollte. Ueber demokratische Ueberschwenglichkeiten schüttelte er den Kopf und sagte, es käme ihm manchmal vor, als sei er in einem Narrenhause; mich hielt er noch für den vernünftigsten Narren darin. Er befand sich in Bezug auf die erwähnten Geldansprüche und Patentlosigkeit mit mir in gleicher Lage und entschloß sich, denselben Weg zu gehen.

Als der Adjutant fort war, fing Heinsius an, unruhig zu werden und fragte: „Na, was machen wir nun?" — „Wir bleiben ruhig hier." — „J, das geht doch nicht." — „Nun gut," sagte ich, „damit Tiedemann nicht am Ende denkt, ich habe diese Schwierigkeit erhoben, nur um von dem Ausfall wegzubleiben, so will ich hinausreiten, aber nicht in Uniform, sondern als Zuschauer in der Blouse, ohne andere Waffe, als die Reitpeitsche." Heinsius fand den Vorschlag „toll genug" und beschloß, meinem Beispiel zu folgen, nur daß er seinen Säbel mitnahm. — Als wir zum Carlsruher Thore hinaus nach dem Bahnhofe und über das Feld nach dem Wald zu galopirten, konnten sich die Soldaten und Offi= ciere meine und Heinsius' Maskerade nicht erklären. Ich hatte ein scharlachrothes Tuch locker um den Hals gebunden und sah aus wie ein ächter Freischärler. In dieser Zeit der Bloufenherrschaft war indessen meine Tracht nicht zu auffallend, denn manche der ersten Personen trugen sich ebenso, und Trützschler sah man in Mannheim fast niemals anders.

Hätte ich die Disposition zu dem Ausfall gemacht, so würde das Gefecht mit einem heftigen Kanonenfeuer aus allen Geschützen des obern Anschlusses zumal gegen den Rauenthaler Wald und das Wäldchen Eichblon eröffnet worden sein. Unter dem Schutz dieses Feuers, dem die dort stehenden zweihundert Preußen schwerlich Stand gehalten

haben würden, wäre ich, überdies gedeckt durch den Eisen=
bahndamm, mit einem Bataillon so schnell als möglich
vorgegangen und hätte die schmale Seite des Waldes an=
greifen lassen und sicher genommen. Ein zweites Bataillon
konnte dann schnell bis zu den Geschützen vordringen und
ein drittes als Reserve hinter dem Eisenbahndamme bleiben.
Der linke Flügel war vollkommen durch Fort B gedeckt
und der rechte durch die Murg, und wollte der Feind von
Niederbühl Verstärkung über die Brücke schicken, so würde
ihm Major Jakobi von Fort A schon gedient haben.

Tiedemann verfuhr anders. Er ging mit zwei Ge=
schützen auf der Eisenbahn vor, eröffnete ein ziemlich unnützes
Feuer gegen den Wald, den er in seiner breiten Front durch
die Flüchtlingslegion und ein Bataillon des dritten Regi=
ments — Biedenfeld hatte sich erbitten lassen — unter
Major Weik angreifen ließ, während die Freiburger Volks=
wehr unter Major Neumark längs der Eisenbahn vorging
und sich hinter deren Damm postirte. Die Reservetruppen
blieben beim Bahnhof, und ein Theil von ihnen besetzte den
Waldrand nach dem Hirschgrund.

Diese Stellung war verschoben und ungeschickt. Zwischen
dem anzugreifenden Wald, der den Preußen treffliche Deckung
bot, und dem Bahnhofe lag flaches Feld und das auf dem=
selben stehende Getreide war mehr ein Nachtheil, als ein
Vortheil, da die Felder sich an das Buschwerk anschlossen,
welches sich von der Eisenbahn bis nach dem Rauenthaler
Wald erstreckte, und es den von Muggensturm anrückenden
Preußen möglich machte, ungesehen den vorrückenden Truppen
in Rücken und Flanke zu kommen. Das Vorgehen der
Artillerie auf der Eisenbahn, wo sich die Geschütze ungeschickt
genug bewegen mußten, war auch mißlich, da die Pferde

und Artilleristen hier, wie auf einem Präsentirteller, den
Schüssen der im Walde steckenden Schützen ausgesetzt waren.
Die uns gegenüberstehenden Feinde bestanden im Augen=
blick des Angriffes nur aus 200 Mann, welche die zwischen
Rauenthal und der Murg ausgestellten Feldwachen bildeten.
Zum Glück für die Preußen hatte die Ablösung kaum statt=
gefunden, und die abgelösten Mannschaften waren ganz in
der Nähe; der Aufenthalt durch das unnütze Kanonenfeuer
gab ihnen Zeit, heranzukommen. Drei andere Compagnieen
des 31. Landwehr = Regiments standen im Bivouak vor
Rauenthal und die erste preußische Division in dem zwischen
Rauenthal und Oetigheim aufgeschlagenenen Lager. Ferner
standen in der Nähe nach Niederbühl zu das Füsilierbataillon
des 20. Regiments, noch eine andere Compagnie dieses Regi=
ments und zwei Compagnieen des achten Landwehr=Regiments.
Cavallerie war gleichfalls in der Nähe. All diese Truppen
waren in Zeit von einer halben Stunde auf dem Platz, so
daß uns bald eine bedeutende Uebermacht entgegenstand, die
noch überdies den Vortheil der durch den Wald gedeckten
Stellung für sich hatte. Es war eine Thorheit, am hellen
Nachmittage diesen Ausfall zu machen und noch mehr, so
langsam dabei zu verfahren. Fand der Angriff in der Nacht
statt, so mußte der Zweck desselben ohne viel Blutvergießen
erreicht werden.

Wir kamen auf dem Kampfplatze an, als eben die
ersten Kanonenschüsse von unserer Seite gefallen waren und
das Bataillon des dritten Regiments sich zum Angriff for=
mirte. Heinsius sagte: „Mir scheint's übrigens gar nicht
nöthig, daß wir als bloße Zuschauer uns todtschießen lassen,
und ich dächte, wir suchten uns einen Platz, von wo wir
die Sache bequem mit ansehen können." — „Komm nur
mit mir," antwortete ich, „wir wollen uns irgendwo sicher

aufstellen." Damit ritt ich auf der linken Seite der Eisen=
bahn im Felde vor und hielt in der eben vorgehenden
Tirailleurlinie des dritten Regiments, in gleicher Höhe mit
der Artillerie auf dem Eisenbahndamme.

Das Gefecht ließ sich sehr gut an; die brave Flücht=
lingslegion drang im Sturm vor und in den Wald ein,
während das bedächtiger vorgehende Bataillon sich länger
auf dem Felde hielt und den Wald noch nicht erreicht hatte,
als in demselben Verstärkung anlangte. Das Feuer, welches
uns entgegenkam, war wirklich entsetzlich und nahm in jedem
Augenblicke an Heftigkeit zu, ohne daß es indessen die
Tirailleurs vom dritten Regiment, die ich zunächst beob=
achten konnte, in Angst gesetzt hätte. Ich mußte über sie
lachen, wie sie in ihren hellgrauen, schlafrockähnlichen Mänteln
so bedächtig vorwärtsmarschirten, Jeder wie ein Bauer, der
an einem Sonntag Nachmittag den Stand seines Getreides
betrachtet.

Ich ritt an diesem Tage den großen Rappen, der
Mögling bei Waaghäusel getragen hatte, und auf dem
letzterer, beim Angriff auf einen Wald, verwundet wurde.
Jenes Gefecht schien dem Pferde im Gedächtniß geblieben
zu sein und seine Lage in demselben große Aehnlichkeit mit
seiner gegenwärtigen zu haben. Ich ritt das muthige Thier
gern, weil es sich aus dem Knallen und Blitzen gar nichts
machte und neben einem feuernden Mörser stehen blieb, ohne
zu erschrecken; allein jetzt fühlte ich, wie der Rappe bei jeder
vorbeipfeifenden Kugel krampfhaft zusammenzuckte. Als das
Feuer aus dem Walde ein ununterbrochenes Knattern wurde,
und die Kugeln hagelbicht kamen, streckte das Pferd seine
Vorderfüße vor sich, seine Nüstern sperrten sich 'weit auf
und die Augen, mit denen es unbeweglich nach dem Walde

starrte, traten ihm förmlich aus dem Kopf heraus; dabei zitterte es am ganzen Leibe.

Heinsius gefiel seine Lage als Zuschauer gar nicht; er duckte sich ein wenig hinter den Hals seines Pferdes und sagte: „Na, das nennst Du eine sichere Aufstellung? Ich mache, daß ich hier fort komme." Ich lachte und antwortete: „Ich komme Dir bald nach." — Er ritt nach dem Bahnhof zurück und hatte Recht; sicher war unsere Stelle keineswegs und es war eine Thorheit, zu Pferde hinter der Tirailleurlinie zu reiten, wenn man vor sich einen Wald mit ein paar Compagnieen Nadelflintler hat, die acht Kugeln in der Minute schießen.

Mich hielt an dem Platz nur das Erstaunen über mein Pferd, welches immer heftiger zitterte und endlich Miene machte, in die Knie zu sinken. Ich dachte das Thier sei verwundet, sprang schnell aus dem Sattel und betrachtete es von allen Seiten. Nie habe ich an einem Thier einen so sprechenden Ausdruck entsetzlicher Angst gesehen. Dabei schwitzte es, daß der Schweiß in kleinen Rinnen die Hufe hinablief und auch unter dem Leib in hellen Tropfen zur Erde fiel. Als eine Kugel in diesem Augenblick ganz nahe seinem Ohr vorbeizischte, bäumte der Rappe hoch auf, riß sich von meiner Hand los und sprang mit einem mächtigen Satz in den nassen, neben der Eisenbahn liegenden Graben, in dem er zitternd stehen blieb. Einer meiner Mannheimer Artilleristen, der eben, auf dem Protzkasten sitzend, mit einem dritten Geschütze auf der Eisenbahn vorging, sprang herab und fing das Pferd. Ich sah, daß ich mit demselben nichts anfangen konnte und beschloß Heinsius zu folgen und mir meinen ruhigen Falben zu holen, der sich an das Pfeifen der Kugeln nicht kehrte. Uebrigens war das Infanteriefeuer der Art, daß alte Soldaten, die manche Schlacht mitgefochten, sich nicht erinnerten, es jemals so heftig erlebt zu haben.

Am Bahnhof traf ich meine Ordonnanzen Hermann und Lenz mit ihren Büchsen. Letzterer hatte sich seit Mann=heim an mich angeschlossen und ich hatte ihn gern bei mir behalten, denn er war ein hübscher, anständiger, blondlockiger Junge von Muth, Herz und Verstand. Er war aus Wies=baden und Böning recomandirte ihn mir besonders und sagte, daß er aus einer sehr braven und geachteten Familie sei. Sein eifriges Gesicht freute mich und ich rief ihm zu: „Lenz, dringe bis zu den feindlichen Geschützen vor; wenn Du sie vernagelst, sollst Du Lieutenant werden.“ Er schwang freudig seine Büchse und rannte dem Feind entgegen.

Als ich in die Stadt kam fragten mich Viele mit Angst, wie es draußen stünde und ich sagte ihnen der Wahrheit ge=mäß: ganz vortrefflich. Ich sandte einige Dragoner mit Be=fehlen in die Forts ab und einen nach Fort A. an Major Jacobi mit der Mahnung: „Ein scharfes Auge auf Nie=derbühl zu haben und etwaige Störungen des Gefechts von dort her zu verhindern.“

Ich war sehr schnell geritten und mochte höchstens zwanzig Minuten vom Kampfplatz entfernt gewesen sein. Auf dem Wege traf ich Haufs Pferd, herrenlos und von einem Streifschuß blutend; sein Herr war mit den Geschützen und Tiedemann vorgegangen.

Als ich zum Carlsruher Thore wieder hinausritt fand ich zu meinem größten Erstaunen die Scene auf sehr be=denkliche Weise verändert. Unsere Truppen, die ich siegreich avancirend verlassen hatte, waren zum Theil in förmlicher Flucht und eine Anzahl Hasenfüße strömten dem Thore ent=gegen; zwei Geschütze jagten in vollem Galop der Festung zu, die Bestürzung der Infanterie vermehrend. Ich sprengte den Ausreißern entgegen und rief: „Holla, seit wann retirirt unsere Artillerie im Galop? — Schritt! — Schämt Euch! — Kehrt! Dort steht der Feind!" — Die fliehende Masse stutzte. Der sonst sehr brave Artillerielieutenant, welcher die Geschütze befehligte, kommandirte wieder zum Avanciren und ich ritt mit ihm. Wenige Augenblicke später traf ihn eine tödtliche Kugel. Bald darauf begegnete ich auch dem von einigen Leuten geführten Major Weik, dessen Arm von einer Kugel getroffen war.

Der panische Schrecken, der sich für einige Augenblicke unserer Truppen bemächtigte, verdankte einem bösen Versehen seinen Ursprung, obwohl der Rückzug durch die Uebermacht der von allen Seiten herbeieilenden Preußen gerechtfertigt war. Die Flüchtlingslegion hatte, wie oben erzählt, den Rauen= thaler Wald genommen; allein das langsamer lustwandelnde Linienbataillon wurde durch die zurückweichende Artillerie stutzig gemacht, welche gegründete Ursache hatte, sich etwas ferner von den Zündnadlern aufzustellen. In dem Augen= blick kam von Rauenthal und von Muggensturm her den Preußen Verstärkung; die so weit vorgedrungene Flüchtlings= legion sah ihre Verbindung mit den Tirailleurs des zurück= gehenden Bataillons Weik unterbrochen, empfing plötzlich Feuer von der Front und linken Flanke und mußte den er= oberten Wald zögernd aufgeben, als sie, auf das Feld her= austretend, nun auch von der rechten Flanke her beschossen wurde. Die hinter der Eisenbahn postirte Freiburger Volks= wehr feuerte wie toll auf sie und behauptete später, daß die Preußen sich in Blousen gesteckt hätten, um sie zu täuschen! Daß die brave Flüchtlingslegion unter diesen Umständen etwas eilig nach dem Bahnhof retirirte, kann ihr wirklich kein Mensch verdenken. Die Preußen wurden dadurch ermuthigt und drängen nach; das Getreide verwehrte den Ueberblick, man wußte nicht genau was vorging, sah Fliehende und floh; die Artillerie ebenfalls. Eine Husarenschwadron jagte nun, vom Rauenthaler Wäldchen hervorbrechend, den Fliehenden nach; allein eine wohlgezielte Granate, die mitten unter den Pferden platzte, jagte die Husaren nach allen Winden. Das zwanzigste Regiment drang jedoch hitzig nach; allein unsere Artillerie räumte unter ihnen auf.

Das Gefecht kam nun wieder in einen geordneten Gang; es war zwar durchaus unnütz, denn der Zweck des Ausfalls konnte nicht mehr erreicht werden. Lenz, den ich antraf, sagte mir etwas beschämt: „Es sei nichts mehr zu machen." Das Klügste wäre gewesen, sogleich in die Festung zurückzukehren; allein das durfte man nicht thun, um die Truppen nicht zu entmuthigen, die nun wieder hinter der Eisenbahn, am Bahnhof und dem umliegenden Terrain festen Stand faßten. Die Preußen beschossen uns von zwei Seiten; es zwar ein furchtbares Kleingewehrfeuer und dazu donnerte die Festungsartillerie, als werde eine Schlacht bei Leipzig geschlagen. Die Wälle waren beständig Rauch und Flammen und vor dem Brüllen der Geschütze konnte man zu Zeiten sein eigenes Wort nicht hören. Major Lang hatte ein Gefühl im Leibe, als habe er Leipziger Gohse getrunken und war, wie seine Leute wenigstens erzählten, fortwährend im Abtritt der Eisenbahn. Einzelne Abtheilungen, bei denen ich, sie fixirend, vorüber ritt, lächelten mich ängstlich verlegen an und ich wußte, was in ihnen vorging; sie schienen auch seltsame Gefühle im Leibe zu haben.

Da ich eigentlich nichts commandiren, sondern nur zuschauender Blousenmann sein wollte, so ritt ich hin und her zu den Soldaten und sprach ihnen durch heitere, scherzende Worte Muth ein. Ihre Gesichter glühten vor Aufregung, und ihre Mäuler waren schwarz vom Abbeißen der Patronen.

Man halte es nicht für Renommisterei, wenn ich sage, ich fühlte mich in dem Gebrüll der Geschütze, dem Pulverdampf und Kugelpfeifen sehr ruhig und behaglich; es war so und ich wollte mir eine Cigarre anstecken, hatte aber kein Feuer= zeug bei mir. Der Lieutenant Schad, obwohl er Adjutant war, commandirte zu Fuß eine Abtheilung, die sich hinter einem niedrigen Erdaufwurf postirt hatte und mit lobens= werthem Eifer feuerte. Er lief geschäftig hin und her und glänzte im Gesicht wie der Erzengel Gabriel. Ich ritt ruhig im Schritt heran und bat ihn um etwas Feuer. Ich mußte über sein verdutztes Gesicht lachen mit dem er ausrief: „Jetzt rauchen!" Ich ragte zu Pferde über den Erdwall hinaus, was die Kugeln der Preußen anlockte. Als ich Feuer erhalten hatte und meine Cigarre anzündete: rief Schad: „Nehmen Sie sich in Acht, daß man Ihnen Ihre Cigarre nicht aus dem Mund schießt; es ist ordentlich gotteslästerlich!" Die Soldaten lachten. Ich hatte aber das sichere Gefühl, daß mich an dem Tage keine Kugel treffen würde, — Soldaten werden mich verstehen — und ritt zu Tiedemann, der den Tod zu suchen schien.

Seit dem Beginn des Gefechtes war er bei den Ge= schützen und beständig dem heftigsten Feuer ausgesetzt. Es war ein Wunder, daß bis dahin weder ihn noch sein Pferd eine Kugel getroffen hatte, denn wenn er auch keine Epauletts trug, so konnte man ihn doch als höheren Officier erkennen. Er hatte mich gleich am Anfang bemerkt und mit Ver= wunderung meine Metamorphose betrachtet; wir hatten uns aber nicht gesprochen. Jetzt ritt ich zu ihm heran; er hielt ganz allein mitten auf der Eisenbahn und starrte mit bleichem Gesicht, fast wie irr, dem feindlichen Feuer entgegen. Ich sprach zu ihm und suchte ihn zu veranlassen, einen weniger ausgesetzten Platz aufzusuchen und nicht so nutzlos sein Leben preis zu geben. Er antwortete gar nicht, sah mich auch nicht an, sondern starrte fortwährend nach dem Rauenthaler Walde, als könne er die Kugel nicht erwarten, die ihn treffen solle. Zwei Reiter mitten auf der Eisenbahn hatten natürlich große Anziehungskraft für die preußischen Kugeln; eben wandte ich achselzuckend und ärgerlich über den Eigensinn mein Pferd, als Tiedemann fast vergnügt rief: „Corvin, ich bin verwundet!" — „Wo?" rief ich, ihn mit erstaunten Blicken betrachtend, denen er nicht begegnen wollte. — „An der Schulter," — sagte er, verwirrt und eigenthümlich schnell sprechend — „es war eine Kartätschkugel, — sie kam vom Wall — ach, heben Sie sie auf — da rollt sie an der Erde." Ich sah ihn befremdet an, indem ich ein ganz kleines Loch im Rock, dicht neben dem Epauletthalter bemerkte, welches nicht größer als ein Silberkreuzer war; ich sah nicht einmal Blut. „Dummes Zeug," rief ich, „das war ein Streifschuß von einer Spitzkugel." Offenbar hatte eine solche den Schulterknochen grade an der Spitze gestreift, was allerdings einen sehr lebhaften Schmerz verursachen, den Arm für den Augenblick lähmen und den Glauben an eine stärkere Verwundung erzeugen mußte.

Ich war froh, daß Tiedemann seine Thorheit nicht theurer bezahlte, und da ich klar in sein Inneres schaute und die ehrenwerthen Ursachen seines toll erscheinenden Benehmens, wie seine ganze Gemüthsstimmung erkannte, so gewann die Theilnahme daran die Oberhand über meinen übrigens gerechten Zorn und ich fühlte mich milde gestimmt. Ich führte sein Pferd aus diesem bleiernen Regen hinter den Bahnhof, wo eine Art von Feldscheer der Flüchtlingslegion die Wunde untersuchte, die eben nur das Tragen einer Binde rechtfertigte.

Schon gegen siebrn Uhr hatte es Jacobi, von dem Gang des Gefechtes am Rauenthaler Wald unterrichtet, für

nöthig gehalten, den linken Flügel der Preußen zu beschäfti=
gen, um zu verhindern, daß alle Streitkräfte gegen uns ver=
einigt würden. Auch bekam er Appetit nach den in Nie=
derbühl noch vermutheten Vorräthen, die er für Fort
A in Beschlag zu nehmen gedachte, wo er mir seine in
großer Ordnung aufbewahrten Speisevorräthe mit einigem
Stolz gezeigt hatte.

Er begann das Dorf zu beschießen, welches sehr bald
in Flammen stand. Major Leiner mit einem Bataillon
des dritten Regiments, dem sich Volkswehren unter Haupt=
mann Peter, einem Sachsen, anschlossen, machte einen Aus=
fall und trieb nach einem Gefecht von etwa einer halben
Stunde das achte Landwehrregiment von dem Kirchhof und
aus dem Dorfe in den Niederbühler Wald und endlich auch
aus diesem und drang bis zur Eisenbahn auf der Straße
nach Kuppenheim vor. Niederbühl war längst ausge=
räumt und nicht ein Bund Stroh, nicht eine Speckseite
darin zu holen; die Nacht brach ein, ein weiteres Gefecht
war zwecklos und die braven Ausfallstruppen zogen sich, mit
dem Erfolg ihres Gefechtes sehr zufrieden, weil es siegreich
gewesen, langsam in die Festung zurück. Im Dorfe brannten
zwanzig Häuser und auch die schöne Kirche ab. Major
Heilig hatte selbst eine Kugel ins Zifferblatt der Uhr ge=
schossen. Man hätte Niederbühl schon beim Bau der Festung
abtragen sollen; Dörfer fast auf dem Glacis sind sehr störend.
Hauptmann Peter schickte mir am andern Morgen einen
genauen Bericht über den Ausfall, welchen ich Tiedemann
gab, der ihn leider zu seinen „historischen Documenten" legte
und dadurch dem Schreiber desselben zehn Jahre Zuchthaus
verschaffte und Major Jacobi sechs Kugeln. Ganz am
Ende des Gefechts bei Niederbühl, als es schon Nacht war,
erschienen preußische Geschütze auf dem Kampfplatz, während

gegen uns von Rauenthal auch nicht ein Kanonenschuß geschah! Wo steckte die preußische Artillerie? — Die Preußen
erzählten mir später, daß die, nach der von ihnen bei der
Beschießung bewiesenen Thätigkeit sehr vergnügt aufgeregten
Artillerieofficiere, von uns niedergeschmetterten Belagerten
keinen Ausfall träumend, den schönen Sonntag Nachmittag
zu einer Vergnügungstour nach Baden-Baden benutzt hätten. —

Da der Ehre Genüge geleistet und nichts weiter zu erreichen war, so gab ich gleich nach Tiedemanns Verwundung
den Befehl zum Rückzuge, während das Gefecht in Niederbühl grad im besten Gange war, ohne daß wir von dessen
so günstigem Fortgange etwas wußten. Ja die lange Dauer
desselben trug dazu bei, einem an diesem Abend plötzlich auf-
tauchenden Gerücht augenblicklichen Glauben zu verschaffen.
Es wurde mir gesagt, Sigel habe in die Stadt geschickt
und verlangt, man möge ihm eine Ausfallsbatterie nach
Niederbühl entgegen senden, da er bei Oos stehe und zum
Entsatz der Festung vordringe. Das Feuer, welches wir
von jenseits Niederbühl hörten, deuteten wir auf ein Gefecht
zwischen Sigel und den Preußen, was nicht geringe Aufregung
verursachte.

Die Geschütze wurden wirklich vor das Thor geschickt;
allein ich vermuthete irgend eine List und wollte sie nicht
weiter beordern, ehe ich nicht den Boten Sigels gesprochen
hatte, der nirgends zu finden war. Ein betrunkener Dragoner
erklärte sich am andern Tage für den Vater dieses „Witzes“;
allein ich glaube vielmehr, daß Major Fach der Urheber
war. Dieser spielte in der Festung eine seltsame Rolle. Er
war beim Kassenwesen attachirt; ich sah ihn weder bei einem
Ausfall, noch bei einem Bombardement; aber außerdem
machte er sich das Vergnügen, auf einem hübschen Schimmel
mit Scharlachschabracke, gefolgt von zwei Ordonnanzen durch

die Stadt zu reiten! Später behauptete er mir ins Gesich
er sei· Commandeur sämmtlicher Artillerie der Festung
gewesen und ich — der Chef des Generalstabes — wußte
nicht ein Wort davon, sah nie ein Zeichen seiner Thätigkeit;
ich gab alle meine Befehle an Major Heilig, der sie auch
ausführte, ohne Jemand zu fragen. Es war eine Lei=
denschaft von Fach, aus heiler Haut zu lügen und wie
mir später von Heidelbergern erzählt wurde, war er in·
dieser Stadt in dieser Eigenschaft allgemein bekannt. Es
machte ihm Spaß, die erste beste Geschichte zu erfinden
und er amüsirte sich kindisch darüber, wenn man daran ge=
glaubt hatte! Da er sich äußerlich ziemlich ordentlich be=
nahm, so vermuthete man in ihm gar nicht solche Wind=
beutelei; allein ich bin überzeugt, er verdankte sein späteres
Todesurtheil nur seinen Lügen, wenn er dasselbe in der Pfalz
nicht mehr verdient hat als in Rastatt. Das Gerücht von
der Ankunft Sigels kam aber von Fach, vor dem dessen
Ordonnanz erschienen sein sollte.

Mit Tiedemann sprach ich noch spät am Abend.
Er bat mich, auf Bäsels Geschwätz nicht zu hören und
ihn nicht im Stich zu lassen; meine Wünsche in Bezug
auf die Gehaltsregulirung versprach er zu erfüllen und
gelobte auch, sich nicht wieder so unnütz auszusetzen; er
habe es aus besonderen Gründen, die ich sehr wohl erkannte,
einige Mal für nöthig gehalten. Ich zog also wieder die
Uniform an und die Sache war abgemacht.

Unser Verlust bei diesem Ausfall war nicht unbedeutend;
allein ich bin nicht im Stande ihn genau anzugeben, da die
Unordnung, besonders bei den Freicorps, ziemlich groß war
und ich nicht dazu gelangen konnte, daß ordentliche Listen ge=
führt wurden; ich hatte gar zu viel auf mir liegen; in die
Stadt wurden nur zwanzig Todte gebracht; allein leider

mußten wir eine Menge im Walde und im Getreide zu=
rücklassen; besonders viel verlor die Flüchtlingslegion. Die
Preußen sagten, daß sie achtzig unserer Todten beerdigt
hätten; noch vier fanden sich später bei der Ernte in den
Kornfeldern. Verwundete, die in die Spitäler gebracht werden
mußten, hatten wir vierzig und außerdem eine Anzahl
Leichtverwundete.

Die Preußen wollen nur zwölf Todte, sechsunddreißig
schwer und sechsundvierzig leicht Verwundete gehabt haben.
Ihre Kameraden haben den Gefallenen und an den erhalte=
nen Wunden Gestorbenen, an der Eisenbahn, beim Durchgang
der Kuppenheimer Straße, eine kleine Pyramide setzen lassen,
auf welcher die Namen verzeichnet sind.

Unter den Verwundeten war mein armer Hauf, der
einen Schuß ins Knie erhalten hatte. Die Wunde war an und
für sich nicht gefährlich; allein als ich ihn besuchte, wollte
mir sein Aussehen durchaus nicht gefallen. Seine Augen
waren weit geöffnet und er sah wie irre umher, obgleich er
ganz vernünftig sprach. Am zweiten Tag darauf wurde mir
sein Tod gemeldet; die Aerzte sagten, daß eine Gehirnent=
zündung hauptsächlich denselben herbeigeführt habe.

Unsere Todten hatten wir natürlich mit Musik und
allen militärischen Ehren begraben; der Pfarrer hielt die
Grabrede; am Sarge des bei dem Ausfall gebliebenen
Artillerielieutenants wußte er von nichts zu reden, als vom
— Stolze Nebucadnezars! Daß verdroß mich so, daß ich
Tiedemann veranlaßte, dem Geistlichen zu sagen, er möge
sich an Haufs Grabe mit den gewöhnlichen Gebeten be=
gnügen, ich wolle meinem Freunde die Grabrede halten. Als
ich jedoch davon hörte, daß Elsenhans, der Haufs Lands=
mann war, eine solche aufgesetzt habe, trat ich zurück. Auf
dem Weg zum Kirchhof drang man jedoch in mich ebenfalls

www.ingramcontent.com/pod-product-compliance
Lightning Source LLC
Chambersburg PA
CBHW032339280326
41935CB00008B/386